AF550224

tiny HOMES

Wohnideen für kleine Räume

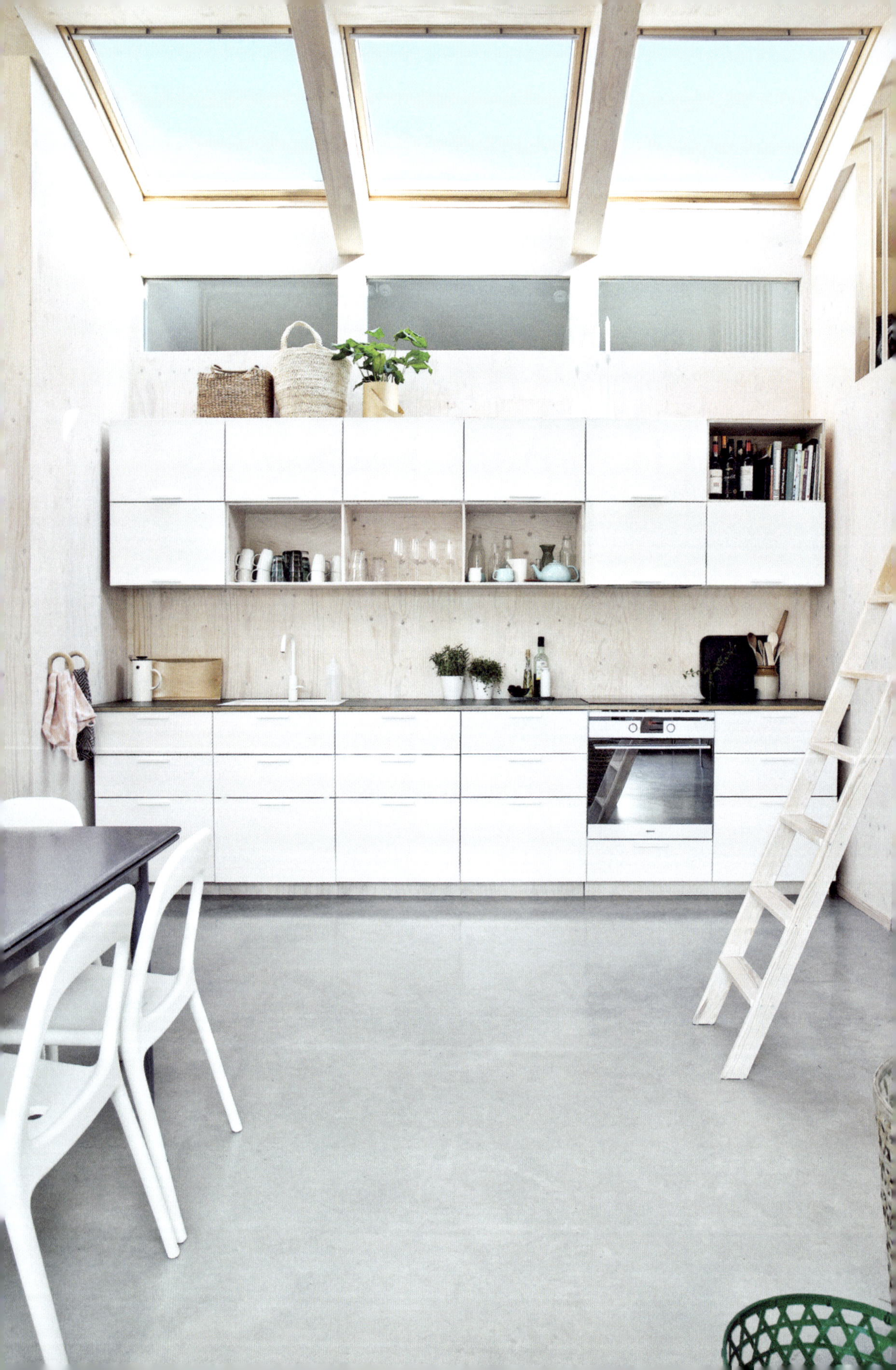

Marion Hellweg

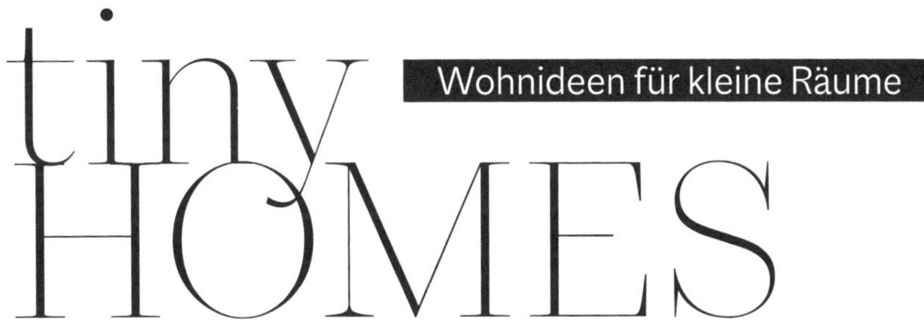

PRESTEL
München • London • New York

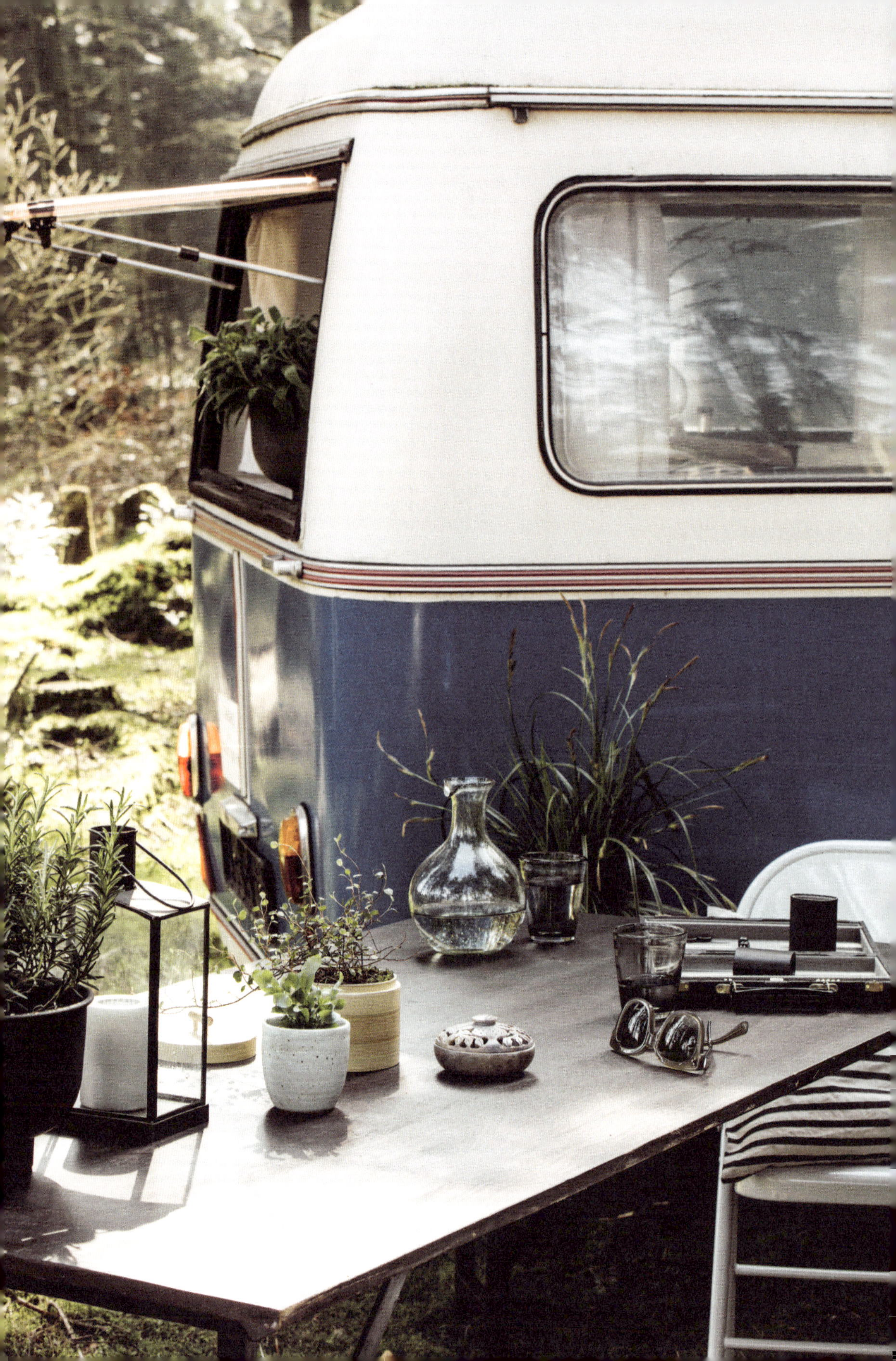

Auf ein WORT

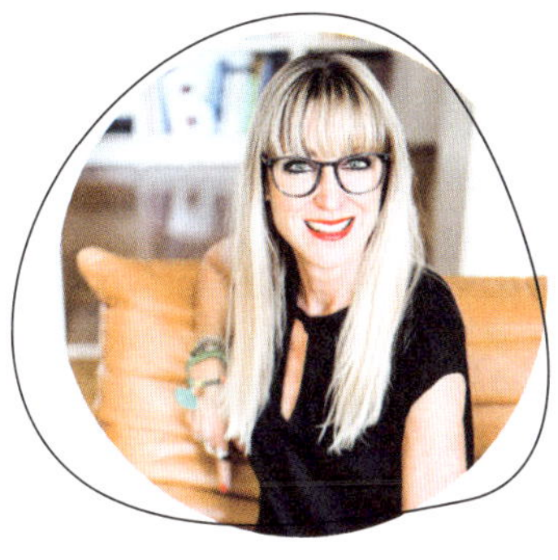

> Glück braucht nicht unbedingt viel Platz.

Marion Hellweg

Als Kind liebte ich es, zu campen. Das Gefühl von Freiheit und Naturnähe gekoppelt mit dem Wissen darum, dass man nicht viel braucht, um happy zu sein, war einfach herrlich. Daran hat sich bis heute nichts geändert: Ich zelte und campe immer noch gern – auch wenn ein komfortables Bett bestimmt verlockender wäre als eine Luftmatratze. Manchmal packe ich auch alles, was nötig ist, in einen großen Rucksack und schaue mir die Welt an. Dabei genieße ich es sehr, nicht so viel Dinge um mich zu haben. Denn wenn ich ehrlich bin, trage ich im Alltagsleben viel zu viel gegenständlichen Balast mit mir herum. Damit meine ich Sachen, die ich eigentlich nicht wirklich brauche und die dennoch zu Hause in Schubladen, Schränken und Ecken unnötig Platz für sich beanspruchen.

Von Zeit zu Zeit spüre ich eine Sehnsucht nach Reduktion, nach Minimierung. Was wäre, wenn ich in eine kleinere Wohnung ziehen und mich von allem befreien würde, was nicht essenziell ist? Wenn ich mich nur noch auf das fokussieren könnte, was von wesentlicher Bedeutung ist? Eine übersichtliche, aufgeräumte Wohnbühne sozusagen, ohne zu viele Nebenschauplätze? In solchen Momenten wird mir bewusst, dass es nicht der Besitz von Dingen ist, der mich wahrhaft glücklich macht, sondern das Loslassen. Denn je weniger ich habe, umso mehr nehme ich das Leben wahr. ■

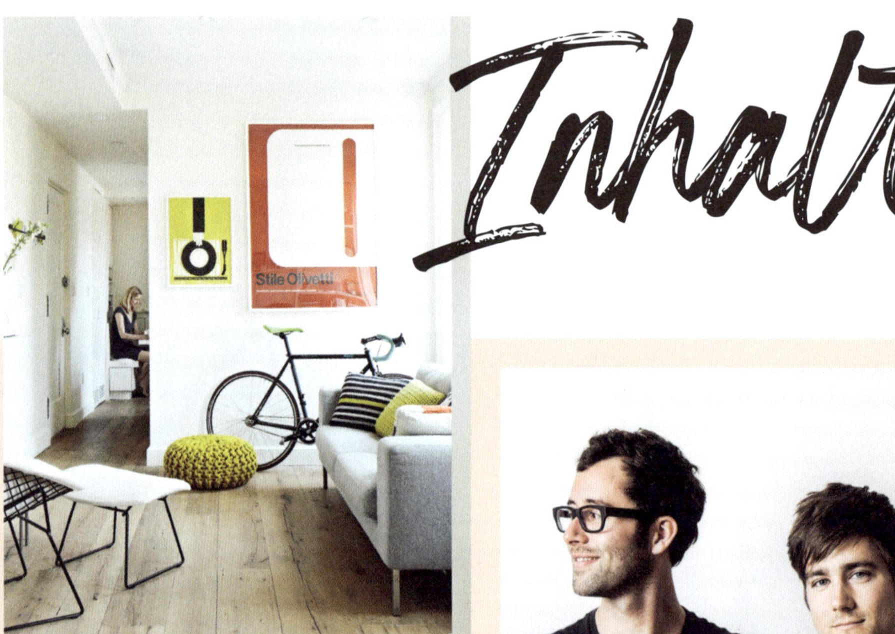

Inhalt

HOME**VIEW**

INTER**VIEW**

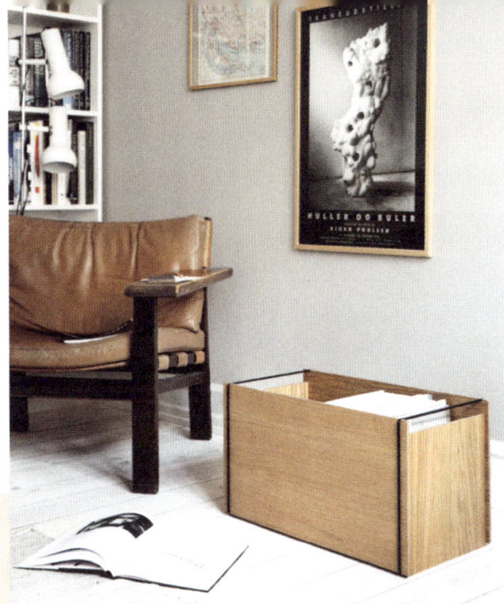

OVERVIEW

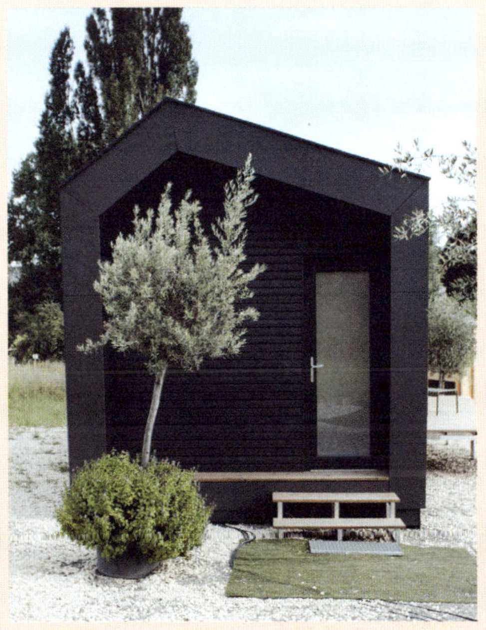

SELECTEDVIEW

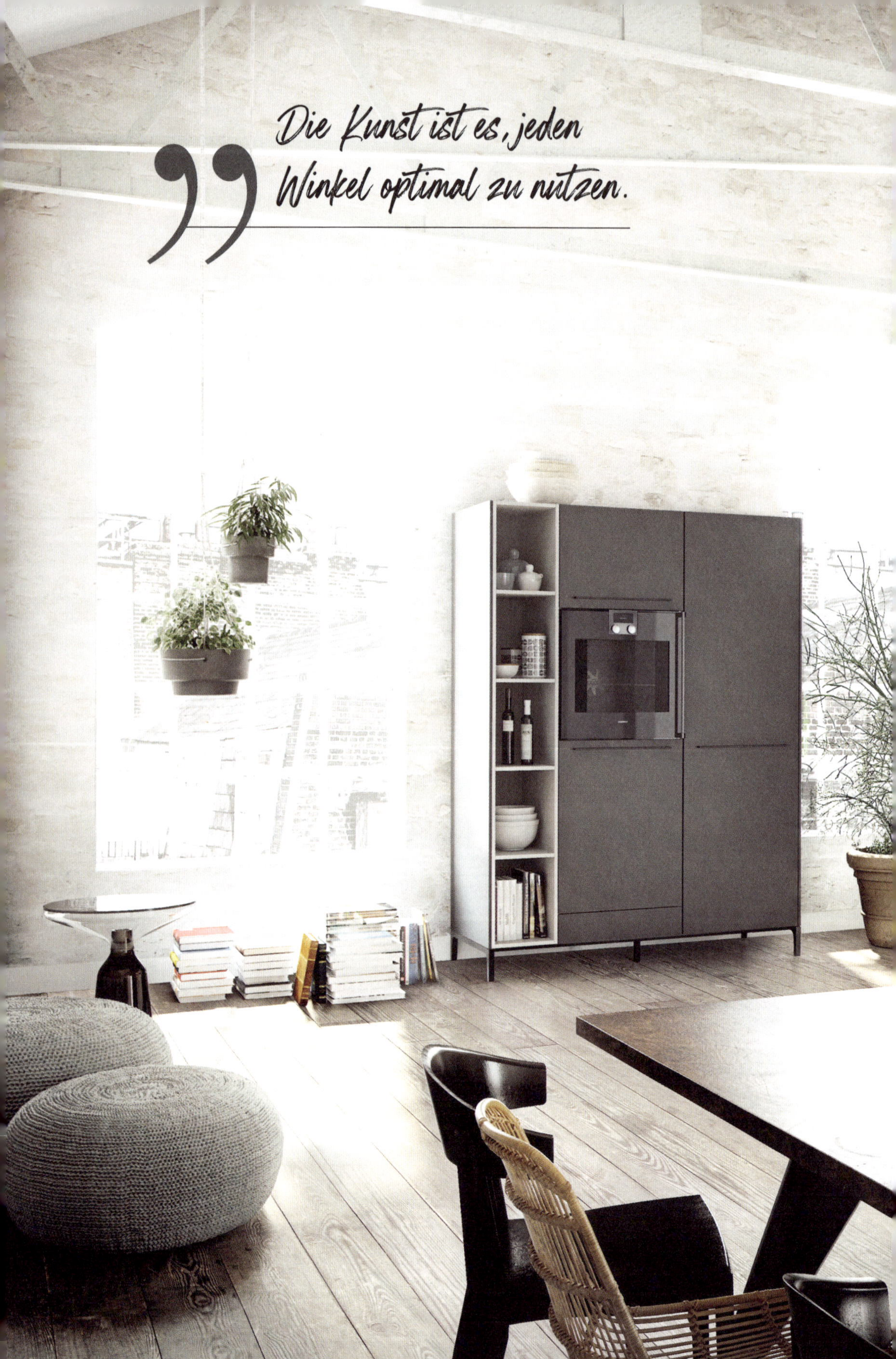
Die Kunst ist es, jeden
Winkel optimal zu nutzen.

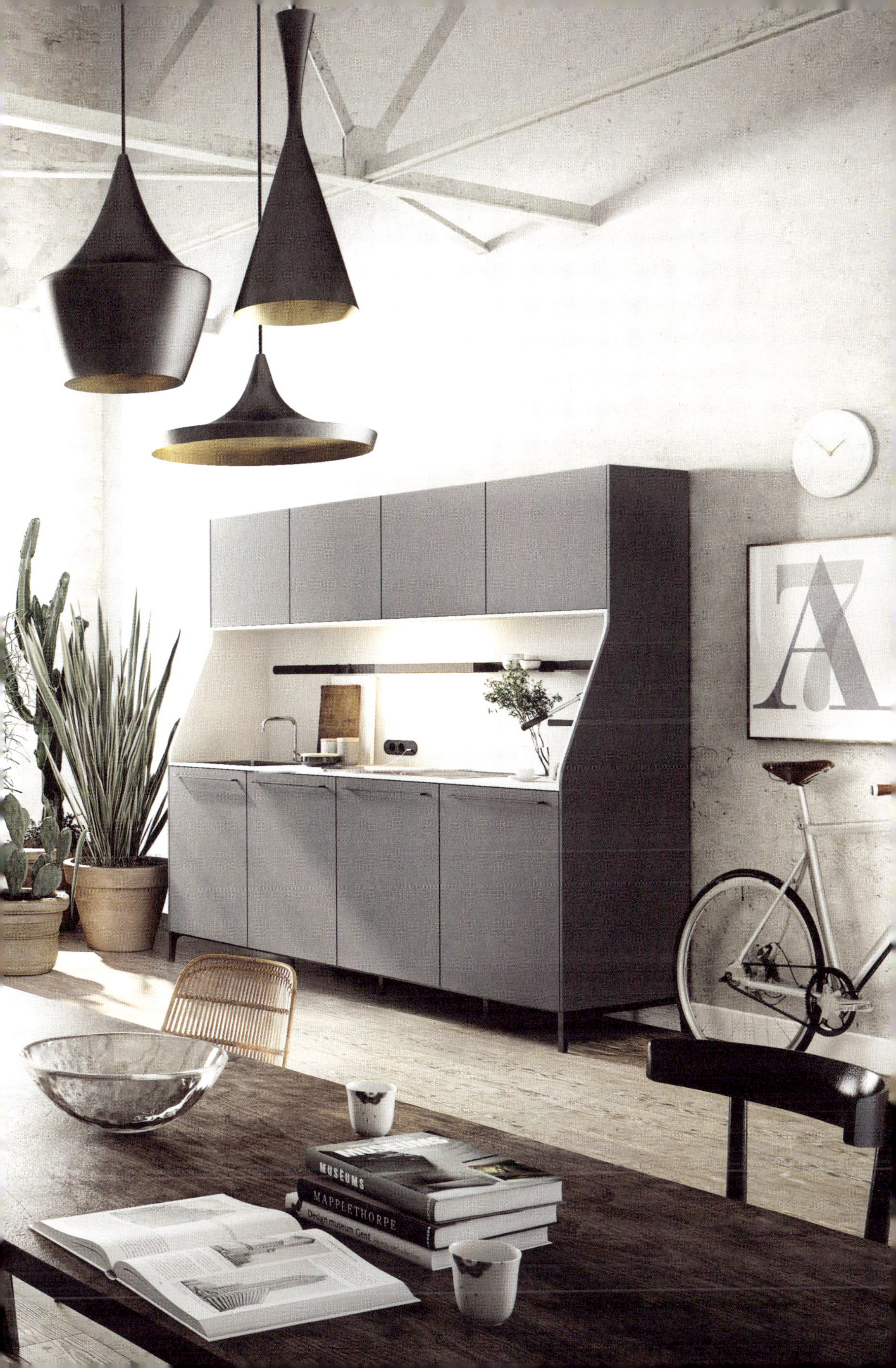
MUSEUMS
MUSEUMS
MAPPLETHORPE
Design museum Gent

LEBEN AUF WENIGEN QUADRATMETERN

Kleine Wohnfläche, viel Lebensqualität

Wie möchten wir in Zukunft wohnen? Oder anders gefragt: Wie viel und welchen Platz brauchen wir wirklich zum Leben? Ein Thema, mit dem sich immer mehr Menschen auseinandersetzen. Denn zum einen wird Wohnraum immer teurer und knapper. Und zum anderen ist ein Umdenken notwendig, um klimaschonender, umweltbewusster und achtsamer zu leben - und dabei zu einem simpleren, ursprünglicheren Dasein zurückzukehren.

Downsizing ist einer der Begriffe, der hier häufig fällt, wenn es ums „Wohnen auf wenigen Quadratmetern" geht. Gemeint ist damit eine Art „Gesundschrumpfung" abseits des allgegenwärtigen Konsumwahns. Eine Reduzierung von Alltagsgegenständen und Interior. Außerdem lassen sich übermäßiger Bedarf und Ressourcenverschwendung allein durch wohnliches Downsizing vermeiden: Wer wenig Platz hat, kann nicht so viel kaufen und verbraucht somit weniger Energie.

Doch was bewegt den Menschen vor allem in Hinblick auf die Zukunft dazu, in ein Tiny Home zu ziehen? Ist es der immerwährende Wunsch von „Weniger ist mehr" - oder sprechen noch mehr als die bereits genannten Faktoren für eine zweckmäßige Verkleinerung? Und: Sind minimalistische, innovative Wohnkonzepte auch alltagstauglich für Familien oder nur für Singles und Paare?

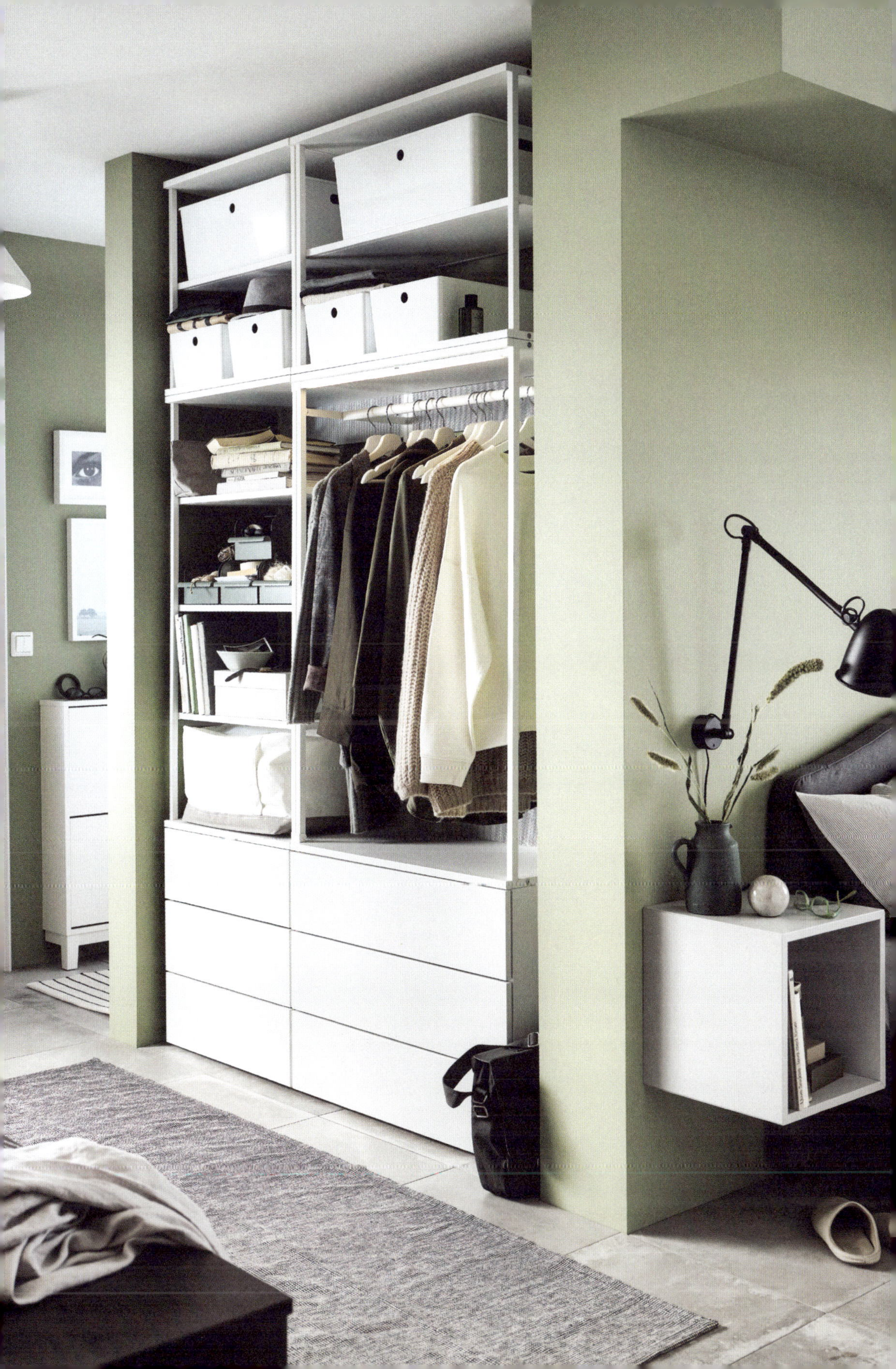

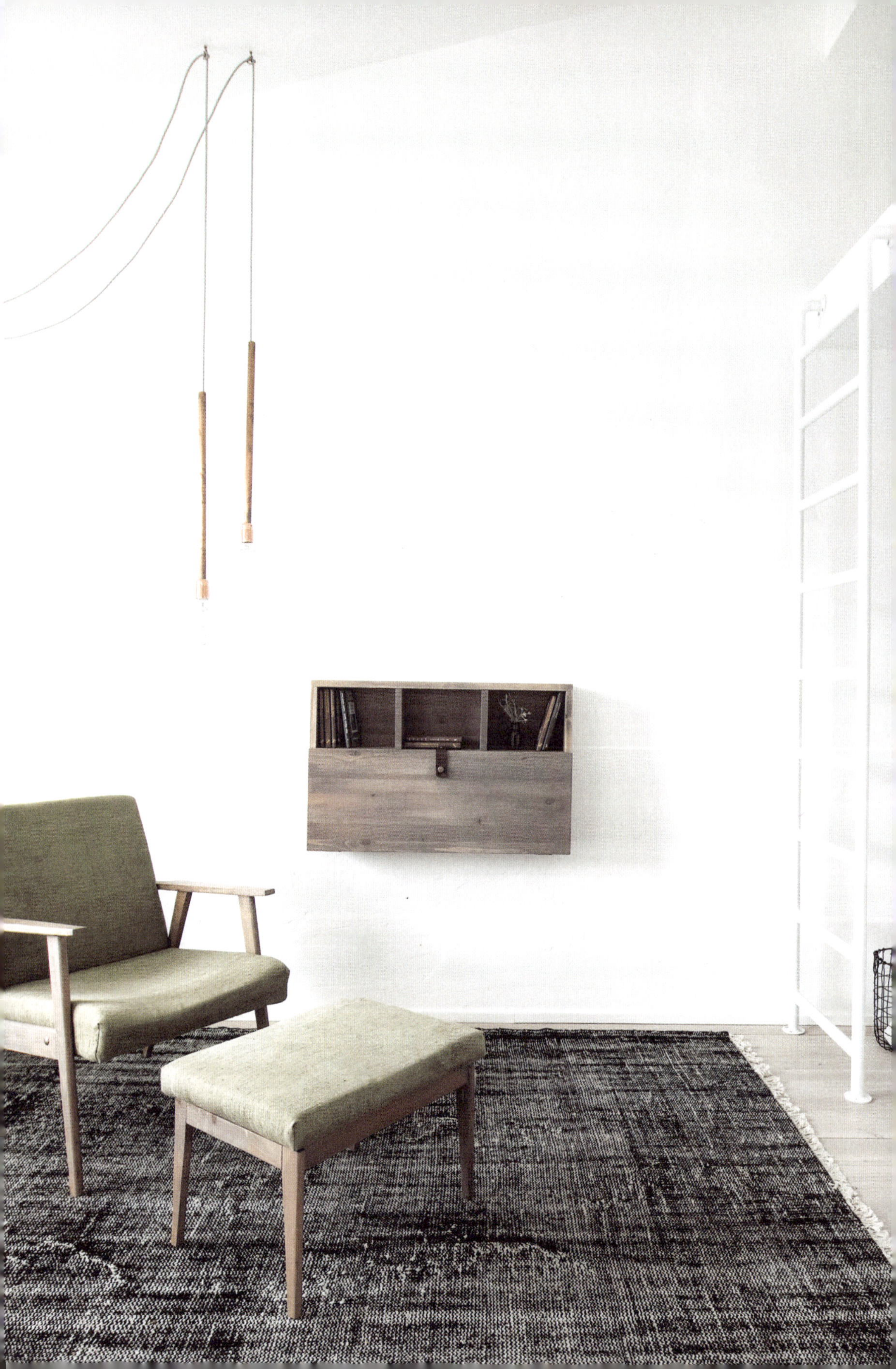

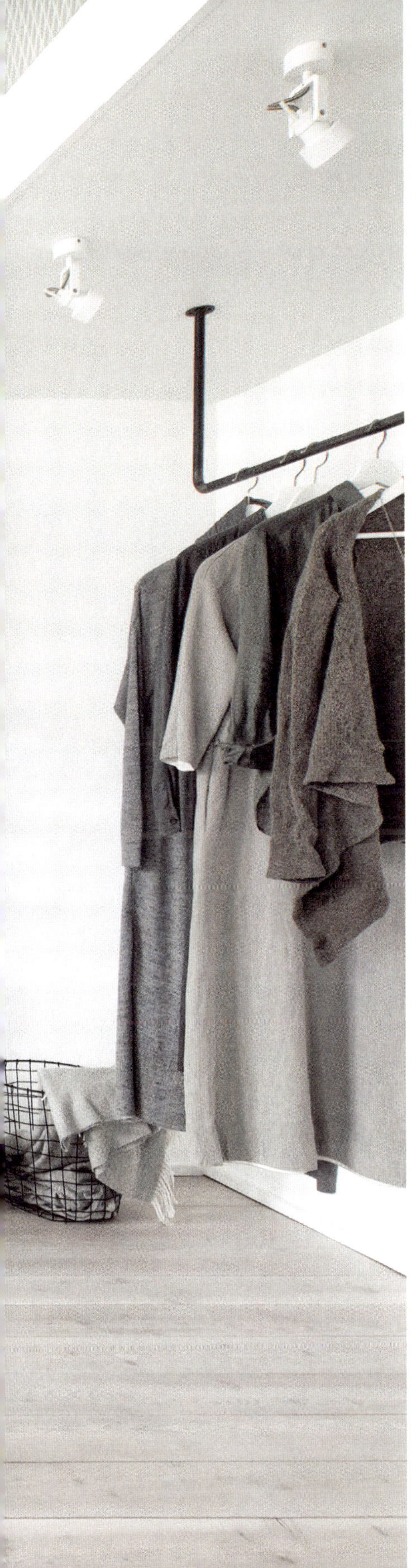

Einige aufschlussreiche Antworten auf diese spannenden Fragen werden Sie definitiv in diesem Buch finden. Darüber hinaus werden Sie erkennen, dass es ganz einfach ist, sehr viel begrenzter zu leben, als sie vielleicht vermutet haben. Und Sie werden sehen, dass Sie dabei nicht auf Ihren persönlichen Einrichtungsstil verzichten müssen.

Die englische Architektin Sarah Susanka schrieb 1997 in ihrem Buch „The Not So Big House – A Blueprint for the Way We Really Live“: „Die Quadratmeterzahl hat fast nichts mit deinem Gefühl von Zuhause-Sein zu tun.“ Sie propagierte darin die Abkehr von großen Wohndimensionen und befeuerte damit den Leitgedanken „Think smaller“, der das amerikanische Tiny House Movement seit seinen Anfängen in den 1990er-Jahren beflügelt.

Seither erobern sich Mini-Refugien mit steigender Tendenz einen festen Platz unter den Wohntrends. Es gibt immer mehr Tiny-Houses-Hersteller für Wohnraum auf Rädern oder auch für feste Standorte. Darüber hinaus haben sich viele Architekten auf die Planung von kleinen Apartments spezialisiert, um vor allem den Menschen in Großstädten mit cleveren Stauraumlösungen individualisierte Wohnkonzepte anbieten zu können.

Letztendlich entscheiden Sie selbst, wie groß Ihr wohnliches Umfeld sein soll. Und auch wenn Sie in keinem Tiny Home wohnen, so werden Sie sicher eines in diesem Buch finden: tolle Wohnideen und clevere Stauraumlösungen, um mehr Platz und Ordnung in Ihren vier Wänden zu schaffen. ■

> *Mehr Raum, mehr Licht, mehr Luft!*

Just SIMPLIFY YOUR LIFE

Marnie und ihre Familie brauchen nicht viel, um ein glückliches Leben zu führen. Das Wenige passt problemlos in ihr lichtdurchflutetes Tiny Home in Sydney.

Marnie und Dan, Ella und die kleine Frankie fühlen sich pudelwohl in ihren 32 Quadratmetern. Auf Instagram @_tinyhaus geben sie vielfältige Einblicke.

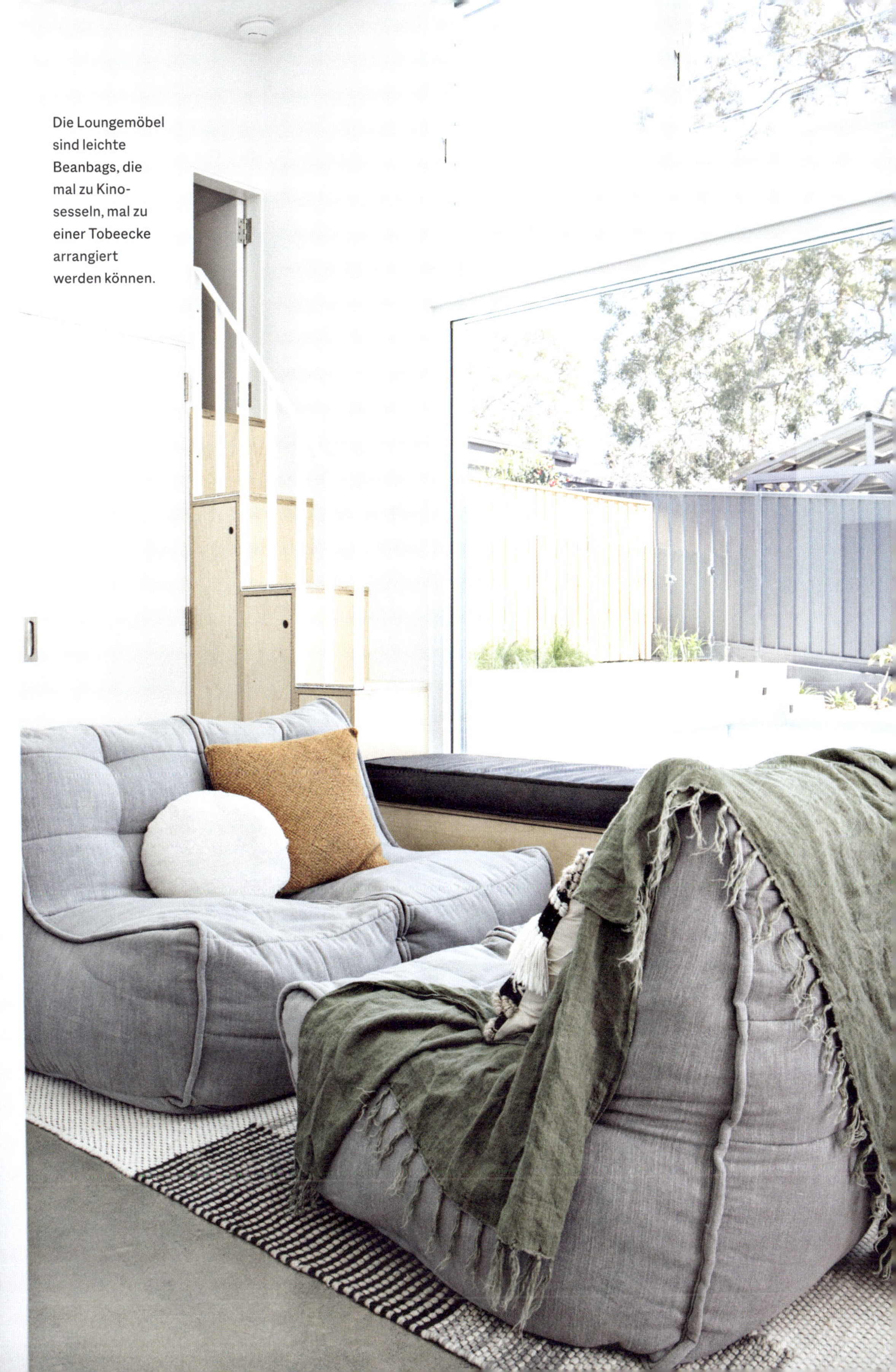

Die Loungemöbel sind leichte Beanbags, die mal zu Kinosesseln, mal zu einer Tobeecke arrangiert werden können.

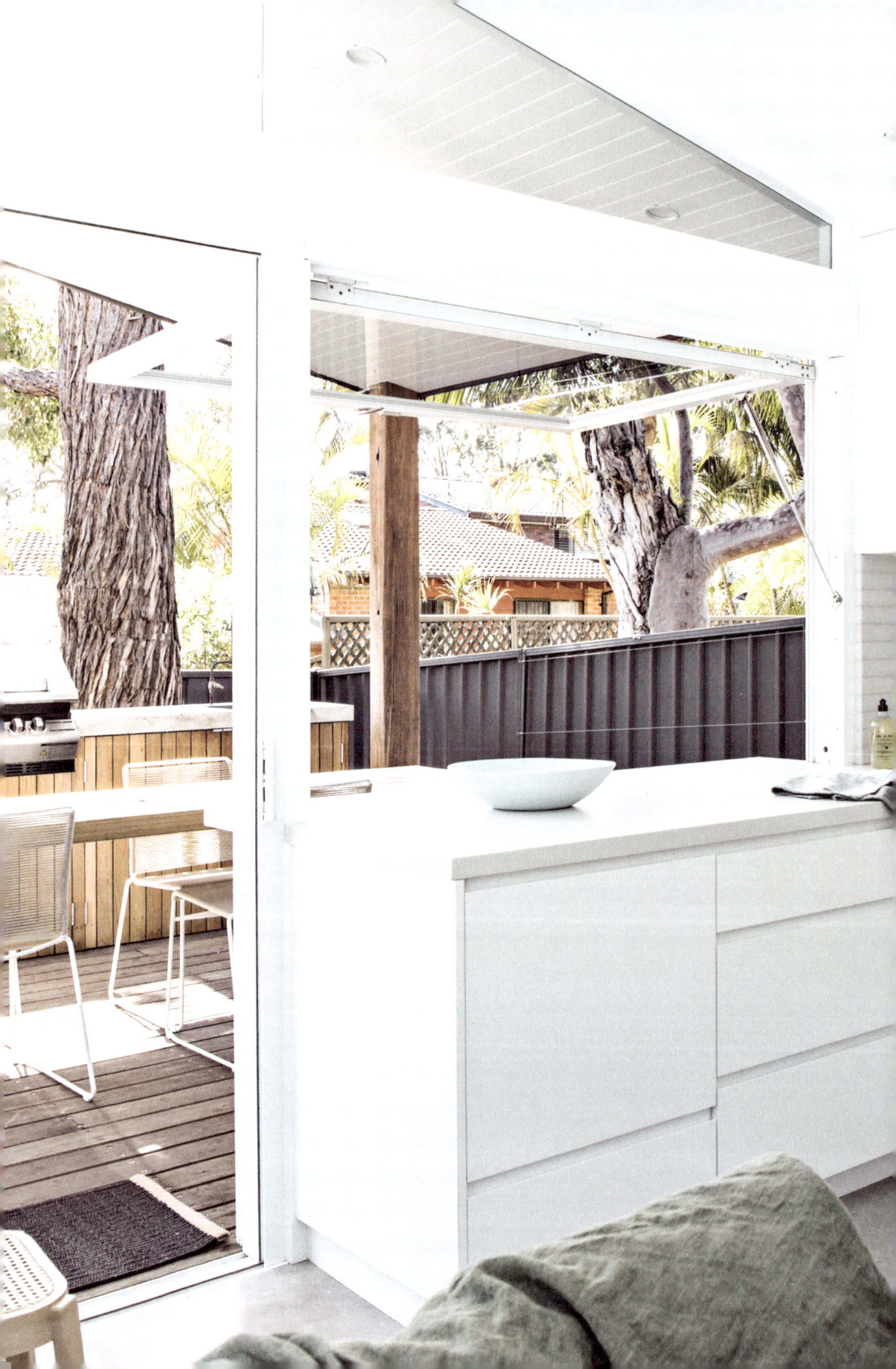

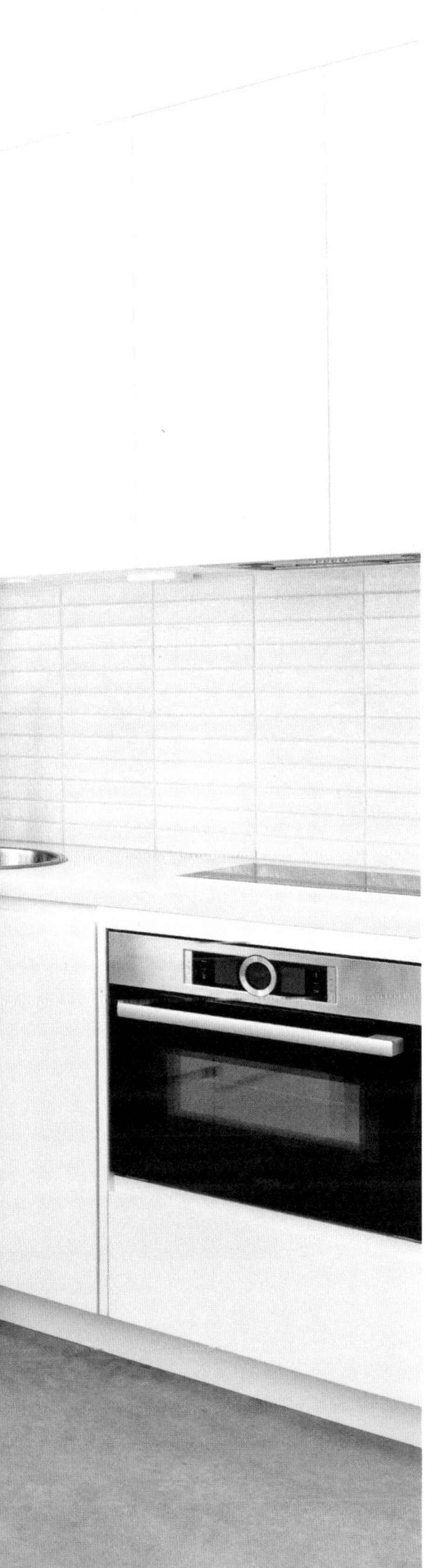

Nach einem Burn-out beschloss Marnie, ihr hektisches Leben umzukrempeln und zu entrümpeln. Bleiben durfte nur, was guttut und notwendig ist. Für weniger Stress und mehr Lebensfreude kündigte die Australierin ihren alten Job und arbeitet heute im Bereich Lifestyle Coaching. Und sie tauschte ein großes Haus mit vielen Besitztümern gegen ein kleines Häuschen mit 32 Quadratmetern. Ihr neues Heim baute die Familie im Garten des alten Hauses, das nun vermietet ist. Ein hoher Zaun trennt die beiden Gebäude voneinander. Ein Pultdach schützt das Tiny House wie auch die angrenzende Terrasse. Viele Fenster lassen die Sonne hinein und bieten schöne Ausblicke ins Freie. Wichtig ist den Bewohnern eine ruhige und entspannte Atmosphäre. Deshalb dominieren helle Farben, warmes Holz und geschlossene Fronten, hinter denen das bunte Hab und Gut verschwindet.

Weil die vier Australier am liebsten im Freien baden, radeln, paddeln, surfen oder campen, öffnet sich ihr neues Zuhause über die gesamte Breite zum Garten. Der wird vor allem vom Pool, von einer Feuerstelle und der Terrasse dominiert. Außerdem ist hier Platz für einen Schuppen, in dem Räder, Boards und andere Utensilien für das Leben im Freien lagern. Ins Haus zog nur ein, was der Familie lieb und teuer ist. Marnie hat keine Probleme damit, ihre Besitztümer zu entrümpeln, schließlich hilft sie beruflich Menschen, die ihr Leben vereinfachen möchten. Vor dem Umzug nahm sich Marnie jeden Raum des alten Hauses vor und sortierte aus. Eltern und Töchter trennten sich von Kleidung und Spielzeug, Möbeln und Küchenaccessoires, Wäsche und Büchern. Auch heute noch geht Marnie ab und zu Schränke und Schubladen durch und guckt, was überflüssig ist. Denn mit einem einfacheren Leben und wenig Gepäck lebt sie einfach besser. ■

Auch in der kleinen Küche ist Platz für Induktionsherd, Backofen und Geschirrspüler – manches in kleinerem Format.

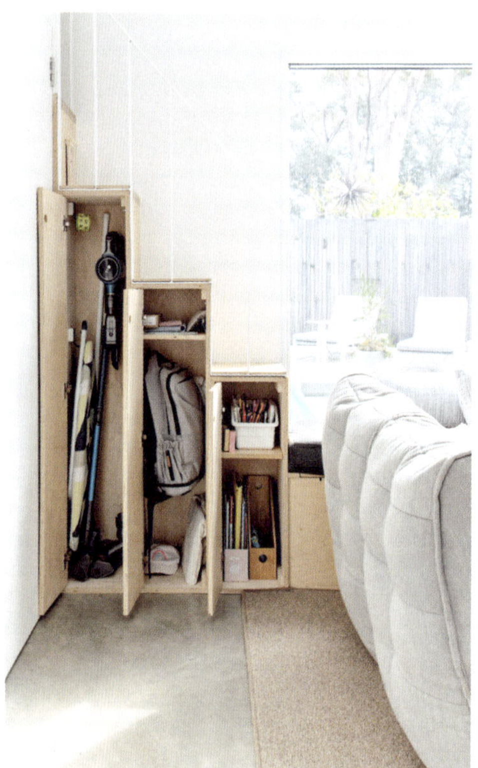

Unter der Treppe ins Kinderzimmer verstecken sich Schränke für Putzsachen, Taschen und Schulbücher.

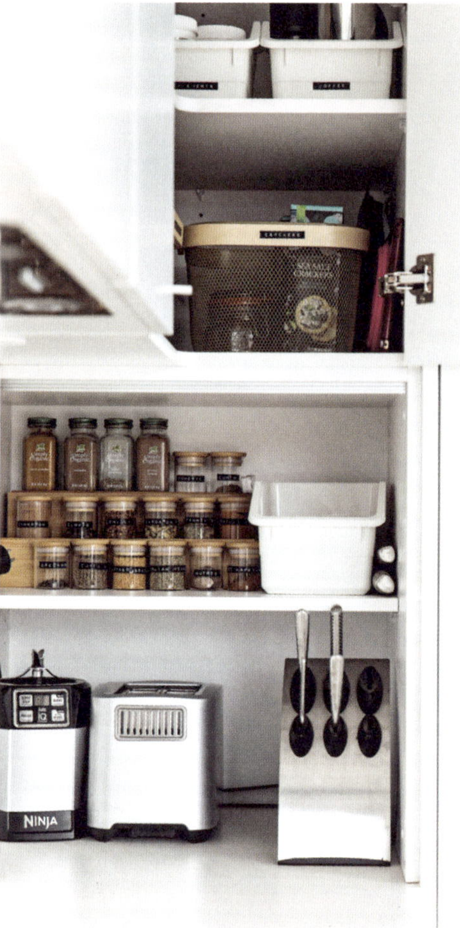

In Marnies Schränken herrscht Ordnung. So ist ausreichend Platz für Notwendiges und alles ist immer griffbereit.

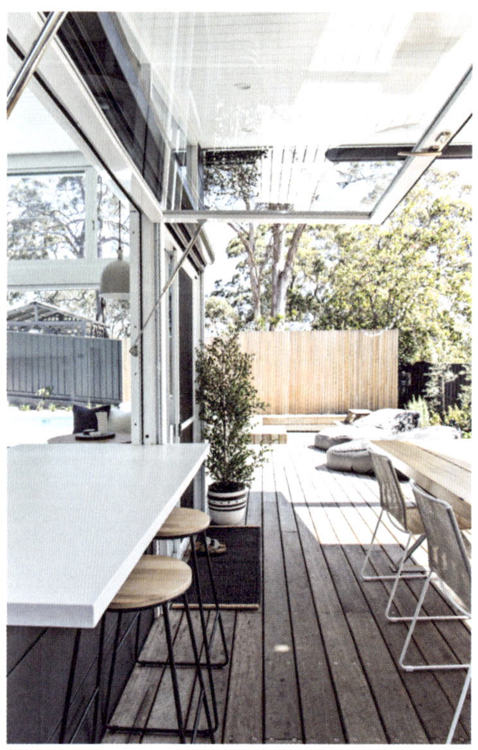

Die Arbeitsplatte der Küche erstreckt sich bis auf die Terrasse und dient hier als Tresen. Das Fenster lässt sich aufklappen.

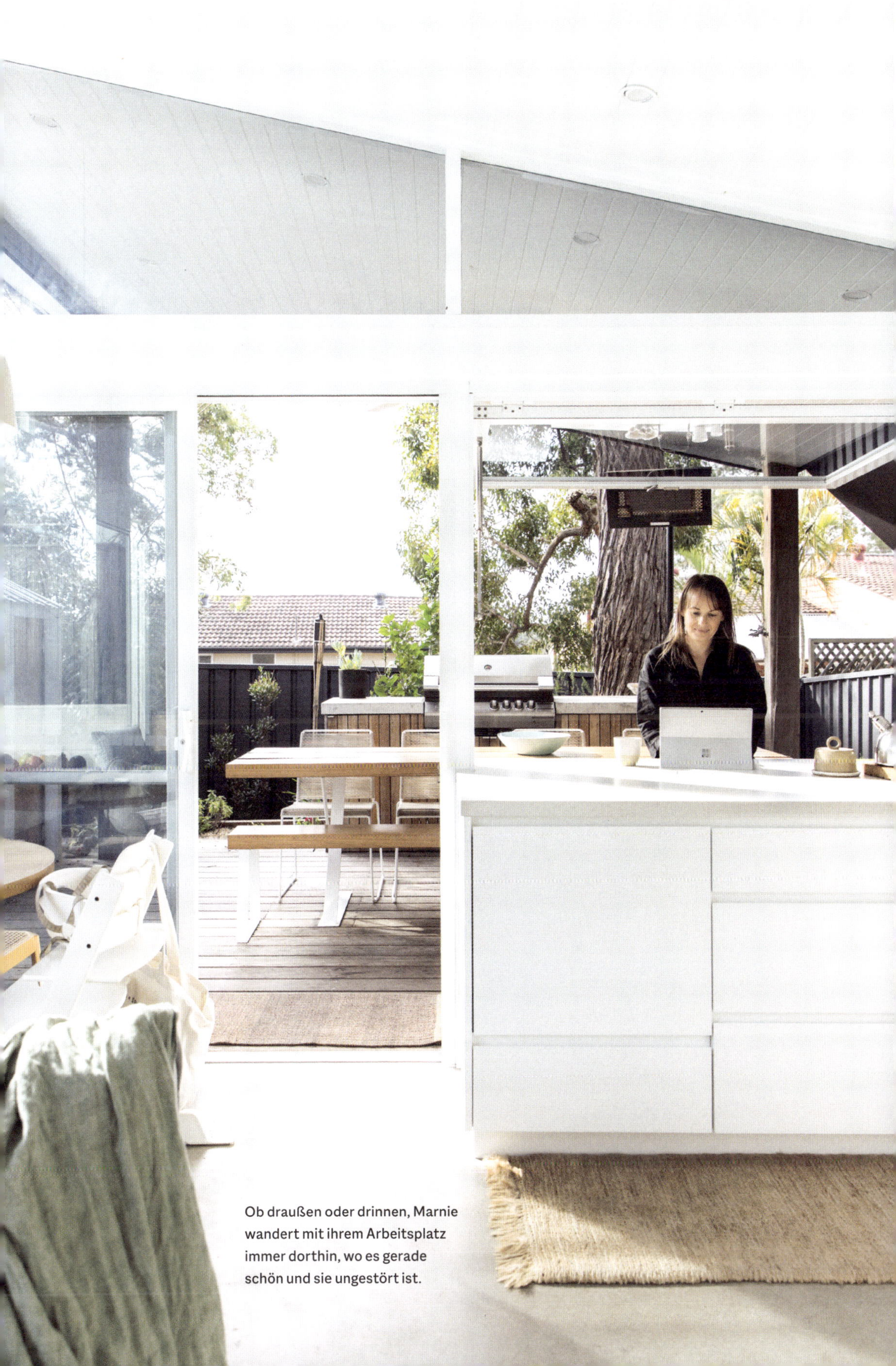

Ob draußen oder drinnen, Marnie wandert mit ihrem Arbeitsplatz immer dorthin, wo es gerade schön und sie ungestört ist.

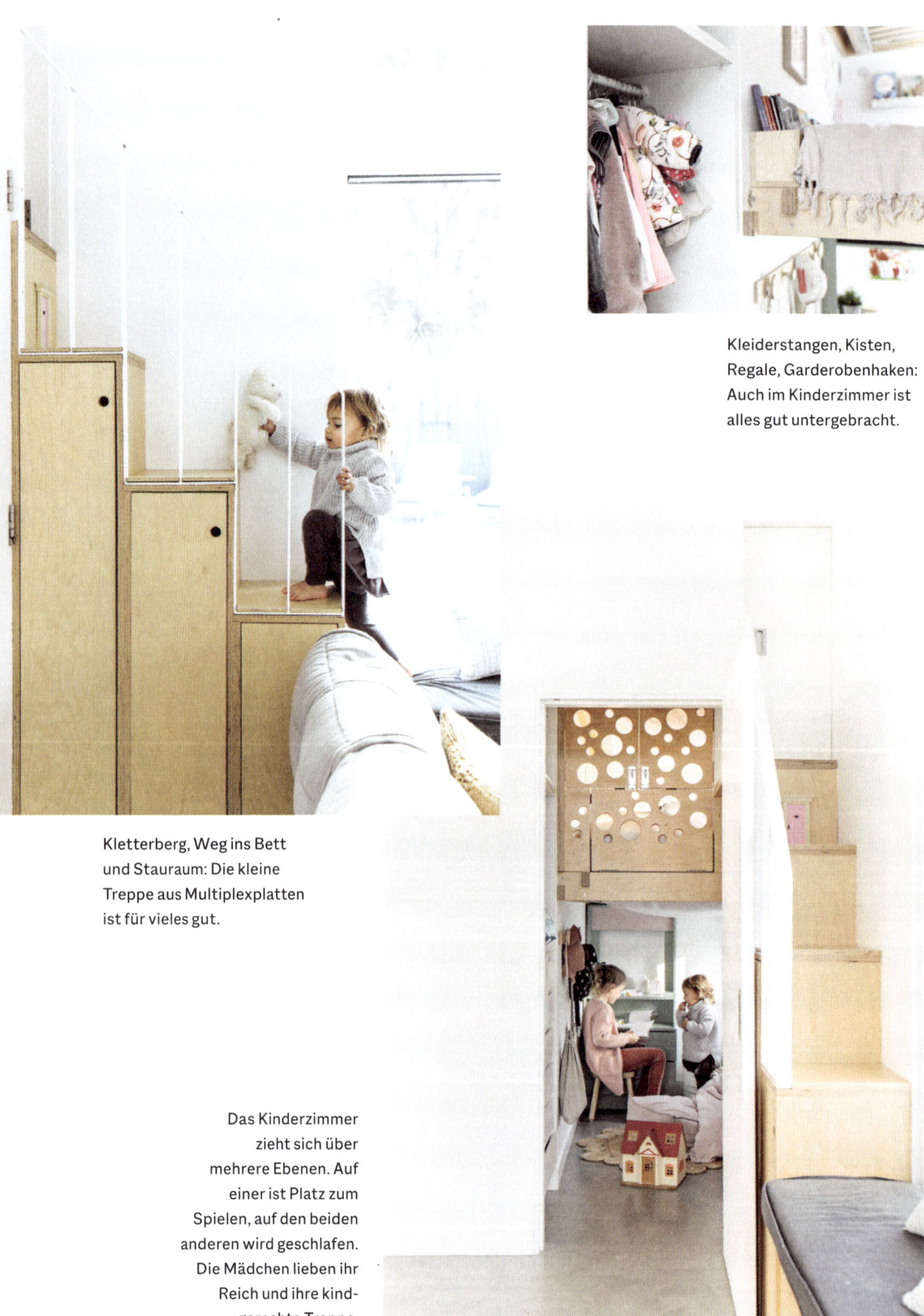

Kleiderstangen, Kisten, Regale, Garderobenhaken: Auch im Kinderzimmer ist alles gut untergebracht.

Kletterberg, Weg ins Bett und Stauraum: Die kleine Treppe aus Multiplexplatten ist für vieles gut.

Das Kinderzimmer zieht sich über mehrere Ebenen. Auf einer ist Platz zum Spielen, auf den beiden anderen wird geschlafen. Die Mädchen lieben ihr Reich und ihre kindgerechte Treppe.

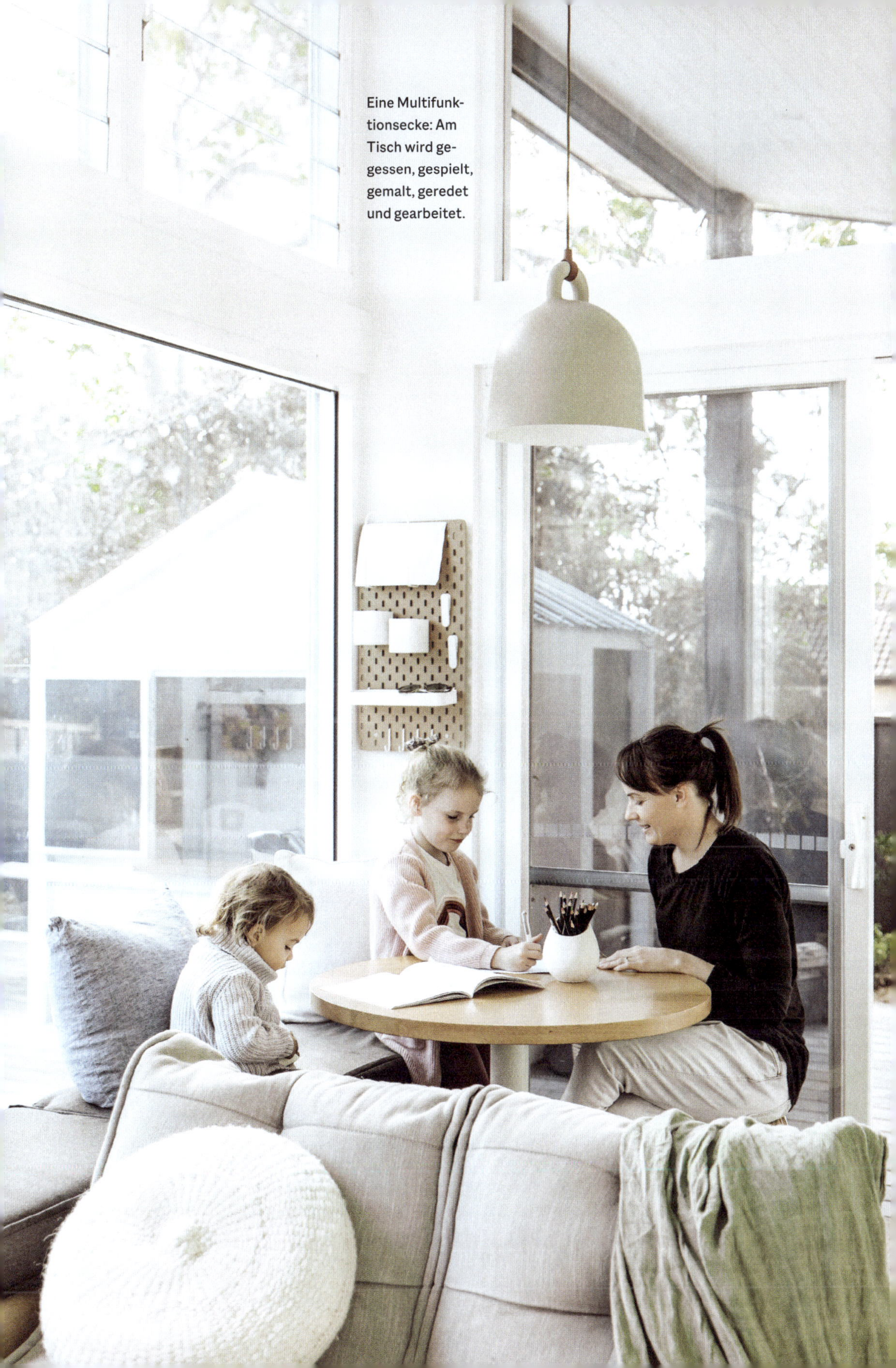

Eine Multifunktionsecke: Am Tisch wird gegessen, gespielt, gemalt, geredet und gearbeitet.

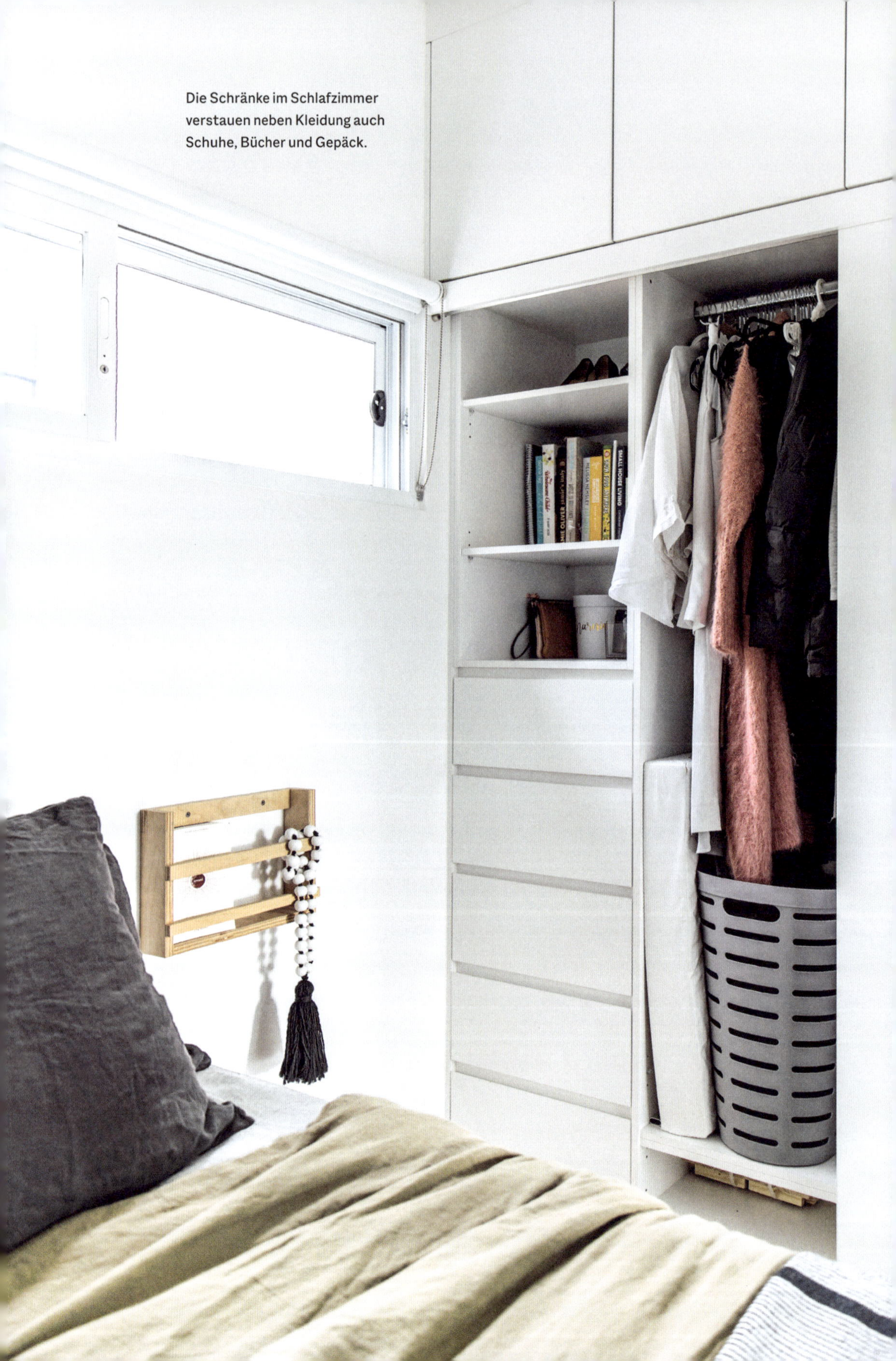

Die Schränke im Schlafzimmer verstauen neben Kleidung auch Schuhe, Bücher und Gepäck.

Richtig praktisch: Die Schmutzwäsche landet im Korb hinter einer eingebauten Klappe.

> Wir alle lieben unser einfacheres Leben.

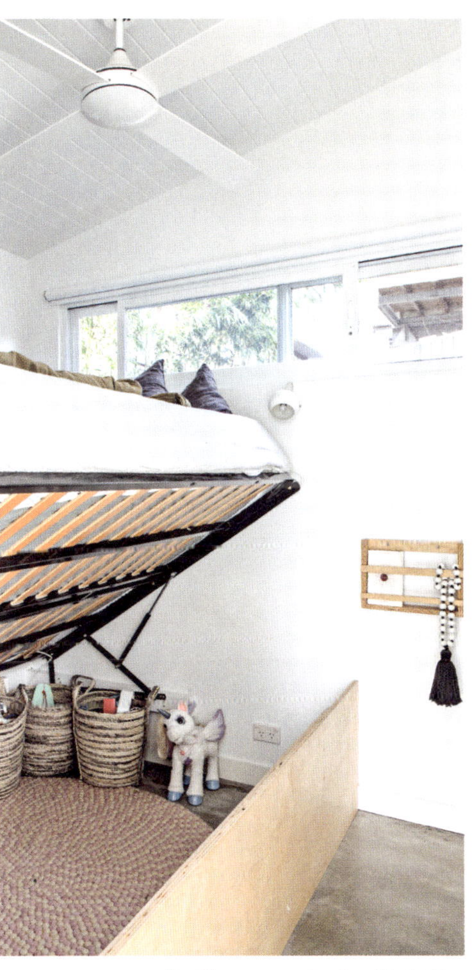

Der Stauraum unter dem Ehebett wurde vorübergehend zur Spielecke umfunktioniert.

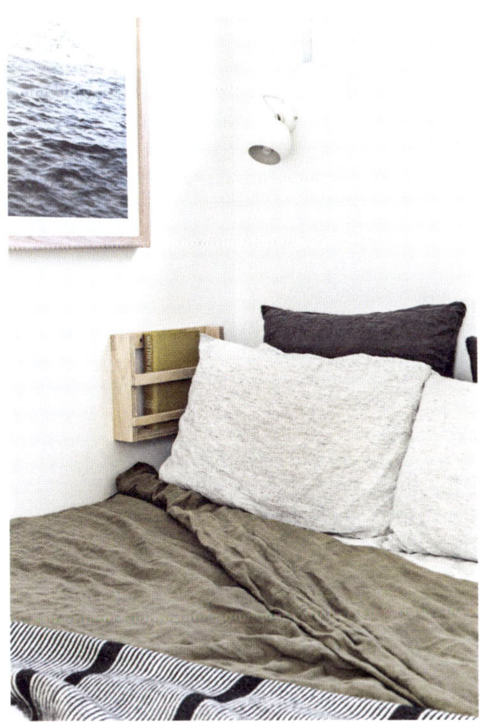

Wenn kein Platz für einen Nachtschrank ist, steckt die Lektüre eben an der Wand im Regal.

Ordentlich AUFBEWAHRT

Wohin mit all den vielen Dingen, die das Talent zum Chaos haben? Gut sortiert und verstaut lassen sie sich bändigen.

Nicht nur die Aufräumexpertin Marie Kondo ist überzeugt: Jedes Ding braucht seinen festen Platz. Und wenn man es konsequent dorthin zurücklegt, ist Ordnung auf einmal ein Kinderspiel. Vorab allerdings steht das große Aufräumen an.

Für Marie Kondo sollte ein Gegenstand Glücksgefühle auslösen, um bleiben zu dürfen. So streng muss man nicht unbedingt sein. Dennoch sollte man seine Besitztümer kritisch durchsehen und mutig ausmisten.

Anschließend geht es ans Sortieren und Wegräumen all der Dinge, die bleiben dürfen. Manche Menschen verstauen alles in beschrifteten Behältern - von der Armbanduhr-Sammlung bis zur Zahnpasta. So weit muss man nicht unbedingt gehen. Aber dennoch ist es clever, große Fächer in kleinere Bereiche zu unterteilen oder leicht herumfliegende Dinge in Körben und Kisten einzufangen. Für Schubladen beispielsweise gibt es Trennwände oder Fächer, die das Innenleben strukturieren. In Regalen und in Schränken machen sich Boxen und Schachteln nützlich, um Gleiches zu vereinen und Unterschiedliches zu trennen. Was täglich gebraucht wird, rückt nach vorne, alles andere bleibt schön im Hintergrund. ■

DIE GUTEN INS TÖPFCHEN
Aufgeräumt im Flur: Unter dem kleinen Hängeschrank darf man auf der Bank Platz nehmen, um die Schuhe zuzubinden. Die hübschen Körbe bewahren Schals und Tücher, Handschuhe und Mützen auf.

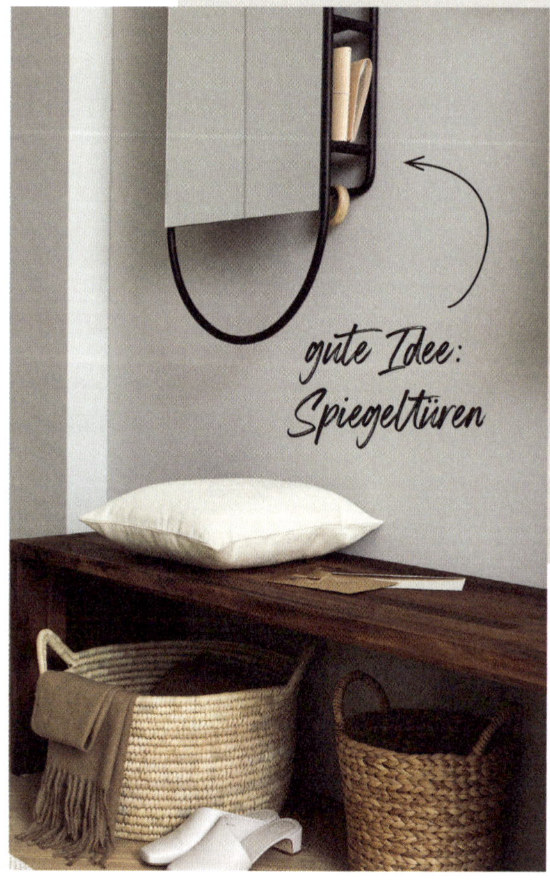

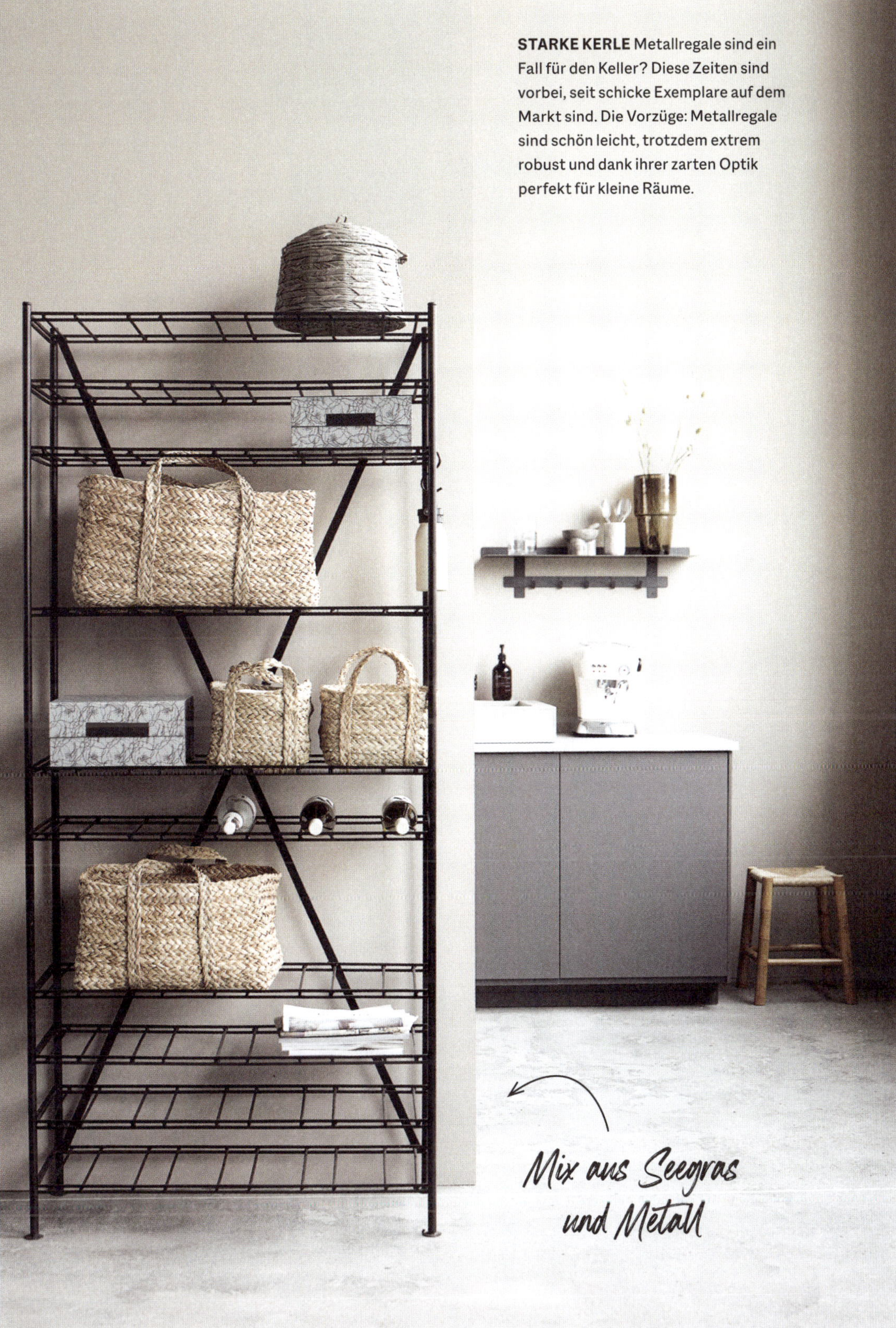

STARKE KERLE Metallregale sind ein Fall für den Keller? Diese Zeiten sind vorbei, seit schicke Exemplare auf dem Markt sind. Die Vorzüge: Metallregale sind schön leicht, trotzdem extrem robust und dank ihrer zarten Optik perfekt für kleine Räume.

Mix aus Seegras und Metall

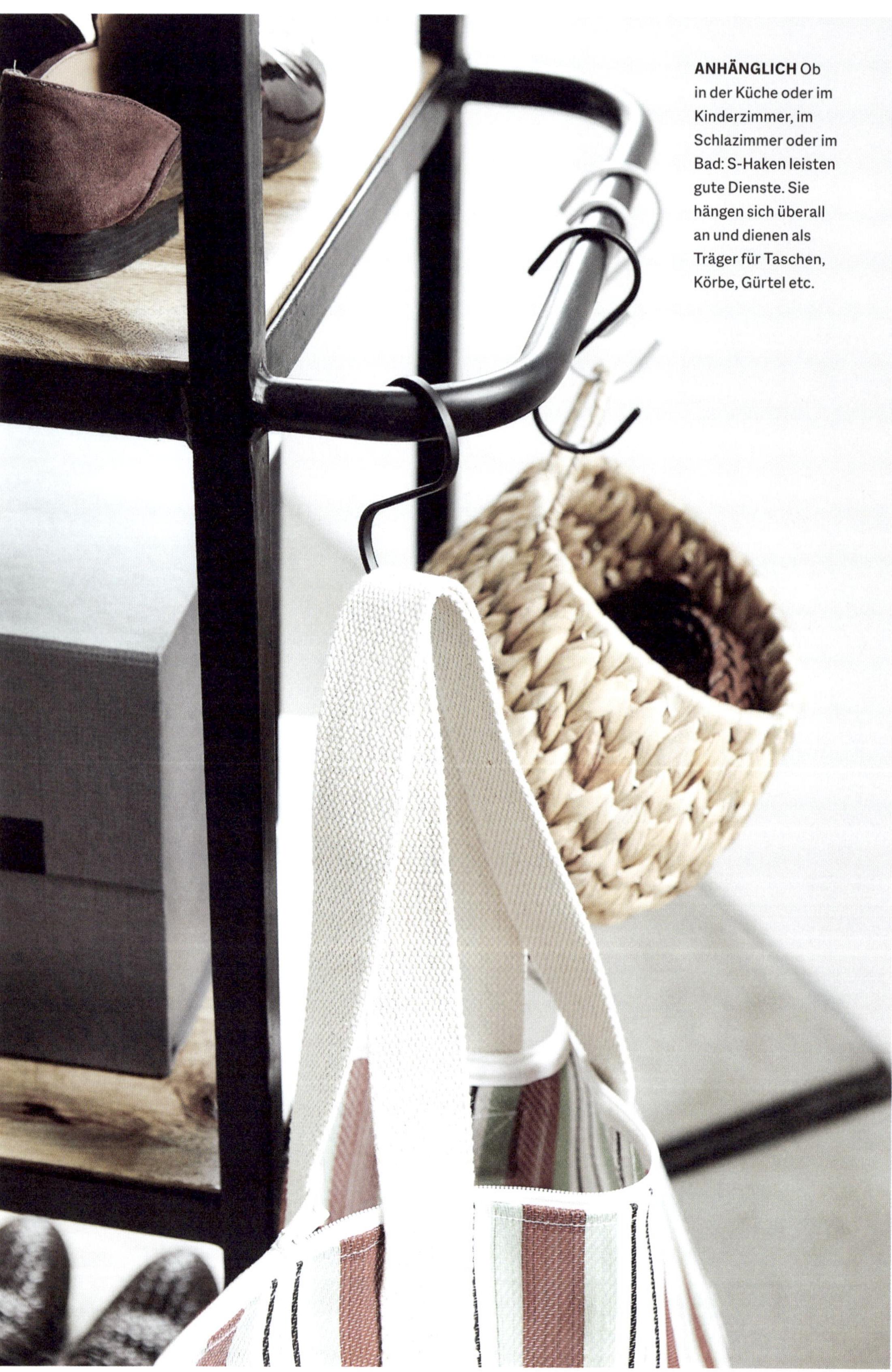

ANHÄNGLICH Ob in der Küche oder im Kinderzimmer, im Schlazimmer oder im Bad: S-Haken leisten gute Dienste. Sie hängen sich überall an und dienen als Träger für Taschen, Körbe, Gürtel etc.

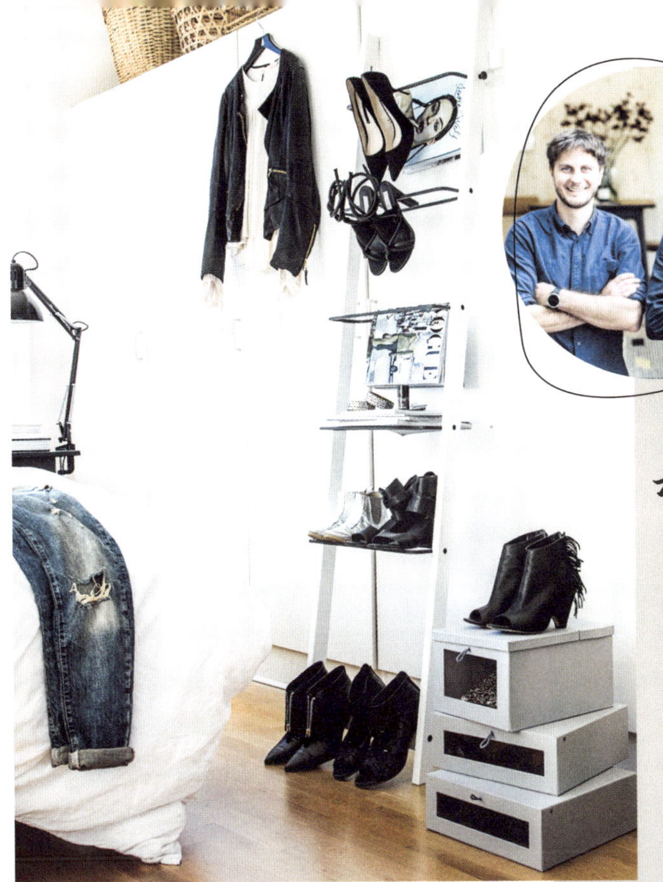

WANDERGESELLE Leiterregale lassen sich überall anlehnen und bieten mehr Ablagefläche, als man denkt.

CABIN ONE

Andreas Rauch und **Simon Becker**, die beiden Gründer von Cabin One, bauen Tiny Houses mit minimalistischem Touch.

Alles eingebaut

Cabin One fertigt kleine Häuser mit nur wenigen Quadratmetern Wohnfläche. Ihre Cabins vermitteln ein überraschend offenes Raumgefühl – aber dennoch steht natürlich nur eine begrenzte Fläche zur Verfügung. Und die will optimal genutzt werden.

Stauraum ist das A und O, denn auch wenn die Bewohner ihre Besitztümer auf ein Minimum reduziert haben, gibt es etliches, was untergebracht werden muss. Cabin One setzt auf Einbauschränke, und zwar in jeder freien Nische: In Ecken, unter der Schlafebene und der Sitzbank verbergen sich Schränke, Fächer und Schubladen. Dank der schlichten Fronten wirkt alles schön aufgeräumt.

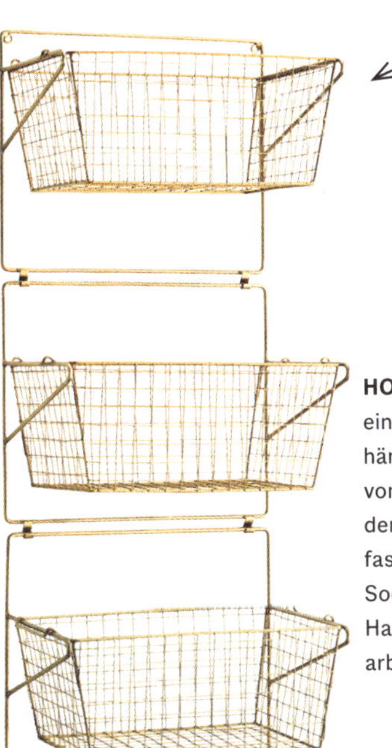

lässt sich erweitern

HOCHGLANZ Wie ein Hauch von Nichts hängen die Metallkörbe von madamstoltz.dk an der Wand. Und dennoch fassen sie enorm viel: Socken oder Spielsachen, Handtücher oder Handarbeitszubehör.

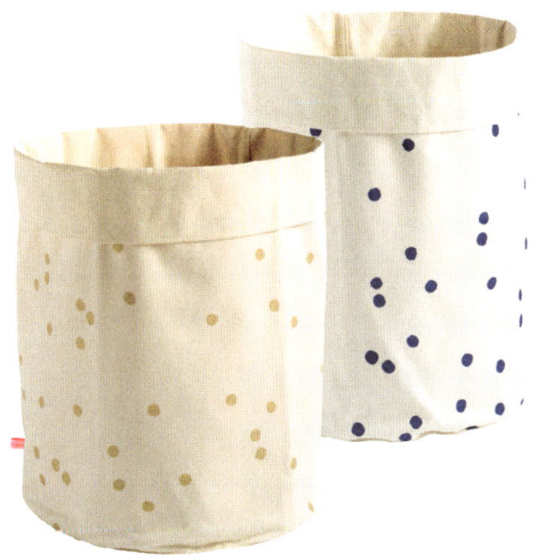

UTENSILOS Viel zu schade, um im Schrank zu verschwinden: die niedlichen Stoffkörbe von lacerisesurlegateau.fr.

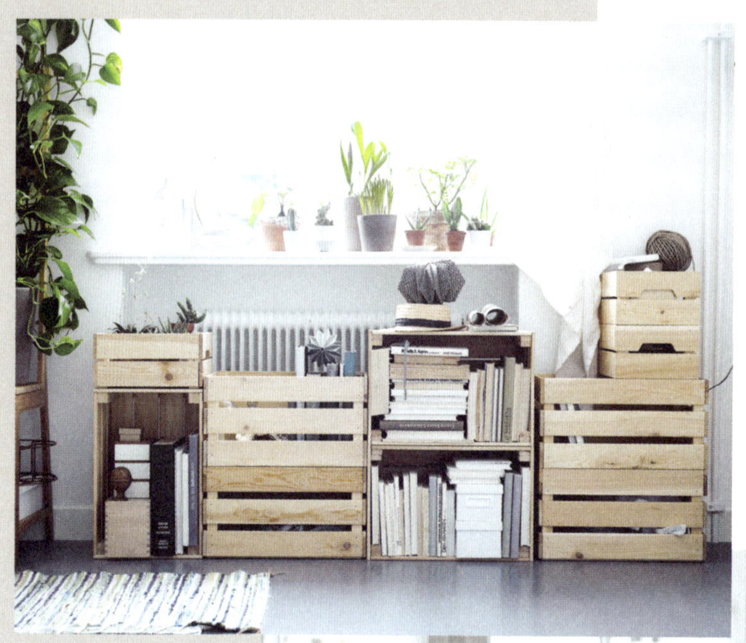

STAPELWARE Zu einer richtigen Regalwand lässt sich die Holzkiste „Knagglig“ von ikea.com schichten. Aber natürlich dienen sie auch in Schränken und unter Bänken, in Regalen und unter dem Hochbett als praktischer Stauraum.

ÜBERALL DABEI Hilfsbereite Faltboxen lassen sich zu bunten Türmen stapeln und nebeneinander im Regal unterbringen. Sie sind im Wohnzimmer genauso praktisch wie im Kinderzimmer. Und sind sie mal nicht im Einsatz, können sie platzsparend gelagert werden. Diese Exemplare sind von aykasa.com.

3 TOLLE TIPPS

Sie sind die besten Freunde der Ordnung und bereit für jede Form der **AUFBEWAHRUNG**: Behälter in allen Formen und Materialien.

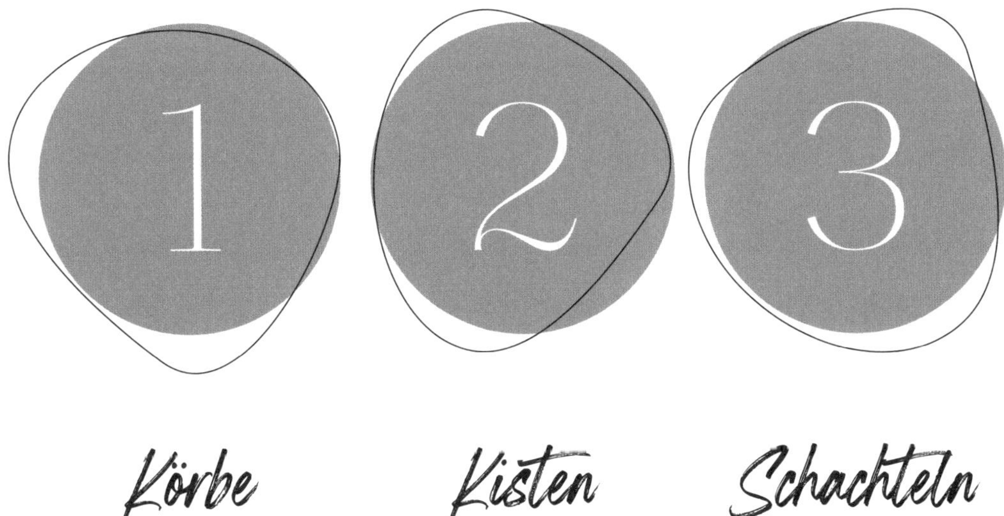

Körbe

Ob für das Picknick oder die Ordnung, ob zum Einkaufen oder zum Ernten: Körbe sind universell nutzbar. Fast so vielfältig wie ihre Einsatzbereiche sind die Materialien und Formen: Die Klassiker werden aus Naturmaterialien geflochten und bringen natürliches Flair ins Zuhause. Metallkörbe wiederum sind stylisch und filigran. Utensilos aus Stoff lassen sich in jede Ecke knautschen. Und Filzkörbe sind überraschend robust und fassen sogar Brennholz. Körbe mit nur einem Griff lassen sich aufhängen, eckige Exemplare sind perfekt für Zeitungen und Magazine.

Kisten

Kisten sind wunderbar unkompliziert. Die eckigen Helfer bewahren einfach alles auf und lassen sich ganz praktisch stapeln. Offene Kisten können höher befüllt werden, aber Exemplare mit Deckel halten zum Beispiel unter dem Bett oder auf dem Schrank den Staub von Handtüchern, Winterjacken und Bettwäsche fern. Hübsche Kisten aus Holz oder Metall lassen sich gruppiert in Regale verwandeln oder auch einzeln als Hängeregale an der Wand befestigen. Klappboxen aus Kunststoff wiederum bringen lässiges Flair und bunte Farben in den Raum.

Schachteln

Schachteln machen sich nicht nur gut als Geschenkverpackungen, sie sind auch hervorragende Ordnungshüter. Ob High Heels oder Sonnenbrillen, Papiere oder Fotos, Büroklammern oder Weihnachtsbaumschmuck – in Schachteln kommen vor allem kleinere oder empfindlichere Gegenstände sicher unter. Manche Exemplare sind aus Holz, die Mehrzahl aber wird aus Karton gefertigt. Wer seinen Schachteln eine individuelle Note verleihen möchte, bemalt sie oder beklebt sie mit hübschem Papier – übrigens eine gute Upcycling-Idee für Schuhkartons.

INT2ARCHITECTURE

JEDES PROJEKT EIN PUZZLE

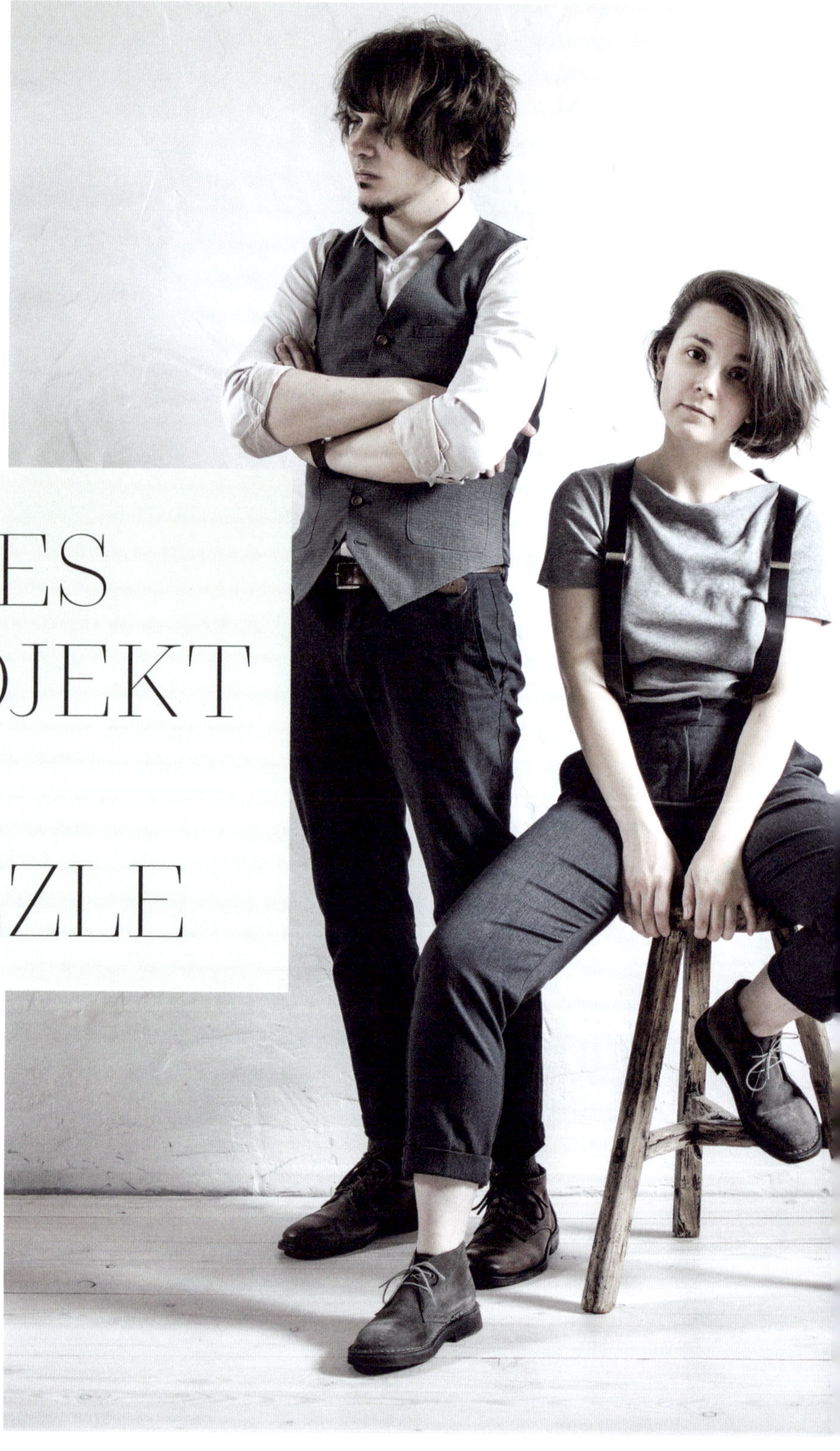

Alexander Malinin und **Anastasia Sheveleva** renovieren öffentliche und private Innenräume in und um Sankt Petersburg herum.

Helle Wände und Holzböden lassen den kleinen Raum offener wirken. Bunte Farbtupfer sorgen für Frische und Fröhlichkeit.

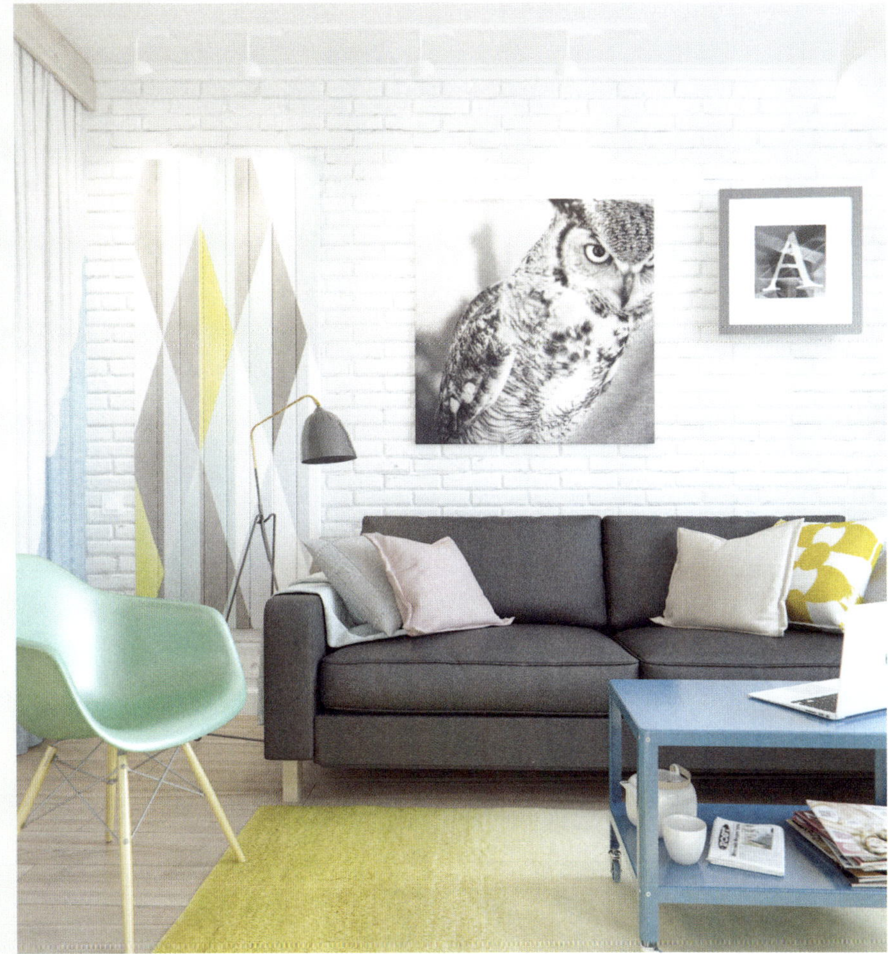

> „Wir suchen immer nach ganz raffinierten Lösungen.

2013 habt ihr INT2architecture gegründet. Habt ihr euch auf einen Bereich spezialisiert?
Wir entwerfen Häuser für private Kunden, machen aber vor allem Interior Design. Ob altes Landhaus oder Industriegebäude, es ist spannend, renovierungsbedürftigen Gemäuern neues Leben einzuhauchen. Wir lieben die Freiheit, mit Kunden zusammenzuarbeiten, die uns interessante und aufregende Aufträge liefern. Es ist so schön, am Ende dann das Resultat unserer Arbeit zu sehen und eine tolle Rückmeldung von den Bewohnern zu bekommen. Dieses Feedback ist sehr wertvoll für unseren Workflow.

Mit eurer Arbeit gewinnt ihr einen Preis nach dem anderen. Woher kommt die Inspiration für diese ausgezeichneten Ideen?
Wir arbeiten nicht wie Künstler, die eine leere Leinwand mit Ideen füllen. Wir bekommen von unseren Kunden etliche Vorgaben, wir stehen in den Räumen, die ja schon existieren, und müssen hier jeweils die bestmögliche Lösung für die Situation vor Ort finden. Das ist eher wie ein Puzzle, das es zu lösen gilt.

Gerade in kleinen Wohnungen und Räumen gibt es kniffelige Puzzleteile, oder? Was sind die Herausforderungen?
Die größte Herausforderung ist immer, einen Kompromiss zu finden. Einen Kompromiss zwischen dem, was der Kunde braucht, und der Ästhetik. In Tiny Homes zählt jeder Zentimeter. Es kommt darauf an, die Art, wie Menschen wohnen, zu überdenken. Wir müssen ganz neue Lösungen finden – für die alltägliche Routine oder für das Wohnen überhaupt. Das ist übrigens auch das, was wir am meisten daran lieben, kleine Wohnungen zu planen und zu gestalten: Dieser Platzmangel führt immer zu ganz unerwarteten, aber genialen neuen Lösungen.

Was sind eure Tipps für Menschen, die sich in kleinen Räumen einrichten?
Denk darüber nach, was du wirklich brauchst. In ein Tiny House sollten nur Dinge einziehen, ohne die du nicht leben kannst. Wenn du weißt, worauf du auf keinen Fall verzichten kannst, ist das der Startpunkt für die Planungen. Wie kannst du das, was du besitzt und was du tun möchtest, auf diesen wenigen Quadratmetern unterbringen? ■

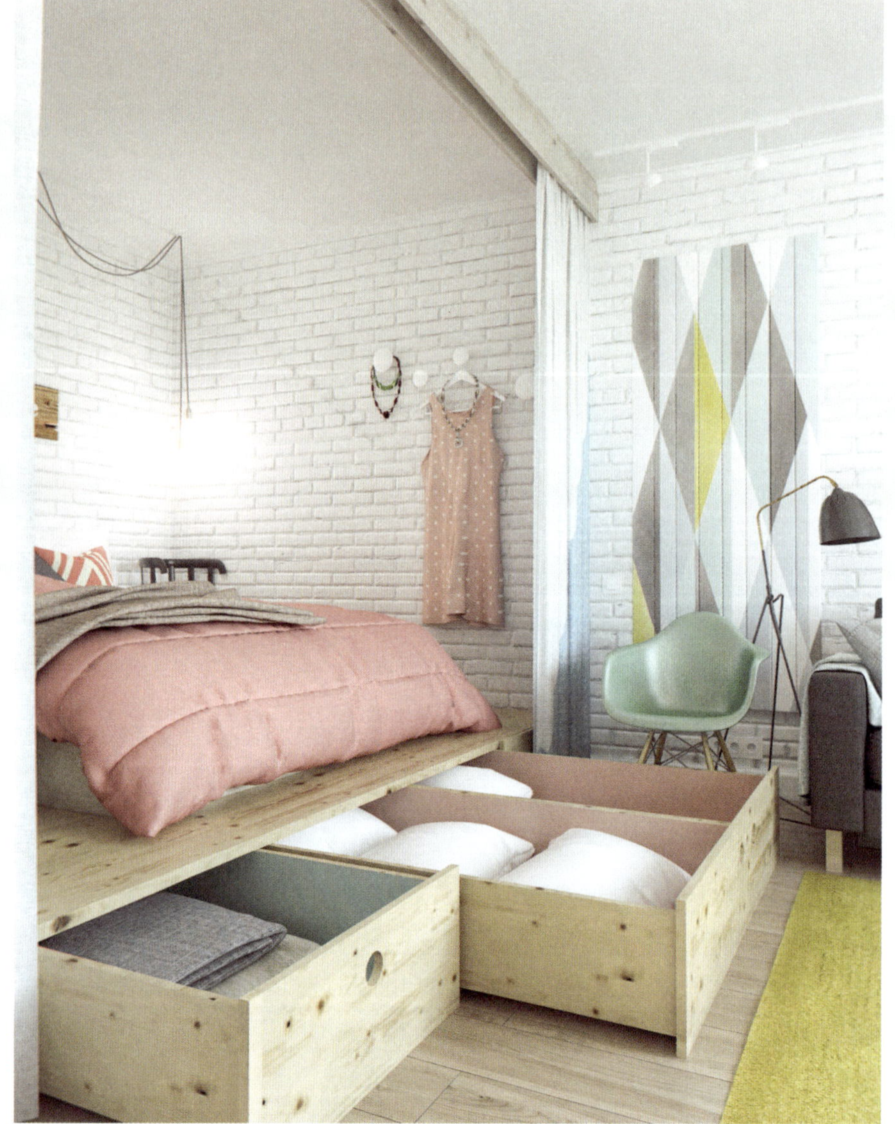

Apartment no 1

Dieses Podest dient nicht nur als optische Abgrenzung des Schlafzimmers, darunter verbirgt sich auch jede Menge Stauraum für sperrige Gegenstände.

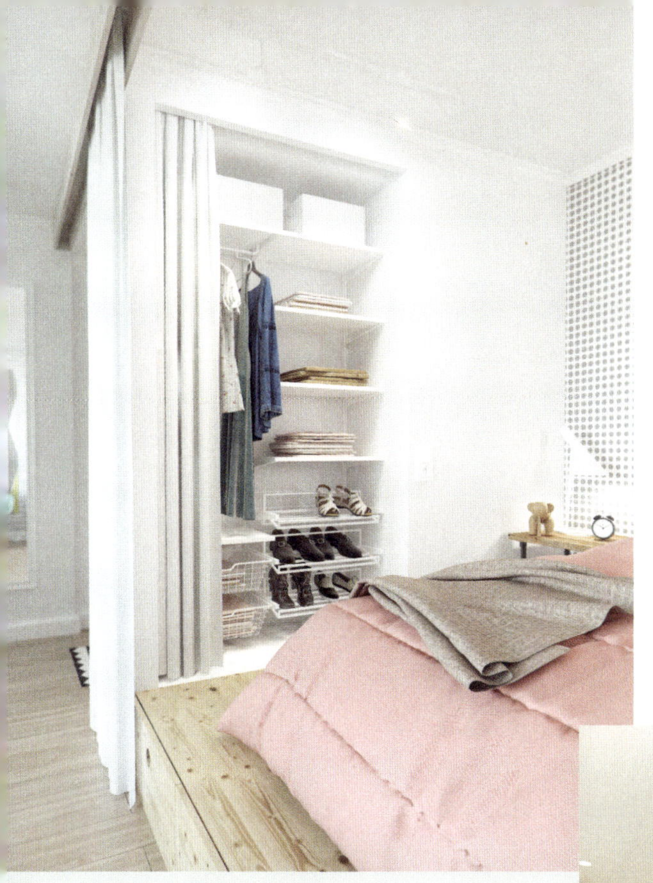

Vorhang auf für den Kleiderschrank: In der Trennwand zwischen Flur und Schlafzimmer verbirgt sich Stauraum – und zwar von beiden Seiten.

Weiße Wände und Deckenspots lassen diesen schmalen, fensterlosen Eingangsbereich heller wirken.

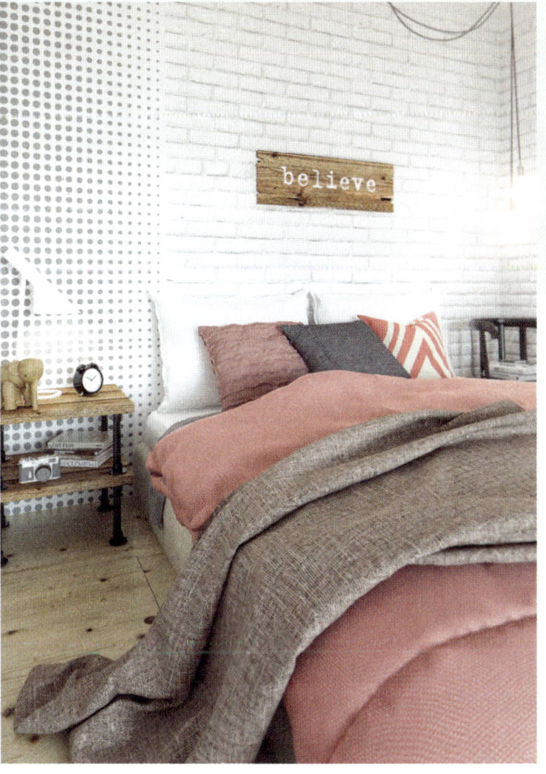

Zierliche Tische funktionieren genauso gut wie kompakte Nachtschränkchen, wirken aber wesentlich leichter.

Der Küchentresen bietet nicht nur einen Essplatz, sondern auch wertvollen Stauraum und sogar ein Weinregal.

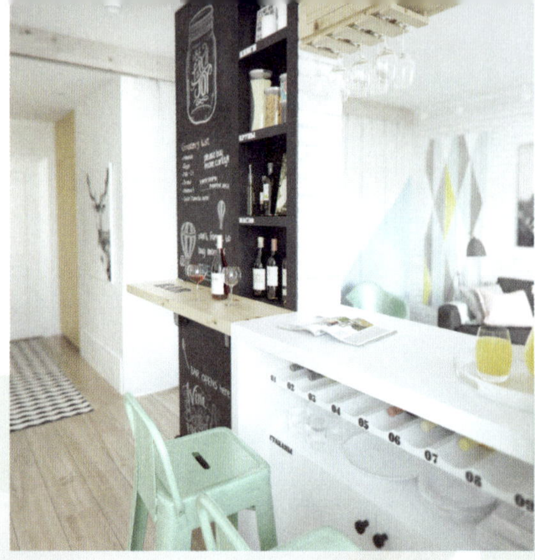

Die Rückwand des Küchenregals wird mit schwarzer Tafelfarbe zur Kreativzone.

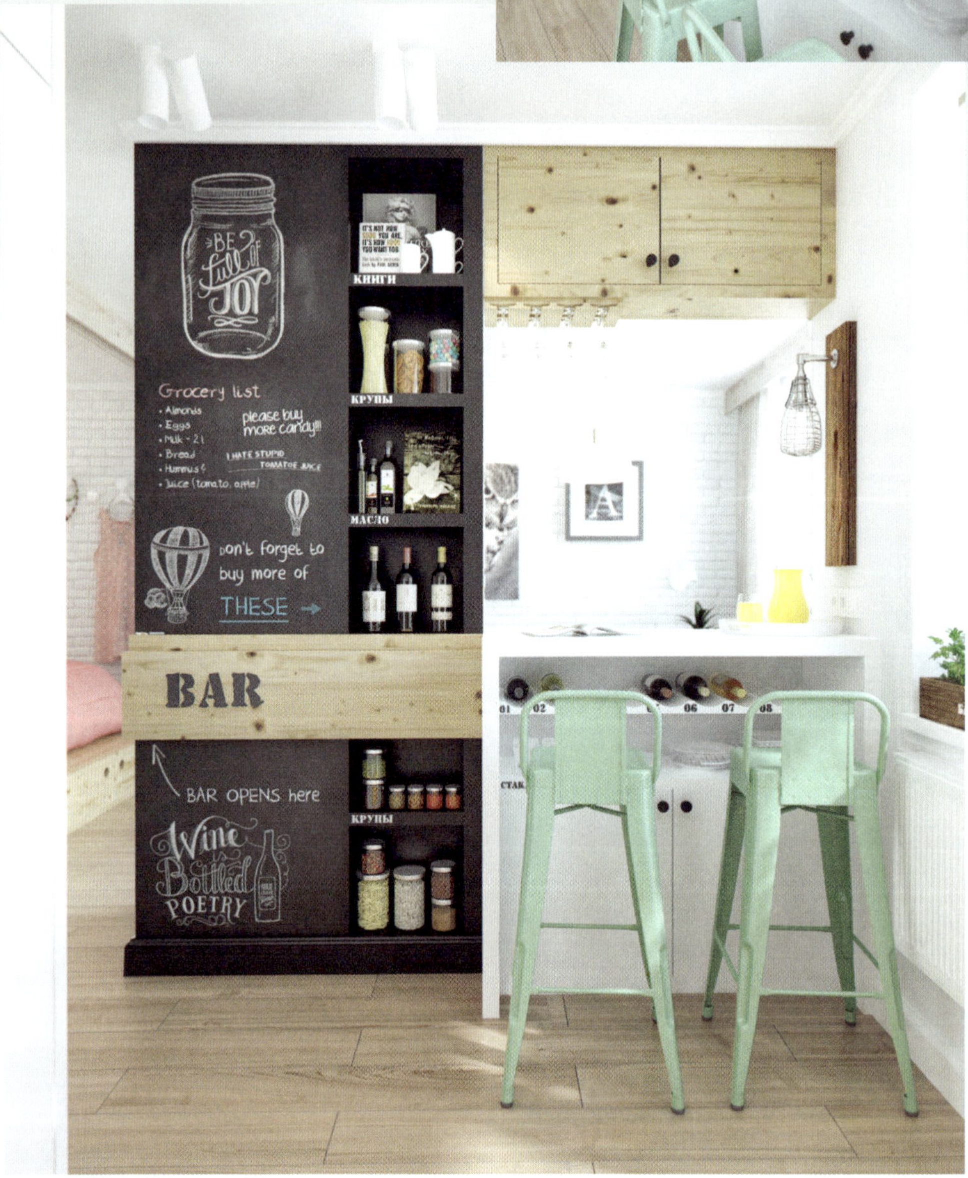

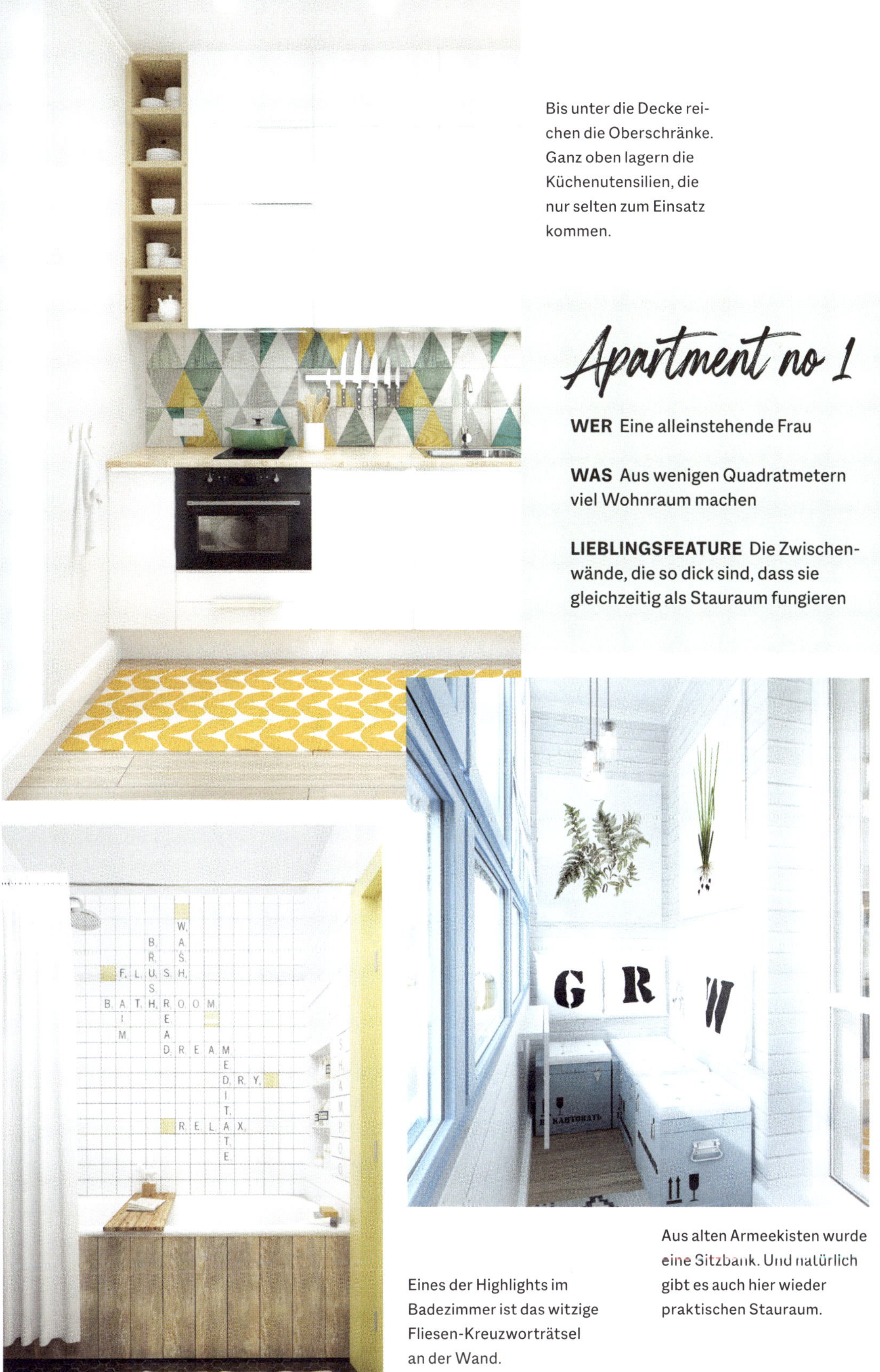

Bis unter die Decke reichen die Oberschränke. Ganz oben lagern die Küchenutensilien, die nur selten zum Einsatz kommen.

Apartment no 1

WER Eine alleinstehende Frau

WAS Aus wenigen Quadratmetern viel Wohnraum machen

LIEBLINGSFEATURE Die Zwischenwände, die so dick sind, dass sie gleichzeitig als Stauraum fungieren

Eines der Highlights im Badezimmer ist das witzige Fliesen-Kreuzworträtsel an der Wand.

Aus alten Armeekisten wurde eine Sitzbank. Und natürlich gibt es auch hier wieder praktischen Stauraum.

Dank eines Beamers wird die Schiebetür zur Leinwand im heimischen Kino.

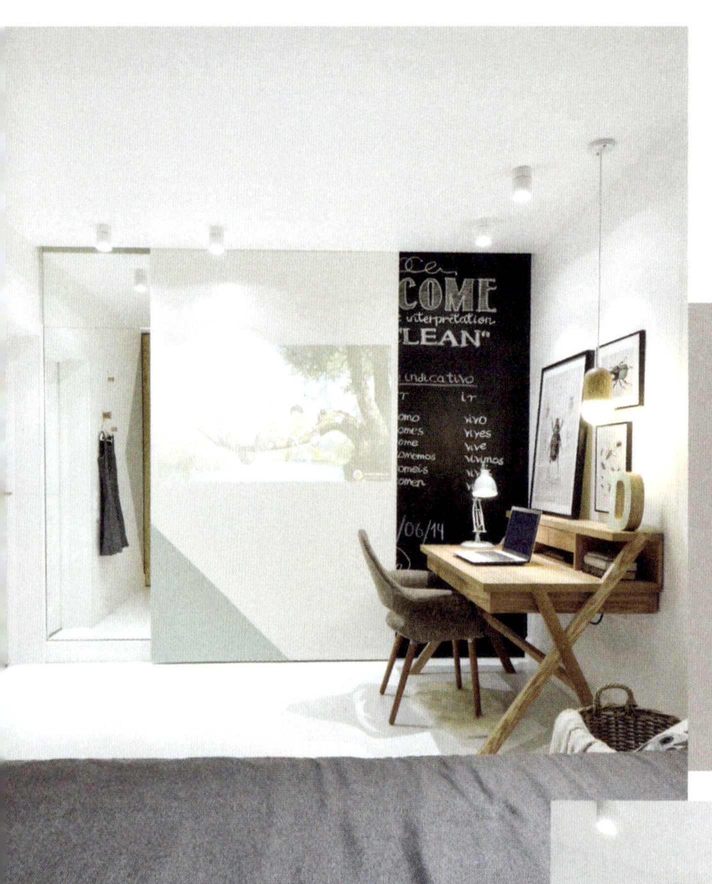

Apartment no 2

WER Ein Zimmer für einen Teenager

WO In der Wohnung der Familie

WAS Auf wenig Fläche unterschiedliche Funktionen in coolem Design

LIEBLINGSFEATURE Die multifunktionale Box

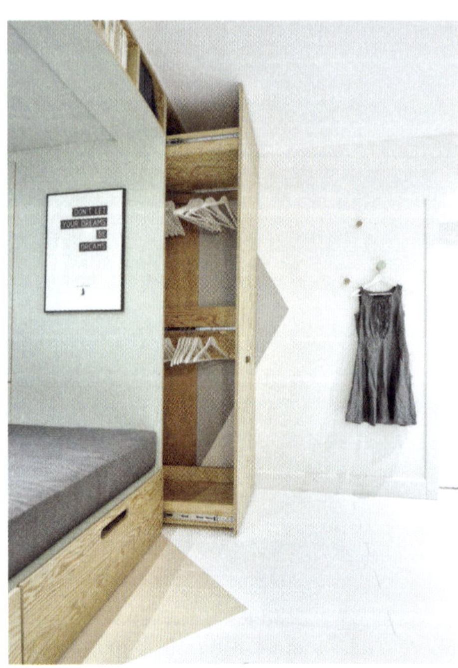

Auf kleinen Rollen gleitet das Fach mit den Kleiderstangen ganz sanft aus seiner Versenkung.

Statt etlicher kleiner Möbel gibt es in diesem Raum jetzt nur noch wenige Elemente.

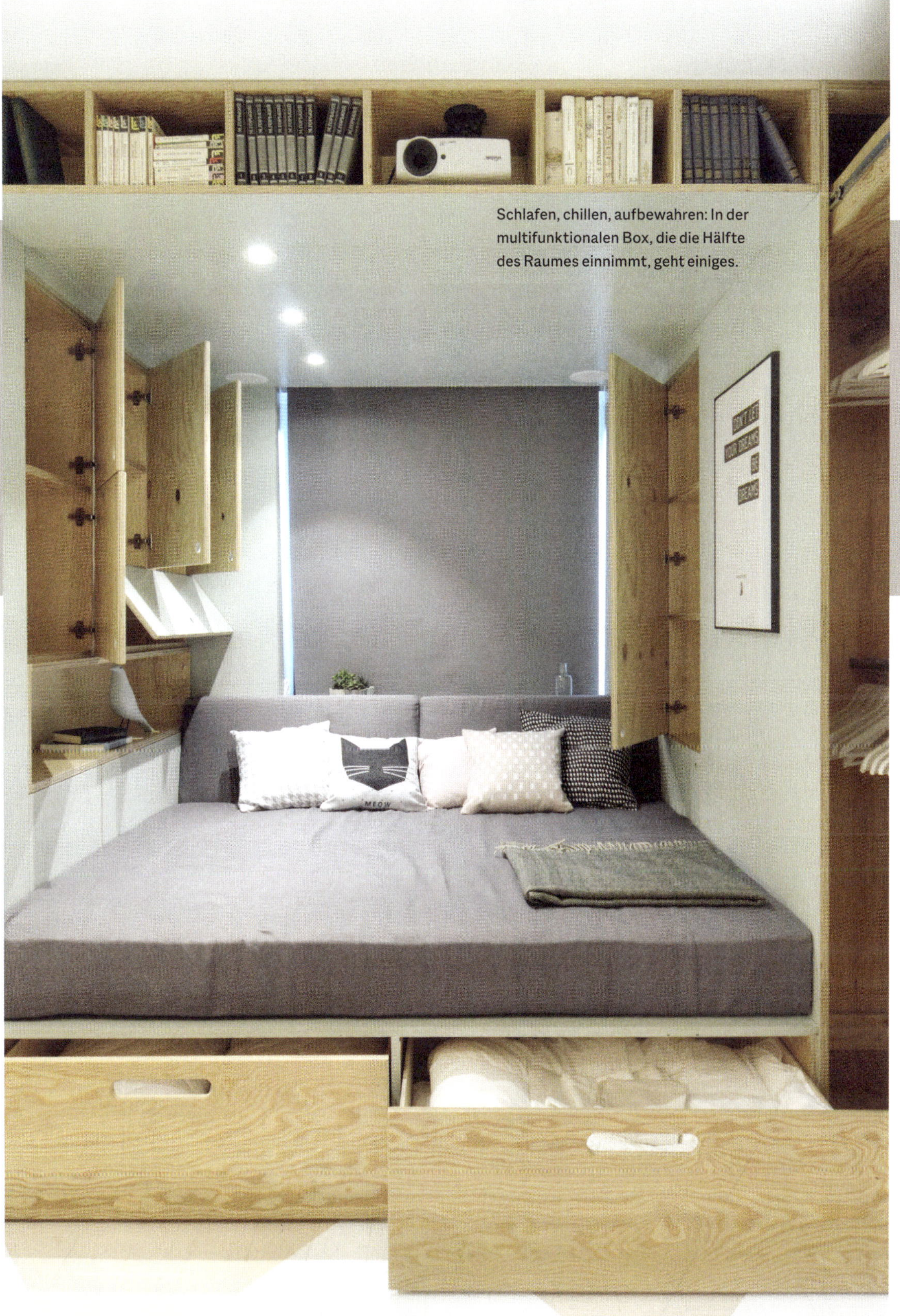

Schlafen, chillen, aufbewahren: In der multifunktionalen Box, die die Hälfte des Raumes einnimmt, geht einiges.

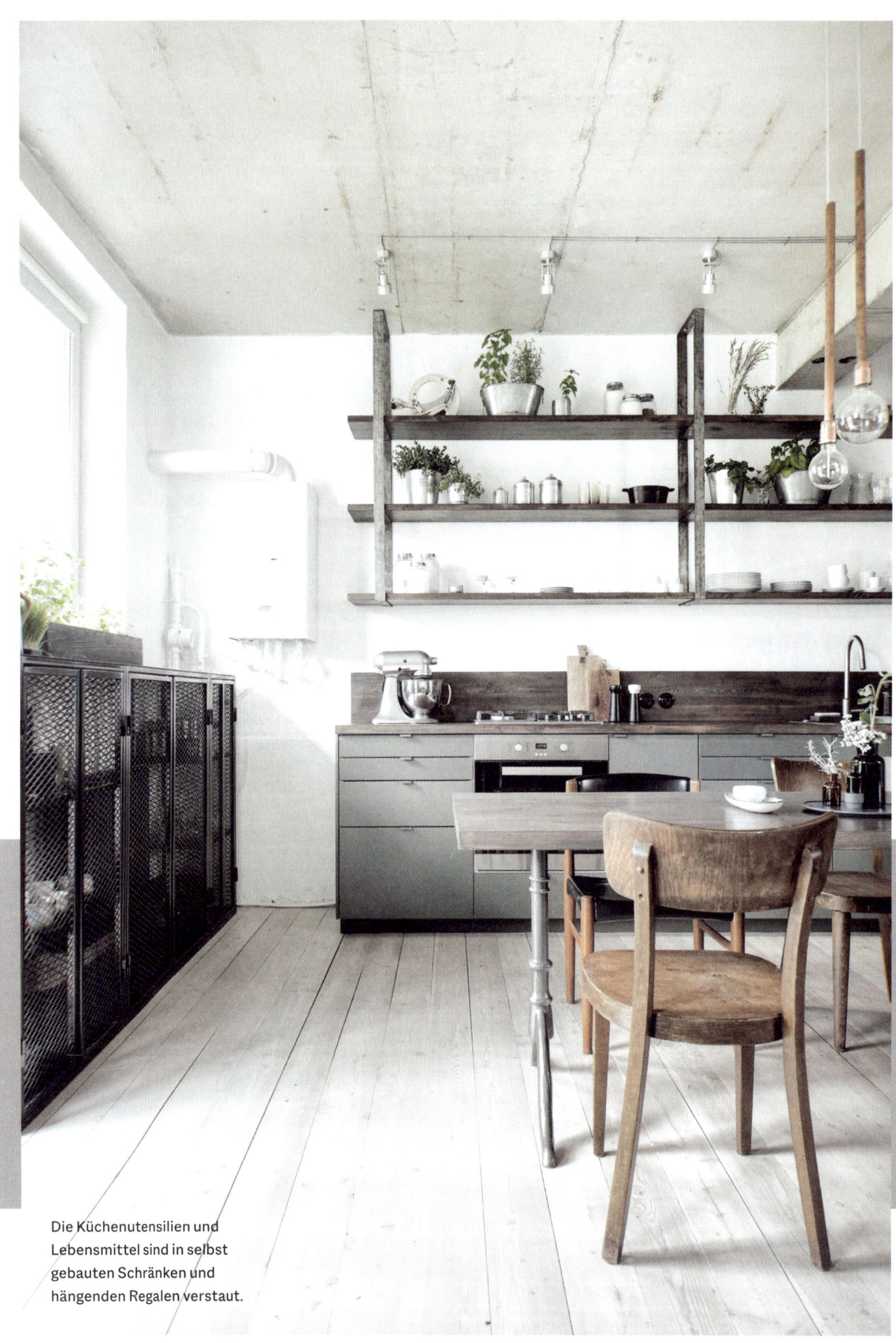

Die Küchenutensilien und Lebensmittel sind in selbst gebauten Schränken und hängenden Regalen verstaut.

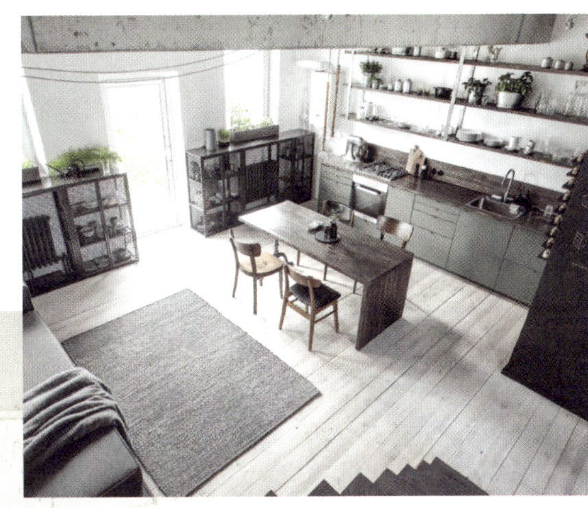

Wände und Decken aus Beton wurden so belassen. Moderne Installationen wie die Lichttechnik hat ein Fachmann übernommen.

Industrial Look: Die Schweißarbeiten an Schränken und Regalen ließen die Planer in der Autowerkstatt um die Ecke machen.

Apartment no 3

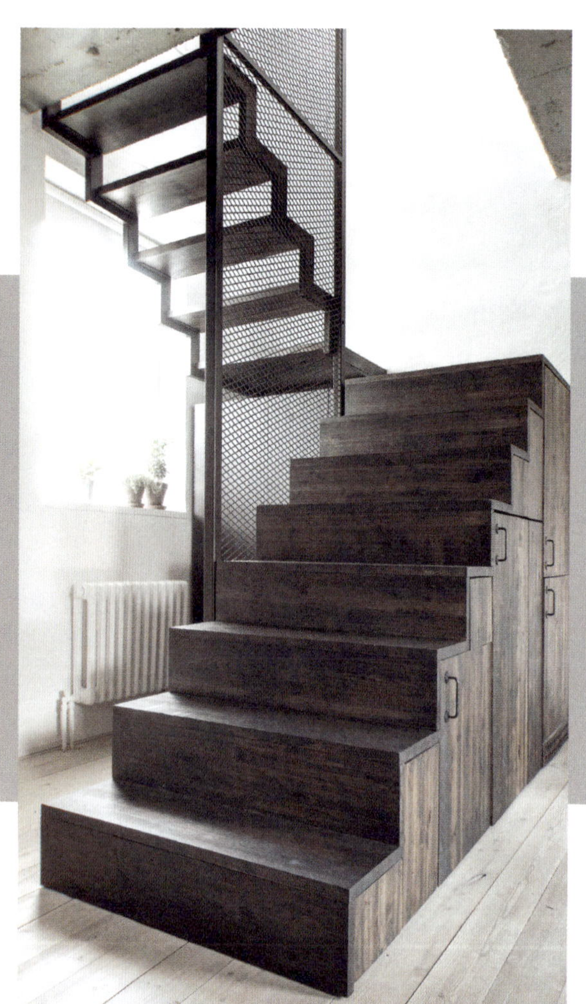

Wie eine Skulptur steht die Treppe frei im Raum. Viel Stauraum liefert sie außerdem.

Apartment no 3

WER Ein Paar samt Katze

WAS Aus dem Rohbau ein schönes Zuhause auf wenig Grundfläche schaffen und dabei möglichst viel selber machen

LIEBLINGSFEATURE Das Experiment, das Interieur in Eigenleistung und mit geringem handwerklichem Wissen zu bauen

Das Sofa steht auf einem Podest. In dessen Innerem: Stauraum und herausziehbare Abstellfläche.

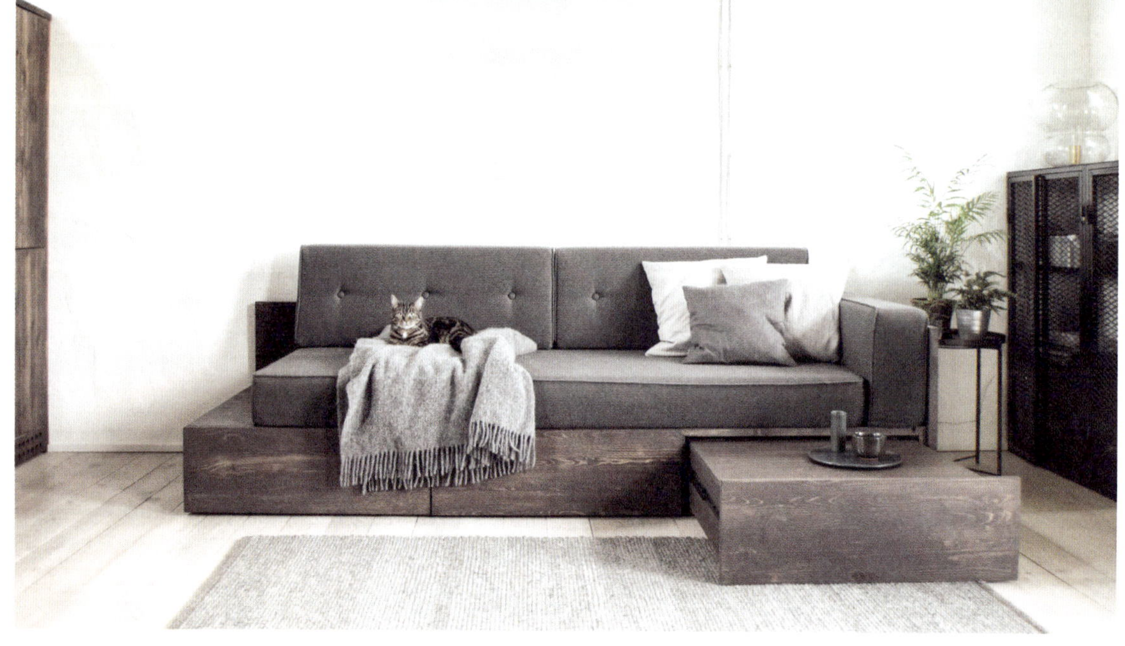

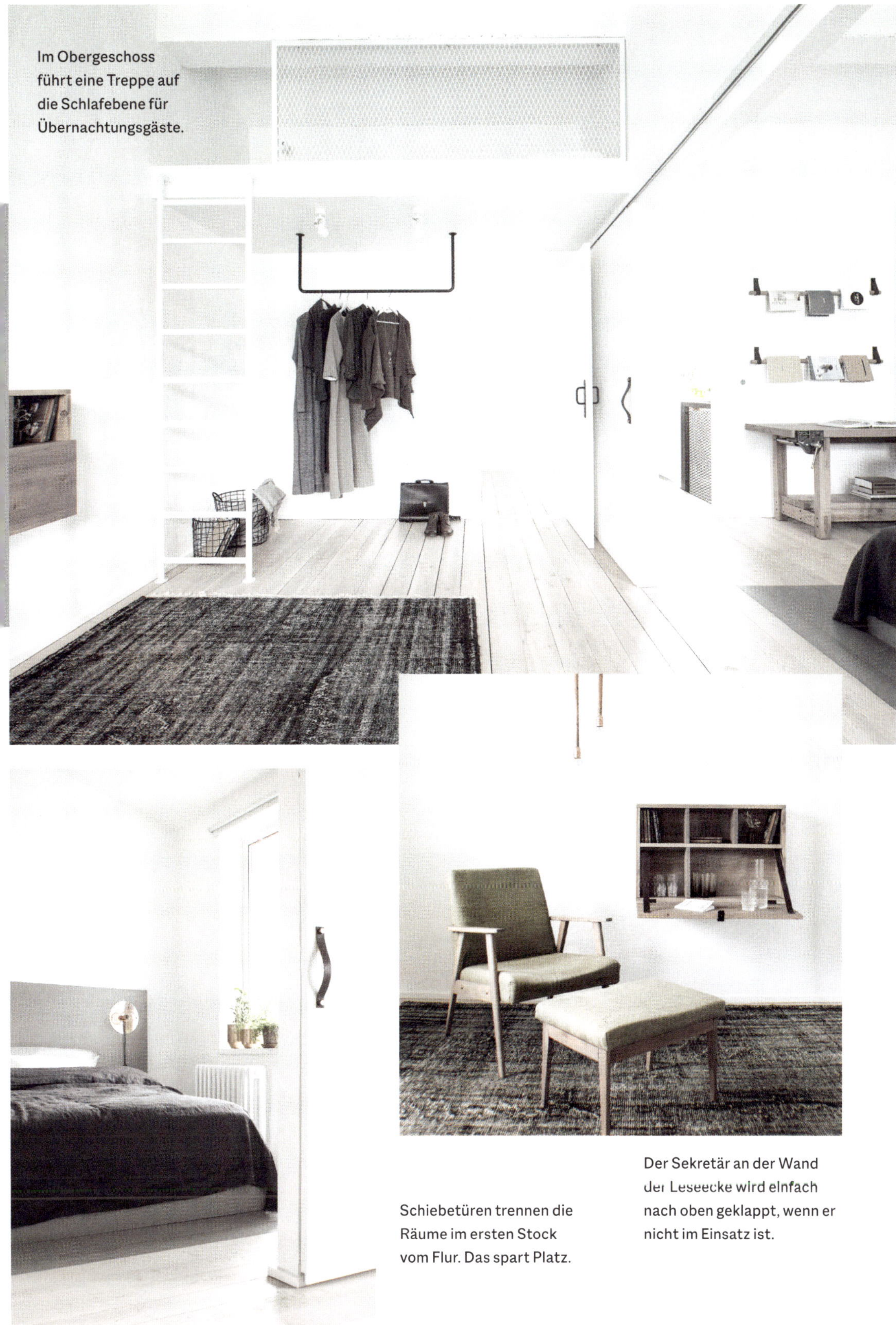

Im Obergeschoss führt eine Treppe auf die Schlafebene für Übernachtungsgäste.

Schiebetüren trennen die Räume im ersten Stock vom Flur. Das spart Platz.

Der Sekretär an der Wand der Leseecke wird einfach nach oben geklappt, wenn er nicht im Einsatz ist.

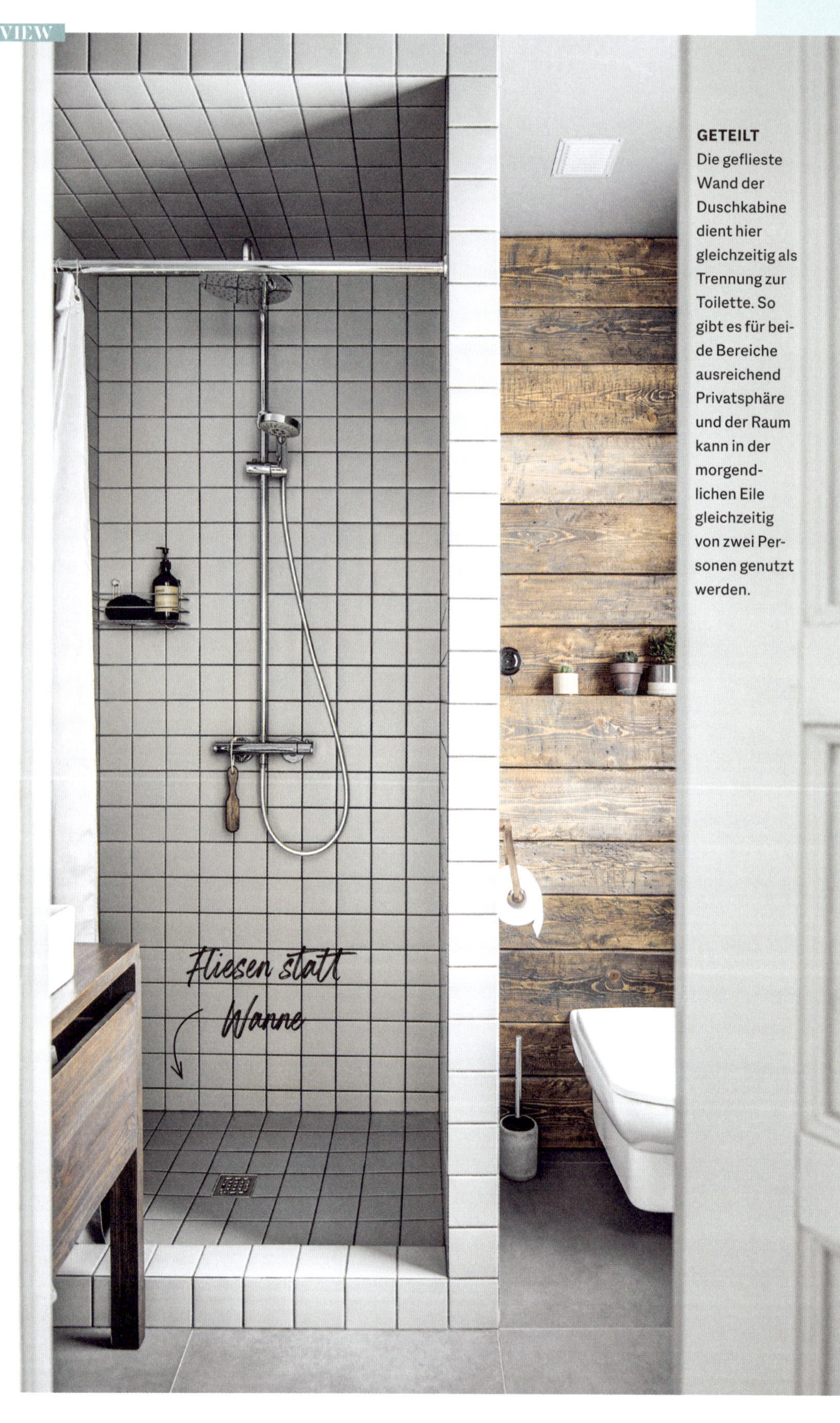

GETEILT Die geflieste Wand der Duschkabine dient hier gleichzeitig als Trennung zur Toilette. So gibt es für beide Bereiche ausreichend Privatsphäre und der Raum kann in der morgendlichen Eile gleichzeitig von zwei Personen genutzt werden.

Gut geplantes BADEZIMMER

Von wegen Nasszelle! Moderne Bäder sind mittlerweile kleine Wellness-Oasen. Das klappt auch auf kleiner Grundfläche.

MARKE EIGENBAU Ein maßgeschweißter Unterschrank, wie etwa dieses coole Exemplar, nutzt perfekt den vorhandenen Platz aus. Durch die Gitter wirkt er schön luftig – und extravagant.

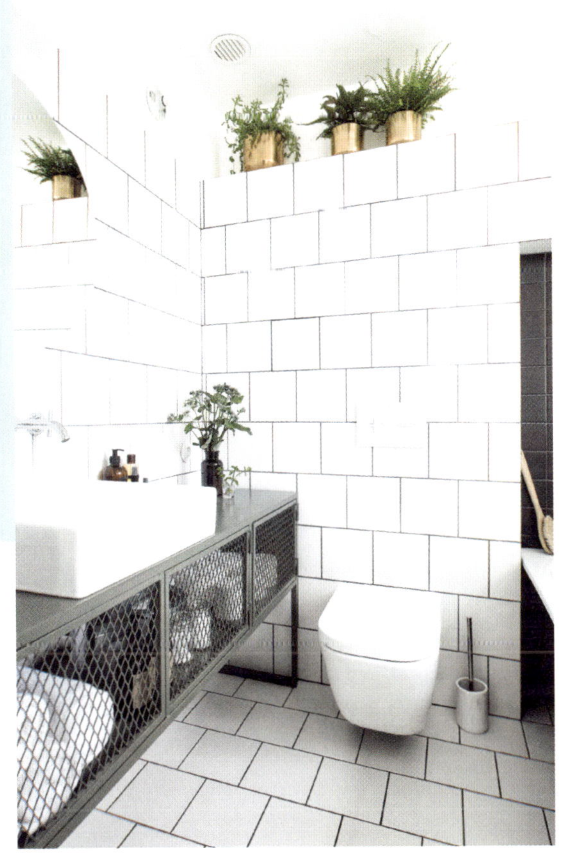

Morgens früh herrscht im Badezimmer Hochbetrieb, jeder muss duschen, Zähne putzen, sich fertig machen – bei mehreren Leuten sogar gleichzeitig. Zu solchen Zeiten kommen auch weitläufiger geschnittene Räumlichkeiten an ihre Grenzen. Hat das Bad dagegen nur sehr wenige Quadratmeter, wollen diese besonders gut genutzt sein. Und natürlich darf der Wohlfühlfaktor nicht zu kurz kommen. Schließlich soll das Bad mehr sein als nur die Summe seiner Funktionen.

Damit der Blick nicht an Kleinig keiten hängen bleibt, damit alles schön klar und aufgeräumt ist, sind sämtliche Utensilien gut verstaut. Handtücher und Zahnputzbecher, Föhn und Waage, Putzmittel und Toilettenpapier – sie alle brauchen einen festen Platz, am besten hinter geschlossenen Fronten. So wirkt das Bad luftiger und weitläufiger. Für den nötigen Stauraum gibt es etliche Möglichkeiten. Ein Unterschrank unter dem Waschtisch beispielsweise bietet jede Menge Platz. Ein hoher, schmaler Schrank ebenfalls. Eine gegen die Wand gelehnte Leiter verwahrt die Handtücher, ein Eckregal in der Dusche, Seife und Shampoo. Selbst über der Toilette und dem Waschtisch ist freie Wandfläche für Regale oder Schränkchen. ■

ALTER HASE Das String-Regal ist ein Klassiker. Seit Jahrzehnten hängt und steht es in unterschiedlichsten Größen in unzähligen Wohnungen auf der ganzen Welt. Auch im Bad zeigt es seine Talente: viel Ablagefläche in filigranem Design, ergänzt mit cleveren Möglichkeiten, um Accessoires aufzuhängen.

praktische Haken

ILLUSION Ein Lichtschacht, eine verspiegelte Wand und Glas machen das Bad groß.

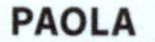

PAOLA

Paola Bagna gründete ihr Architekturbüro mit Sitz in Berlin und Empuriabrava. Ihre Projekte aber führen sie quer durch Europa bis nach Afrika.

Mikro bis Maxi

Die Architektin mit spanischen Wurzeln ist ein Multitalent. Sie entwirft das Interior Design für ein Boutique-Hotel in Afrika genauso wie das für ein Restaurant in Berlin. Ein Kinderzimmer entsteht unter ihrer Feder ebenso wie ein Messestand. Was sie entstehen lässt, ist immer hell, klar und geradlinig, mit einem Hauch Extravaganz.

Das gilt auch für die Mikro-Apartments, die Paola Bagna in unterschiedlichen Berliner Stadtteilen zu wahren Schmuckstücken umgebaut hat. Sie alle verraten ganz viel Stil und Freude am Wohnen auf ganz wenig Fläche.

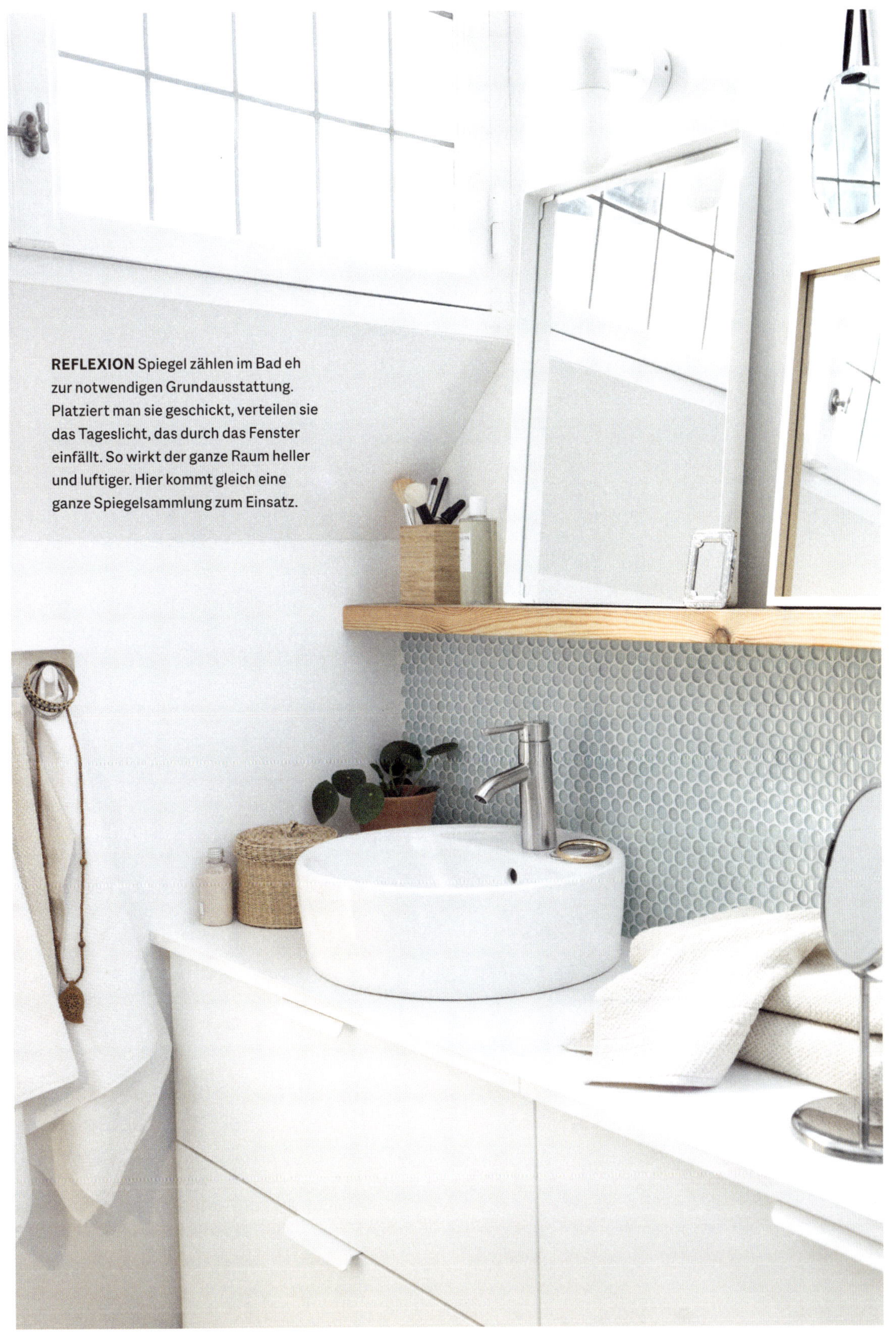

REFLEXION Spiegel zählen im Bad eh zur notwendigen Grundausstattung. Platziert man sie geschickt, verteilen sie das Tageslicht, das durch das Fenster einfällt. So wirkt der ganze Raum heller und luftiger. Hier kommt gleich eine ganze Spiegelsammlung zum Einsatz.

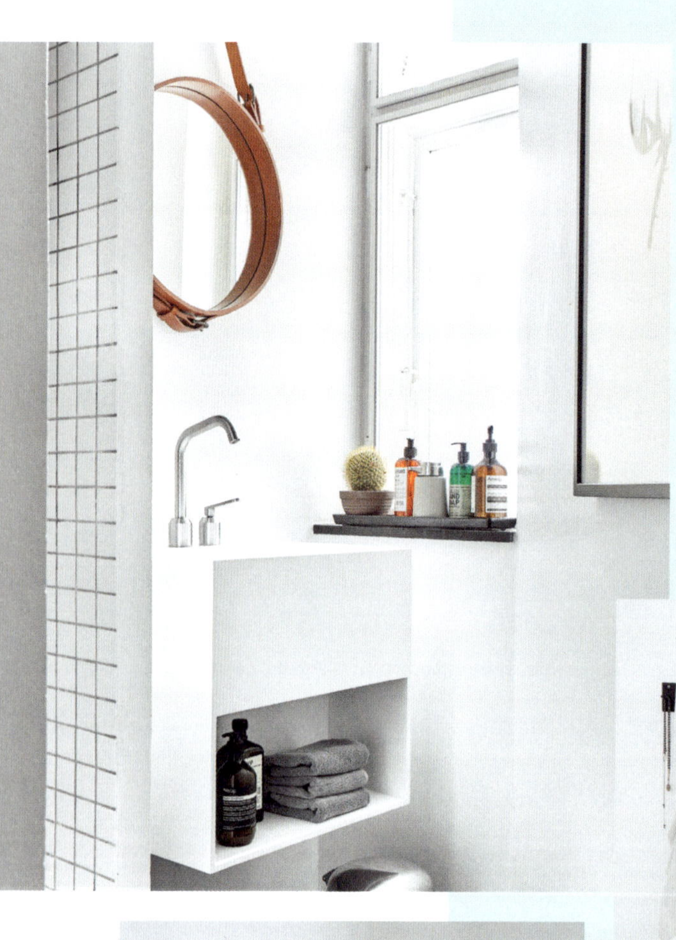

ABGEHOBEN Waschbecken gibt es in allen Formen und Größen. Für jedes noch so kleine Bad findet sich also der passende Waschtisch. Lässt man ihn samt Unterschrank über dem Boden schweben, wirkt das Badezimmer geräumiger.

RAUMWUNDER Schmale hohe Schränkchen passen in jede Nische. Praktisch sind geschlossene Fronten, um weniger Hübsches zu verstecken.

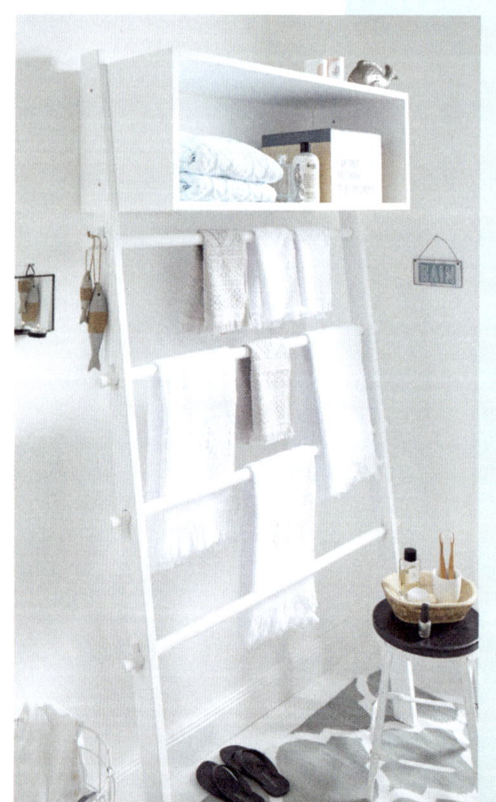

DEKORATIV Sehr nützlich: Leitern, die platzsparend an der Wand lehnen und Handtücher und Waschlappen trocknen lassen. Dieses Exemplar von car-moebel.de bringt auch gleich noch ein extra Fach mit.

3 TOLLE TIPPS

Gerade an das **BADEZIMMER** werden oft wenig Gedanken verschwendet. Dabei kann es mit guter Planung ein Lieblingsort werden.

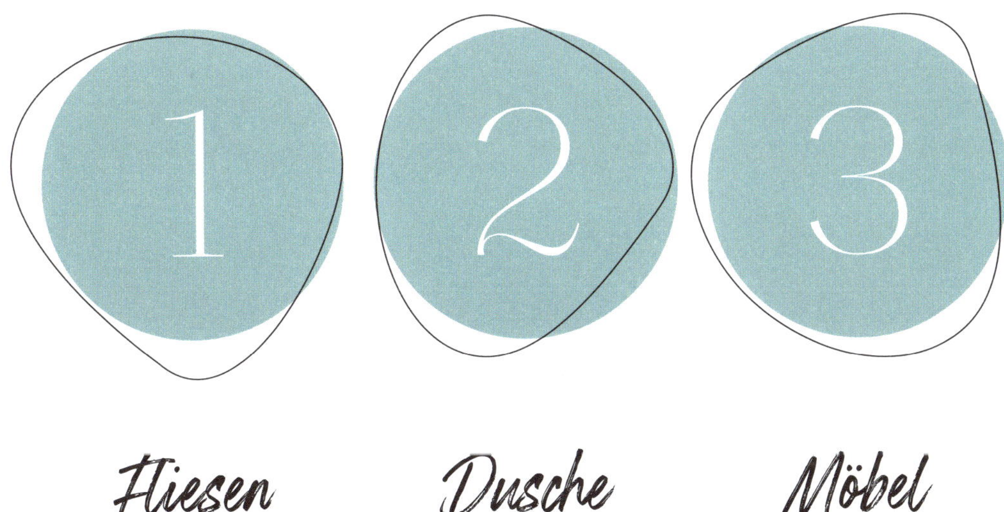

Fliesen

Je größer, desto besser. So lautet das Motto aller, die Fliesen für ihr kleines Bad auswählen. Während kleine Fliesen und breite Fugen den Raum unruhig machen und optisch verkleinern, sorgen große Fliesen, die mit schmalen Fugen verlegt sind, für den Eindruck einer homogenen, einheitlichen Fläche. Damit wirkt auch ein kleines Bad gleich viel größer. Wer noch konsequenter ist, entscheidet sich für ein Bad ganz ohne Fliesen, zum Beispiel mit Lehmputz an der Wand und Terrazzo auf dem Boden. Und Mosaike? Diese werden besser sparsam als Akzente eingesetzt.

Dusche

Wanne oder Dusche? Für beides ist in einem Mini-Bad leider kein Platz. In der Regel kommt eine Dusche wesentlich öfter zum Einsatz als eine Badewanne. Gut für das Design des Badezimmers, denn eine Dusche nimmt nicht nur deutlich weniger Platz ein als eine Wanne, sie lässt den Raum auch größer wirken. Vor allem, wenn die Bodenfliesen bis in die Dusche reichen und die Trennwand aus Glas den Blick hindurchschweifen lässt. Wer auf das entspannende Bad nicht verzichten möchte, entscheidet sich besser für eine Eckwanne, die weniger Platz einnimmt.

Möbel

Ob Tuben und Tiegel, Wärmflasche, Waage oder Waschlappen: Im Bad wollen unzählige Dinge verstaut werden. Aufgeräumt wirkt der kleine Raum großzügiger, deshalb ist Stauraum auch hier extrem wichtig. Alle Utensilien sollten ihren festen Platz haben und, wenn möglich, hinter Türen und in Schubladen verschwinden. Egal, für welche Möbel man sich entscheidet: Werden diese an der Wand aufgehängt, scheinen sie über dem Boden zu schweben. Das verleiht dem Ganzen eine gewisse Leichtigkeit und lässt jedes noch so kleine Bad geräumiger wirken.

WOHNEN *ganz flexibel*

Heute hier, morgen dort: Das Häuschen der beiden Südafrikaner Khanyi und Dawn kann genauso gut in einem Hinterhof stehen wie auf der grünen Wiese.

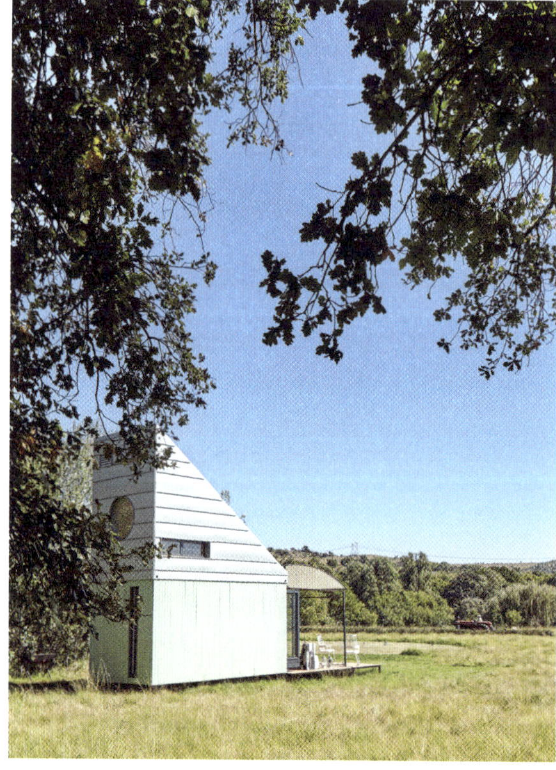

Wie ein Kunstwerk ragt das Tiny Home aus dem Gras auf. Die schlichte Fassade besteht aus lackiertem Holz, das extravagante Dach ist mit Metall verkleidet.

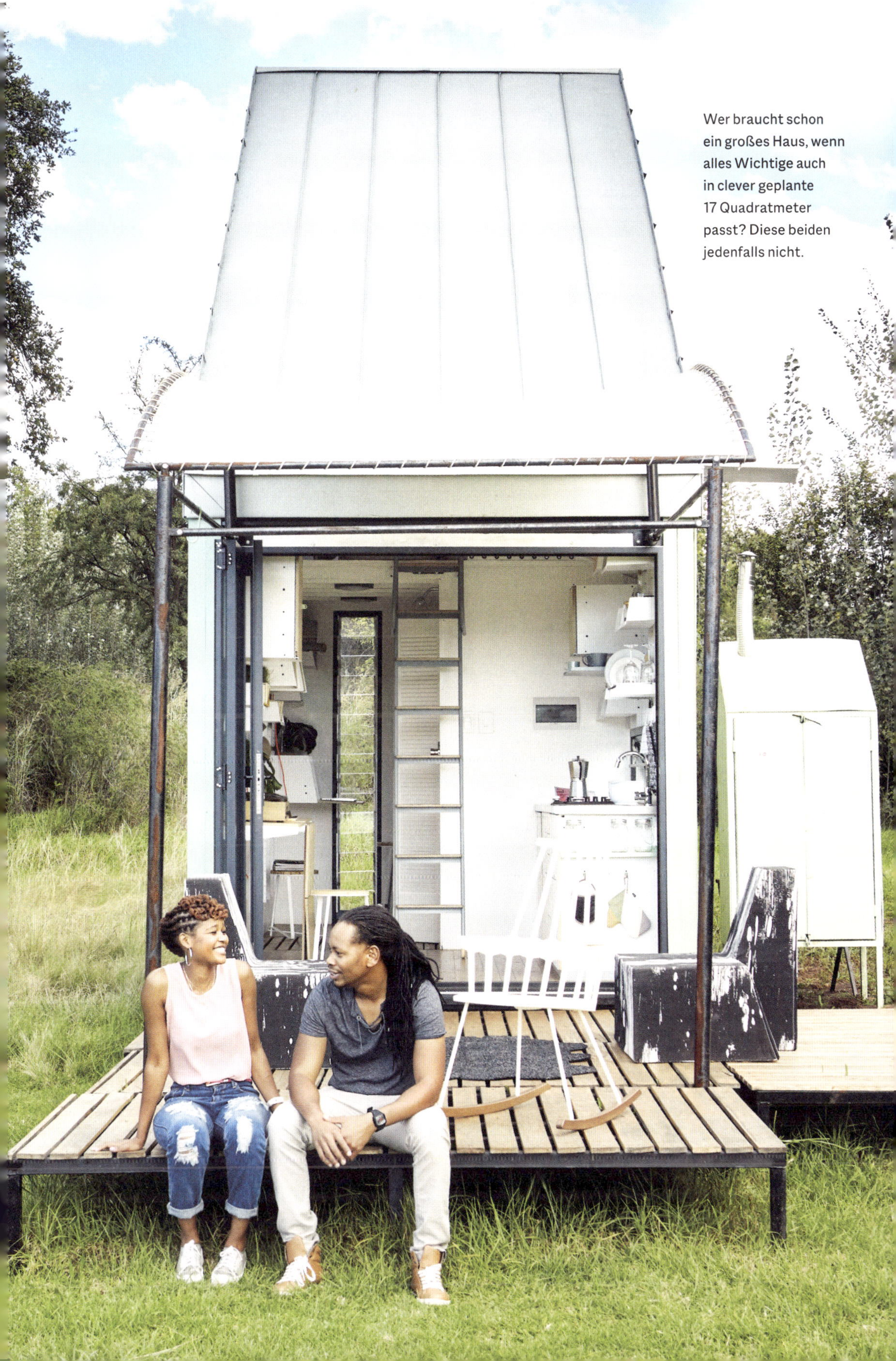

Wer braucht schon ein großes Haus, wenn alles Wichtige auch in clever geplante 17 Quadratmeter passt? Diese beiden jedenfalls nicht.

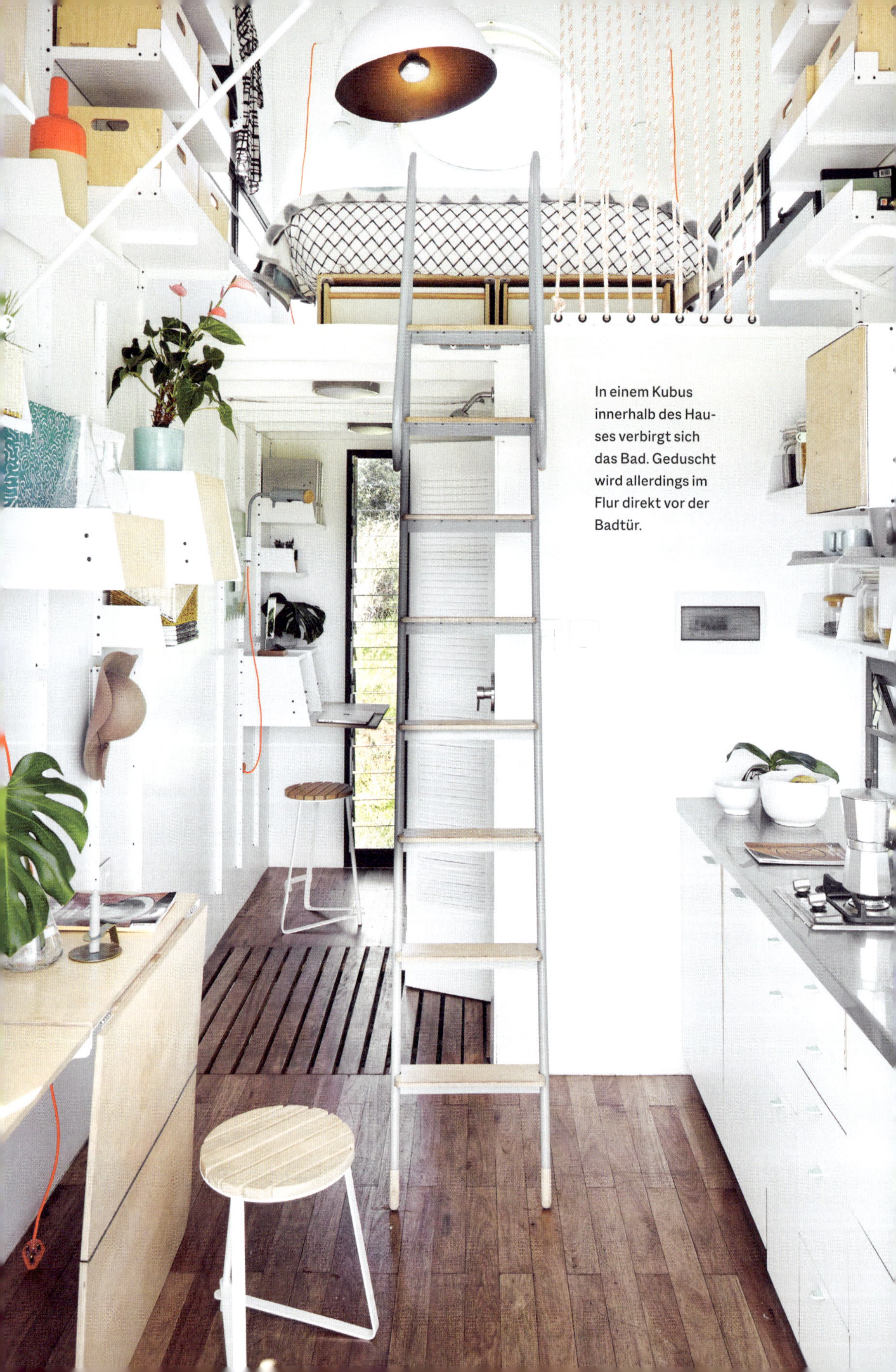

In einem Kubus innerhalb des Hauses verbirgt sich das Bad. Geduscht wird allerdings im Flur direkt vor der Badtür.

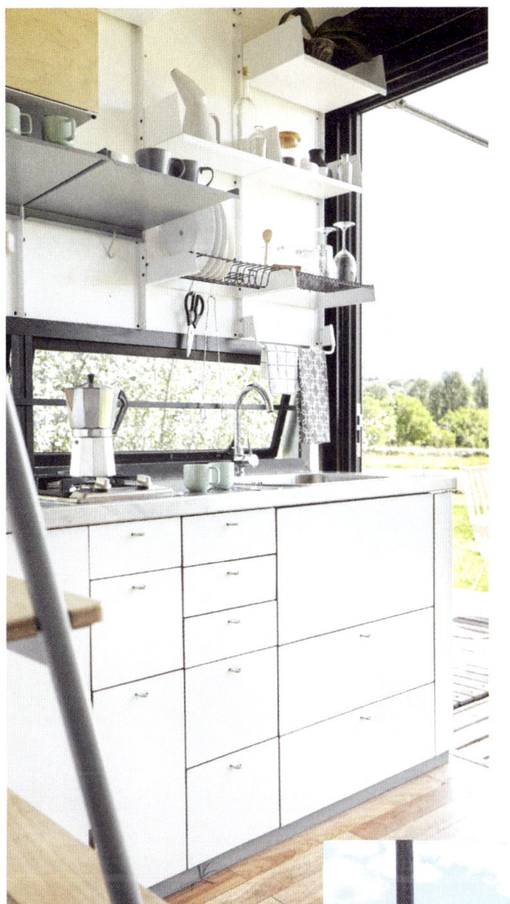

Bis auf Weiteres haben sich Khanyi und Dawn im Paradies außerhalb von Johannesburg niedergelassen. Sie lieben den Rundumblick in die weite Landschaft, in die sich ihr Tiny House wie eine Skulptur einfügt. Das Paar wollte sich nicht für lange Jahre festlegen und pachtete erst einmal ein Stück Wiese mit Aussicht. Wer weiß, vielleicht werden sie ihr mobiles Heim eines Tages am Strand oder im Stadtzentrum aufstellen? Genauso flexibel wie der Standort ist auch das Innere des Hauses. Die 17 Quadratmeter sind echte Multitalente: Im Flur wird geduscht, in der Küche gegessen, gearbeitet und relaxt. Der Arbeitsbereich dient auch als Gästezimmer, Ecke zum Wäschetrocknen und Stauraum. Zum Schlafen geht es unter das Dach: Das Bett steht direkt unter einem großen Bullaugenfenster auf einer eingezogenen zweiten Ebene. In die Höhe führt eine schmale Leiter, die so filigran ist, dass sie das Leben im Erdgeschoss nicht stört. Dank der Fensterfront, die sich zur Terrasse hin

Die Unterschränke der Küche sind fest installiert. Die Regale darüber lassen sich dagegen ganz nach Belieben arrangieren.

Wer möchte bei diesem „Garten“ nicht lieber draußen wohnen? Dank der geöffneten Fensterfront verschwimmen die Grenzen.

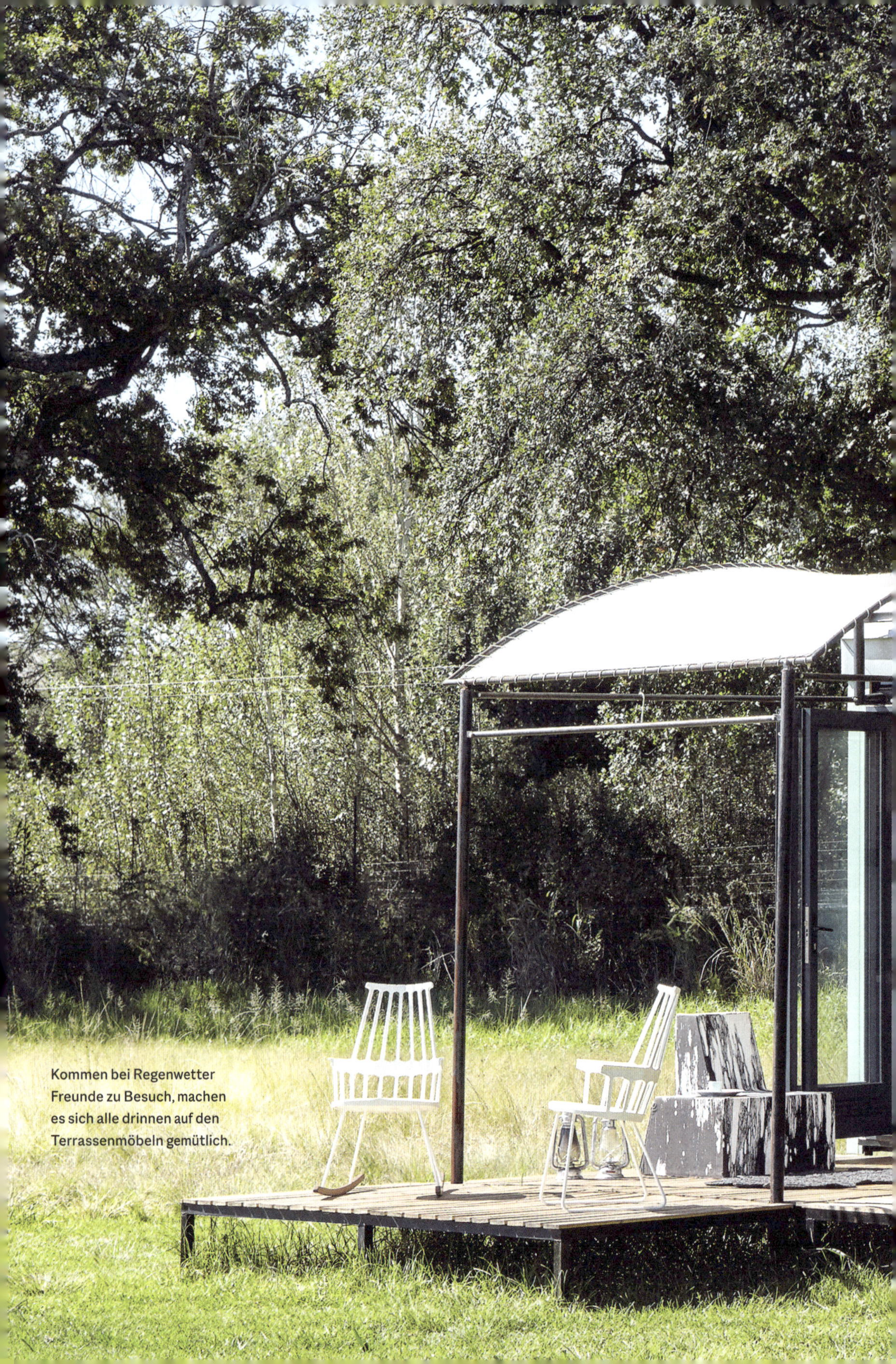

Kommen bei Regenwetter Freunde zu Besuch, machen es sich alle drinnen auf den Terrassenmöbeln gemütlich.

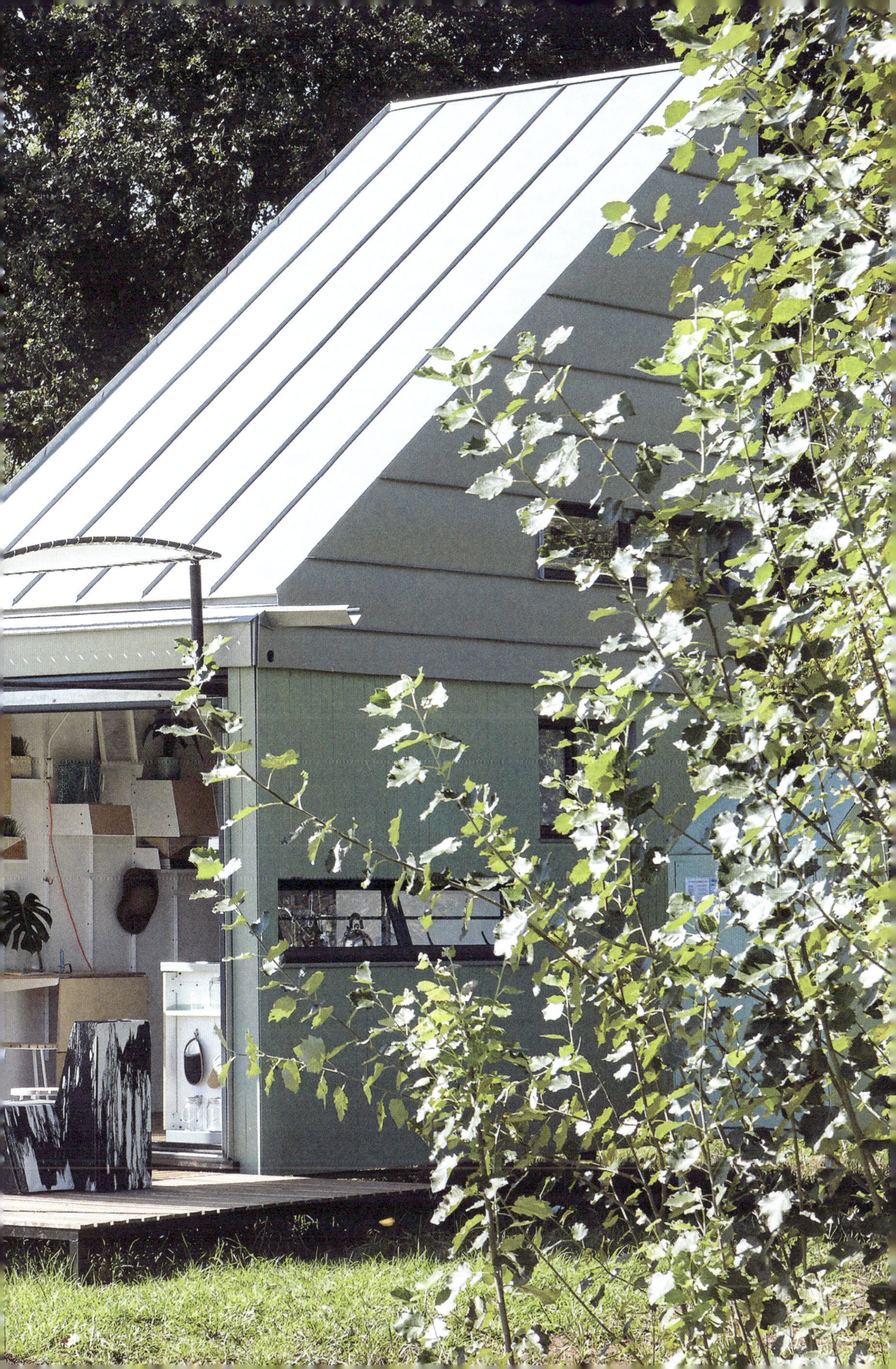

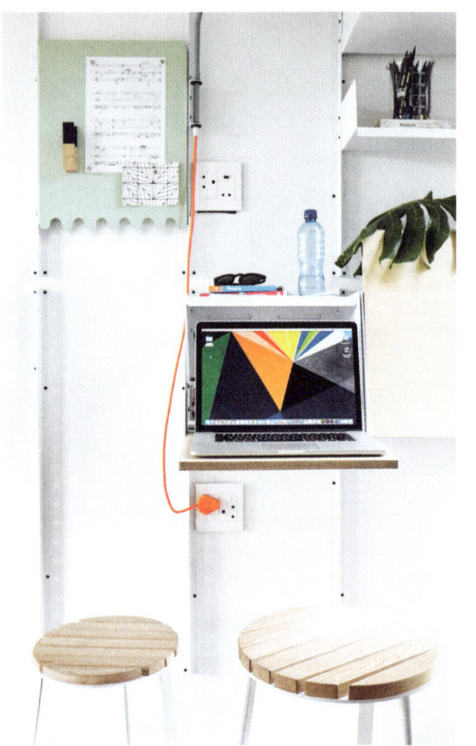

komplett öffnen lässt, sind die 17 Quadratmeter hell und lichtdurchflutet. Und die weiß lackierten Wände, Schränke und Regale lassen den kleinen Raum größer wirken, als er tatsächlich ist. Steril ist die Atmosphäre aber bei Weitem nicht, denn die Holzelemente, wie etwa der Boden, der Klapptisch und diverse Kisten aus Sperrholz, bringen Wärme in den Raum. Farbige Akzente setzt das Paar mit fröhlichem Orange, Blau und Türkis. Für maximale Variabilität sind die Wände mit einem Regalsystem bedeckt, dessen Elemente sich ganz nach Bedarf verändern lassen. Statt geschlossener Fronten entschieden sich die Hausbesitzer für offene Regale, die schön leicht wirken. Etliche Kisten liefern flexiblen Stauraum. Von diesem brauchen Khanyi und Dawn allerdings nicht sehr viel, denn bevor sie in ihr Tiny Home zogen, haben sie kräftig entrümpelt. Die Erfahrung, mit wenigen Dingen auszukommen, schenkt ihnen ein wunderbares Gefühl von Freiheit. ■

Schreibtisch „light“: Steckdose, eine kleine Ablage und Platz für den Laptop, mehr braucht es nicht.

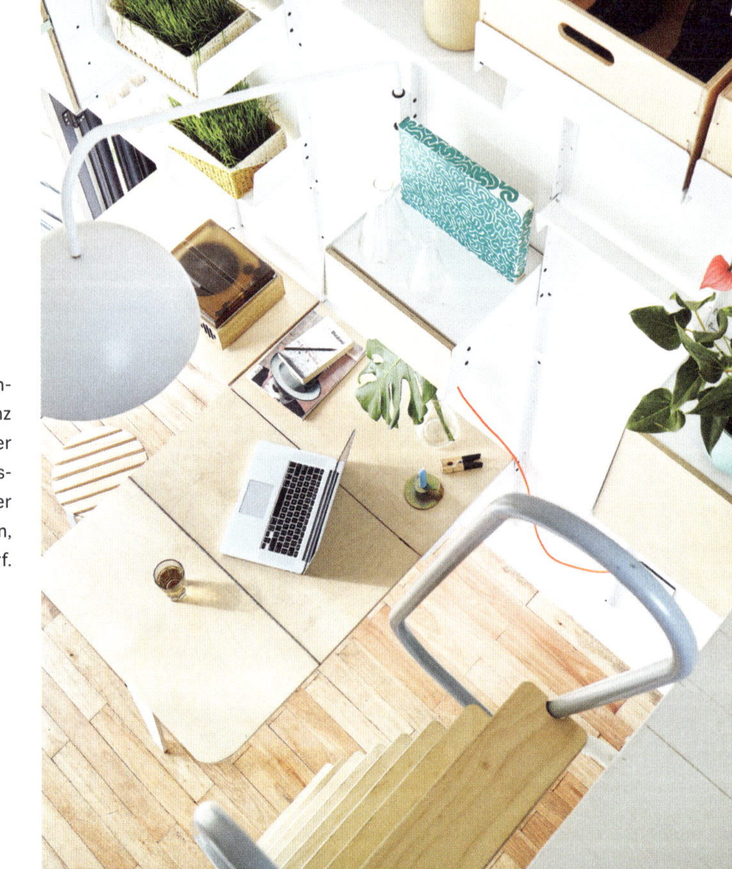

Sideboard, Küchentisch oder die ganz große Platte: Der Tisch lässt sich auseinanderfalten oder zusammenklappen, ganz nach Bedarf.

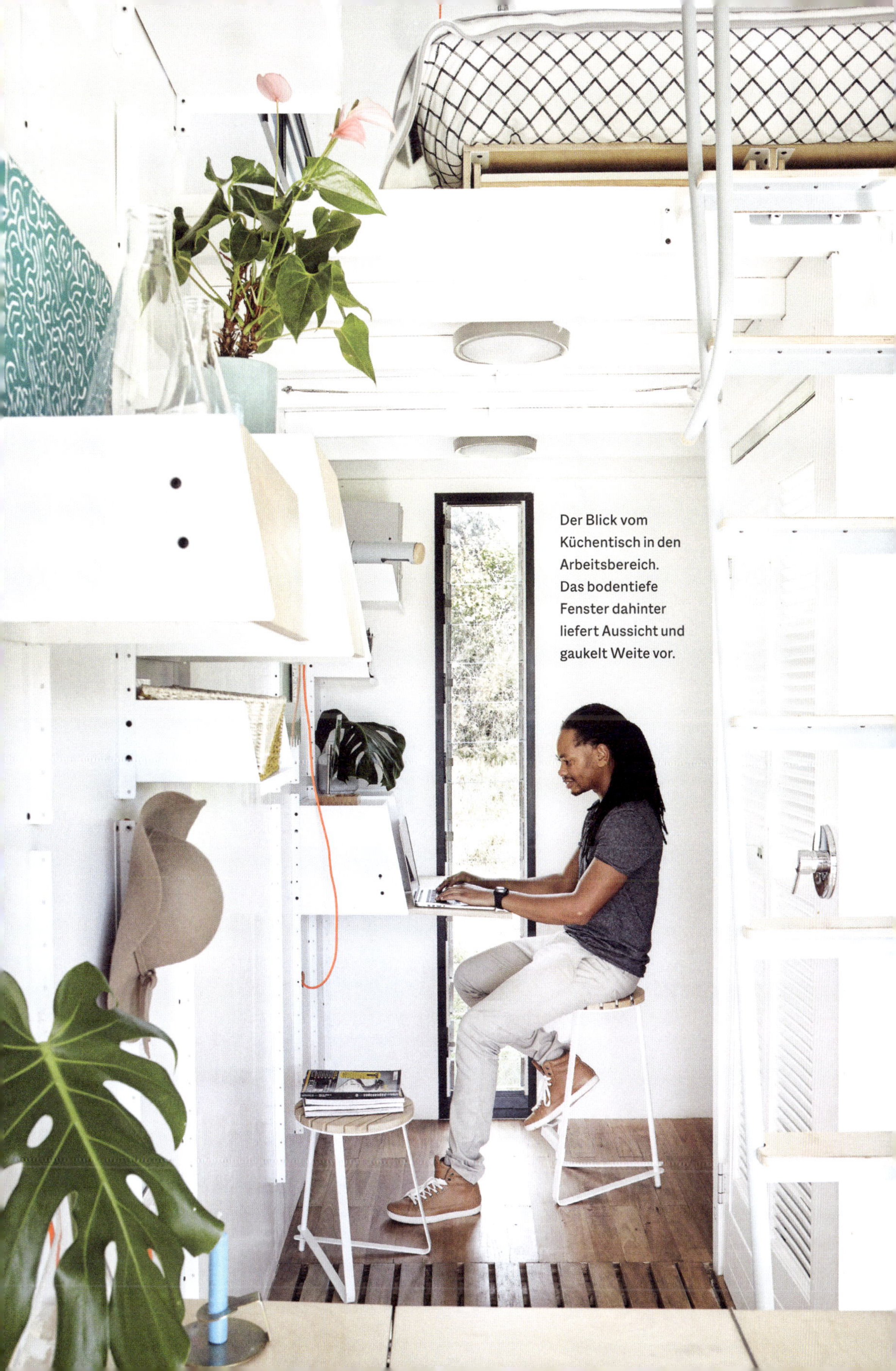

Der Blick vom Küchentisch in den Arbeitsbereich. Das bodentiefe Fenster dahinter liefert Aussicht und gaukelt Weite vor.

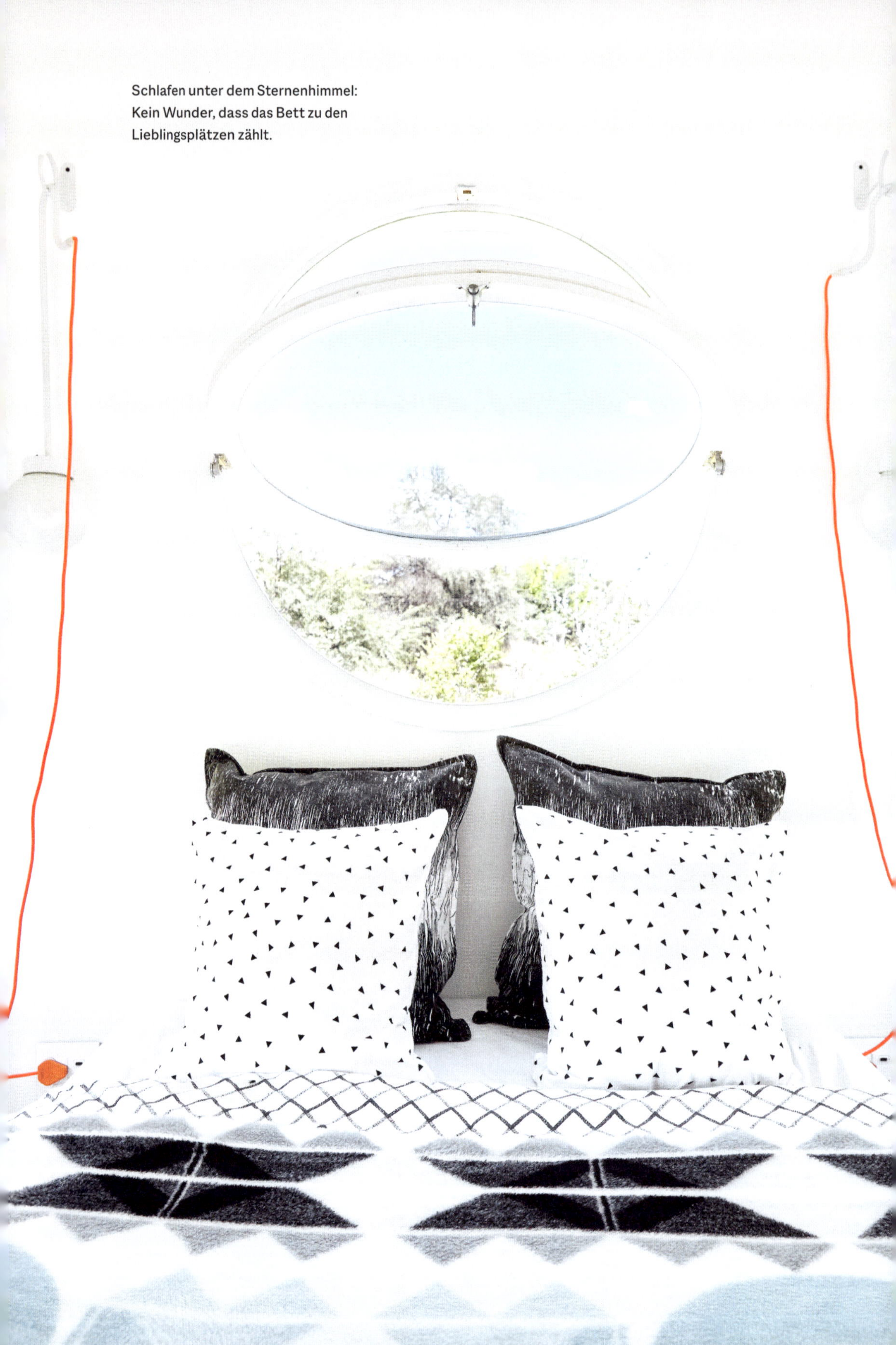

Schlafen unter dem Sternenhimmel: Kein Wunder, dass das Bett zu den Lieblingsplätzen zählt.

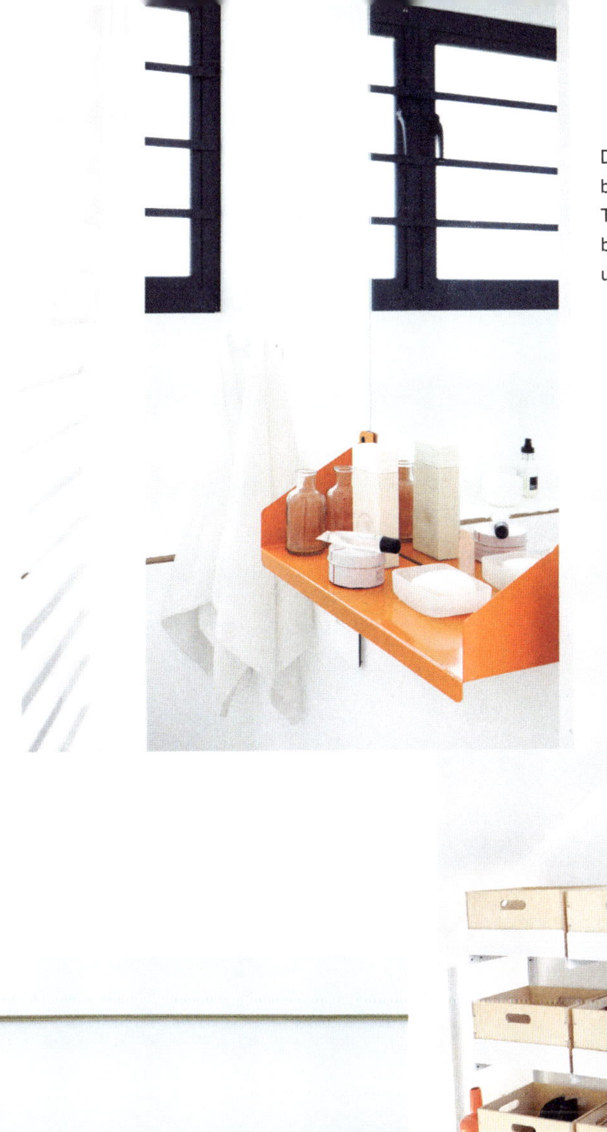

Das winzige Bad besteht nur aus Toilette, Waschbecken, Ablage und Spiegel.

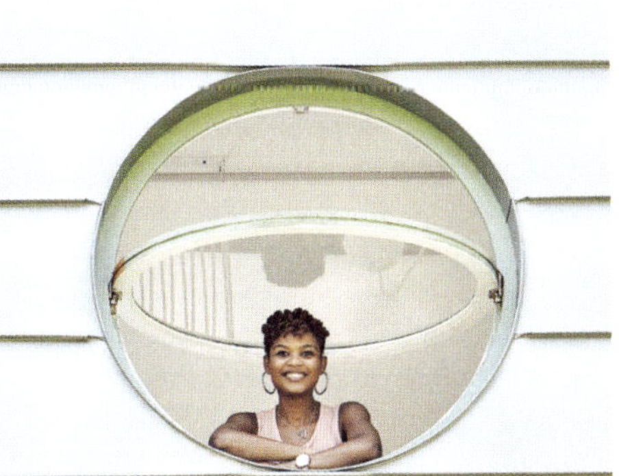

Designelement, Frischluftzufuhr, Ausblick: Das Bullauge ist nicht wegzudenken.

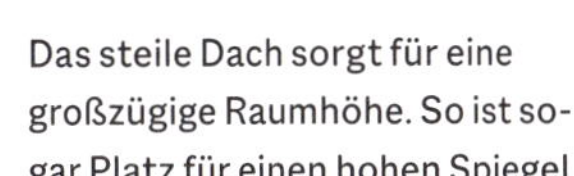

Das steile Dach sorgt für eine großzügige Raumhöhe. So ist sogar Platz für einen hohen Spiegel.

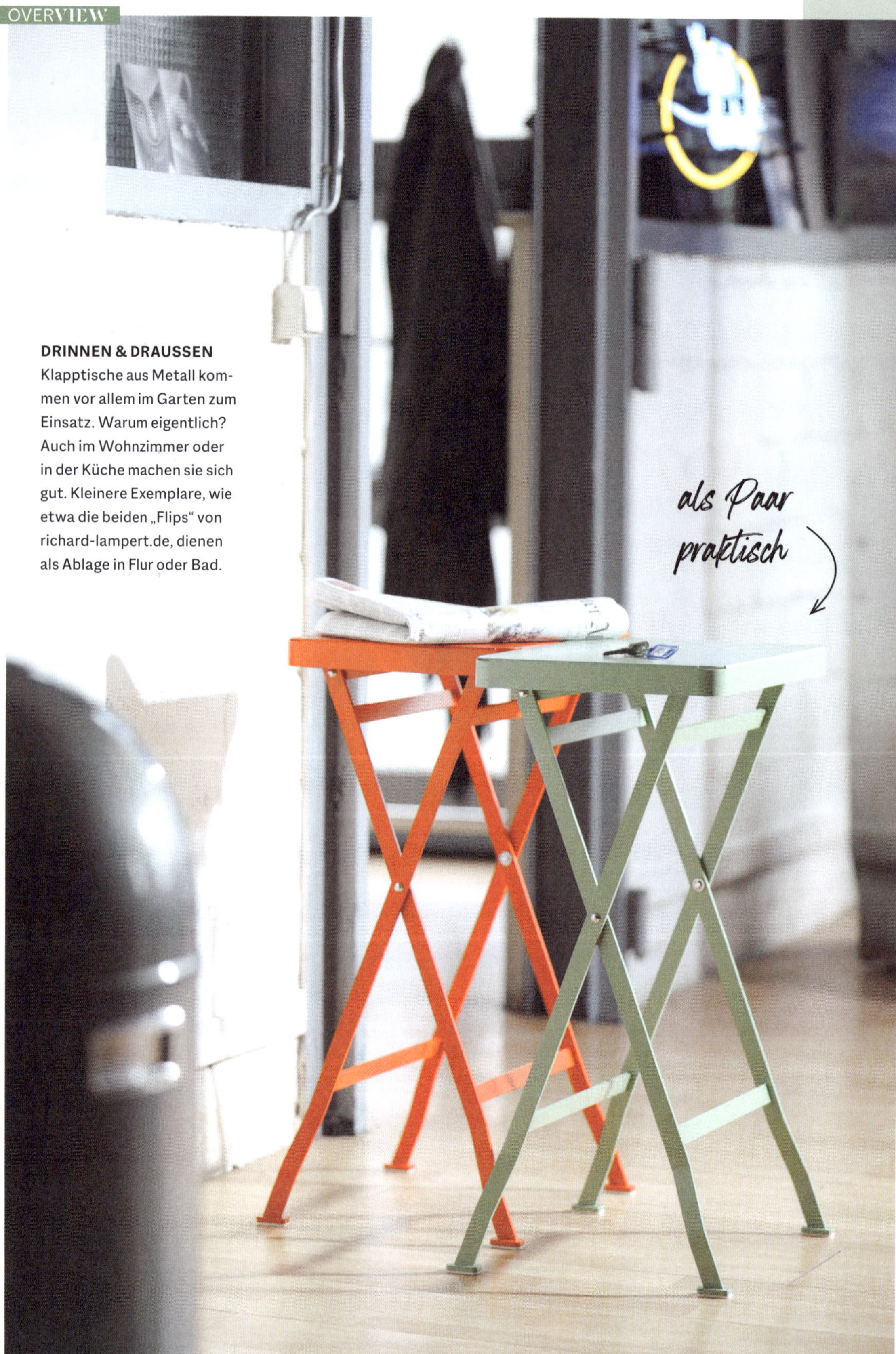

DRINNEN & DRAUSSEN
Klapptische aus Metall kommen vor allem im Garten zum Einsatz. Warum eigentlich? Auch im Wohnzimmer oder in der Küche machen sie sich gut. Kleinere Exemplare, wie etwa die beiden „Flips“ von richard-lampert.de, dienen als Ablage in Flur oder Bad.

Alles KLAPPBAR

Klappmöbel funktionieren nicht nur beim Camping. Mit den Raumwundern lässt es sich auch prima das ganze Jahr über wohnen.

MITARBEITER Klappe zu, Feierabend. „Gaston" von hartodesign.fr nimmt sich sämtlicher Utensilien an und bewahrt sie stilvoll in Schubladen und Fächern. Nach getaner Arbeit wird der Sekretär einfach zugemacht.

Wer kennt es nicht: Zur Geburtstagsfeier sind alle Freunde gekommen und rund um den Esstisch wird es eng. Gut, wenn man schnell Klappstühle und -tische aus dem Keller holen kann. Für solche Notfälle sind diese Möbel einfach perfekt. In zusammengefaltetem Zustand lassen sie sich platzsparend verstauen und stehen nicht im Weg. Und weil sie so schön leicht und transportabel sind, sind sie auch im Freien mit dabei. Den Großteil ihres Daseins fristen Klappstühle und -tische allerdings in irgendeiner Ecke.

Wer in einem Tiny Home lebt, sollte umdenken. Faltbare Möbel sind Tag für Tag eine ausgezeichnete Lösung für kleine Räume. Wer verschiedene Funktionen in einem Zimmer unterbringen muss, kommt an dieser cleveren Einrichtung kaum vorbei. Abends wird das Bett aufgeklappt, bevor es am Morgen wieder zum Sofa wird oder im Schrank verschwindet. Ein Tisch, der sich von der Wand klappt, wird zum Homeoffice oder zum Mittelpunkt der kleinen Dinnerparty. ■

AMBIVALENZ

Malte Grieb mag es schlicht, aber mit dem gewissen Etwas. Logisch, dass das Motto seines Labels Ambivalenz „unauffällig auffallen" lautet.

Ist da was?

Hängen die Möbel von Ambivalenz zusammengefaltet an der Wand, könnte man glatt an ihnen vorbeisehen, so flach und unauffällig schmiegen sie sich an. Kein Wunder, die geradlinig gestalteten Möbel sind nur wenige Zentimeter stark.

Ob Stuhl oder Wandregal, ob Garderobe oder Tisch – erst wenn sie sich zu ihrer vollen Pracht entfalten, machen sie sich bemerkbar. Anders sieht es aus, wenn man sich für eine bunt bedruckte Variante entscheidet. Dann nämlich wird das Klappmöbel doch glatt zum coolen „optischen Wandobjekt".

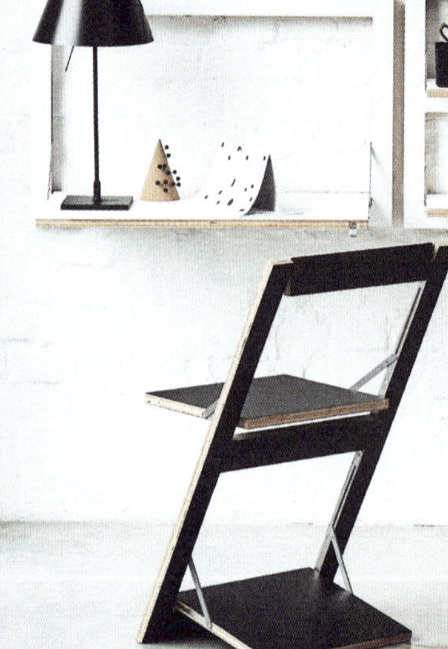

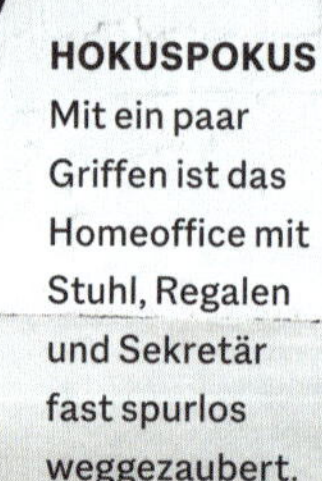

HOKUSPOKUS Mit ein paar Griffen ist das Homeoffice mit Stuhl, Regalen und Sekretär fast spurlos weggezaubert.

zum Wegträumen

EINER FÜR ALLE „Curt" kommt allein, vereint sich aber auch mit etlichen Modulen seiner Art zu großen Sitz- und Loungelandschaften. Aus einem Pouf wird ein Sessel, wird eine Liege, wird ein Sofa – dank raffiniertem Verbindungssystem.

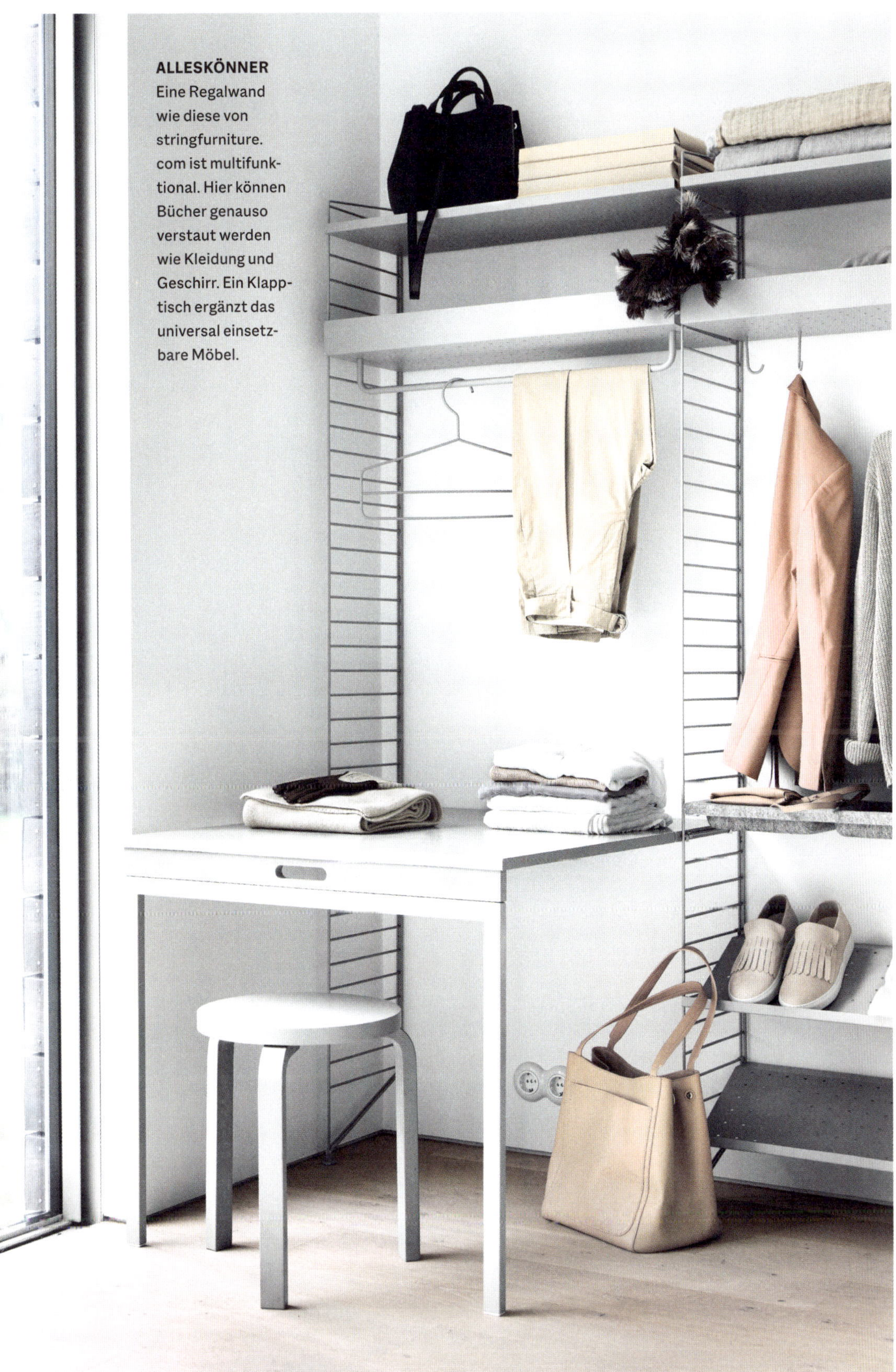

ALLESKÖNNER
Eine Regalwand wie diese von stringfurniture.com ist multifunktional. Hier können Bücher genauso verstaut werden wie Kleidung und Geschirr. Ein Klapptisch ergänzt das universal einsetzbare Möbel.

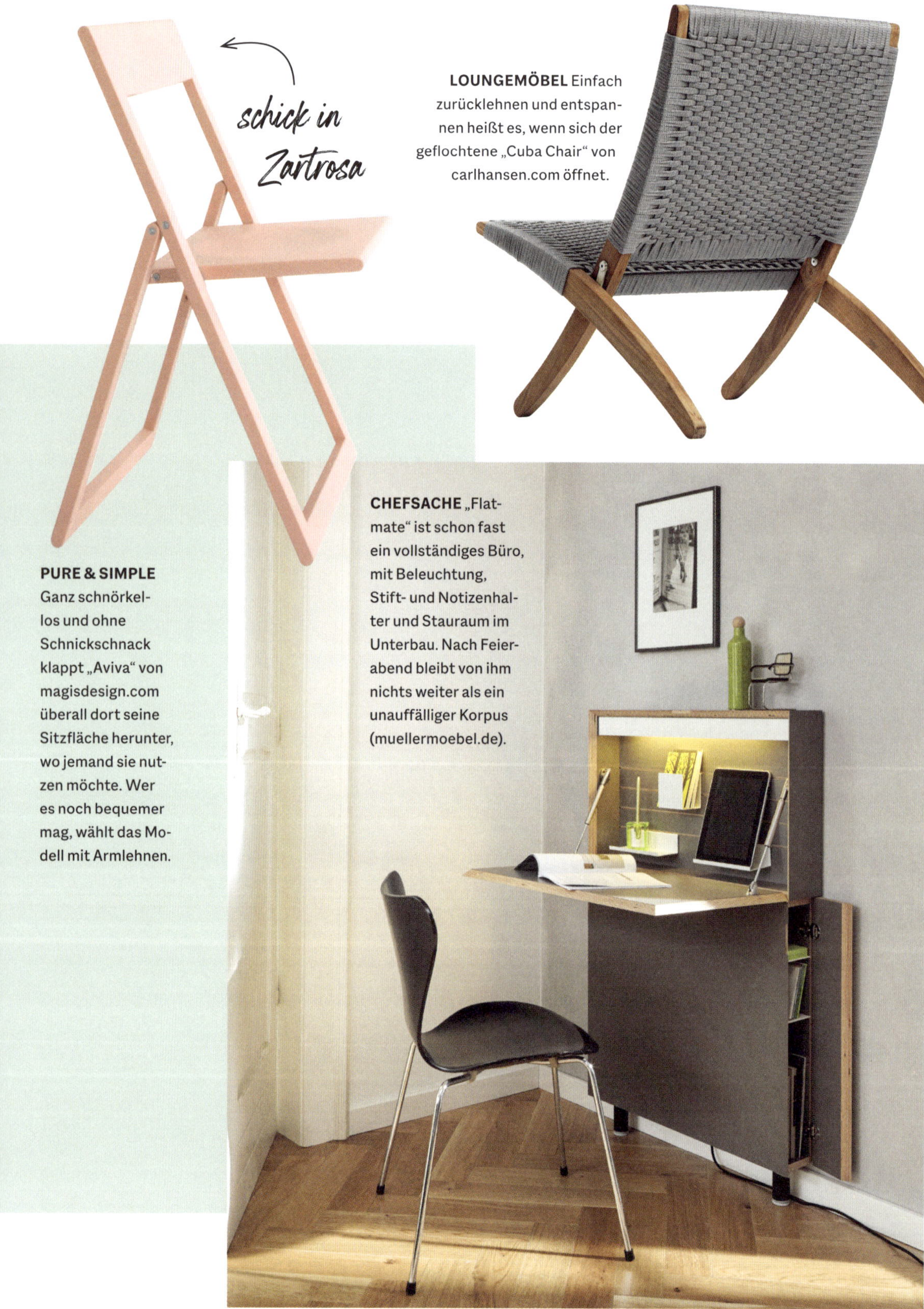

LOUNGEMÖBEL Einfach zurücklehnen und entspannen heißt es, wenn sich der geflochtene „Cuba Chair" von carlhansen.com öffnet.

CHEFSACHE „Flatmate" ist schon fast ein vollständiges Büro, mit Beleuchtung, Stift- und Notizenhalter und Stauraum im Unterbau. Nach Feierabend bleibt von ihm nichts weiter als ein unauffälliger Korpus (muellermoebel.de).

PURE & SIMPLE Ganz schnörkellos und ohne Schnickschnack klappt „Aviva" von magisdesign.com überall dort seine Sitzfläche herunter, wo jemand sie nutzen möchte. Wer es noch bequemer mag, wählt das Modell mit Armlehnen.

3 TOLLE TIPPS

Zack und weg. Leider sind nicht alle Dinge in der Wohnug so flexibel wie **KLAPPMÖBEL**. Aber die wichtigsten schon ...

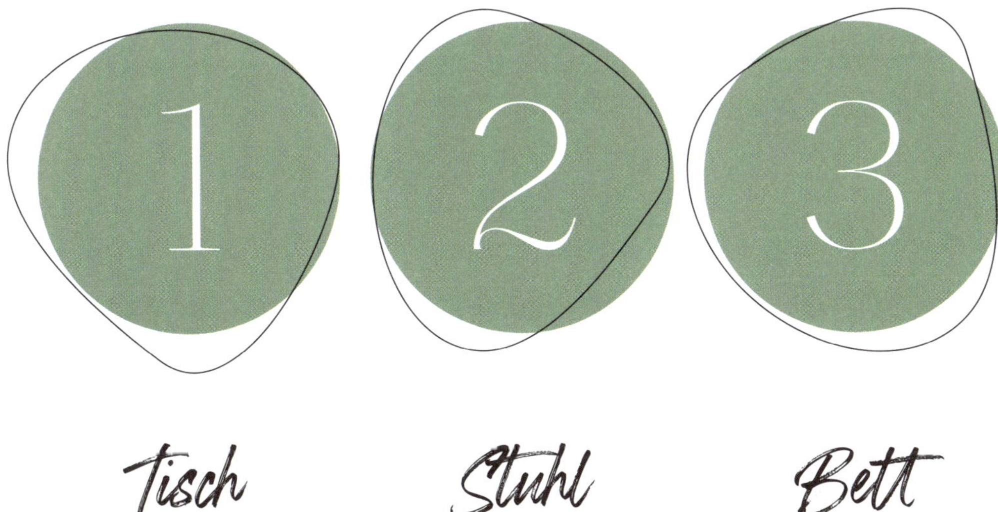

Tisch

Tische braucht man zu unzähligen Gelegenheiten. Sei es, um daran zu essen oder nur ein Glas abzustellen, um daran zu basteln, zu arbeiten, zu kochen oder zu spielen. Genauso vielfältig wie die Anforderungen sind auch die Modelle. Kleine Beistelltische lassen sich platzsparend hinter dem Sofa verstecken. Küchen-, Arbeits- und Esstische kann man an der Wand montieren und bei Bedarf aufklappen. Auch frei stehende Exemplare verschwinden schnell, wenn sie im Weg sind. Sekretäre und Nachttische gibt ebenfalls als Wandmodelle oder freistehend und klappbar.

Stuhl

Sitzgelegenheiten kann man nie genug haben. Für Familie und Freunde, in der Küche und rund um den Esstisch, im Wohnzimmer und auf dem Balkon, am Schreibtisch und im Kinderzimmer. Für jede Situation findet sich ein flexibles Exemplar, das Platz für andere Möbel macht, wenn es nicht gebraucht wird. Klappstühle aus Holz, Aluminium oder Kunststoff sind überall dort im Einsatz, wo man aufrecht sitzen möchte. Soll es gemütlicher werden, sind klapp bare Loungesessel die bessere Wahl. Selbst Sofas lassen sich aus Modulen zusammenbauen und wieder verstauen.

Bett

Denkt man an ein Klappbett, hat man eine schmale Campingliege vor Augen. Falsch gedacht. Es gibt so viele bequeme und auch hübsche Möbel, auf denen man nachts wunderbar schläft und die tagsüber ein anderes Gesicht haben. Ein Daybed beispielsweise wird abends zum Bett und morgens zum Sofa. Noch auffälliger ist dieser Switch natürlich beim Schlafsofa, das es in unterschiedlichsten Breiten und Längen gibt. Decke und Kissen lassen sich am Tag in Körben oder Kisten verstauen. Und beim Schrankbett wird das gemachte Bett samt Federbett einfach eingeklappt.

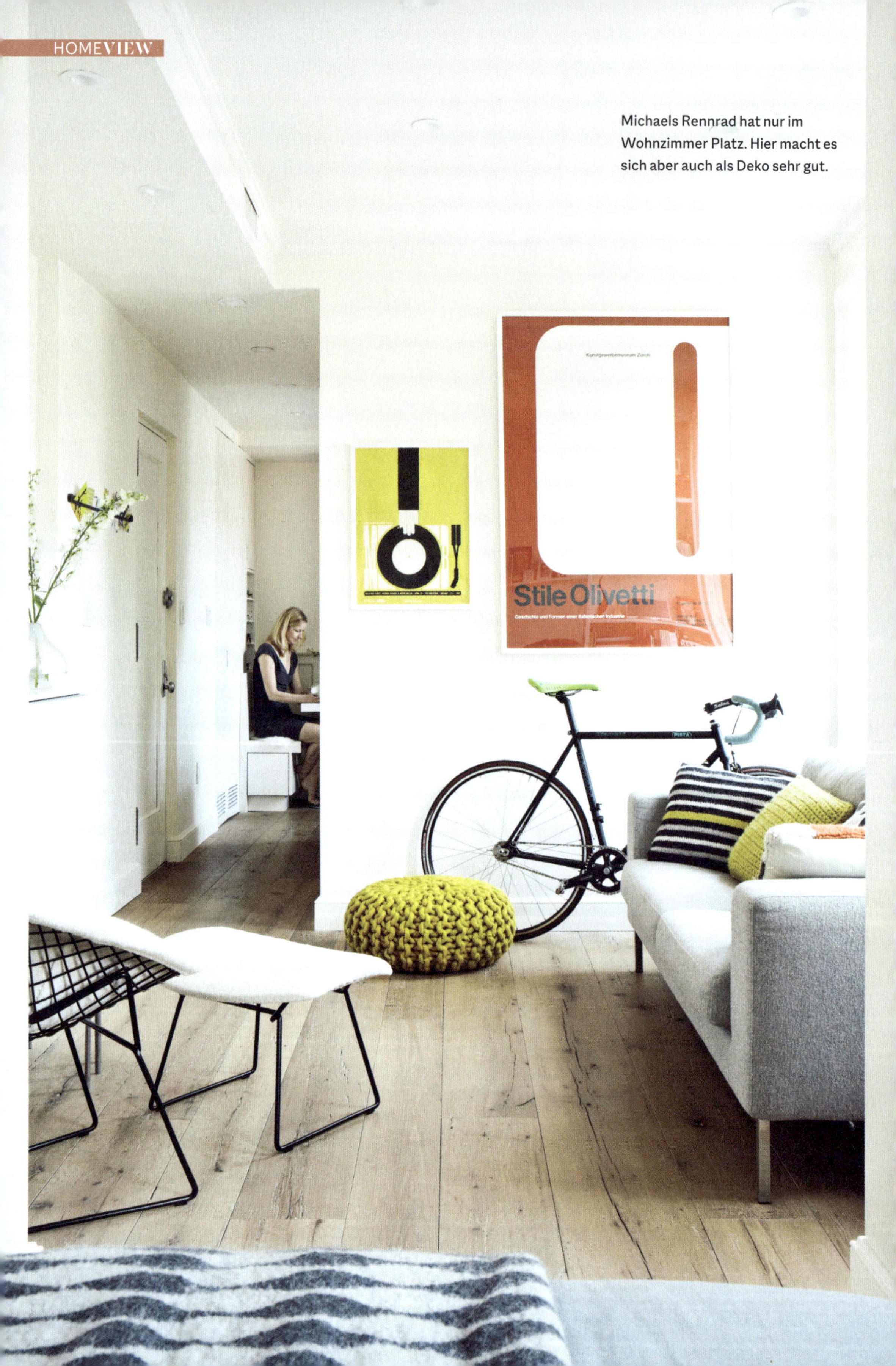

Michaels Rennrad hat nur im Wohnzimmer Platz. Hier macht es sich aber auch als Deko sehr gut.

Neu in NEW YORK

Vom entspannten San Francisco zogen Michael und Iris ins aufregende West Village – und tauschten ein großzügiges Haus gegen ein Mini-Refugium.

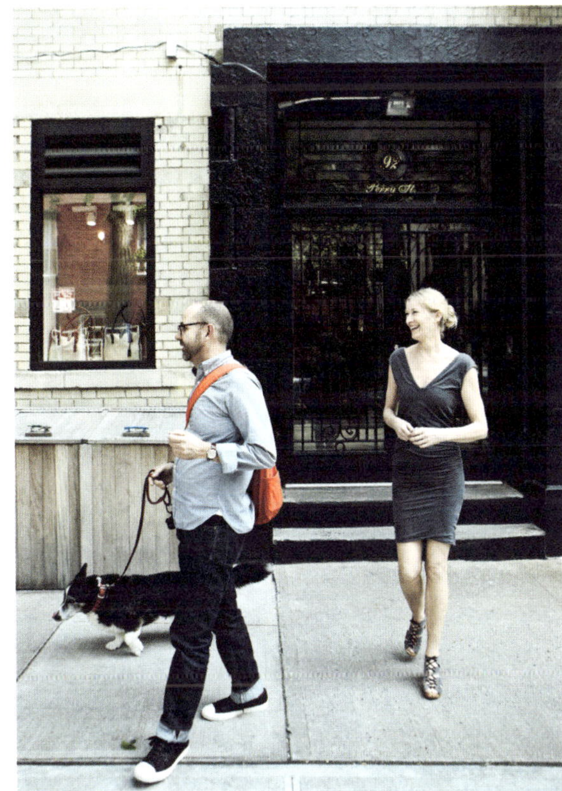

Die beiden kreativen Köpfe lieben das quirlige Leben direkt vor ihrer Haustür. Für diese Lage nehmen sie ihre winzige Wohnung gern in Kauf.

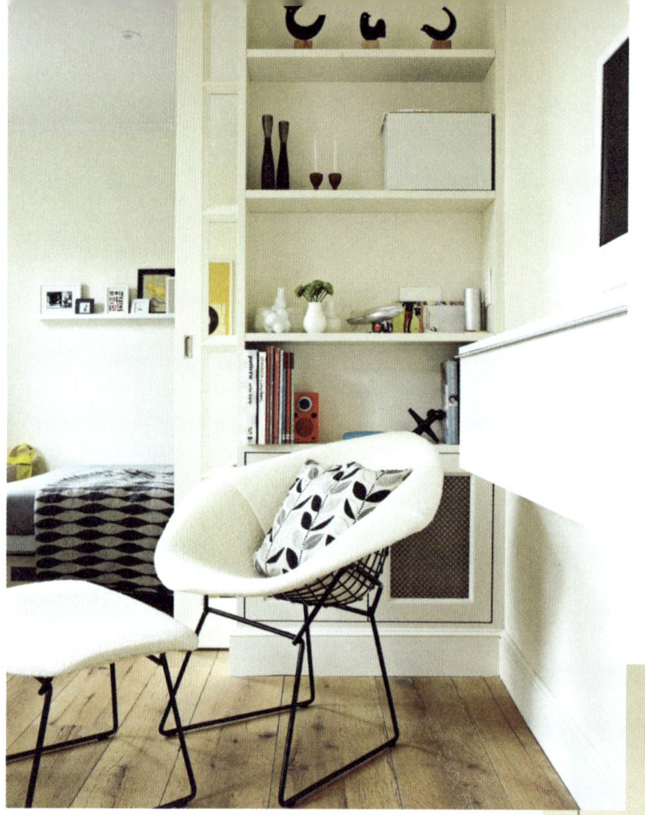

> Der Trick? Räume nicht vollstopfen!

Der „Diamond Chair" von Harry Bertoia ist gemütlich und wirkt dabei schön leicht.

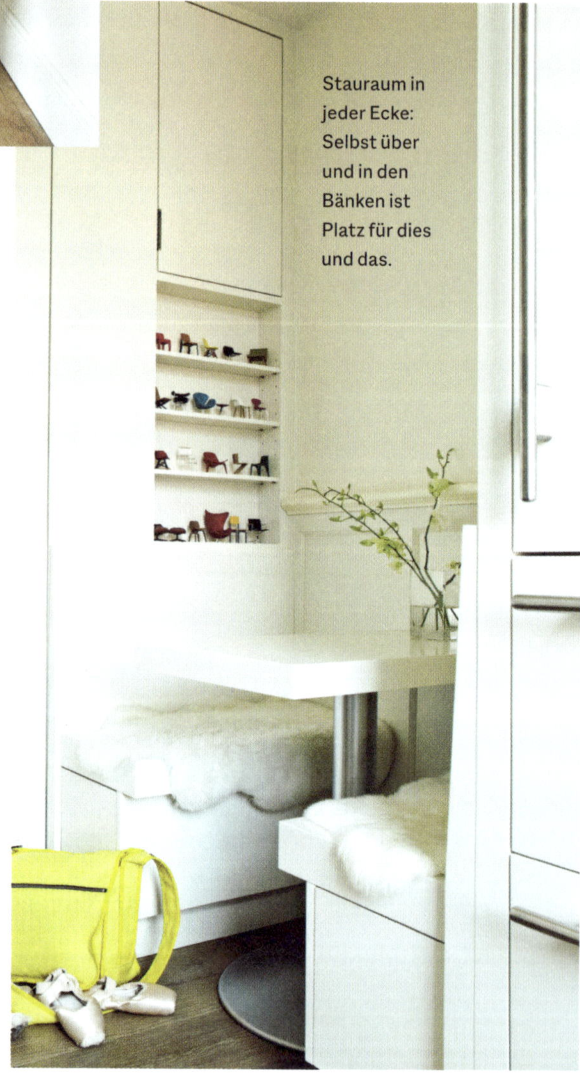

Stauraum in jeder Ecke: Selbst über und in den Bänken ist Platz für dies und das.

Michael und Iris sind echte Kosmopoliten. Die Niederländerin und der Amerikaner trafen sich in Düsseldorf, lebten dort einige Jahre und zogen dann nach San Francisco. Die Fans des Mid Century bewohnten einen Bungalow aus den 1950er-Jahren, entworfen von Joseph Eichler. Doch vor Kurzem packten sie ihre Koffer, um neue Jobs in New York anzutreten. Der Kreativdirektor und die Stylistin lieben das West Village und genießen die Shops, Bars, Cafés und Theater rund um ihr neues Zuhause. Dafür nehmen sie die eine oder andere Einschränkung gern in Kauf. Ihr weitläufiges Haus an der Westküste tauschten sie nämlich gegen bescheidene 33 Quadratmeter im Big Apple.

Zu den Umzugsvorbereitungen gehörte auch, die Besitztümer genau unter die Lupe zu nehmen: Was ist wirklich wichtig und oft im Einsatz? Und auf was kann man getrost ver-

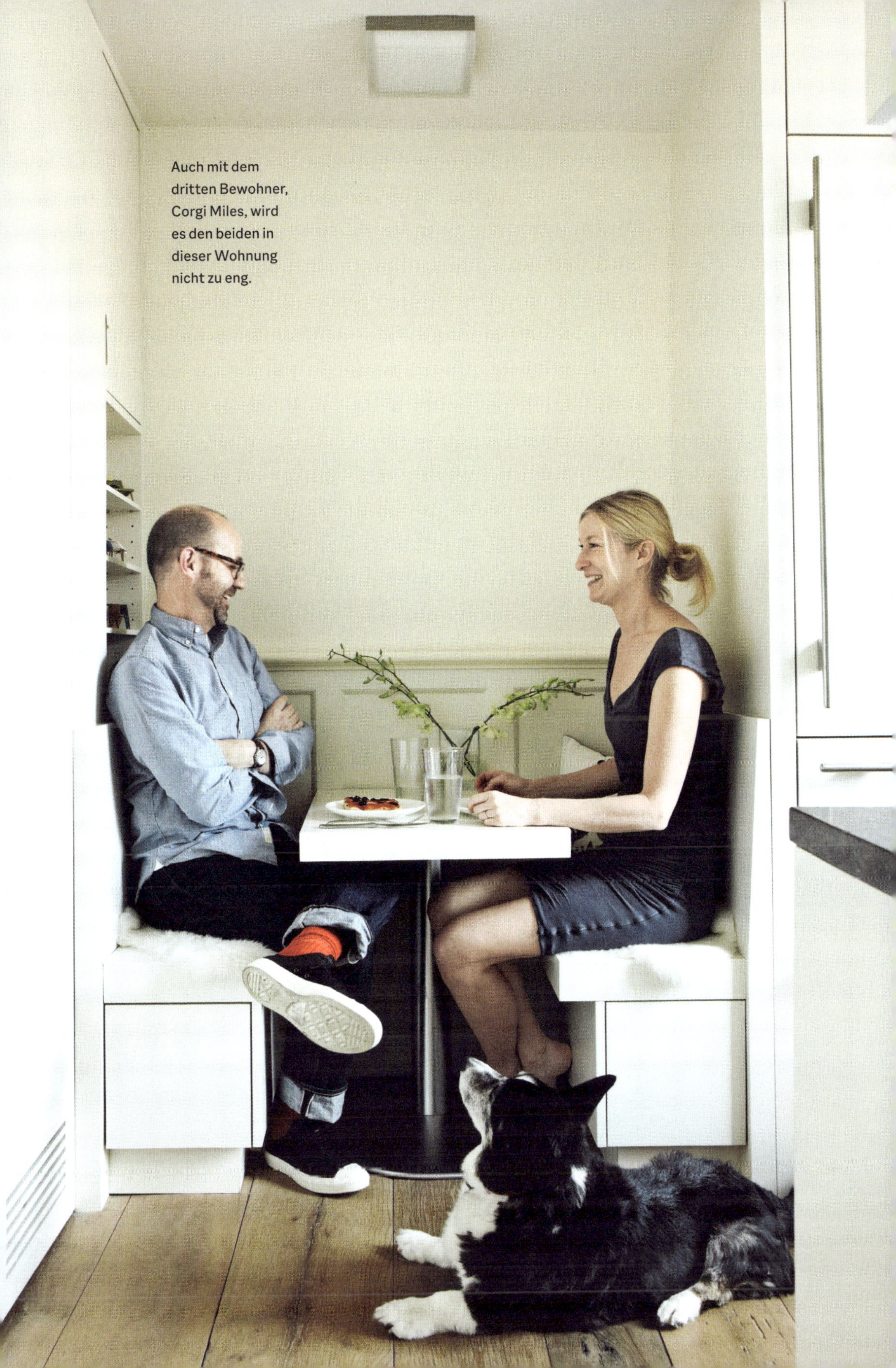

Auch mit dem dritten Bewohner, Corgi Miles, wird es den beiden in dieser Wohnung nicht zu eng.

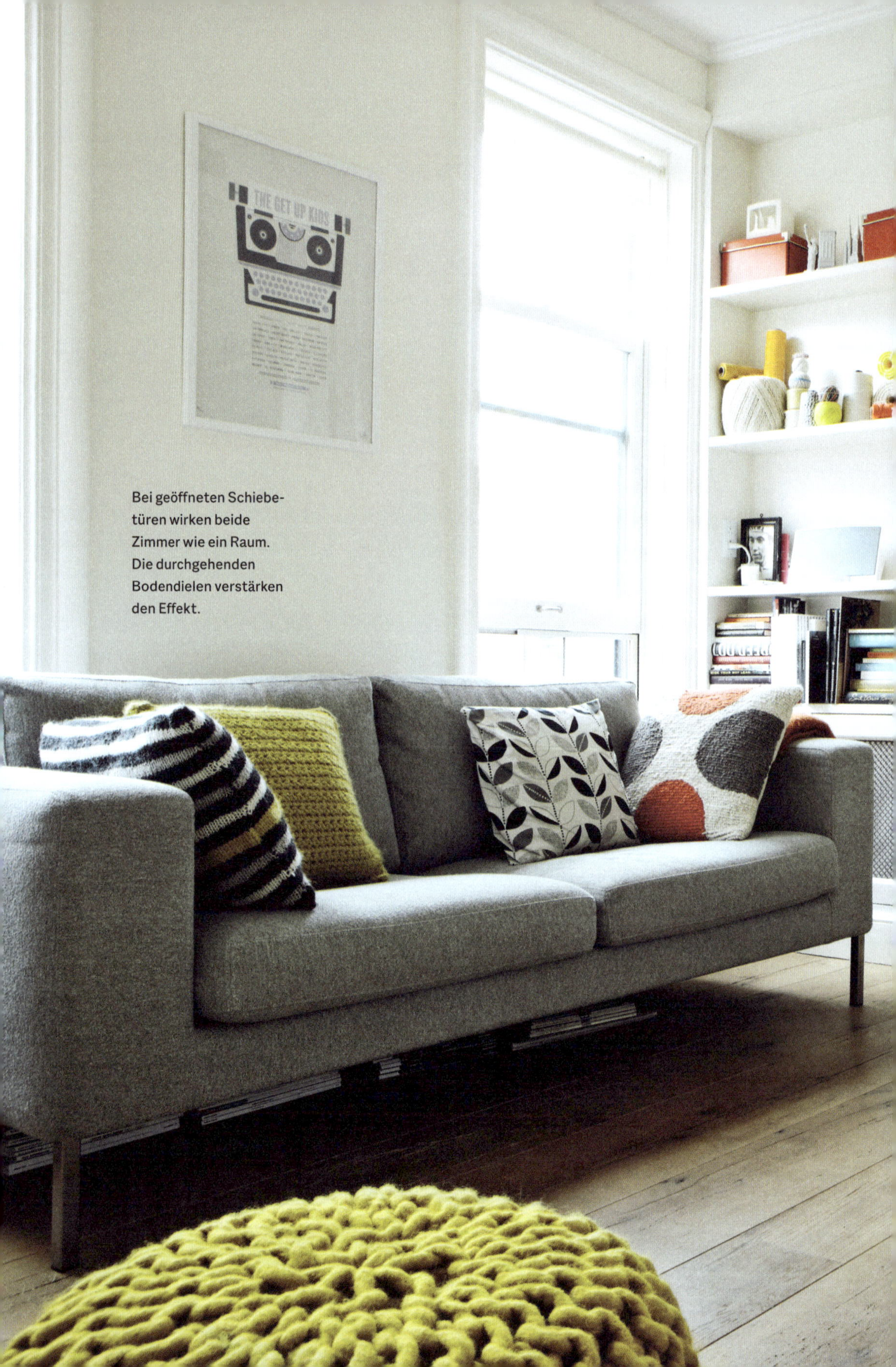

Bei geöffneten Schiebetüren wirken beide Zimmer wie ein Raum. Die durchgehenden Bodendielen verstärken den Effekt.

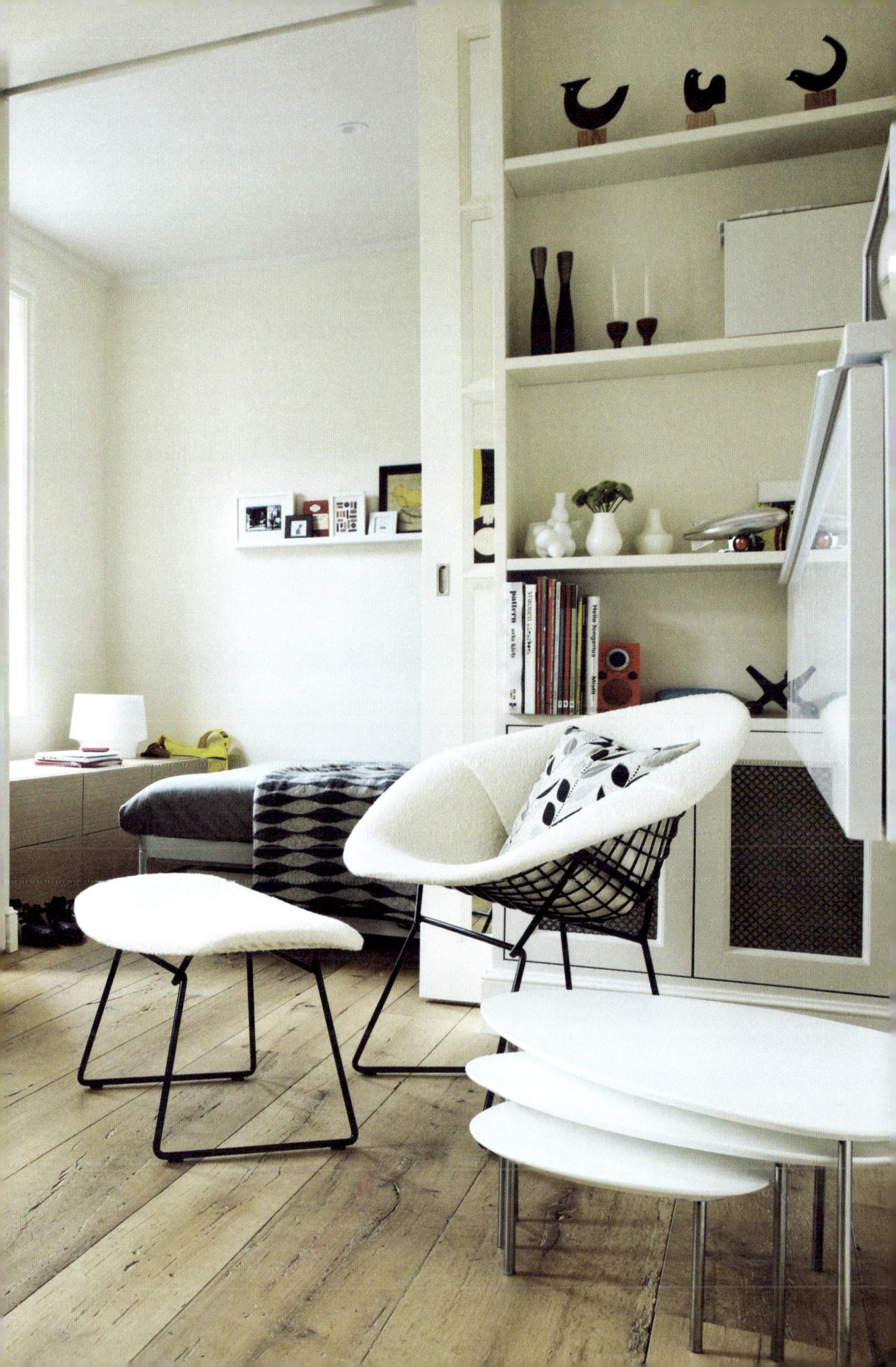
pattern orla kiely
Hella Jongerius
Misfit

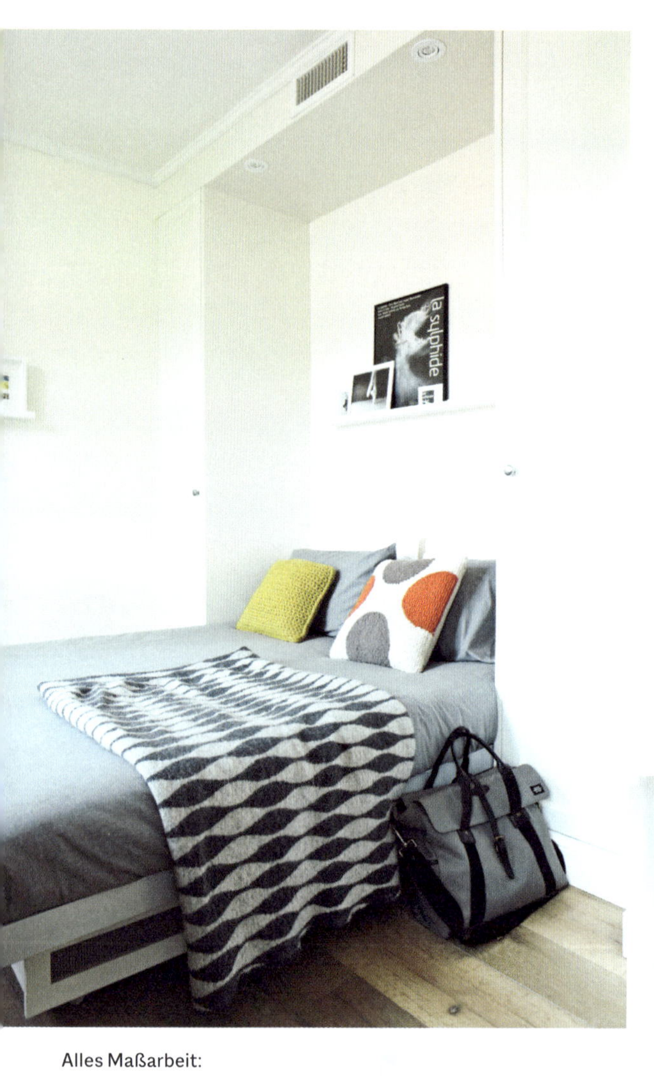

zichten? Vieles wurde verkauft, verschenkt oder eingelagert, nur das Notwendigste machte sich auf den Weg ins New Yorker Apartment. Hier wird jede noch so kleine Lücke als Stauraum genutzt, selbst unter dem Bett oder in den Küchenbänken ist Platz. Wände und Einbaumöbel sind in einem hellen Cremeton gestrichen, um der Wohnung ein Gefühl von Helligkeit und Offenheit zu geben. Auch Sofa, Sessel und Bett strahlen dank ihrer Metallbeine eine gewisse Leichtigkeit aus und scheinen fast zu schweben. Der Clou: Die Schiebetüren zwischen Schlaf- und Wohnzimmer sind mit Spiegeln verkleidet und verleihen den Räumen im geschlossenen Zustand eine extra Dimension. So lässt es sich im Big Apple ganz wunderbar leben. ■

Alles Maßarbeit: Das zierliche Bett passt genau zwischen die beiden Einbauschränke.

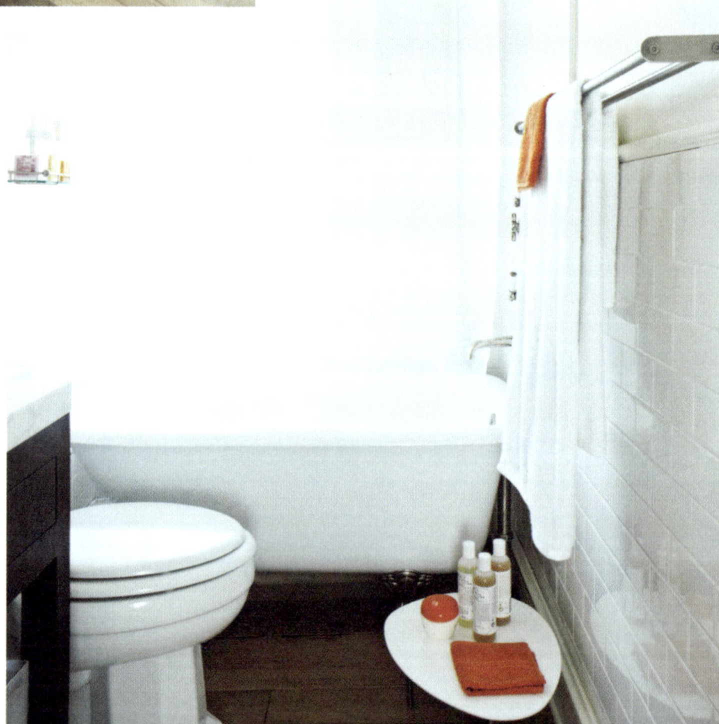

Schön hell ist auch das winzige Bad. Farbtupfer liefern nur die Accessoires, wie etwa die Waschlappen. Auch hier liegen übrigens die alten Bodendielen.

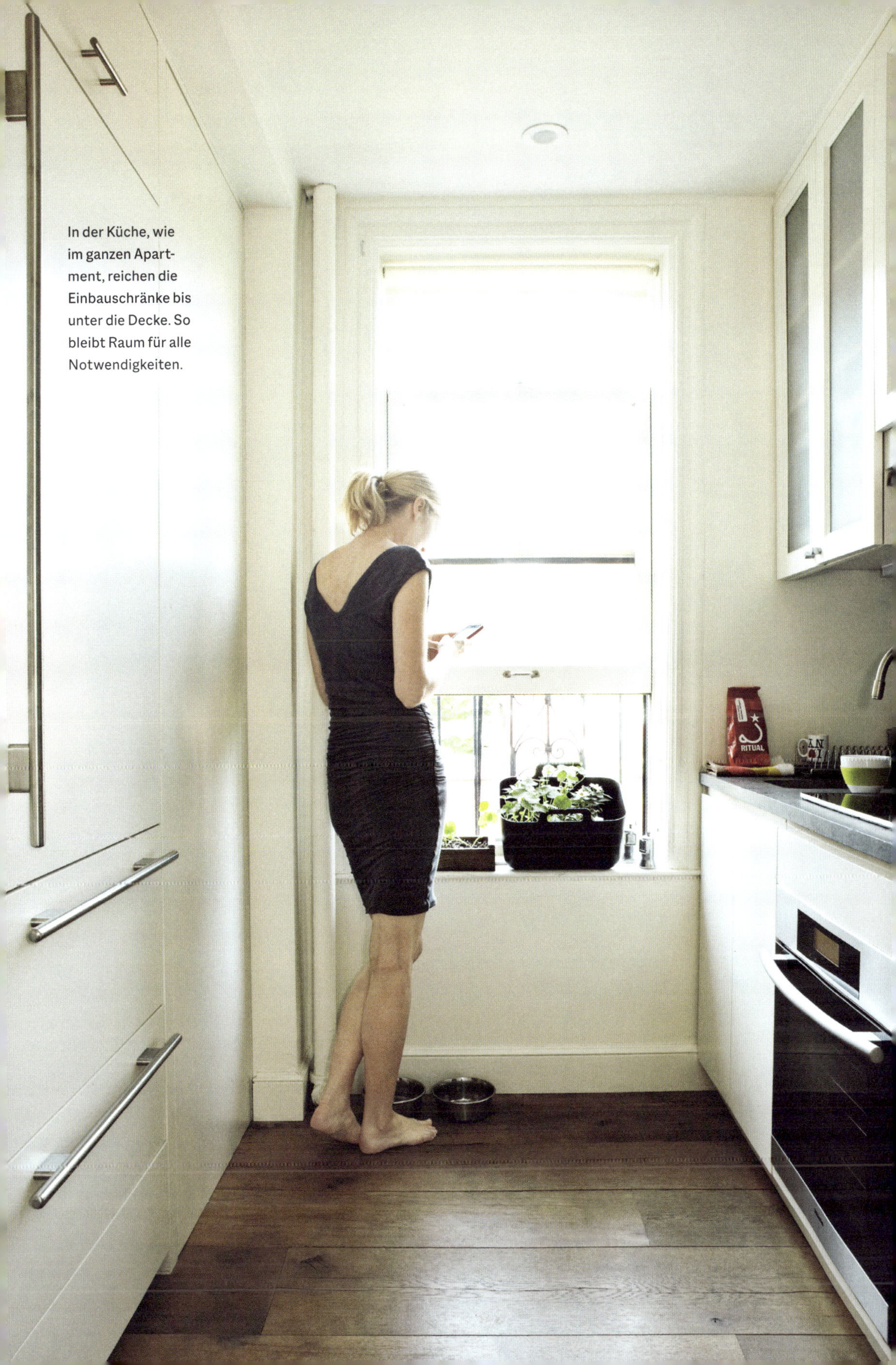

In der Küche, wie im ganzen Apartment, reichen die Einbauschränke bis unter die Decke. So bleibt Raum für alle Notwendigkeiten.

Smarte KÜCHEN

Die Küche ist weit mehr als der Raum, in dem Mahlzeiten zubereitet werden. Sie hat also die volle Aufmerksamkeit verdient.

Vom Frühstück bis zum Mitternachtsimbiss, vom wichtigen Gespräch bis zur Party: In der Küche ist immer etwas los. Sie ist Zentrum des Familienlebens und Herzstück des Zuhauses, hier laufen alle Fäden zusammen. Im Tiny Home ist der Küchenplatz natürlich begrenzt. Doch wenn die Funktionen und der Wohlfühlfaktor stimmen, spielt die Quadratmeterzahl eine untergeordnete Rolle.

In einer kleinen Küche muss man sich auf das Notwendigste beschränken. Natürlich sollen die liebsten Geräte und Gadgets ihren Platz finden. Aber wer den Hausstand auf die essenziellen Dinge reduziert, kann den kostbaren Raum in Schränken und auf Ablageflächen besser nutzen.

Wenn die baulichen Gegebenheiten passen, ist es eine gute Idee, die Küche zum Wohnraum hin zu öffnen. Eventuell muss dafür sogar eine Wand eingerissen werden. Dieser Aufwand lohnt sich jedoch, denn so wird aus dem beengten Raum eine offene, freundliche Wohnküche. Eine Insel samt Stauraum und Sitzplätzen könnte die Küchenzeile optisch vom Rest des Raumes abgrenzen. Oder aber ein großer Esstisch dient als Verbindungsglied zwischen Küchenbereich und restlichen Wohnraum. ■

ZU DIENSTEN Flexibilität ist in kleinen Räumen besonders wichtig. Ein Servierwagen wie dieses Exemplar von housedoctor.com dient als Arbeits- und Abstellfläche und kann jederzeit zur Seite geschoben werden, wenn er im Weg steht.

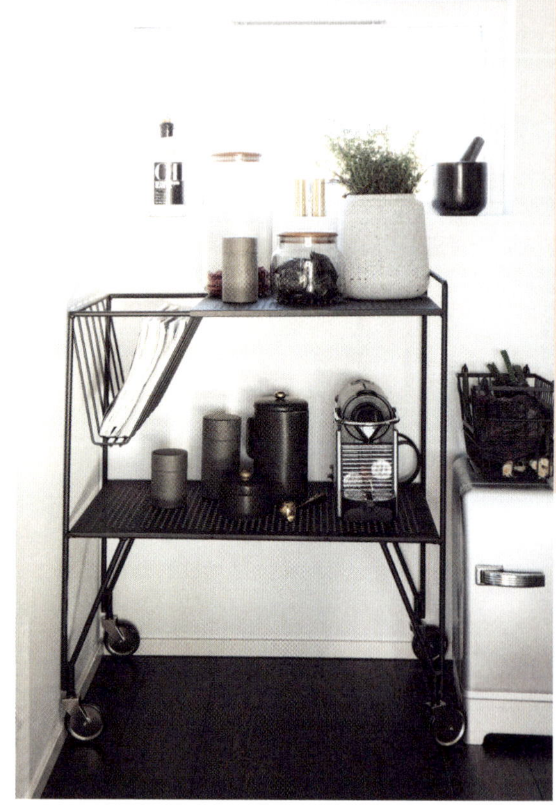

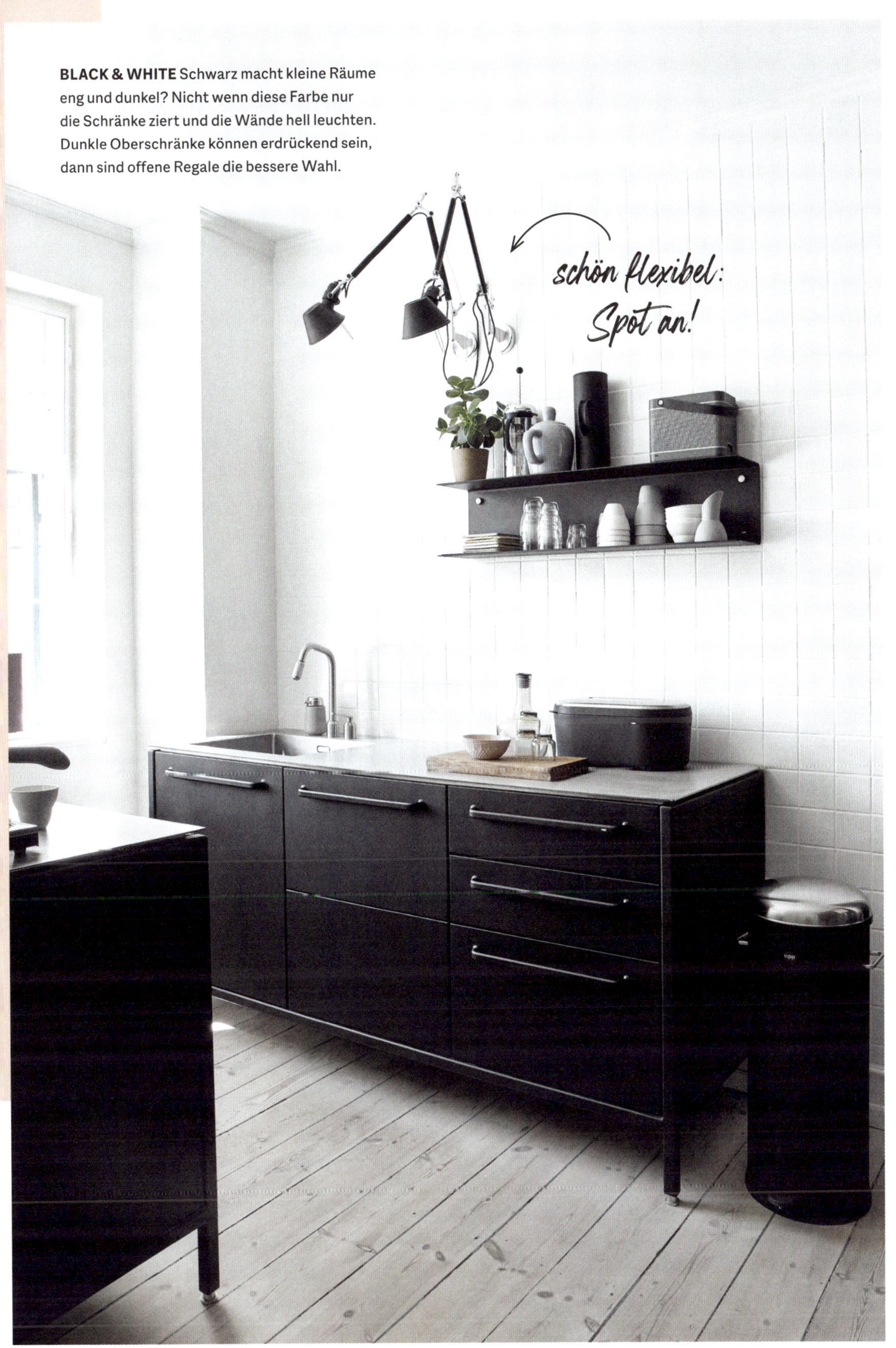

BLACK & WHITE Schwarz macht kleine Räume eng und dunkel? Nicht wenn diese Farbe nur die Schränke ziert und die Wände hell leuchten. Dunkle Oberschränke können erdrückend sein, dann sind offene Regale die bessere Wahl.

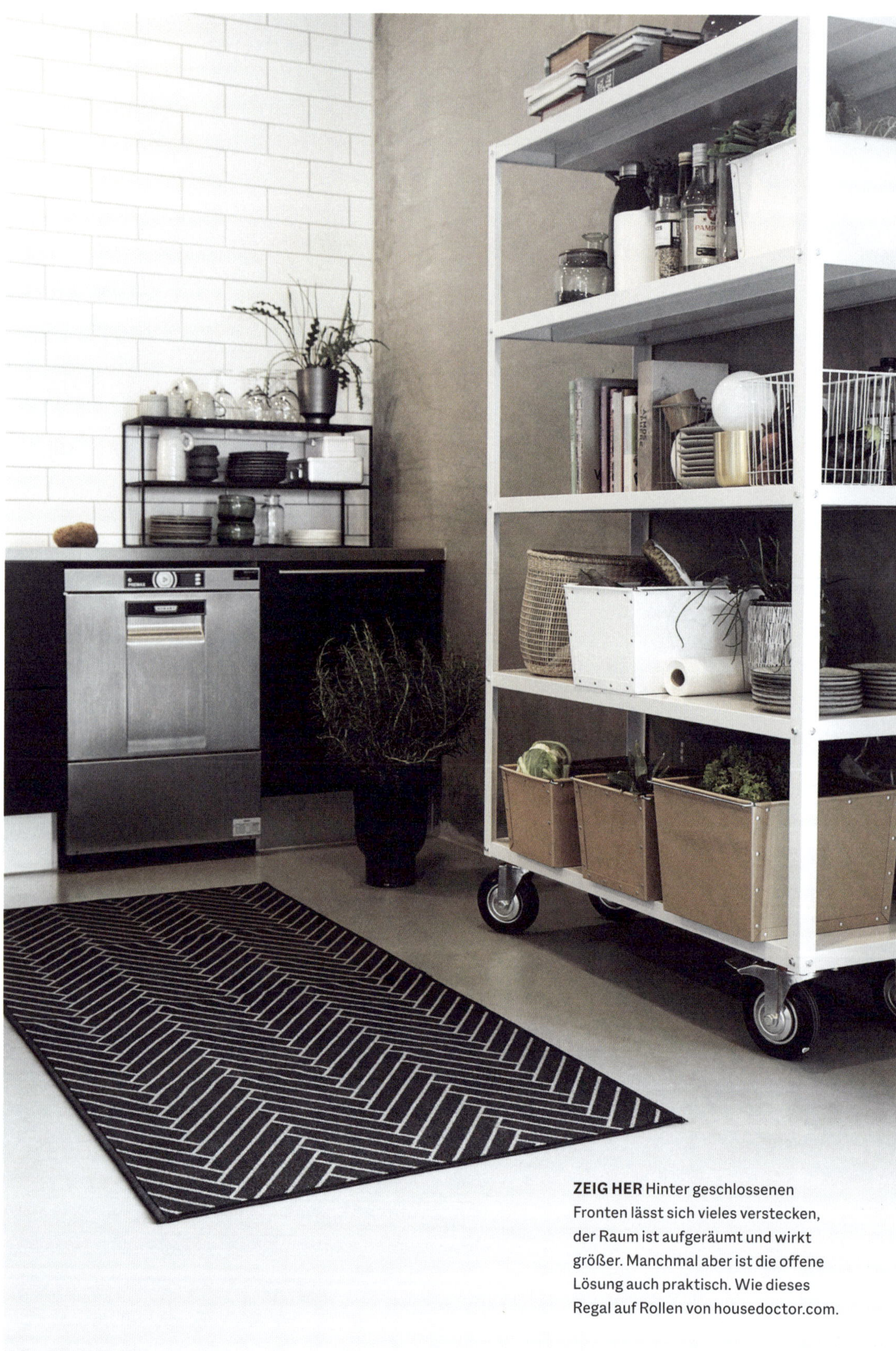

ZEIG HER Hinter geschlossenen Fronten lässt sich vieles verstecken, der Raum ist aufgeräumt und wirkt größer. Manchmal aber ist die offene Lösung auch praktisch. Wie dieses Regal auf Rollen von housedoctor.com.

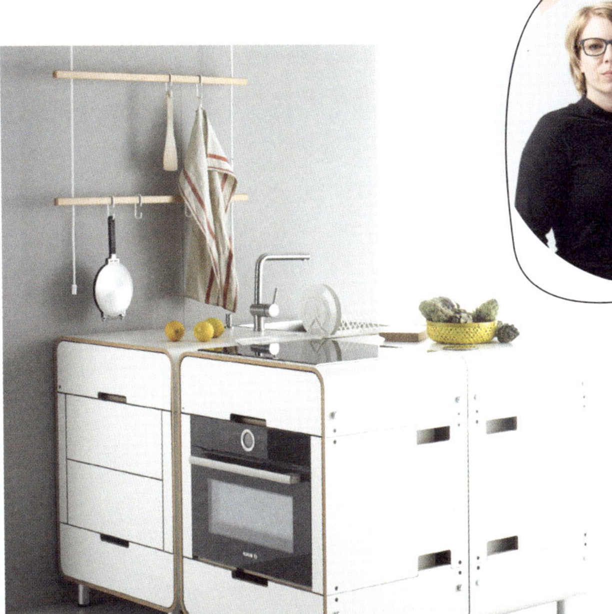

A LA CARTE heißen die Küchenmodule von stadtnomaden.com. Sie können ganz nach Bedarf ausgewählt und arrangiert werden.

STADTNOMADEN

Die beiden Designer Linda und **Oliver Krapf** gründeten 2006 die Stadtnomaden, ihr Label für flexibles, urbanes Wohnen.

Rolling Stone

Der Gedanke hinter dem Unternehmen: Urbane Nomaden wünschen sich ein Gefühl von Freiheit und Unabhängigkeit. Sie möchten ihre Zelte abbrechen und mit leichtem Gepäck reisen können, sehnen sich aber gleichzeitig auch nach Wurzeln und Beständigkeit. Genau hier setzen die Möbel des Labels an.

Die vielfach ausgezeichneten Produkte sind geprägt von Leichtigkeit und Flexibilität. Ob Bett oder Raumteiler, sie alle können so einiges und sind außerdem nachhaltig gefertigt. Für ein langes, bewegtes Leben.

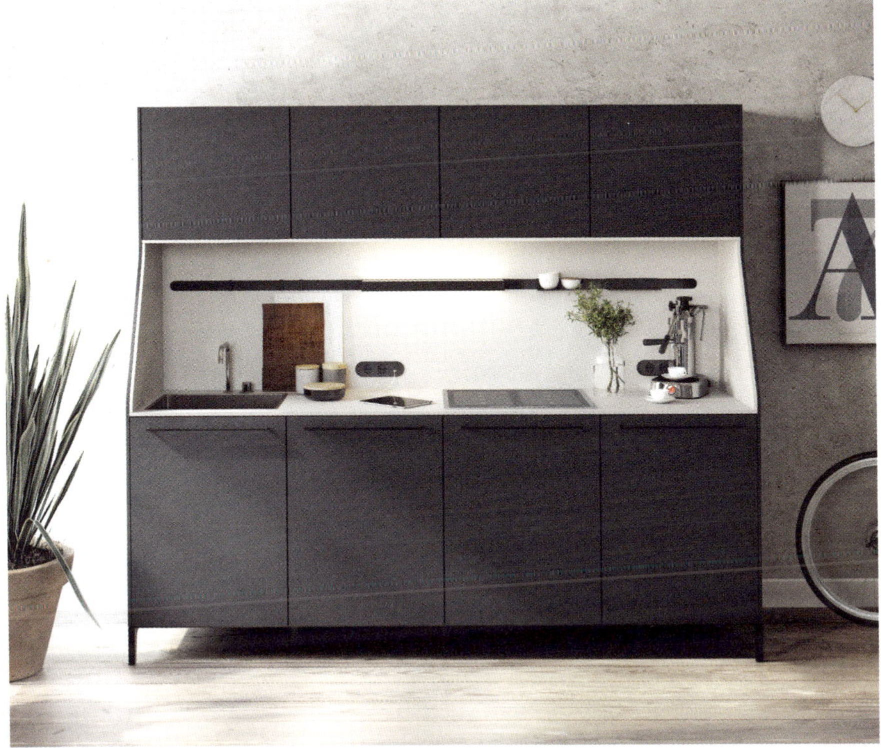

NEU INTERPRETIERT Das gute alte Küchenbuffet hat hier einen Relaunch erhalten. In dem Solitär „SieMatic 29“ verbirgt sich nicht nur viel Platz für Töpfe und Geschirr, das multifunktionale Küchenmöbel bringt auch gleich eine Spüle und ein Kochfeld mit (siematic.com).

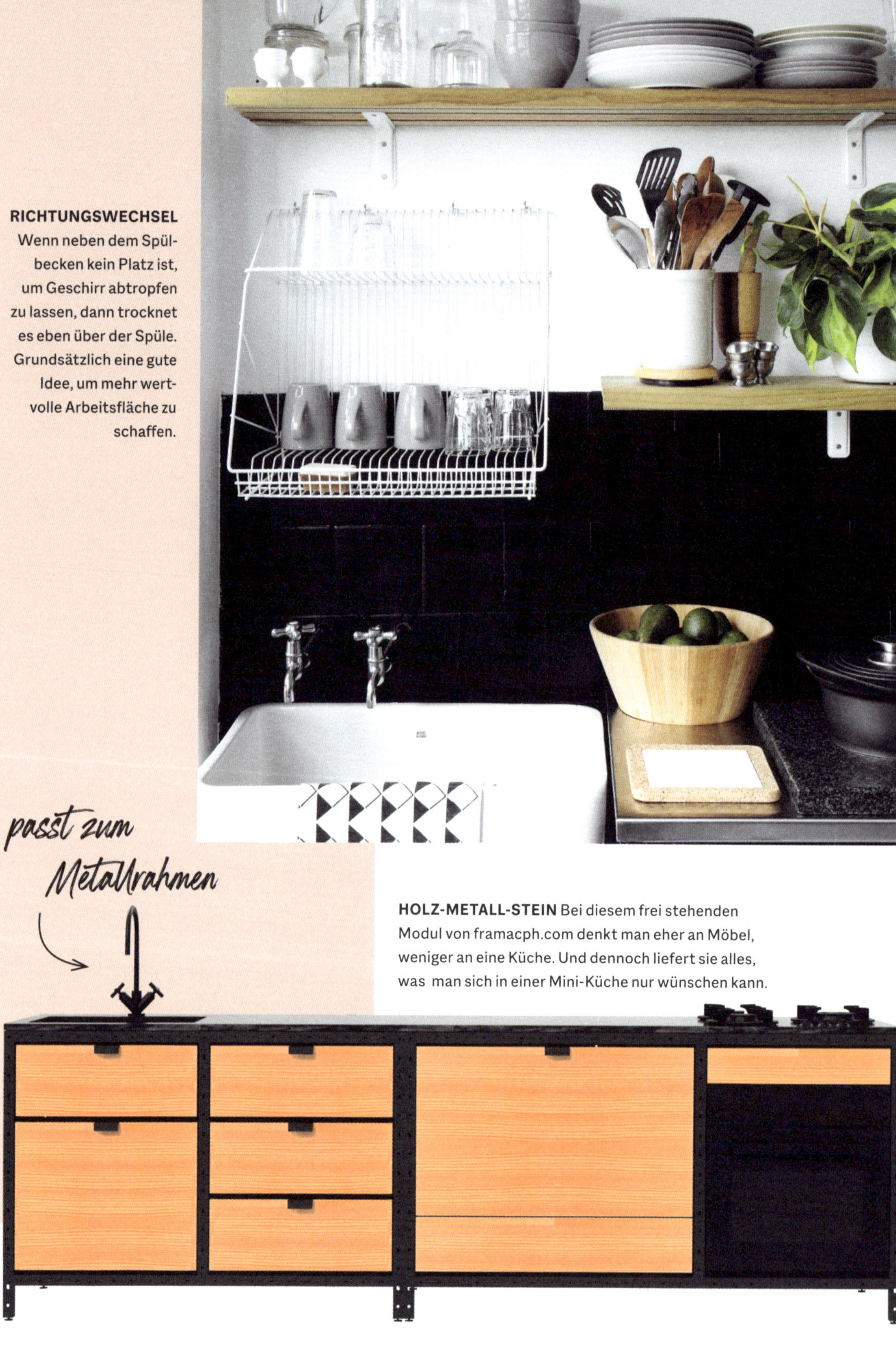

RICHTUNGSWECHSEL Wenn neben dem Spülbecken kein Platz ist, um Geschirr abtropfen zu lassen, dann trocknet es eben über der Spüle. Grundsätzlich eine gute Idee, um mehr wertvolle Arbeitsfläche zu schaffen.

passt zum Metallrahmen

HOLZ-METALL-STEIN Bei diesem frei stehenden Modul von framacph.com denkt man eher an Möbel, weniger an eine Küche. Und dennoch liefert sie alles, was man sich in einer Mini-Küche nur wünschen kann.

3 TOLLE TIPPS

Sie muss nicht unbedingt groß sein – wenn sie gut geplant ist. Mit diesen Ideen fühlt sich die **KÜCHE** wesentlich großzügiger an.

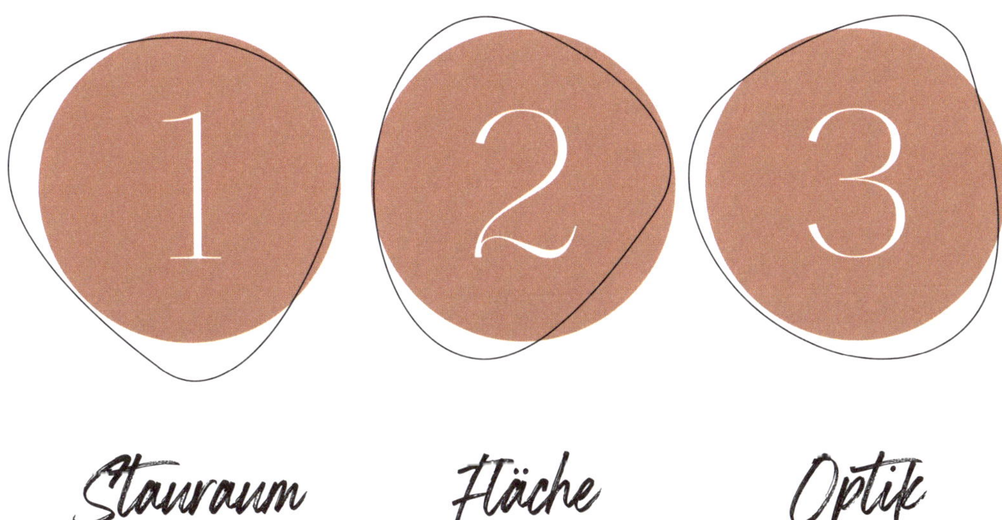

Stauraum

Töpfe und Teller, Toaster und Thermoskannen, Teelöffel und Tomatensuppe: Unzählige Utensilien und Lebensmittel müssen aufbewahrt werden. Deshalb ist Stauraum das A und O in einer Küche. Wer seine eine Küchenschränke aus Platzmangel nicht unbegrenzt in die Breite bauen kann, nutzt die Höhe. Hochschränke, die bis unter die Decke reichen, liefern überraschend viel Platz. Ein Geschirrspüler mit 45 cm Breite reicht auch? Perfekt, dann bleibt mehr Fläche für den Stauraum. In Schränken mit Auszügen ist der Zugriff übrigens deutlich leichter als in solchen mit Türen.

Fläche

Schneiden und schälen, kochen und kneten, rühren und reiben: In der Küche wird jeden Tag gearbeitet – und dafür braucht man reichlich Arbeitsfläche. Eine Faustregel besagt, dass gut ein halber Meter Platz für diesen Bereich eingerechnet werden sollte. Die Erfahrung der meisten Hobbyköche aber zeigt: Mehr ist mehr. Deshalb ist es eine gute Idee, möglichst viele Küchengeräte in die Schränke zu verbannen und nur für ihren Einsatz herauszuholen. Auch ausziehbare Arbeitsplatten und rollbare Küchenwagen sind eine praktische Möglichkeit, die Fläche zu erweitern.

Optik

Nur weil der Raum klein ist, muss er nicht auch so wirken. Mit einigen Tricks und Kniffen wirkt die Küche großzügiger und offener. Eine ganz wichtige Rolle spielt Licht. Fenster, Einbauleuchten, Lampen – sie alle sorgen für eine helle Atmosphäre. Dieses Licht wird übrigens von Hochglanzfronten besonders gut reflektiert. Ein weiterer wichtiger Punkt ist die Farbwahl: Helle, pastellfarbene Wände lassen den Raum größer wirken, als er ist. Auch die Schränke dürfen ruhig hell lackiert sein. Und wer auf Griffe verzichtet, gewinnt ruhige, optisch großzügige Flächen.

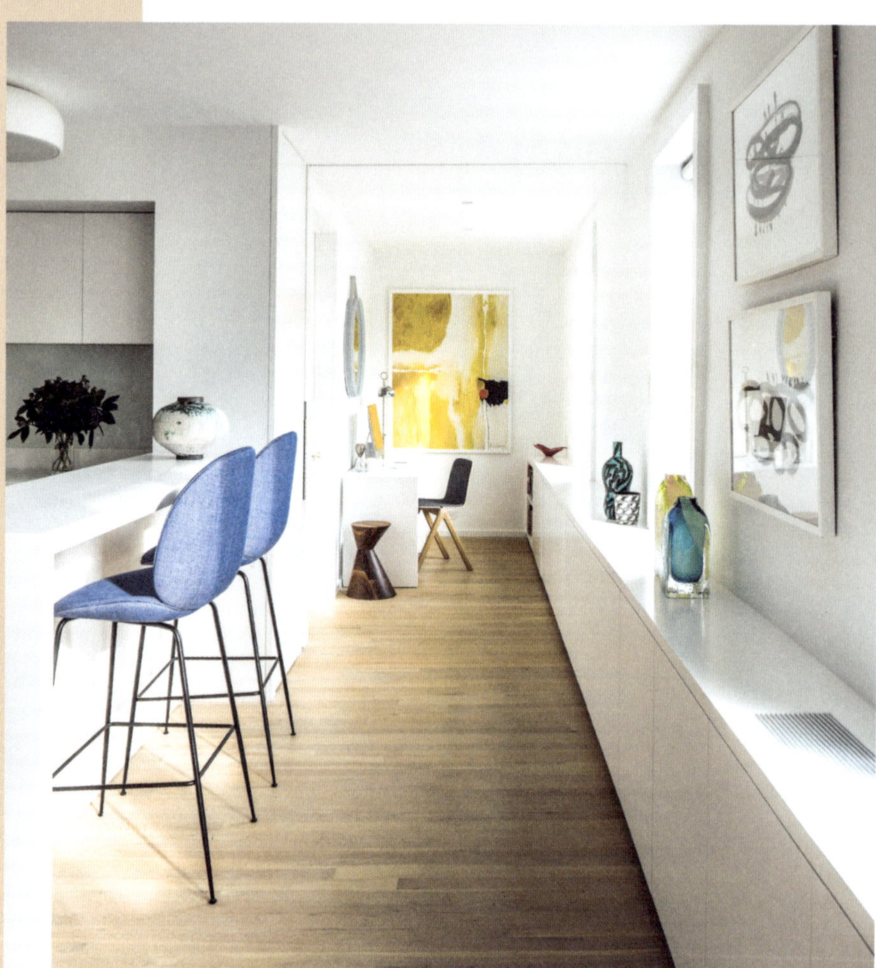

Optisch sticht das raumlange Sideboard kaum hervor. So bleibt mehr Aufmerksamkeit für die schönen Ausstellungsstücke.

> „Einfachheit ist die größte Herausforderung."

Michael, mit deinem Büro MKCA entwirfst du ganze Gebäude, Inneneinrichtungen und sogar Möbel. Hast du einen typischen Look?
Wir versuchen, einen speziellen Stil oder eine typische Handschrift zu vermeiden. Stattdessen gehen wir lieber ganz individuell auf unsere Kunden ein und verpassen jedem Zuhause einen eigenen Stil. Was aber alle unsere Arbeiten ausmacht, ist eine große Liebe zum Detail und eine gewisse Verspieltheit. Selbst in einem überwiegend weißen Raum lassen sich besondere Akzente setzen.

Was liebst du an deinem Job?
Die Menschen. Ich liebe es, immer wieder neue Personen zu treffen. Ich liebe die Menschen, mit denen wir zusammenarbeiten. Und ich liebe die Mitarbeiter in meinem Team, mit denen die Arbeit einfach großartig ist. Außerdem mag ich Herausforderungen. Je schwieriger das Projekt, je komplizierter die Umsetzung, desto mehr wachsen wir über uns hinaus, um die perfekte Lösung zu finden. Es ist einfach befriedigend, das Leben der Kunden mit unseren Ideen schöner zu machen.

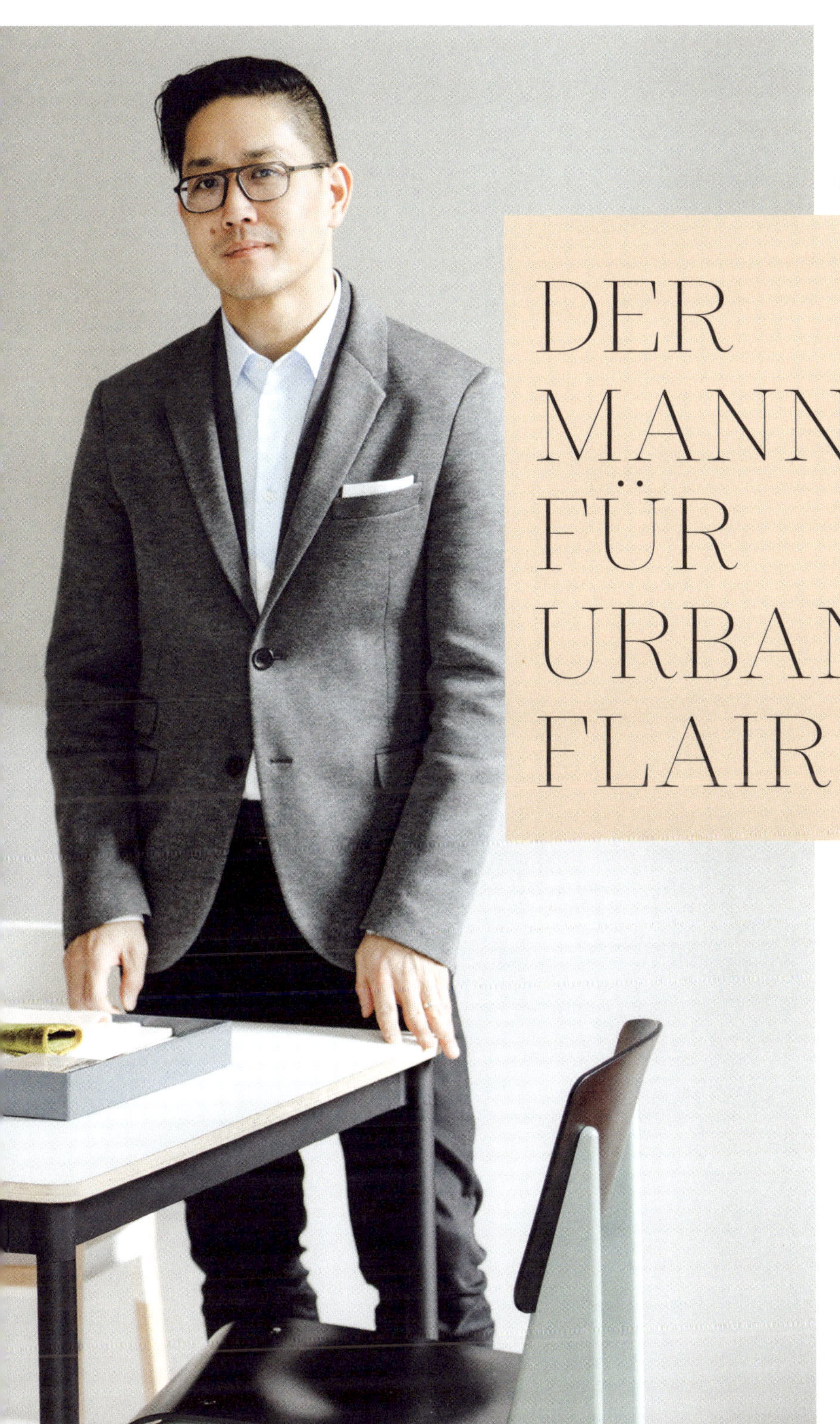

MKCA

DER MANN FÜR URBANES FLAIR

Michael K. Chen gründete 2011 sein Architekturbüro MKCA mit Sitz in New York. Sein fundiertes Wissen zum Thema urbanes Wohnen gibt er auch als Dozent und Autor weiter.

Was ist die größte Herausforderung, wenn es darum geht, kleine Wohnungen einzurichten?
Wir versuchen immer, so viele Funktionen wie möglich zu integrieren. Gerade in kleinen Räumen muss vieles extra angefertigt und auf die Situation zugeschnitten sein. Und das ist der Knackpunkt: Designs zu entwerfen, die all die notwendigen Features und Aufgaben vereinen, aber dennoch einen simplen, cleanen Look haben. Und natürlich muss alles ganz einfach und benutzerfreundlich funktionieren. Einfachheit ist hier das A und O.

Und was liebst du daran, Tiny Homes zu entwerfen und einzurichten?
Ich bin überzeugt, dass kleinere Wohnräume, also kleinere Fußabdrücke, der Schlüssel sind, um das Leben in Großstädten bezahlbarer, nachhaltiger und lebendiger zu machen. Jeder Raum muss sinnvoll genutzt werden, kein Detail ist überflüssig.
Außerdem lassen sich solche Projekte und Ideen auch auf andere Bereiche übertragen - ob Studentenwohnheim oder Wohneinrichtungen für Ältere, Wohnungen für Familien oder Einzelpersonen. ■

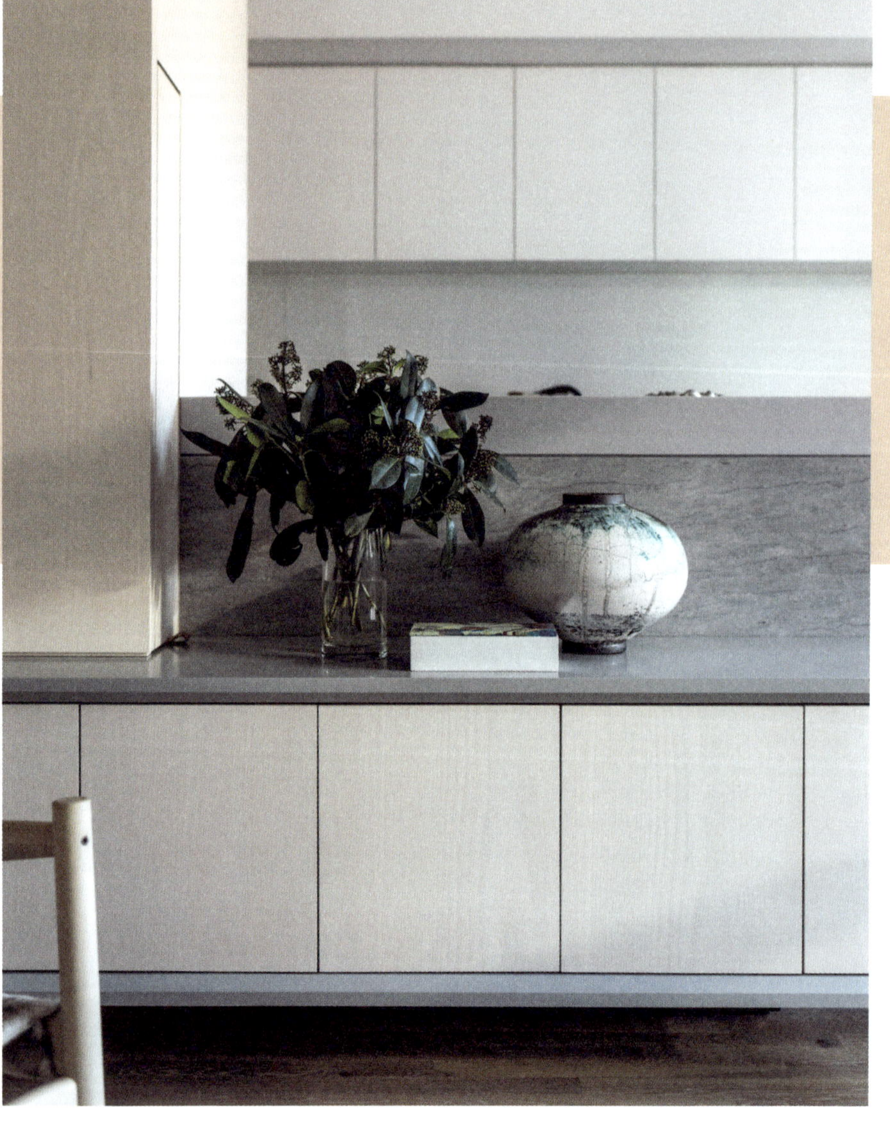

Apartment no 1

Keramik zählt zu Michaels liebsten Materialien. Mit Vasen und Skulpturen setzt der Interior Designer Akzente und Blickpunkte.

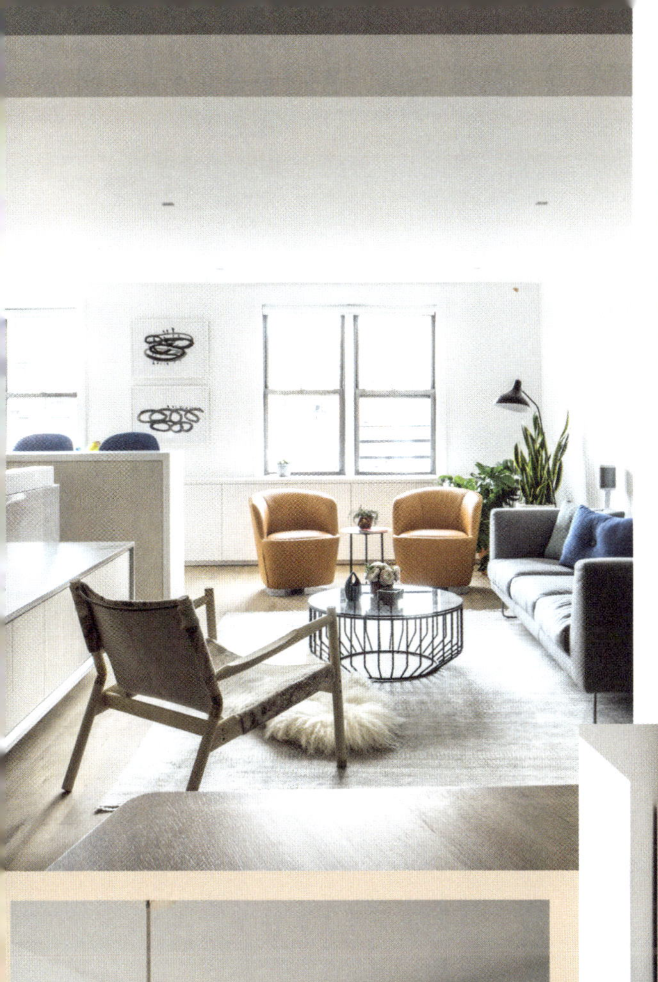

Der Essbereich geht nahtlos in den Wohnbereich über, der von witzigen Sitzmöbeln bevölkert ist. Der Clou ist aber der ausziehbare Fernseher, der sich im Schrank versteckt.

Noch eine gut genutzte Ecke: Diese bietet Platz für eine Bar gleich neben dem Esstisch.

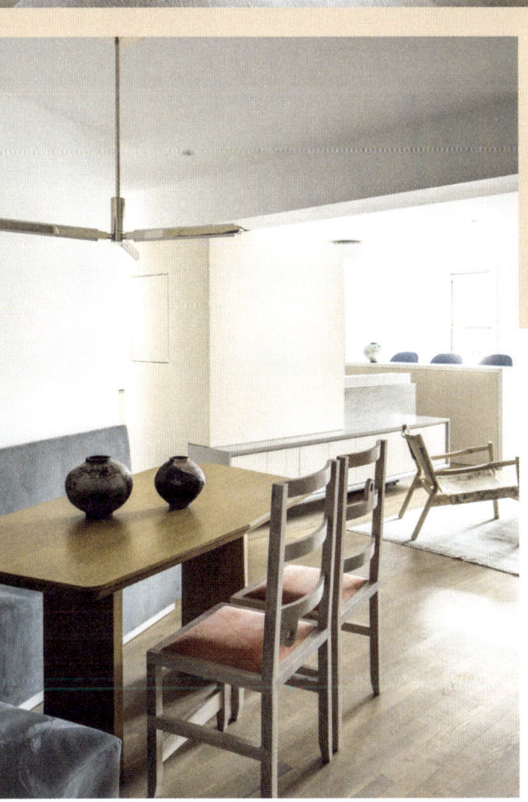

Dank der maßgefertigten Möbel in der Essecke wirkt dieser Bereich wie aus einem Guss.

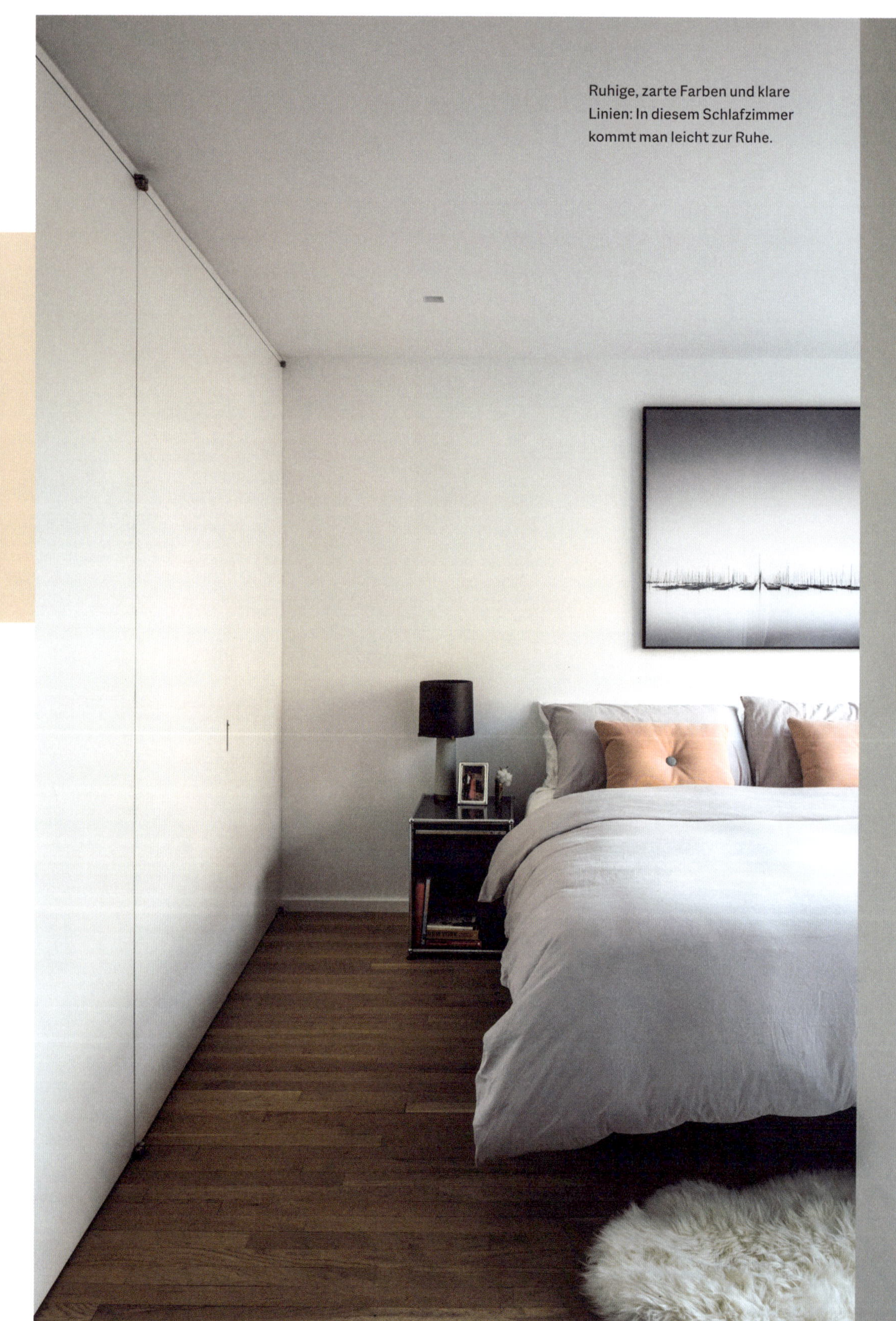

Ruhige, zarte Farben und klare Linien: In diesem Schlafzimmer kommt man leicht zur Ruhe.

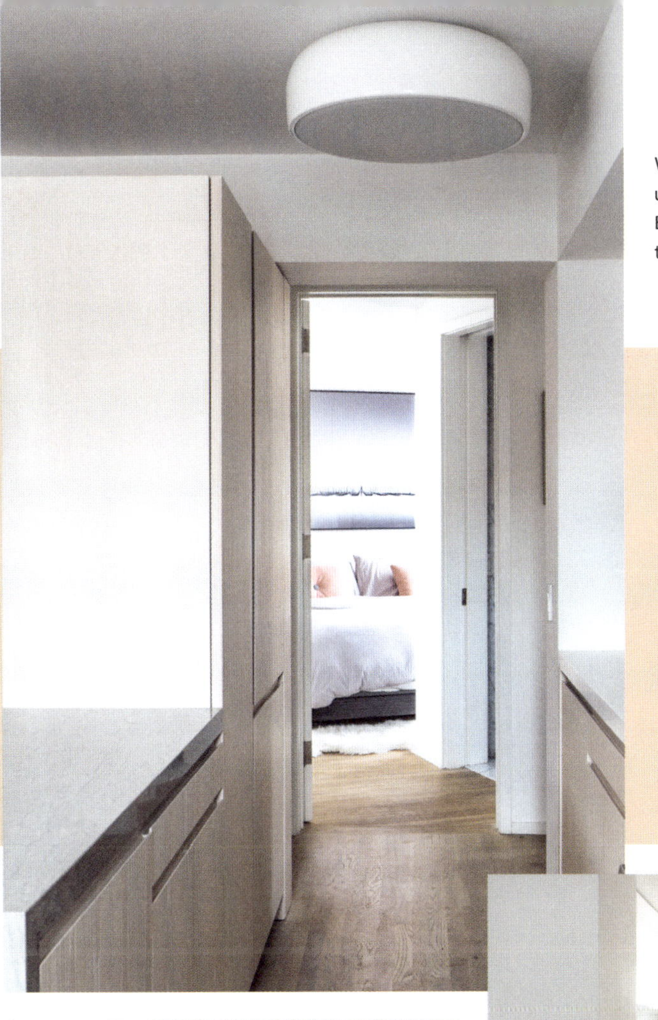

Weil die Küchenschränke nicht bis unter die Decke reichen, wirkt der Bereich viel luftiger. Die Tiefe bietet trotzdem reichlich Stauraum.

Apartment no 1

WER Ein berufstätiges Paar

WO West Village, New York

WARUM Modernisierung und Umgestaltung

LIEBLINGSFEATURE Die zurückhaltenden, aber ausdrucksstarken Materialien

Die Küche wanderte vom Rand in die Mitte der Wohnung. Die schmale Zeile öffnet sich zu drei Seiten.

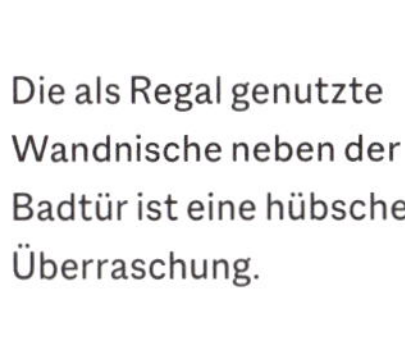

Die als Regal genutzte Wandnische neben der Badtür ist eine hübsche Überraschung.

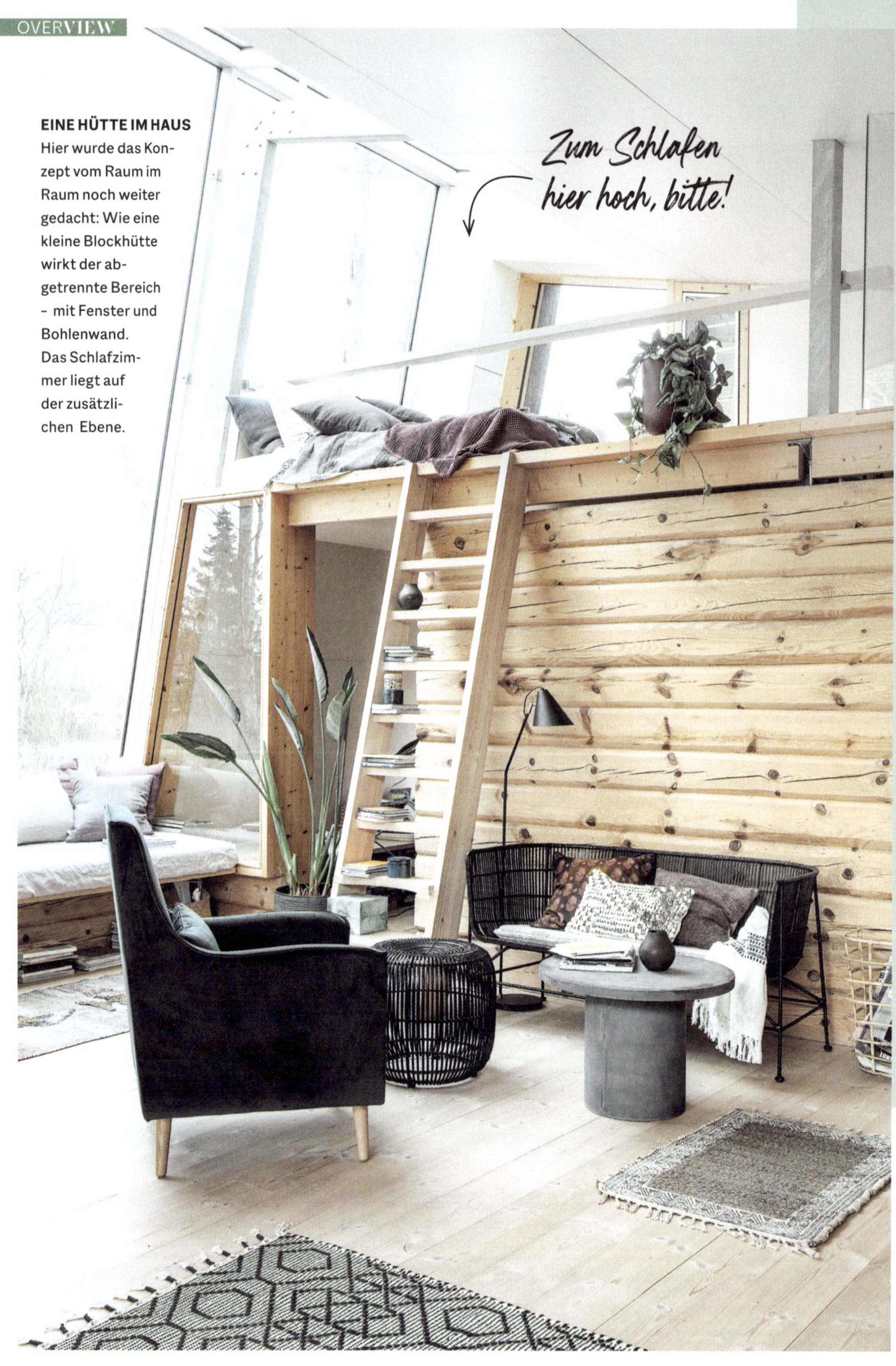

EINE HÜTTE IM HAUS
Hier wurde das Konzept vom Raum im Raum noch weiter gedacht: Wie eine kleine Blockhütte wirkt der abgetrennte Bereich – mit Fenster und Bohlenwand. Das Schlafzimmer liegt auf der zusätzlichen Ebene.

Clevere RAUMLÖSUNGEN

Wenn auf kleiner Fläche großes Leben stattfinden soll, müssen individuelle Lösungen her. Etwa ein Raum im Raum.

BÜCHERWAND Für mehr Ruhe am Schreibtisch ist das Arbeitszimmer vom Rest des Raumes mit zwei deckenhohen Regalen abgetrennt. Der breite Durchgang lässt genug Tageslicht passieren.

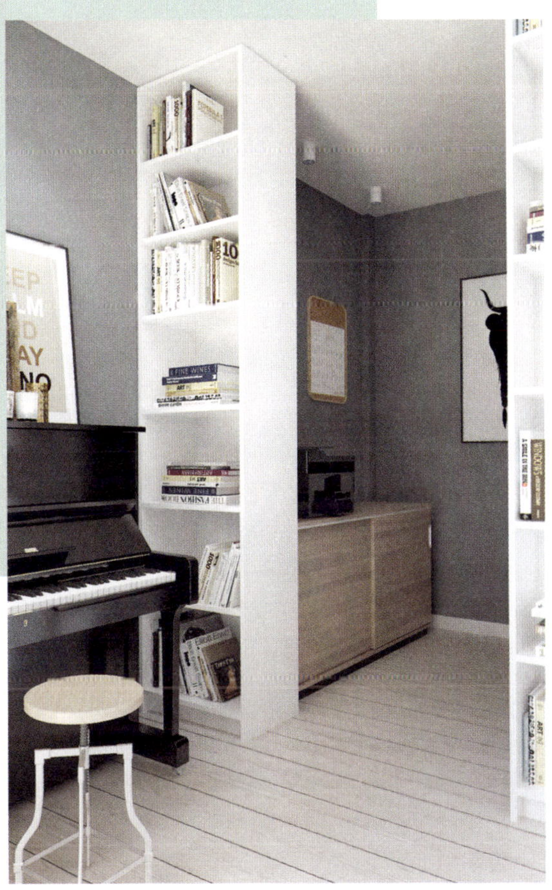

Kochen, essen, schlafen, arbeiten, waschen, spielen, entspannen - im Zuhause ist ganz schön viel los. All diese Aktivitäten brauchen Platz und „Zubehör", also die entsprechenden Möbel und Utensilien. Reicht die Grundfläche nicht aus, um jeder Funktion ihren eigenen Raum zu geben, wird neu gedacht. Was kann man miteinander kombinieren? Wie kann man den vorhandenen Platz maximieren? Und wo kann man zusätzlichen Raum schaffen? Vielleicht lassen sich manche Funktionen tauschen?

Um ganz neu zu denken und zu planen, sollte man den Grundriss einmal auf den Kopf stellen. Muss wirklich jedes Zimmer so genutzt werden wie bisher? Oder schafft eine alternative Nutzung vielleicht viel mehr Wohnqualität? Für jede Herausforderung gibt es eine clevere Lösung. Eine gute Idee ist es oft, neue Räume in schon vorhandene zu integrieren. Am einfachsten funktioniert das mit Wandfarben oder Bodenbelägen, die die einzelnen Bereiche kennzeichnen. Ist die Grundfläche groß genug, trennt man das neue Zimmer tatsächlich mit Wänden oder Regalen ab. Ist die Decke hoch genug, kann der neue Raum aber auch in der Höhe geschaffen werden, auf einer ganz neuen Ebene. ■

PLATZ FÜR ALL DIE DINGE
Geteilte Räume sind natürlich noch einmal kleiner. Für ein Gefühl von Weite sind Einbaumöbel eine gute Lösung, denn eine Sammlung unterschiedlicher Regale und Kommoden „verstopft" das Zimmer optisch. Hier ist sogar noch Platz für eine gemütliche Lesenische.

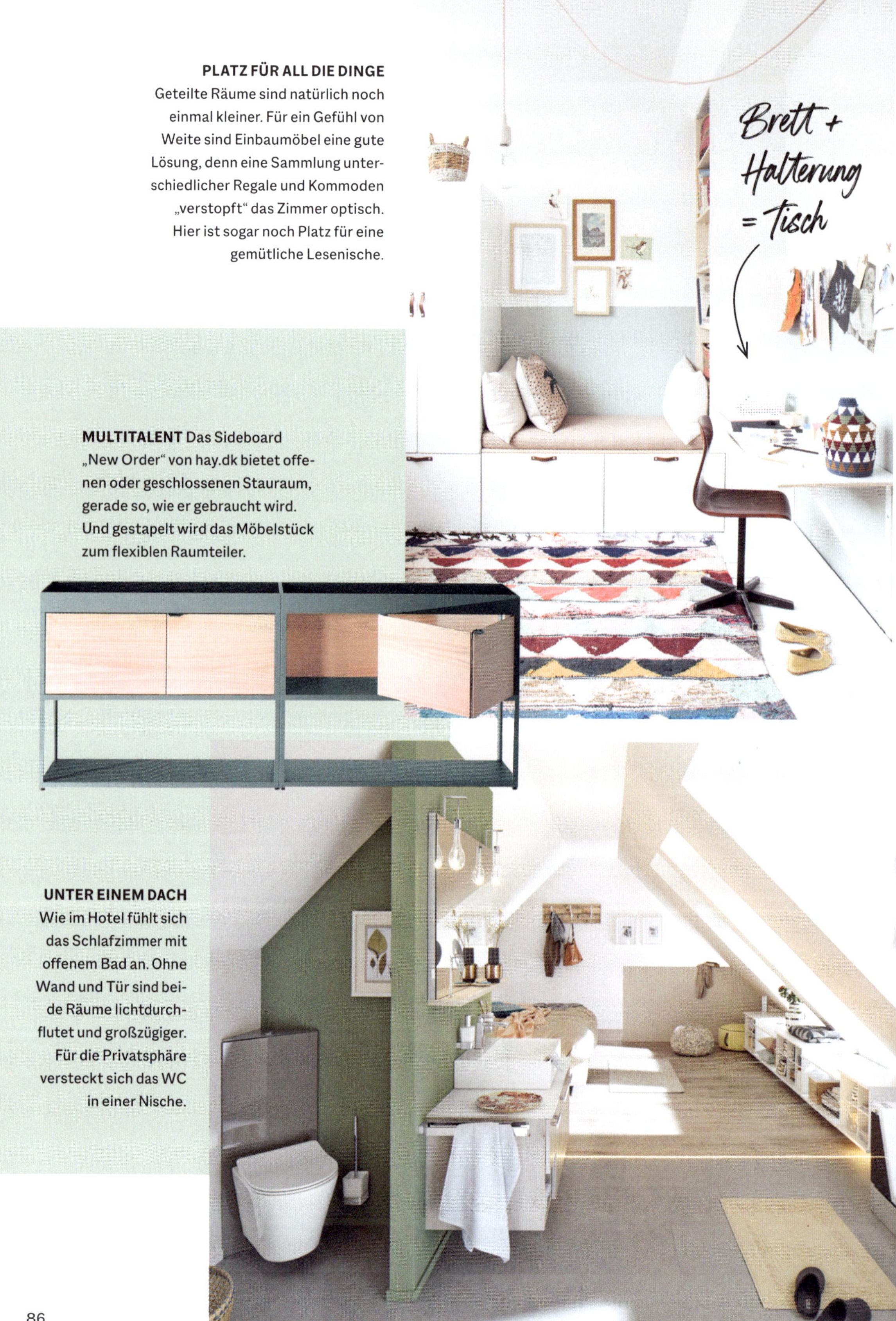

MULTITALENT Das Sideboard „New Order" von hay.dk bietet offenen oder geschlossenen Stauraum, gerade so, wie er gebraucht wird. Und gestapelt wird das Möbelstück zum flexiblen Raumteiler.

UNTER EINEM DACH
Wie im Hotel fühlt sich das Schlafzimmer mit offenem Bad an. Ohne Wand und Tür sind beide Räume lichtdurchflutet und großzügiger. Für die Privatsphäre versteckt sich das WC in einer Nische.

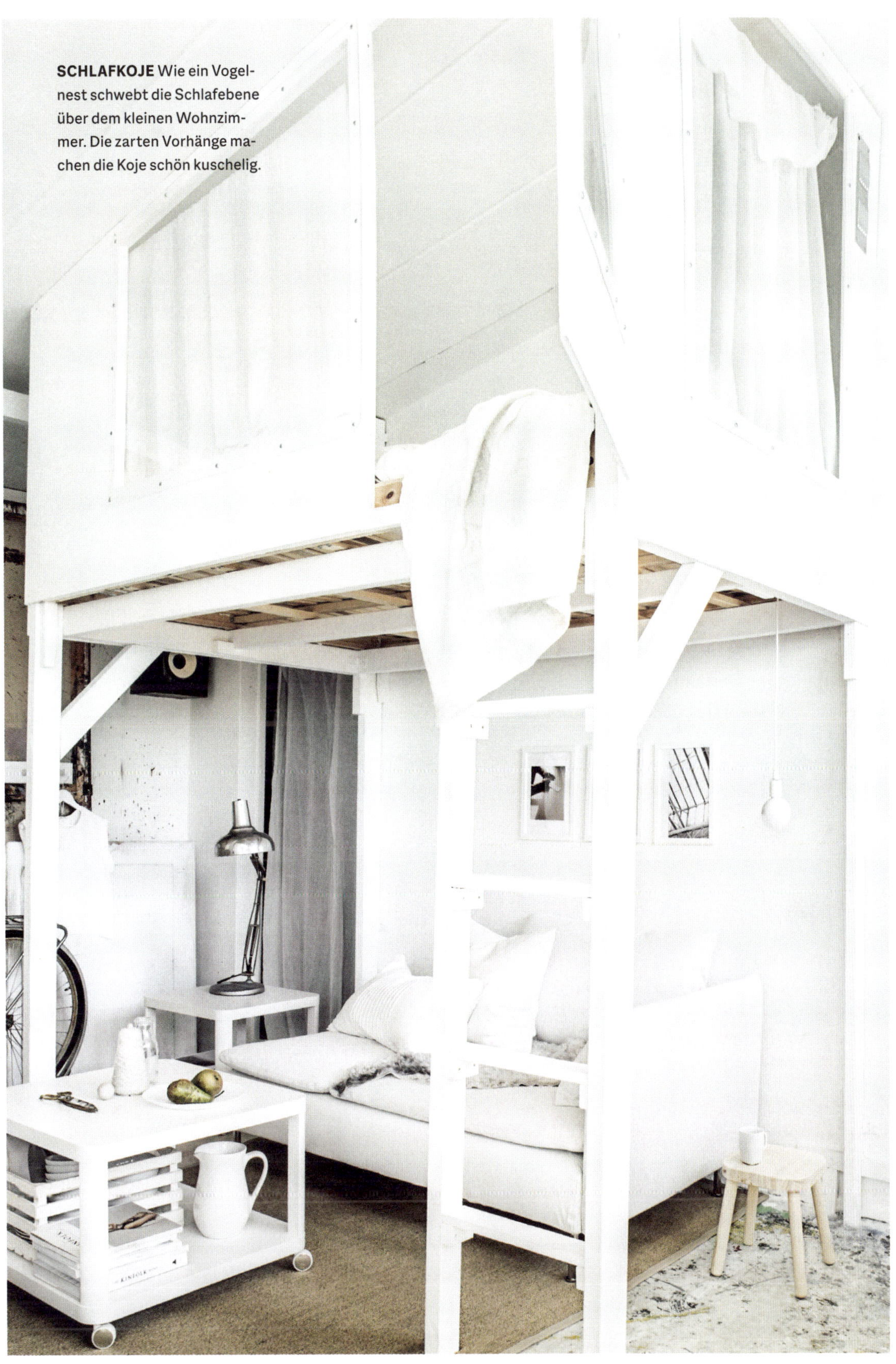

SCHLAFKOJE Wie ein Vogelnest schwebt die Schlafebene über dem kleinen Wohnzimmer. Die zarten Vorhänge machen die Koje schön kuschelig.

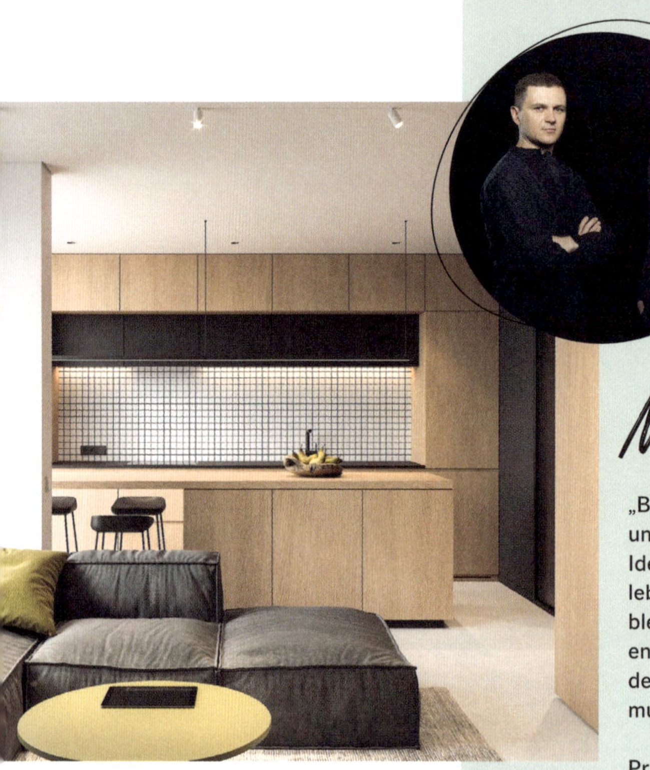

BEZMIRNO

Yaroslav Pavlivskiy und **Andriy Gusak** sind zwei Architekten, die in Kiew ihr Studio Bezmirno betreiben. Hier entwerfen sie Häuser, aber auch Inneneinrichtungen.

Mit Prinzipien

„Bezmirno" bedeutet im Ukrainischen so viel wie unermesslich, unendlich. Unendlich sind auch die Ideen der beiden Architekten, wenn sie das Innenleben kleiner Wohnungen planen. Ihren Prinzipien bleiben sie allerdings immer treu: Niemand mag enge Räume, deshalb gilt: je mehr freier Raum, desto besser. Und obwohl der Platz begrenzt ist, muss sehr viel Stauraum her.

Auch bei dem Projekt links ist das Duo diesen Prinzipien treu geblieben. Dank des unauffälligen Stauraums wirkt die nur 40 Quadratmeter kleine Wohnung großzügig und hell.

DIES- UND JENSEITS Bei Bezmirno trennt der Küchentresen den Wohnbereich von der Küche. Stauraum liefert er obendrein.

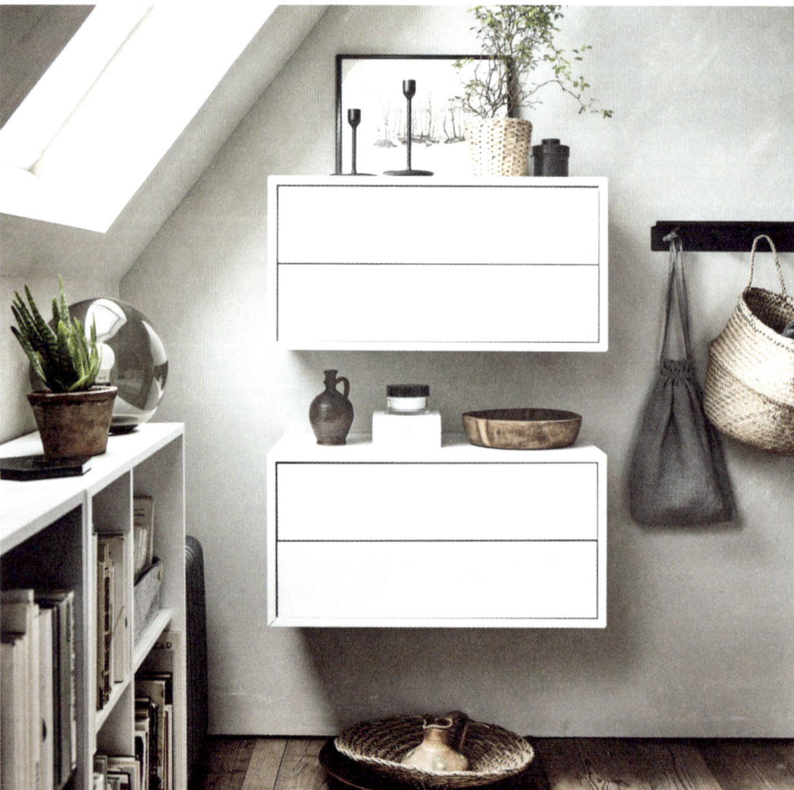

ABGEHOBEN Scheinbar schwebende Kommoden lassen sich bis unter die Decke stapeln und sorgen für viel Stauraum, wirken aber wesentlich filigraner als stehende.

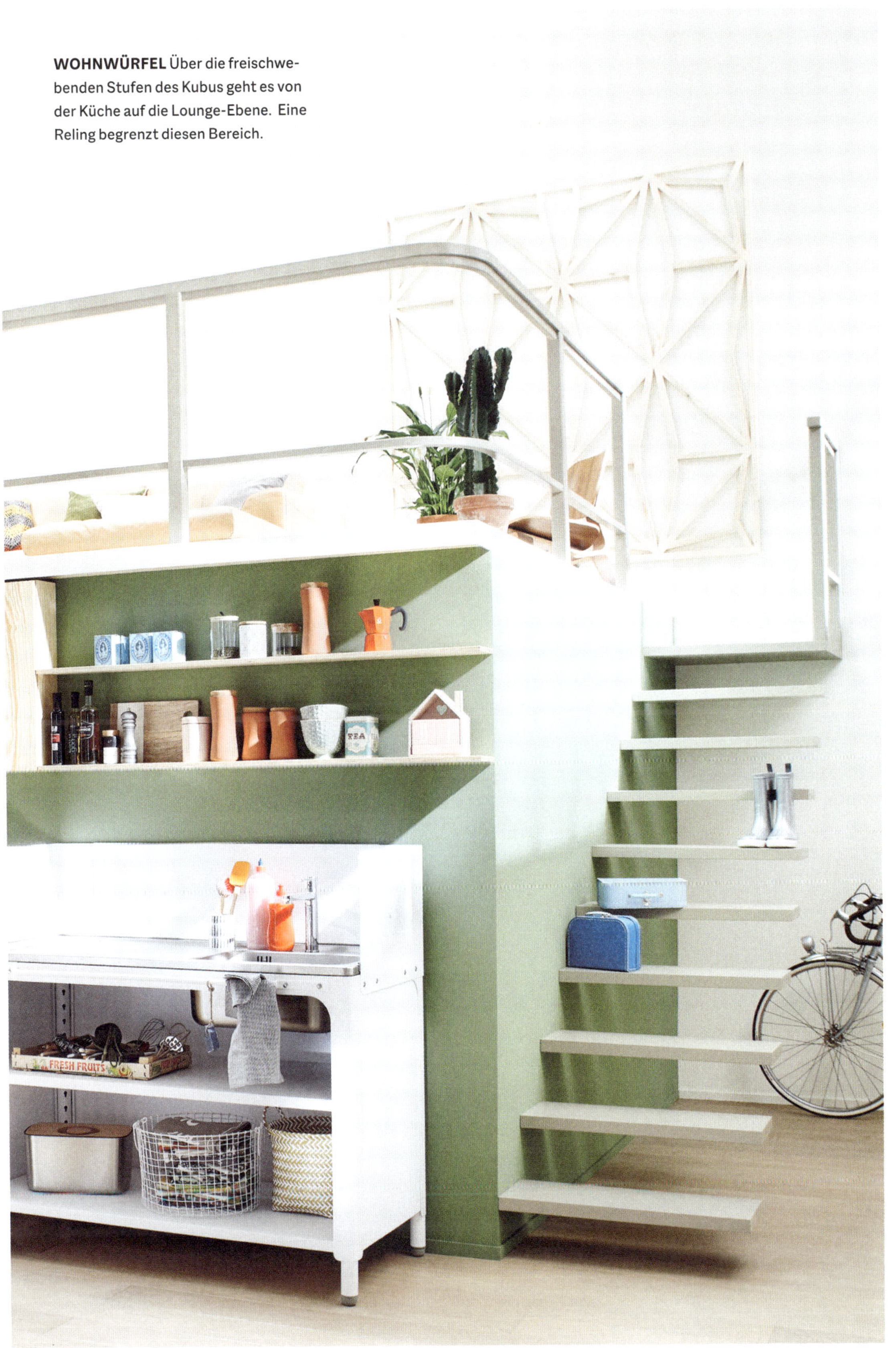

WOHNWÜRFEL Über die freischwebenden Stufen des Kubus geht es von der Küche auf die Lounge-Ebene. Eine Reling begrenzt diesen Bereich.

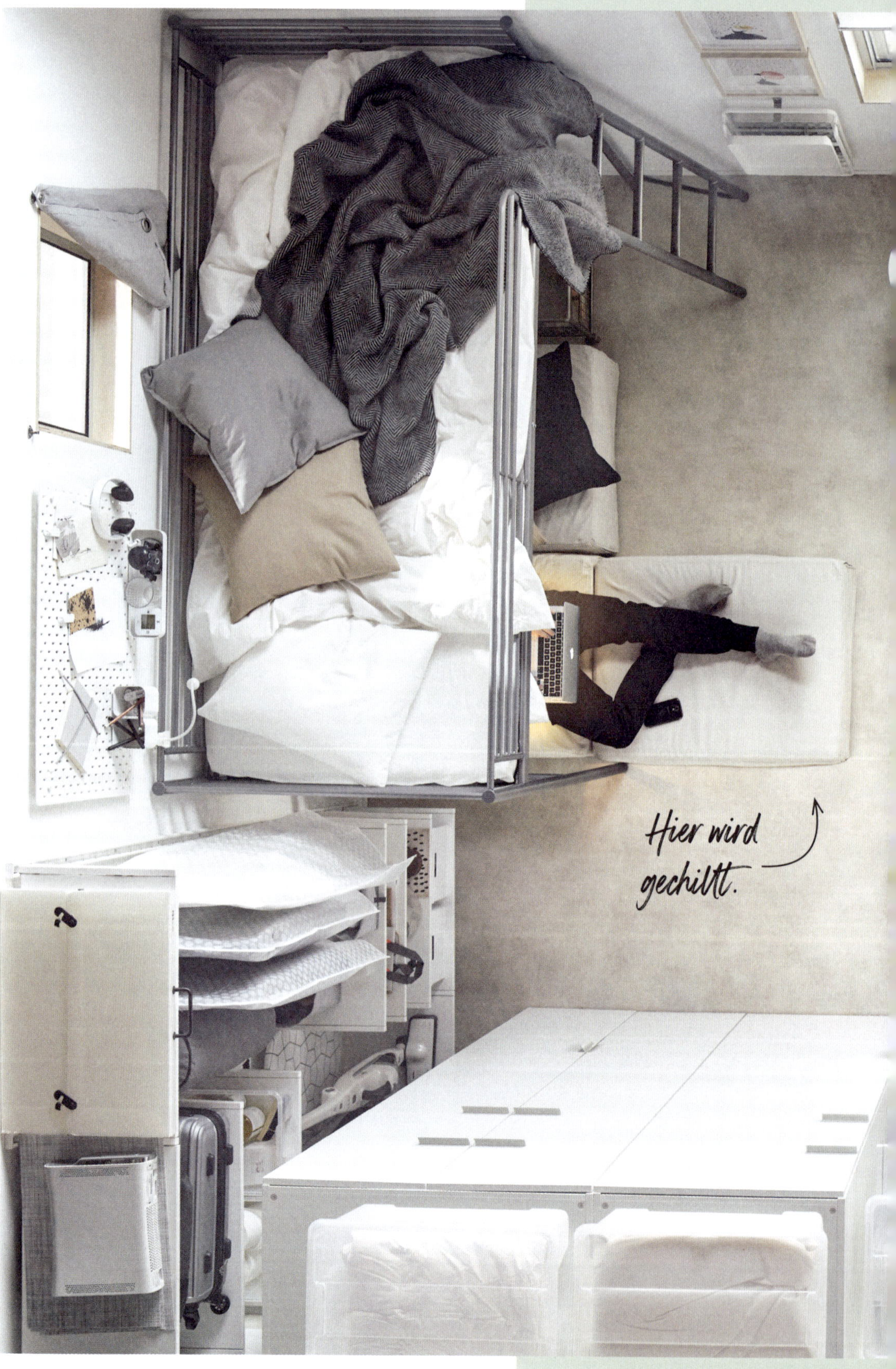
Hier wird
gechillt.

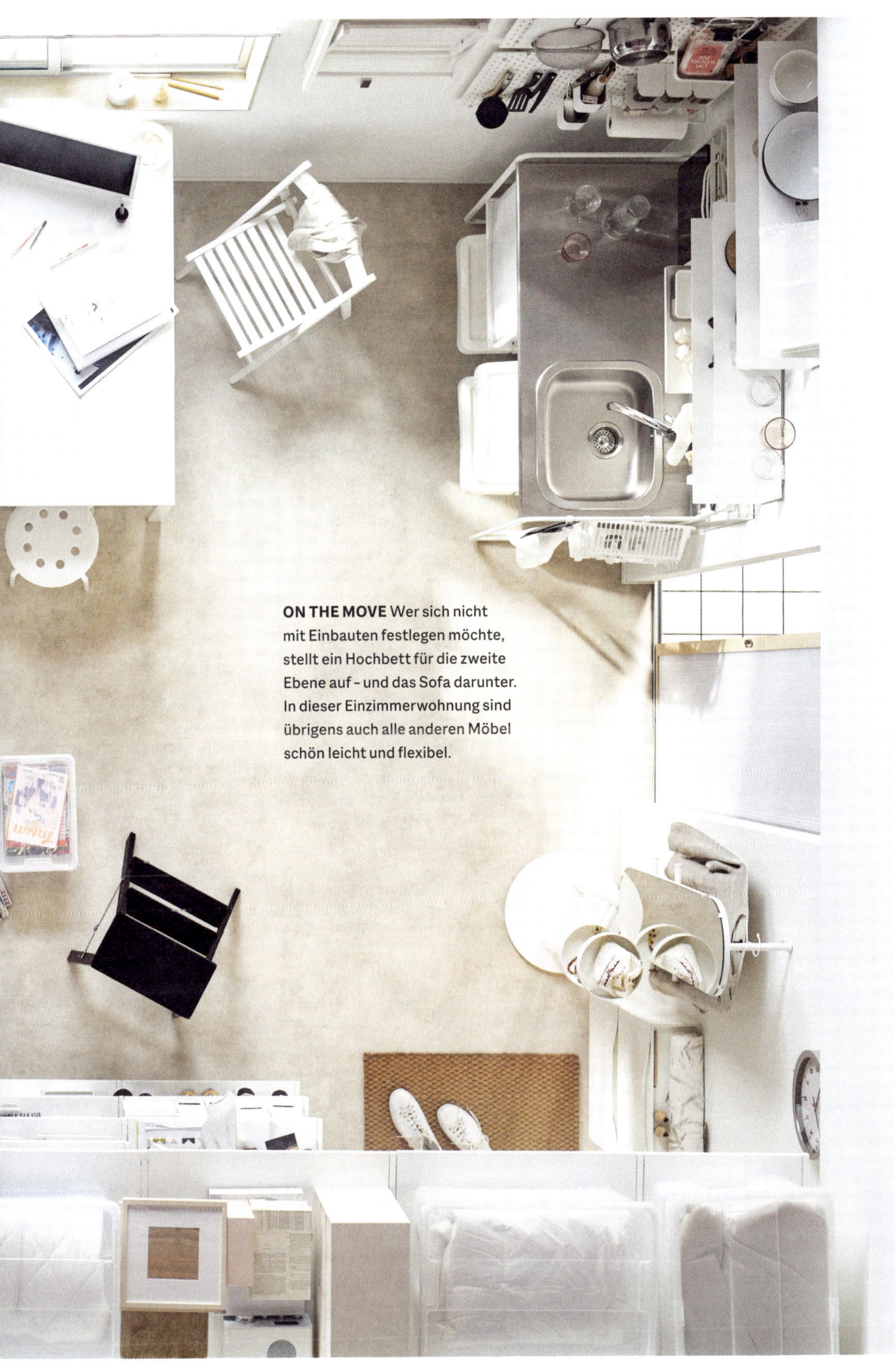

ON THE MOVE Wer sich nicht mit Einbauten festlegen möchte, stellt ein Hochbett für die zweite Ebene auf – und das Sofa darunter. In dieser Einzimmerwohnung sind übrigens auch alle anderen Möbel schön leicht und flexibel.

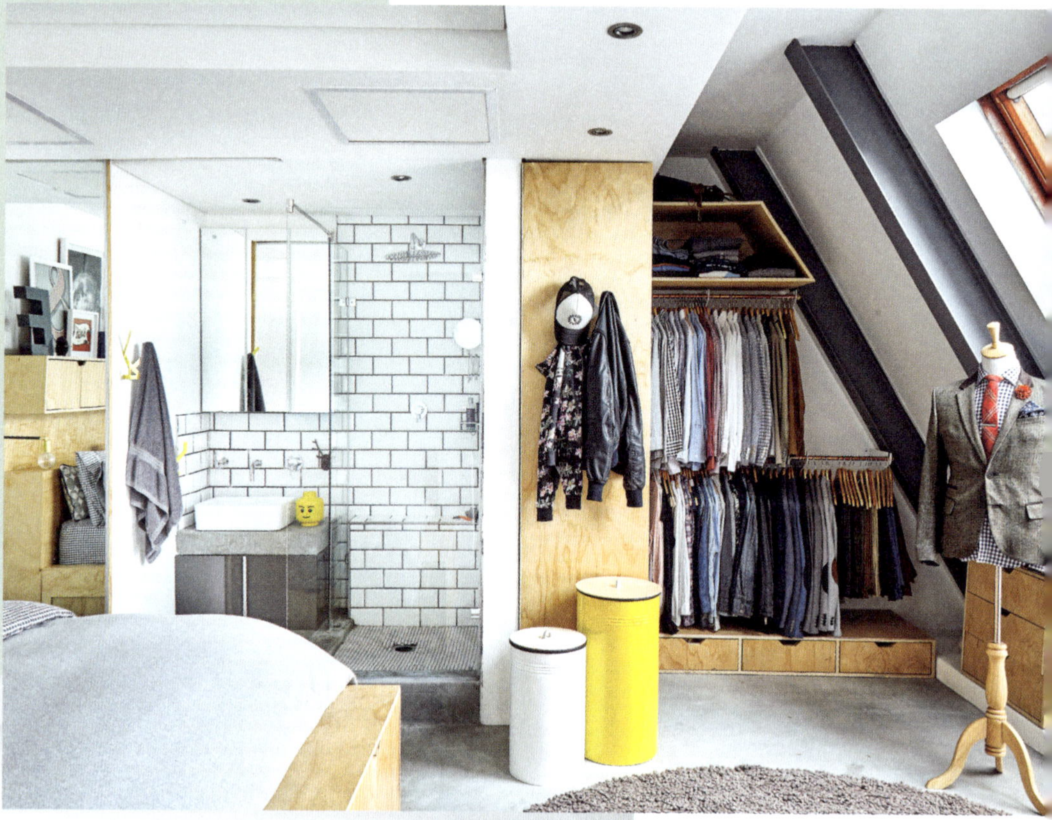

AB IN DIE ECKE Die Problemzone Dachschräge wird mit Regalen und Kleiderstangen zum großzügigen Kleiderschrank. In der Nische nebenan sitzt ein schickes kleines Badezimmer.

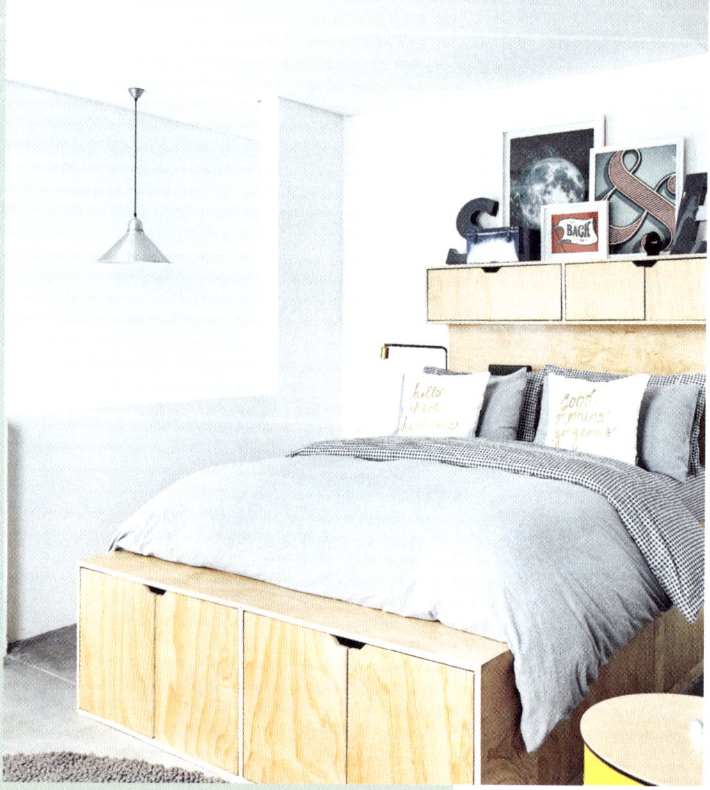

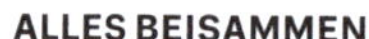

ALLES BEISAMMEN
Von der Nachtlektüre bis zur Bettwäsche, von den warmen Socken bis zum Kuschelkissen: All diese Notwendigkeiten finden Platz im üppigen Stauraum dieses Bettes. Der versteckt sich nicht nur am Fuß-, sondern auch am Kopfende und unter der Matratze.

3 TOLLE TIPPS

Wer mehr Leben hat, als die Fläche hergibt, braucht einen **RAUM IM RAUM**. Dieser lässt sich auf verschiedene Arten einrichten.

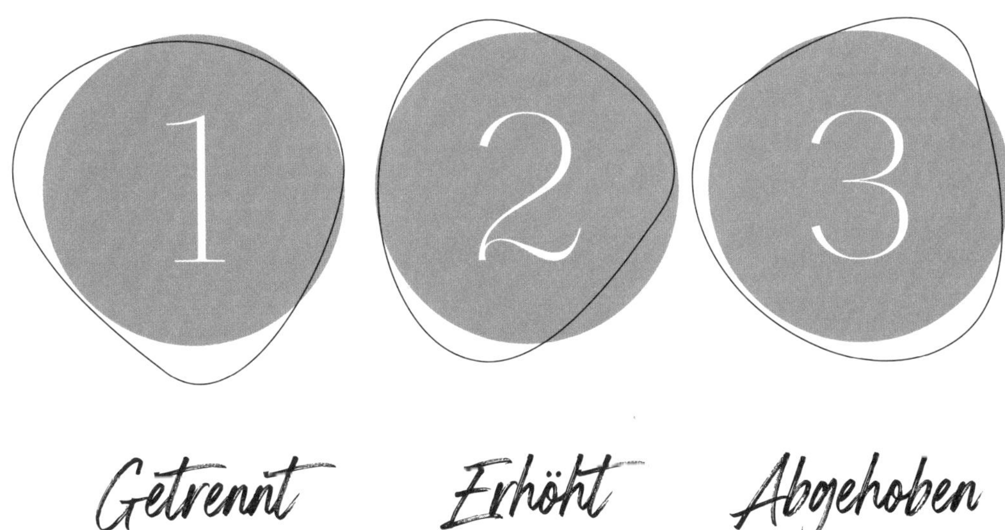

Getrennt

Ob Leichtbauwand oder Regal, Schrank oder Paravent: Mit einer Abtrennung wird ein kleiner Bereich eines Raumes zu einem ganz eigenen Zimmer. Perfekt zum Beispiel für das Homeoffice im Schlafzimmer, denn dank eines hohen Bücherregals oder eines Paravents fällt der Blick vor dem Schlafengehen nicht auf die unfertige Arbeit auf dem Schreibtisch. Ist das Kinderzimmer groß genug, kann eine Leichtbauwand mit Schiebetür den Raum in zwei einzelne teilen. Wichtig ist allerdings immer, dass die beiden neuen Bereiche ausreichend Tageslicht erhalten.

Erhöht

Manchmal ist die Fläche nicht groß genug für eine vertikale Trennung. Dann funktioniert die Teilung möglicherweise aber in der Horizontalen. Ein Podest schafft unterschiedliche Bereiche, die nur durch wenige Stufen voneinander getrennt sind. Diese Räume wirken optisch nicht vollkommen voneinander abgegrenzt, dennoch sind es zwei selbstständige Areale. Der Vorteil: Unter einem Podest lässt sich unendlich viel Stauraum integrieren. In Schubladen und Kisten kann man einiges unterbringen. Wie sogar das Bett, das abends ausgezogen wird.

Abgehoben

Gerade in Altbauten findet man oft unglaubliche Raumhöhen. Die lassen sich bestens nutzen, um eine zweite Ebene einzuziehen. Ein Hochbett ist die gängigste Variante. Oben wird geschlafen, darunter ist Platz für einen Schreibtisch, eine Couch oder Schränke und Regale. Statt eines Bettes auf Stelzen bietet sich vielleicht aber auch die Möglichkeit, einen Kubus einzubauen. So entsteht im unteren „Stockwerk" ein eigenständiger Raum. Wichtig ist allerdings, auch hier so zu planen, dass in das zusätzlich gebaute Zimmer genug Tageslicht fällt.

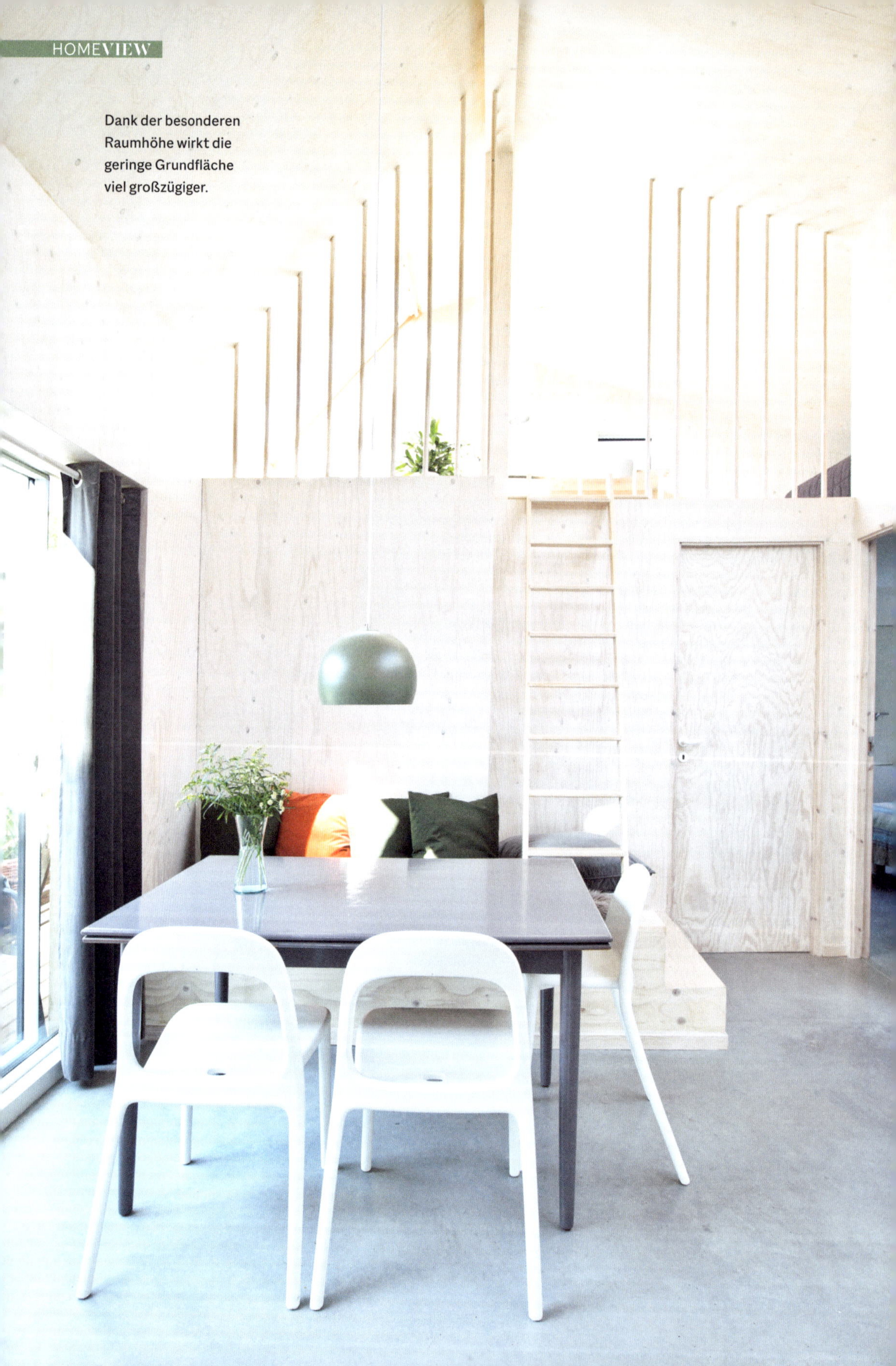

Dank der besonderen Raumhöhe wirkt die geringe Grundfläche viel großzügiger.

Ganz nah an der NATUR

Linda wohnt mit ihrer Familie dort, wo andere vor allem Obst und Gemüse anbauen: in einer Schrebergartenkolonie vor den Toren Kopenhagens.

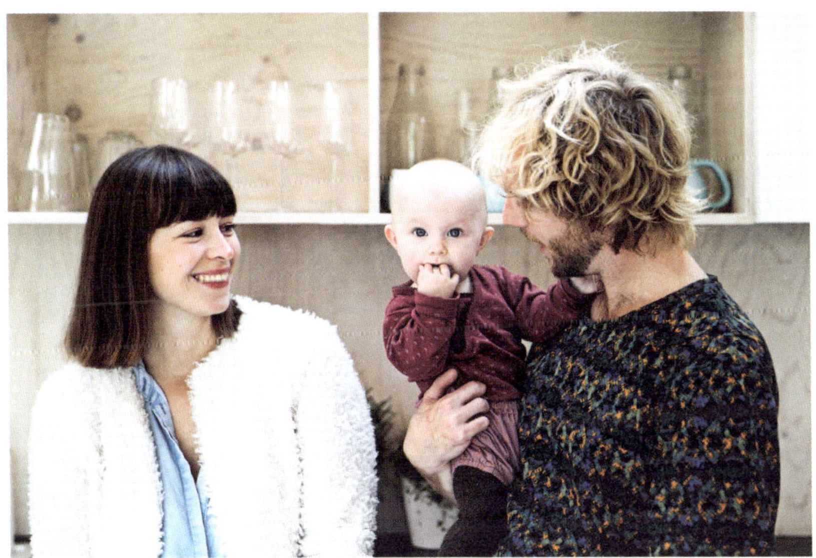

Linda, Mads Mathias und die kleine Gullmai genießen die Urlaubsstimmung in ihrem naturnahen Domizil im Grünen.

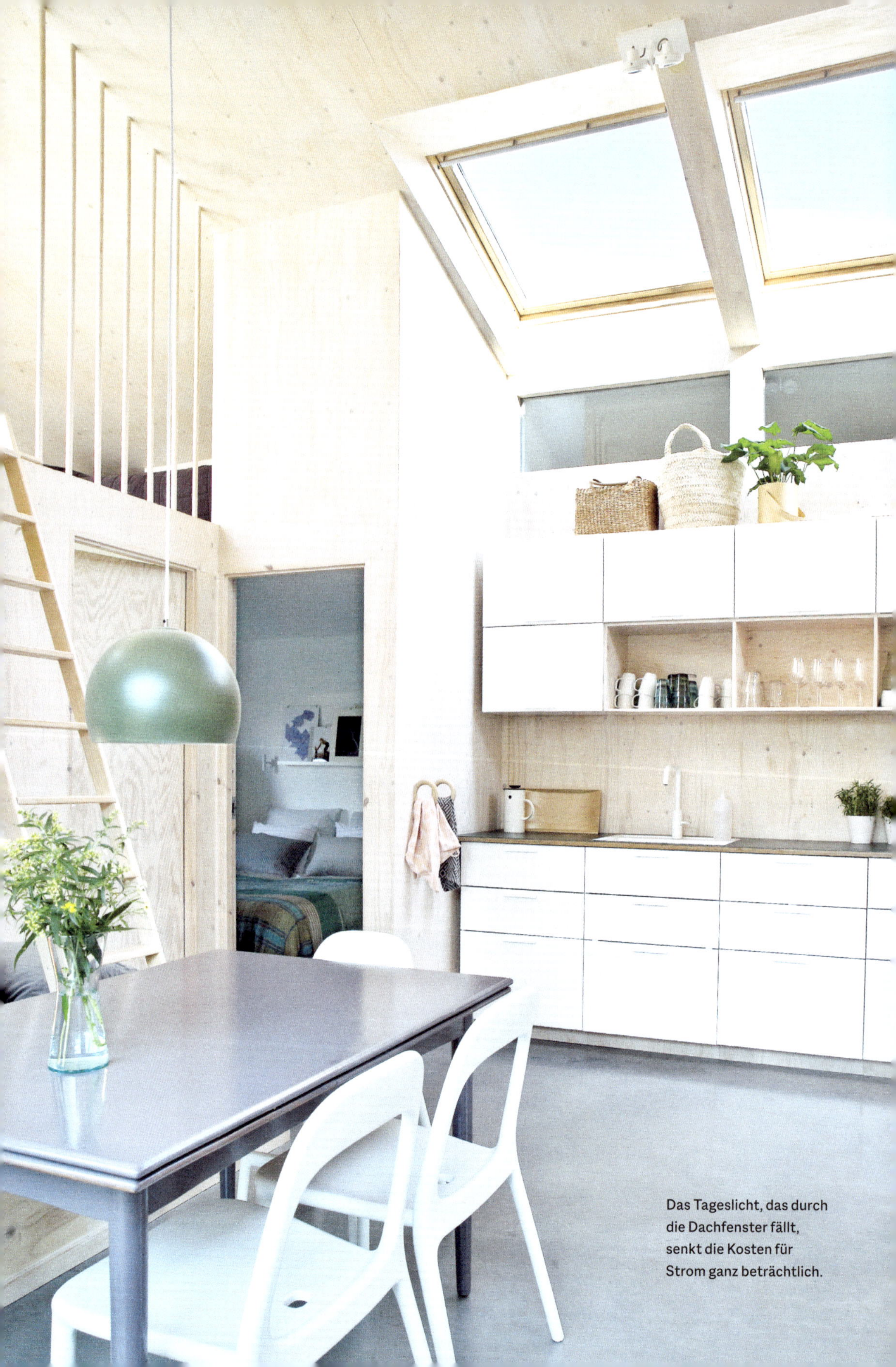

Das Tageslicht, das durch die Dachfenster fällt, senkt die Kosten für Strom ganz beträchtlich.

Grifflose Türen scheinen in der Holzverkleidung zu verschwinden. Hinter dieser Tür versteckt sich der Kühlschrank.

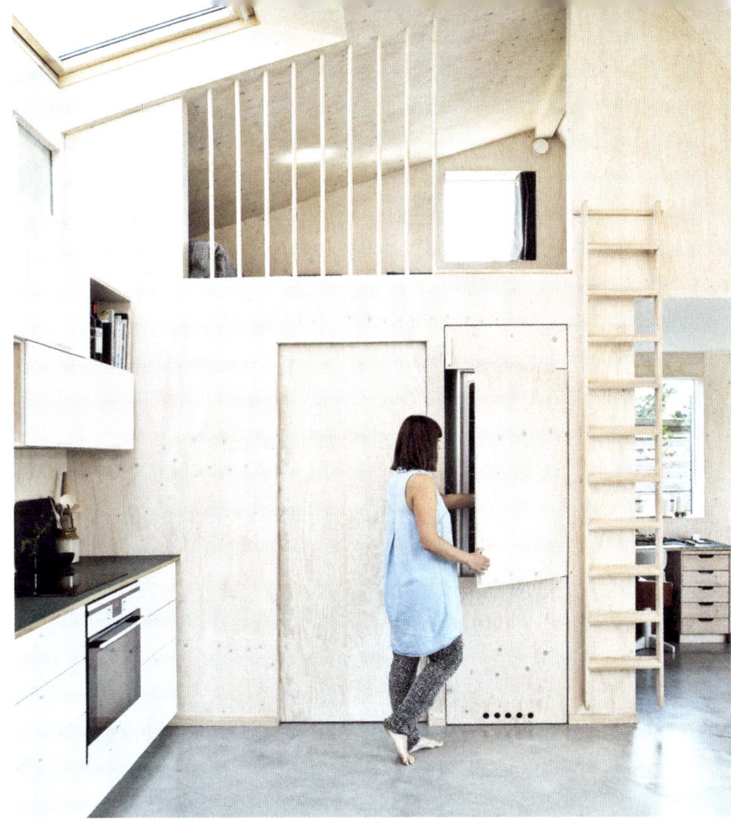

Die zwei kleinen Lofts dienen als Spiel- und Gästezimmer. Eine Abtrennung aus Rundstäben gewährt Sicherheit.

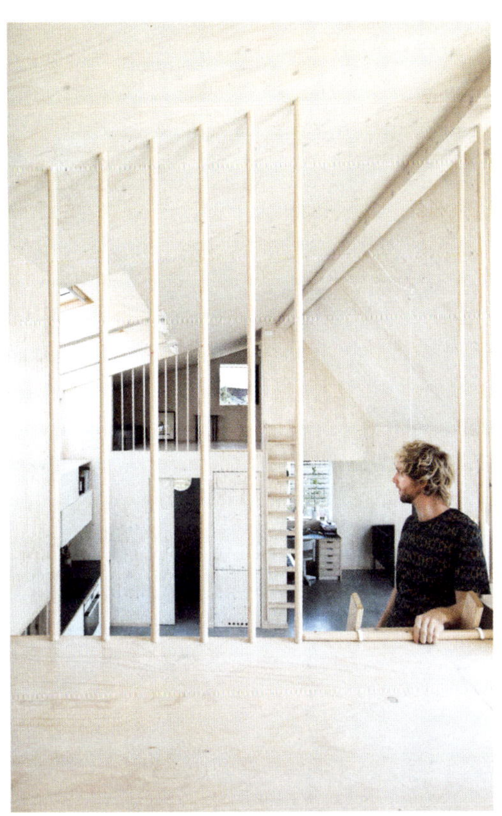

Linda steckte noch mitten im Architekturstudium, als sie und ihr Mann Mads Mathias einen Freund besuchten, der in einer Kopenhagener Schrebergartenkolonie lebte. Die beiden verbrachten nicht nur einen schönen Nachmittag dort im Grünen, sondern entdeckten auch eine Parzelle, die auf neue Besitzer wartete. Hals über Kopf verliebten sie sich in diese 260 Quadratmeter – und in die Nachbarschaft. Lauter bunte Häuschen, die meisten von ihnen selbst gebaut, lugten zwischen Johannisbeersträuchern und Apfelbäumen hervor. Zögerlich, aber bestärkt durch ihren Mann, machte sich Linda daran, ein Haus zu entwerfen. Klein musste es sein, aber ausreichend Platz für zwei Erwachsene, zwei Kinder und gelegentliche Gäste bieten. Es sollte sich harmonisch zwischen die Apfelbäume einfügen, aber trotzdem ein Statement setzen. Und außerdem wünschte sich das Paar ein funktionales und nachhaltiges Zuhause.

Das Ergebnis vereint alle Wünsche und Anforderungen – und sieht dabei auch noch richtig gut aus. Inmitten von alten Bäumen und Sträuchern thront nun ein kleines Gebäude

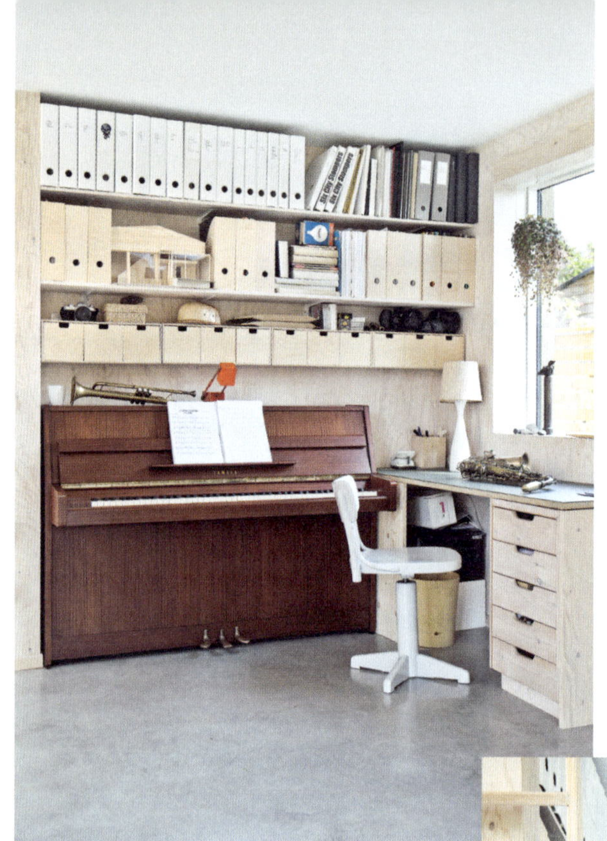

Die Einbauregale und der Schreibtisch sind aus demselben Holz gefertigt. So wirkt alles harmonisch und wie aus einem Guss.

Mads Mathias ist Sänger und Musiker. Sein Arbeitszimmer ist im Anbau untergebracht.

mit 80 Quadratmetern Wohnfläche, das Raum zum Leben und Arbeiten lässt. Die Küche, die bis unter das Dach offen ist, bildet das Zentrum des Hauses. Rechts und links steht je ein Kubus im Raum, in dem sich ein Zimmer verbirgt und auf dessen „Dach“ Platz zum Spielen und für Gäste ist. Der Musiker Mads Mathias hat sein Arbeitszimmer in einem ebenfalls würfelförmigen Anbau. Vom Sockel bis zum Dachfirst ist es mit Holz verkleidet, auch im Inneren bestehen etliche Wände und selbst einige Decken aus Fichtenholz. Ein Muss für Linda, die aus Schweden kommt und für die ein Haus ohne diesen Baustoff unvorstellbar ist. Damit die Platten im Laufe der Zeit nicht nachdunkeln, wurden sie mit einem speziellen UV-Lack versehen. Das Holz und die tiefen Fenster holen die Natur ins Haus. Durch die großen Scheiben und diverse Dachfenster strömt außerdem viel Tageslicht in die Räume. Das ist nicht nur funktional, sondern spart auch Strom. Im Sommer spielt sich das Leben vor allem auf der Terrasse und im Garten ab. Kein Wunder, schließlich hat sich das Paar ja auch zuallererst in die grüne Oase verliebt. ■

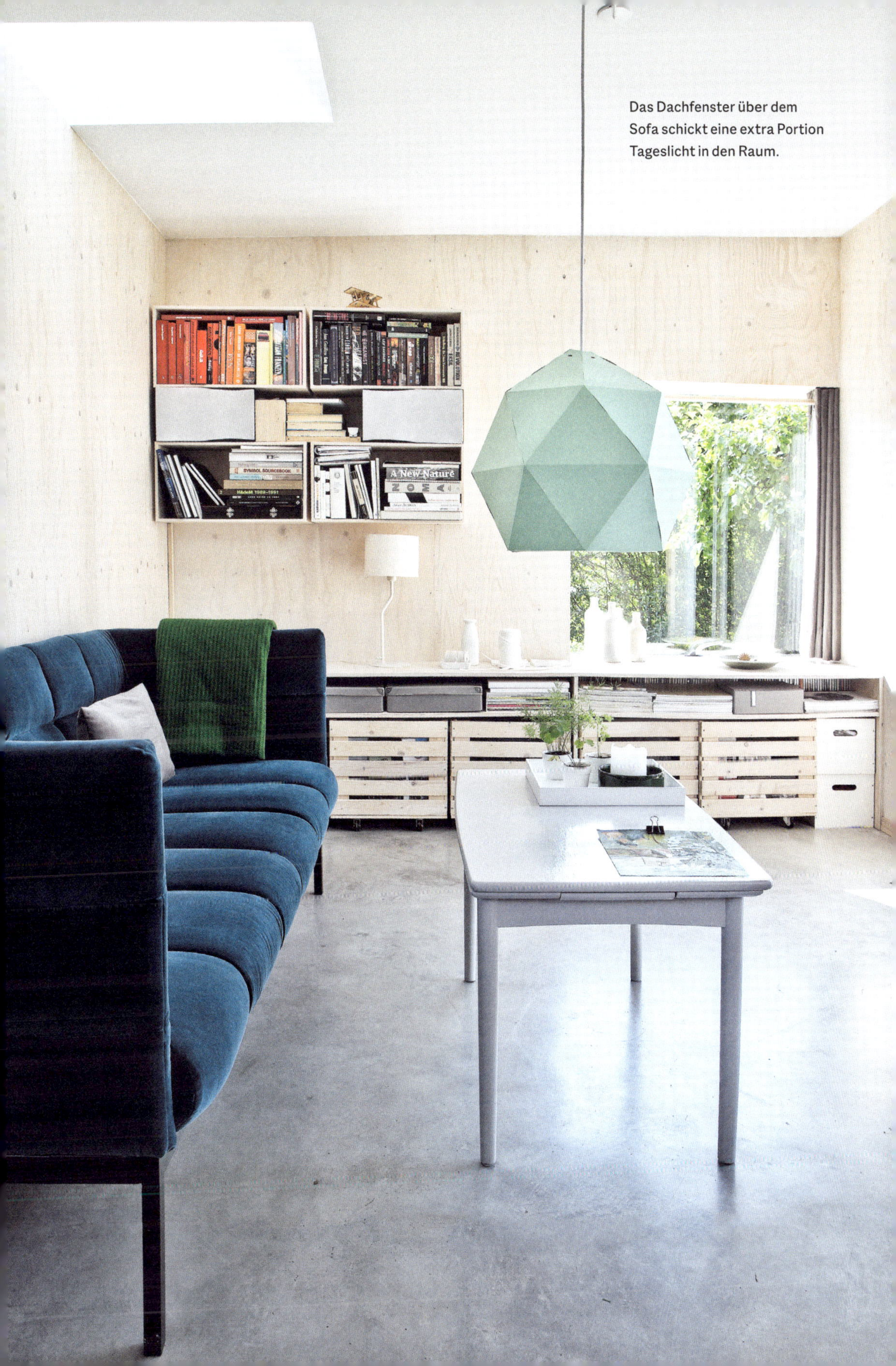

Das Dachfenster über dem Sofa schickt eine extra Portion Tageslicht in den Raum.

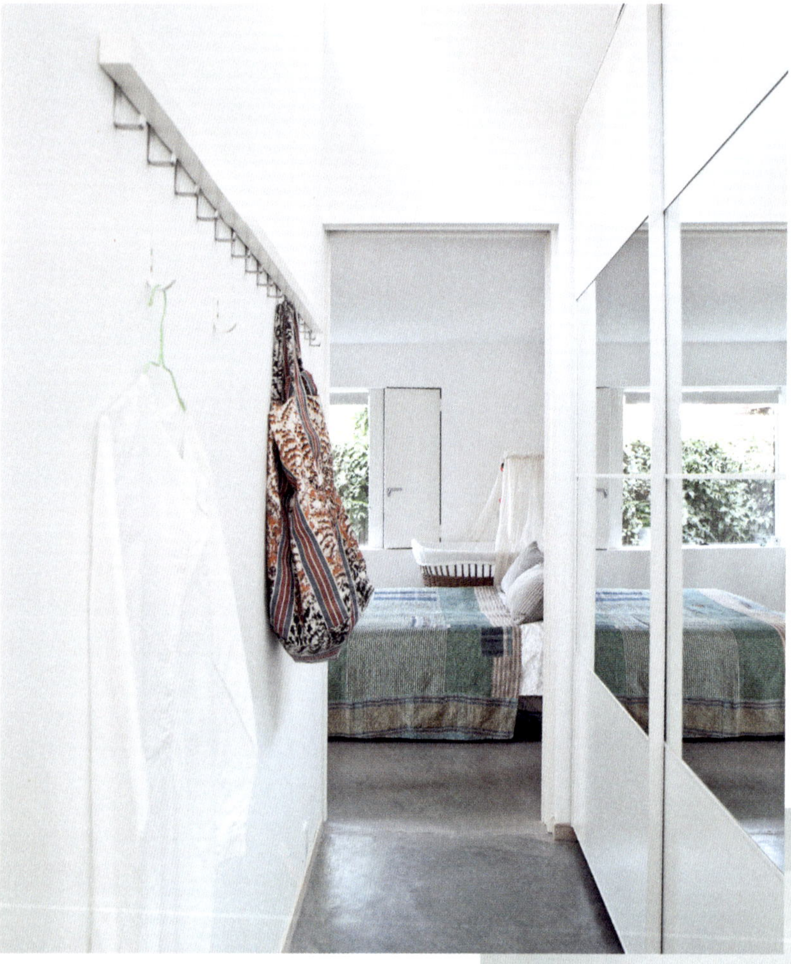

Der schmale Gang zum Schlafzimmer wirkt durch die verspiegelten Türen des Einbauschranks großzügiger. Licht fällt durch das schmale Fenster unter dem Dach.

Die weißen Wände im Schlafzimmer sorgen für eine beruhigende, kühle Atmosphäre.

> „Ich liebe, dass durch das Licht alles so großzügig erscheint.

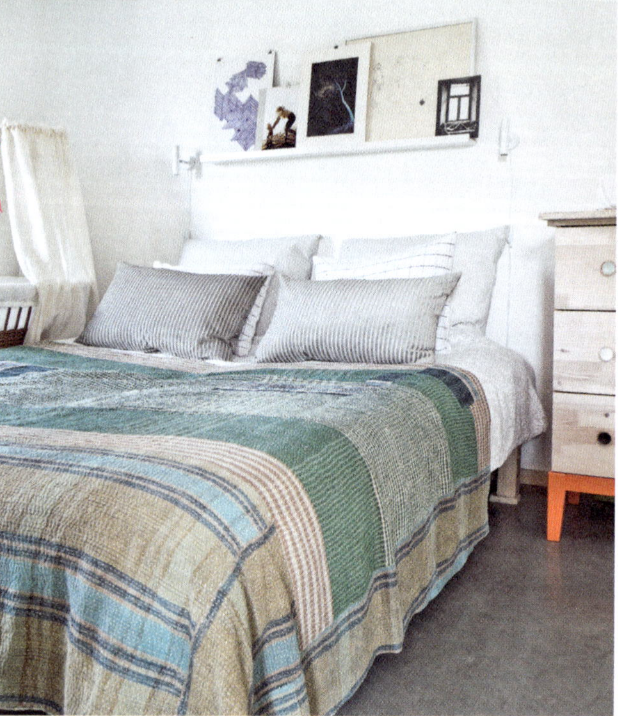

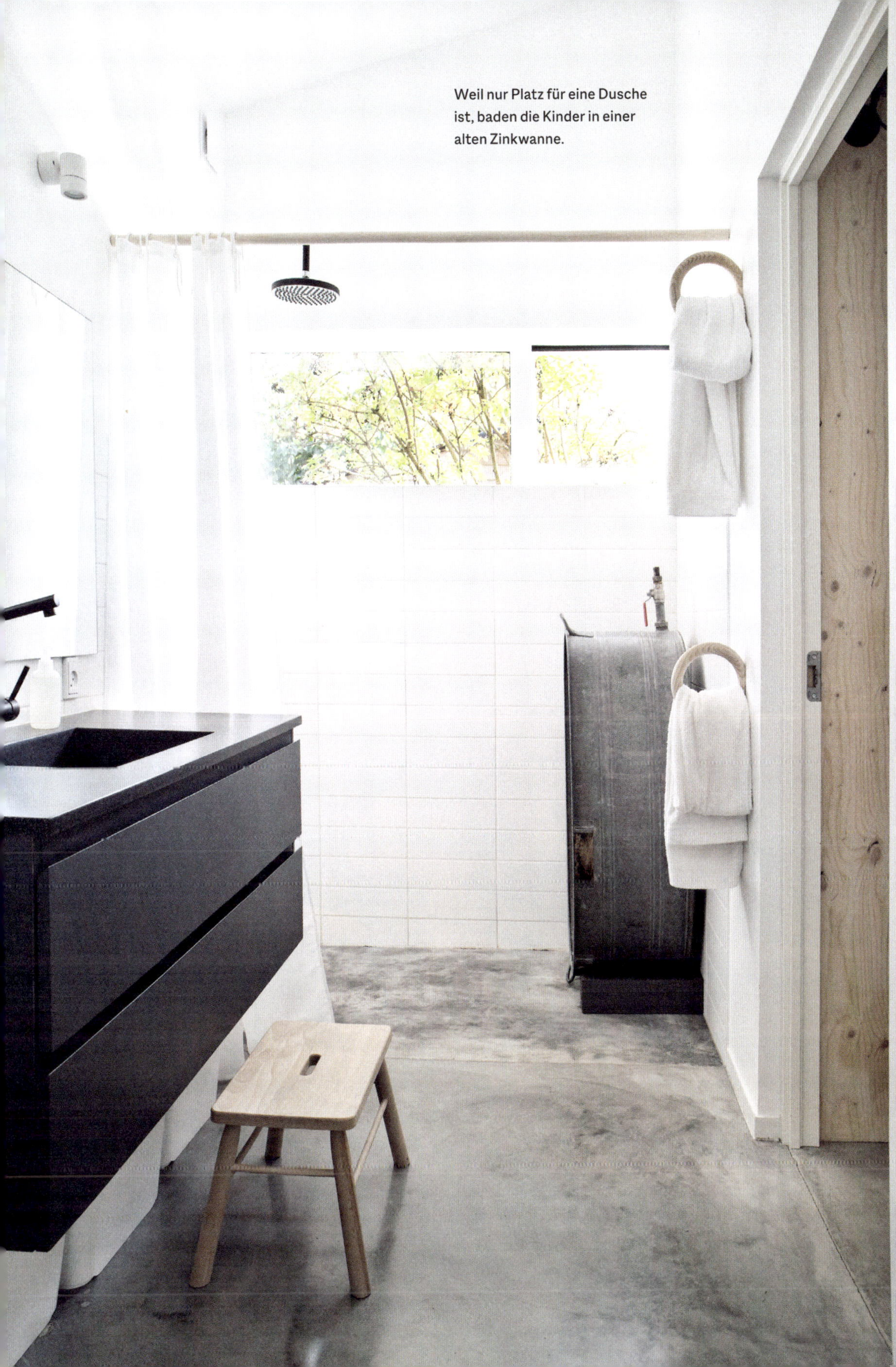

Weil nur Platz für eine Dusche ist, baden die Kinder in einer alten Zinkwanne.

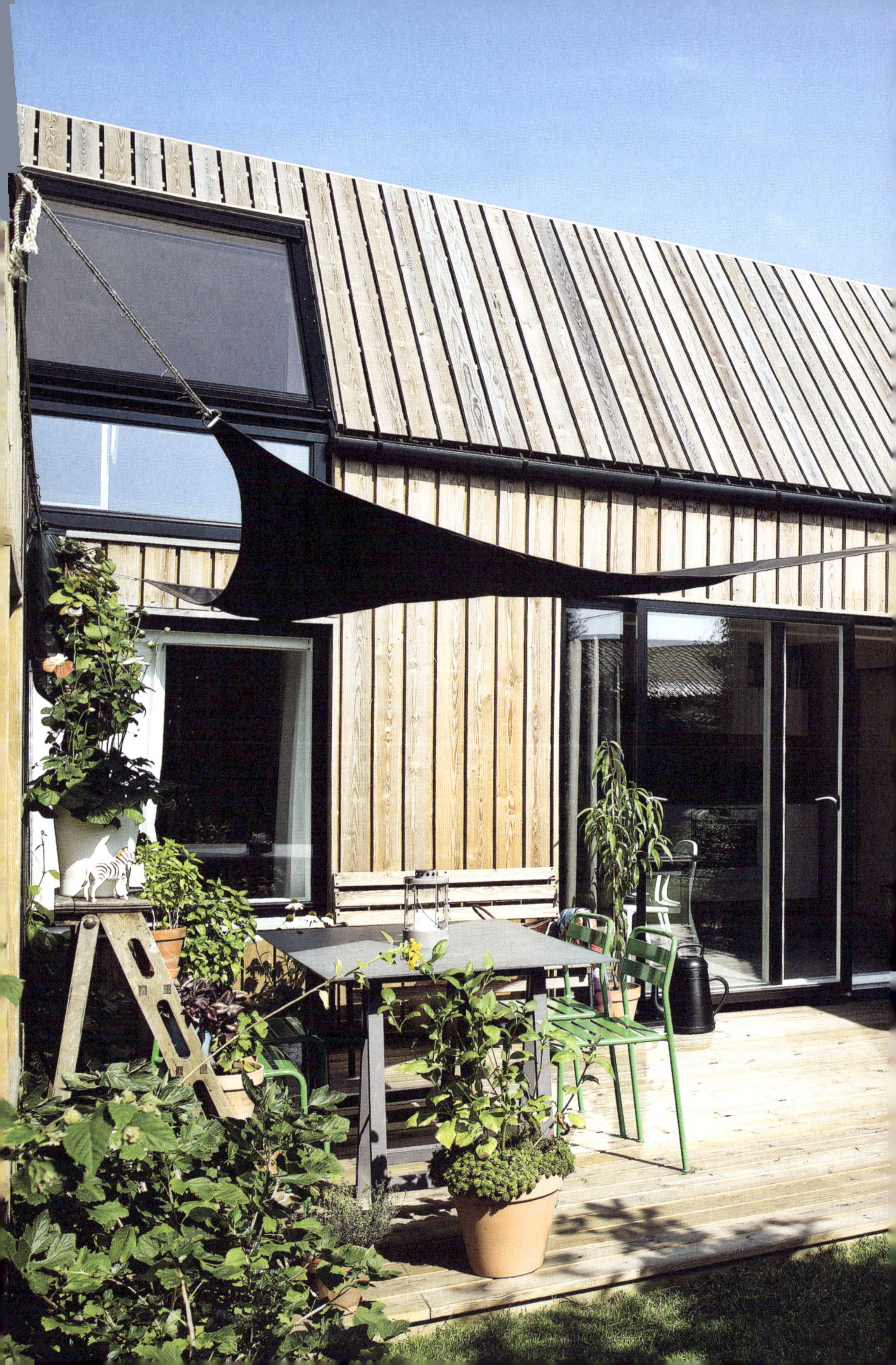

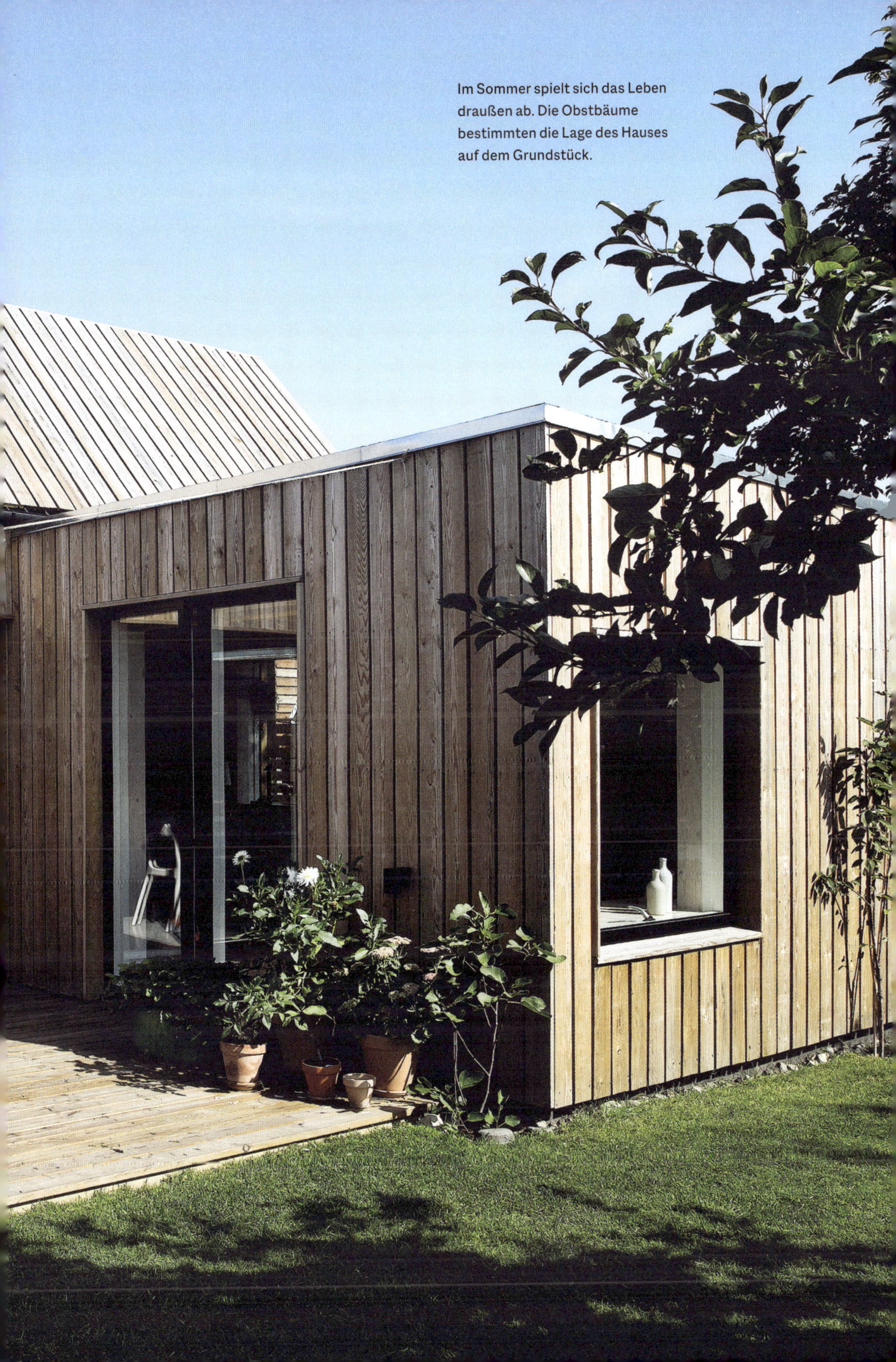

Im Sommer spielt sich das Leben draußen ab. Die Obstbäume bestimmten die Lage des Hauses auf dem Grundstück.

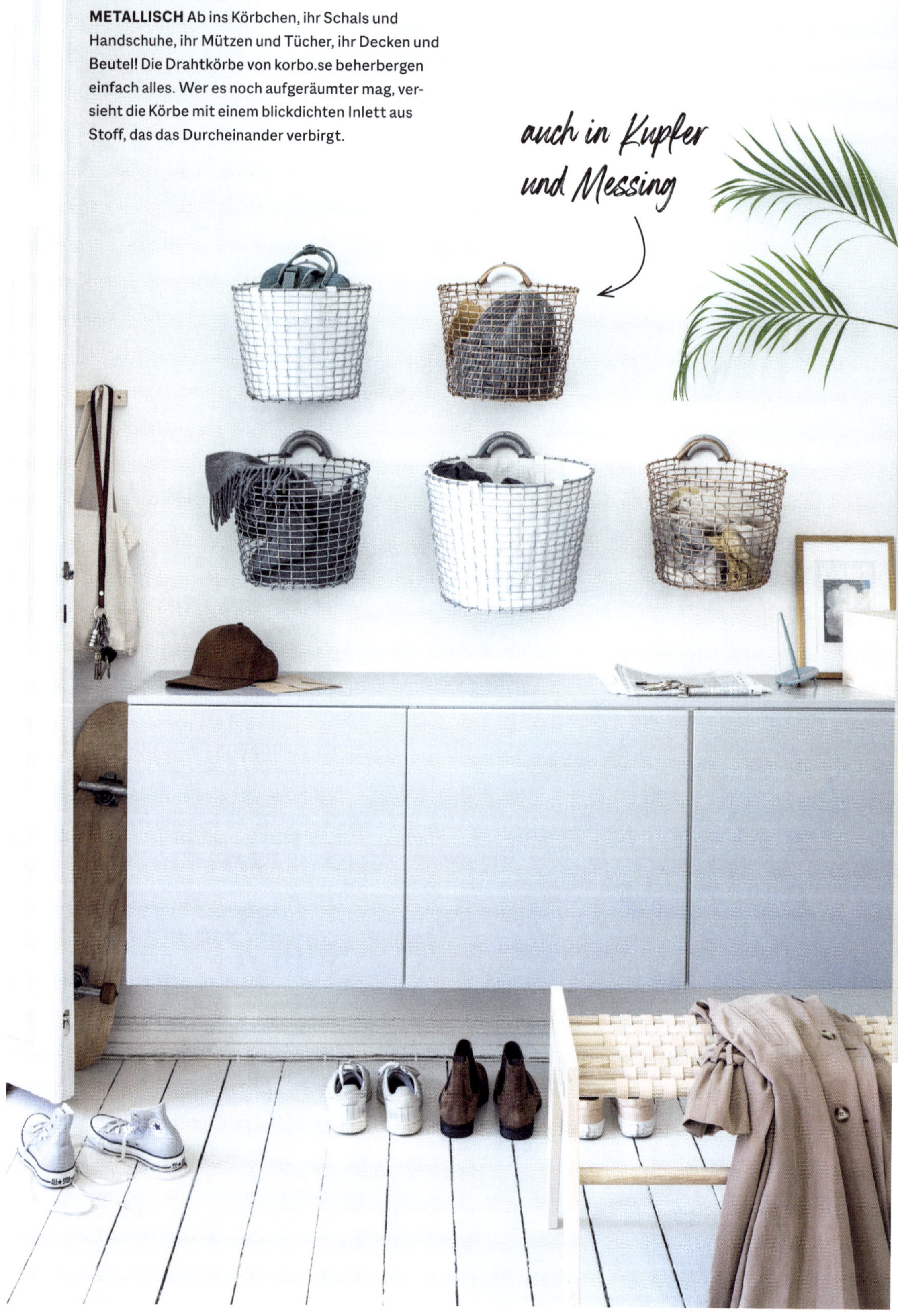

METALLISCH Ab ins Körbchen, ihr Schals und Handschuhe, ihr Mützen und Tücher, ihr Decken und Beutel! Die Drahtkörbe von korbo.se beherbergen einfach alles. Wer es noch aufgeräumter mag, versieht die Körbe mit einem blickdichten Inlett aus Stoff, das das Durcheinander verbirgt.

Ordentlicher FLUR

Eng, dunkel und vernachlässigt: Der Flur ist oft das Stiefkind des Zuhauses. Das lässt sich allerdings leicht ändern.

GEGEN LANGEWEILE
Eine Hakenleiste liefert gute Dienste. Hübscher aber wird es mit bunten Haken, die ganz nach Lust und Laune angeordnet werden können. Diese sind von bungalow.dk.

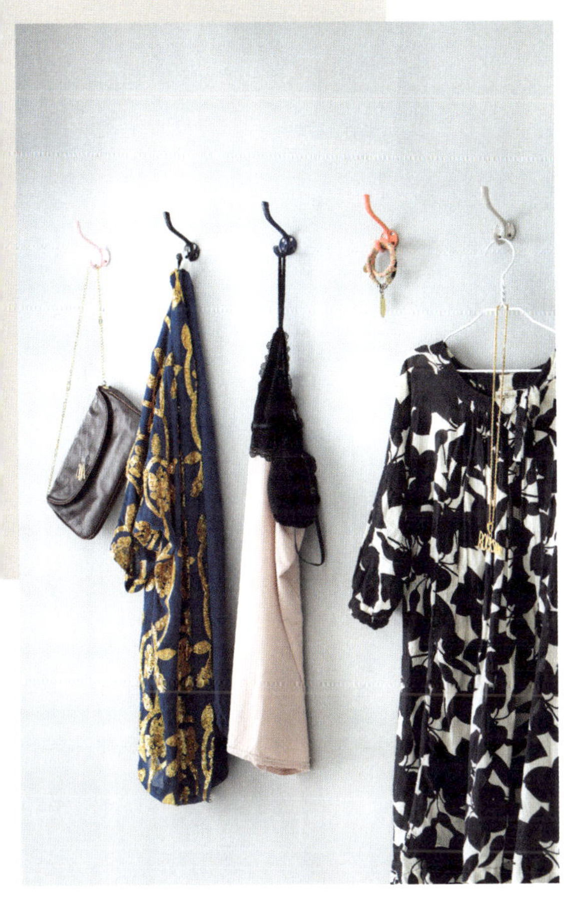

Man bekommt keine zweite Chance für einen ersten Eindruck. Deshalb verdient gerade der oft vernachlässigte Flur jede Menge Aufmerksamkeit. Schließlich ist er die Visitenkarte der Wohnung. Die Diele ist das Erste, was Besucher erblicken, wenn sie die Tür öffnen. Auch ist man hier ständig unterwegs, auf dem Weg vom Bad ins Wohnzimmer, in die Küche und das Schlafzimmer. Wer möchte dabei schon gern durch einen unordentlichen Wohnbereich gehen und über Fahrradhelme, Rucksäcke und unzählige Schuhe stolpern?

Zwei Aspekte machen aus diesem funktionalen Raum einen einladenden: Der erste ist die Wohnlichkeit. Natürlich soll ein Flur seine Aufgaben erfüllen. Er bietet Stauraum für diverse Dinge – vom Schlüssel über den Schirm bis zum Skateboard. Dreckige Gummistiefel werden ausgezogen, nasse Regenschirme abgestellt. Doch trotz dieser Funktionen sollte der Flur einladend wirken und eine positive Atmosphäre verströmen. Der zweite Aspekt ist die Ordnung. Haben alle Utensilien ihre angestammten Plätze, ist alles gut verstaut, verwandelt sich ein enger Flur in einen hellen, freundlichen Ort, der einen zu Hause immer willkommen heißt. ■

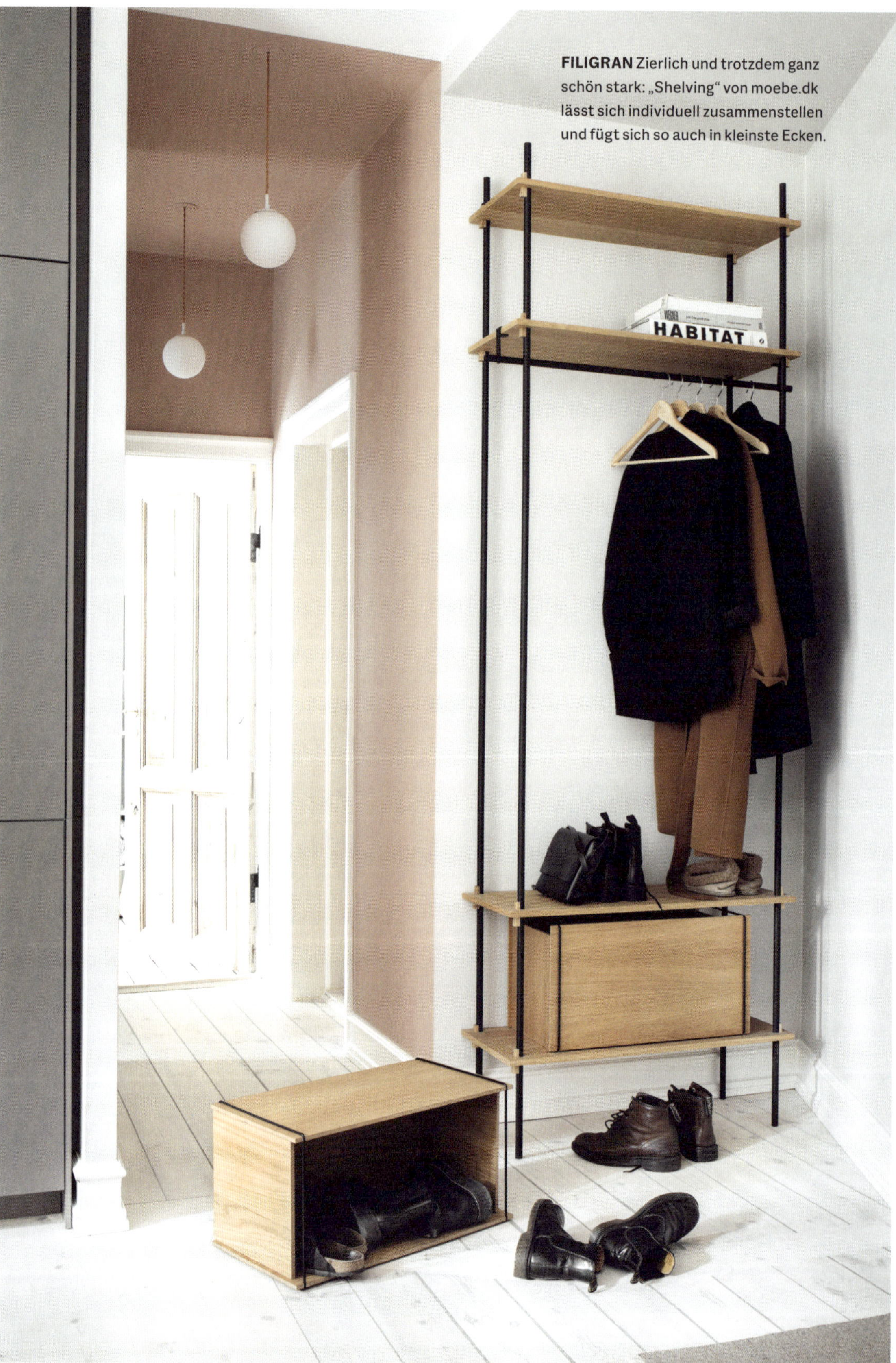

FILIGRAN Zierlich und trotzdem ganz schön stark: „Shelving" von moebe.dk lässt sich individuell zusammenstellen und fügt sich so auch in kleinste Ecken.

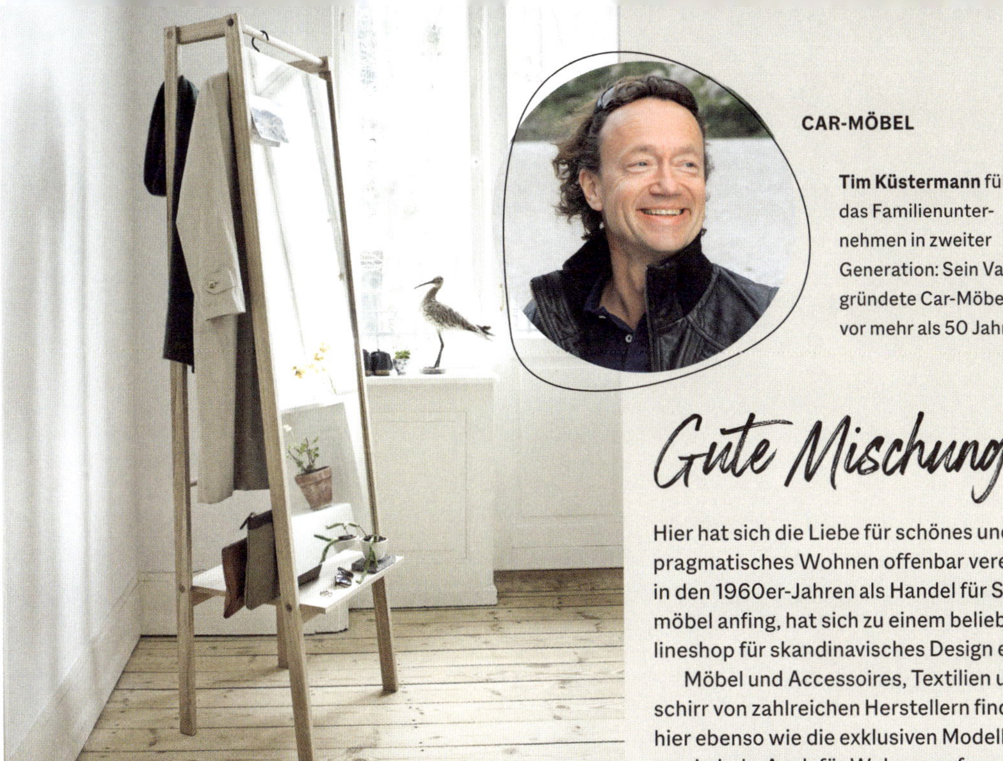

MIT RÜCKSEITE Hinter dem Spiegel „Push" von skagerak.dk verstecken sich Jacken und Mäntel, Taschen und Schuhe. Perfekt aufgeräumt.

CAR-MÖBEL

Tim Küstermann führt das Familienunternehmen in zweiter Generation: Sein Vater gründete Car-Möbel vor mehr als 50 Jahren.

Gute Mischung

Hier hat sich die Liebe für schönes und dennoch pragmatisches Wohnen offenbar vererbt. Was in den 1960er-Jahren als Handel für Selbstbaumöbel anfing, hat sich zu einem beliebten Onlineshop für skandinavisches Design entwickelt.

Möbel und Accessoires, Textilien und Geschirr von zahlreichen Herstellern finden sich hier ebenso wie die exklusiven Modelle des eigenen Labels. Auch für Wohnen auf wenig Fläche und den Flurbereich gibt es perfekte Produkte im Sortiment: platzsparend, flexibel und durchdacht, in zeitlosem Design.

aus massiver Eiche

WANDLUNGSFÄHIG Ein waagerechter Balken bildet das Zentrum des Wandsystems „Zutik" von alki.fr. Kleiderhaken und Leiterregal, Ablagen, Spiegel und sogar Schallschluckpaneele machen die gesamte Wand zum Möbelstück. Perfekt für alle, die sich gern mit individuellen Lösungen umgeben.

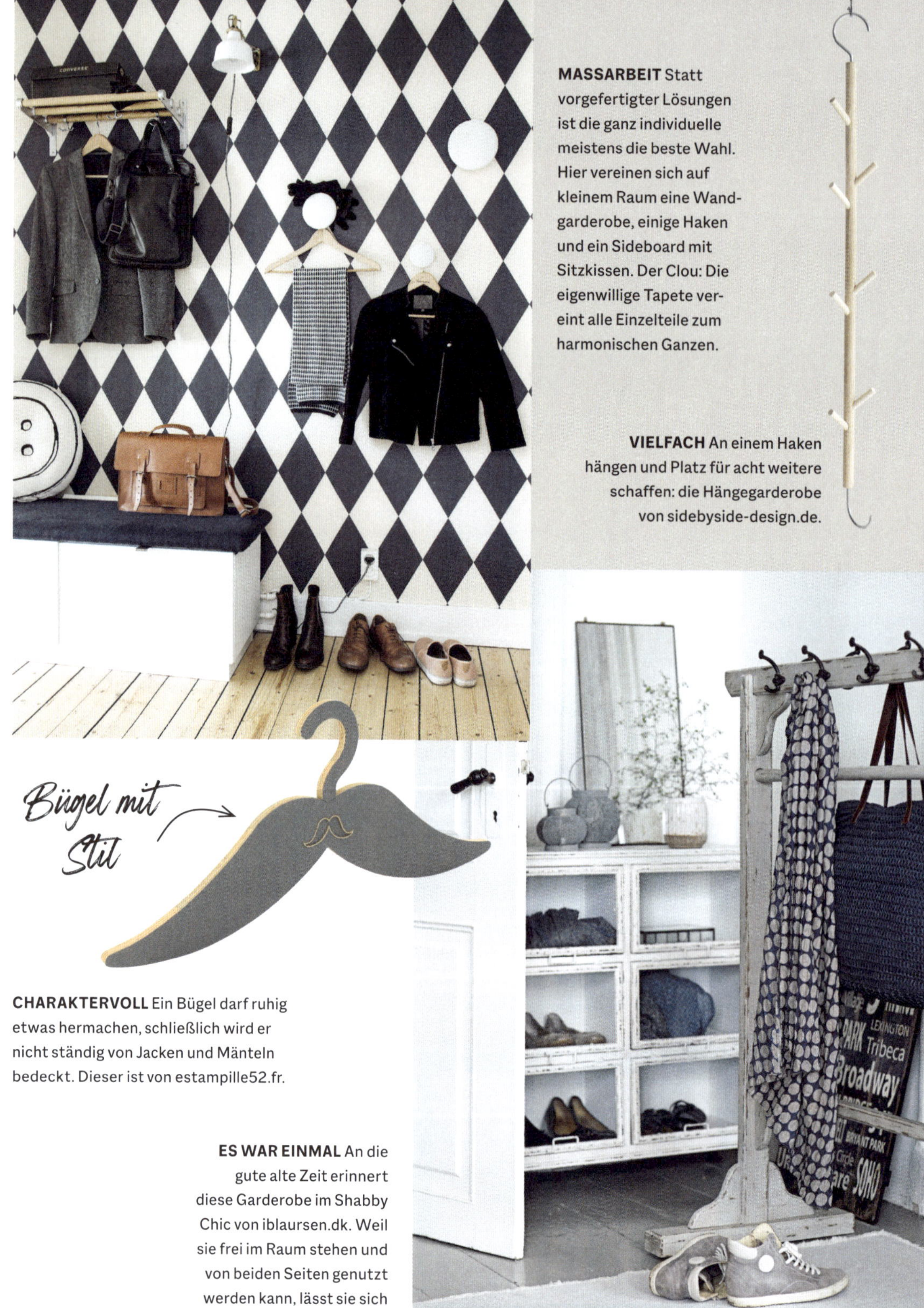

MASSARBEIT Statt vorgefertigter Lösungen ist die ganz individuelle meistens die beste Wahl. Hier vereinen sich auf kleinem Raum eine Wandgarderobe, einige Haken und ein Sideboard mit Sitzkissen. Der Clou: Die eigenwillige Tapete vereint alle Einzelteile zum harmonischen Ganzen.

VIELFACH An einem Haken hängen und Platz für acht weitere schaffen: die Hängegarderobe von sidebyside-design.de.

CHARAKTERVOLL Ein Bügel darf ruhig etwas hermachen, schließlich wird er nicht ständig von Jacken und Mänteln bedeckt. Dieser ist von estampille52.fr.

ES WAR EINMAL An die gute alte Zeit erinnert diese Garderobe im Shabby Chic von iblaursen.dk. Weil sie frei im Raum stehen und von beiden Seiten genutzt werden kann, lässt sie sich auch ganz wunderbar als Raumteiler einsetzen.

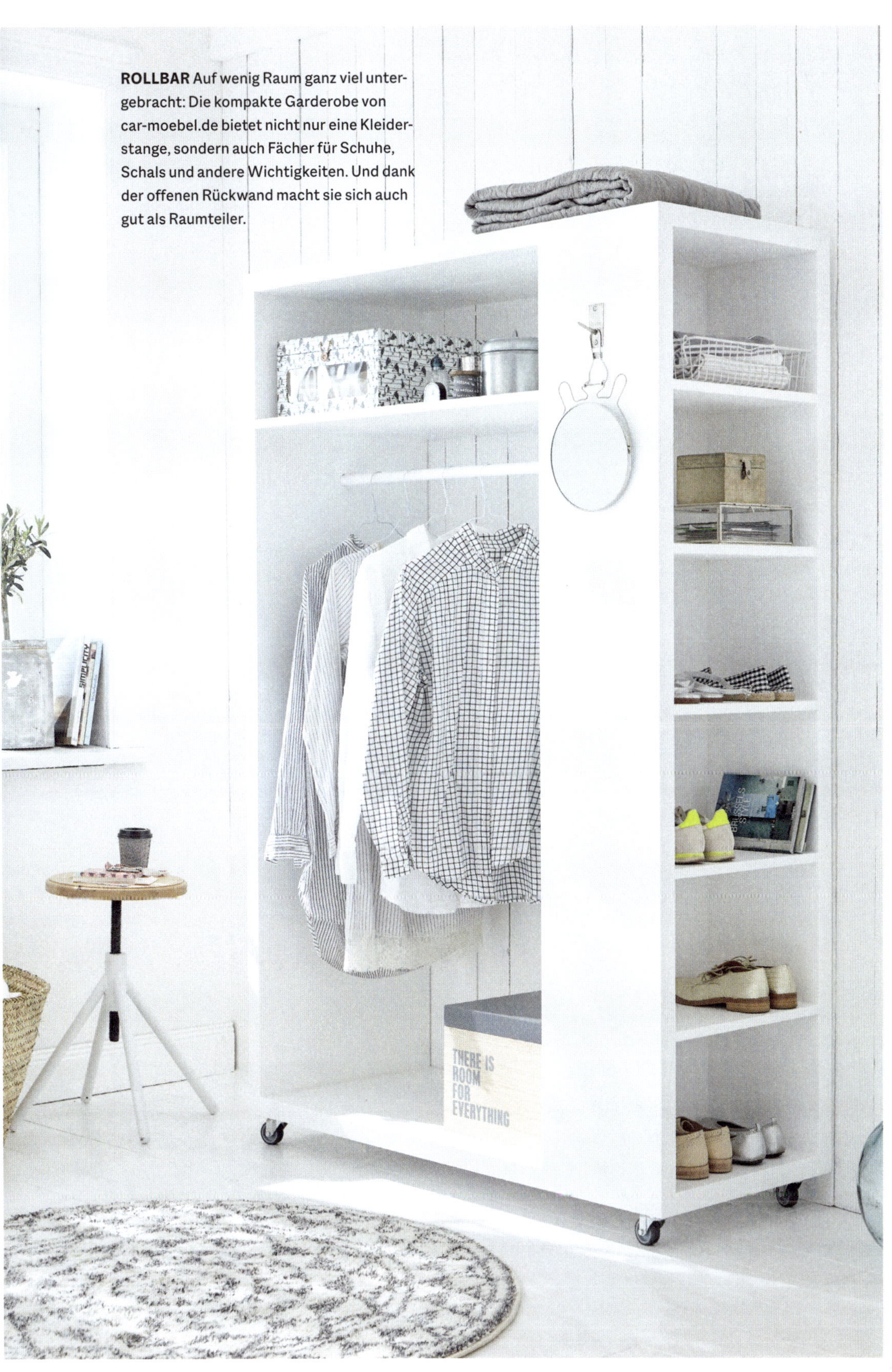

ROLLBAR Auf wenig Raum ganz viel untergebracht: Die kompakte Garderobe von car-moebel.de bietet nicht nur eine Kleiderstange, sondern auch Fächer für Schuhe, Schals und andere Wichtigkeiten. Und dank der offenen Rückwand macht sie sich auch gut als Raumteiler.

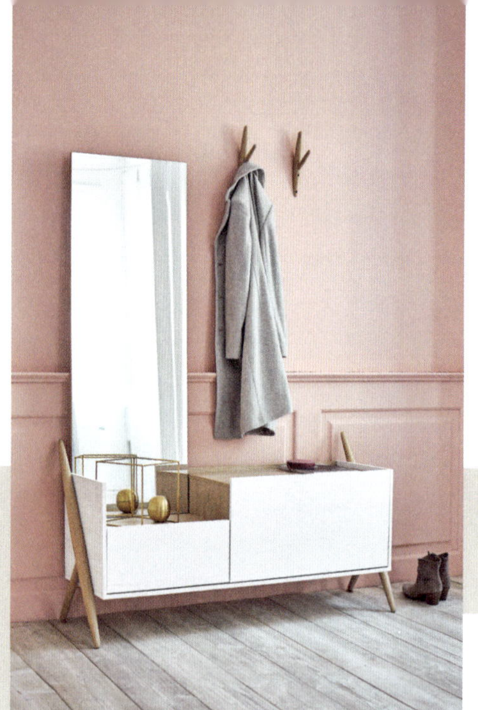

SPORTLICH Das Design dieser schmucken Garderobenbank namens „Goran“ im Industrial Look erinnert an die Umkleiden alter Turnhallen.

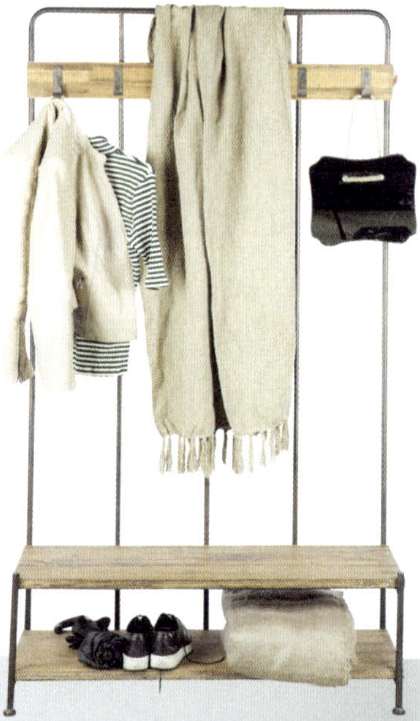

OHNE STANGE Es muss nicht immer eine Kleiderstange sein. Hübsche Haken reichen oft aus. Sehr praktisch ist hier die Kombination aus Stauraum und Spiegel (impressionen.de).

DOPPELT GUT Eine Sitzgelegenheit im Flur ist enorm praktisch. Diese alte Bank bringt nicht nur Charme in den Raum, sondern dient auch als Ablage für Einkaufstaschen und Co. Ebenso praktisch sind die beiden Korbtaschen, die alles aufnehmen, was nicht herumfliegen soll.

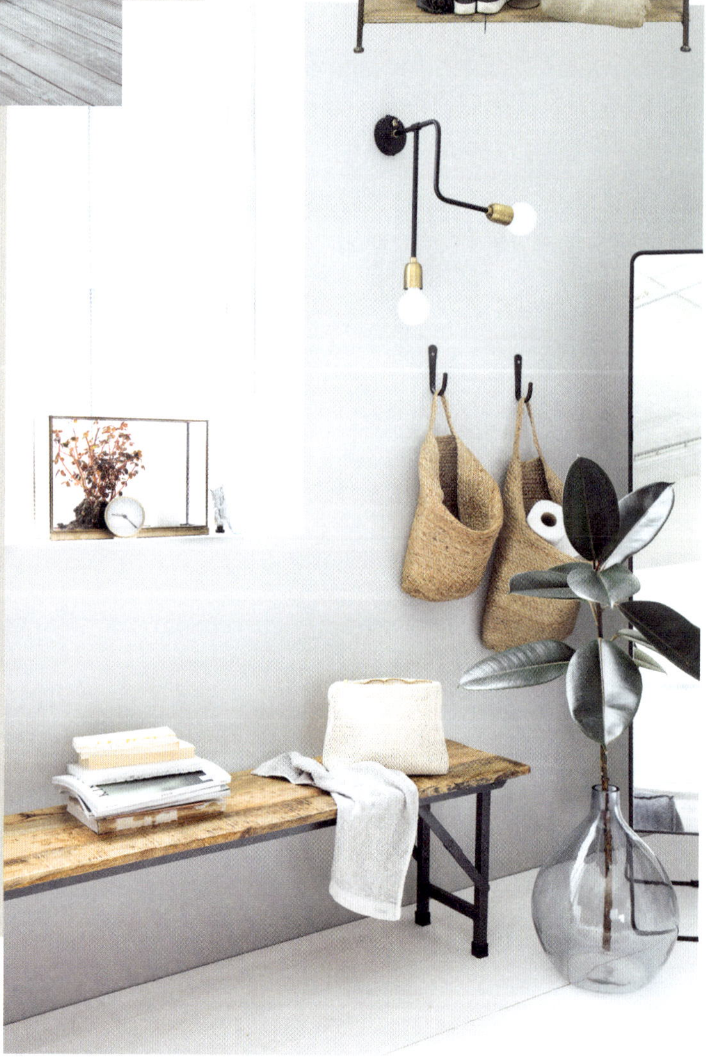

3 TOLLE TIPPS

Verstauen, an- und ausziehen, von A nach B gelangen: Im **FLUR** ist ganz schön viel los. Auf diese Aktionen sollte er vorbereitet sein.

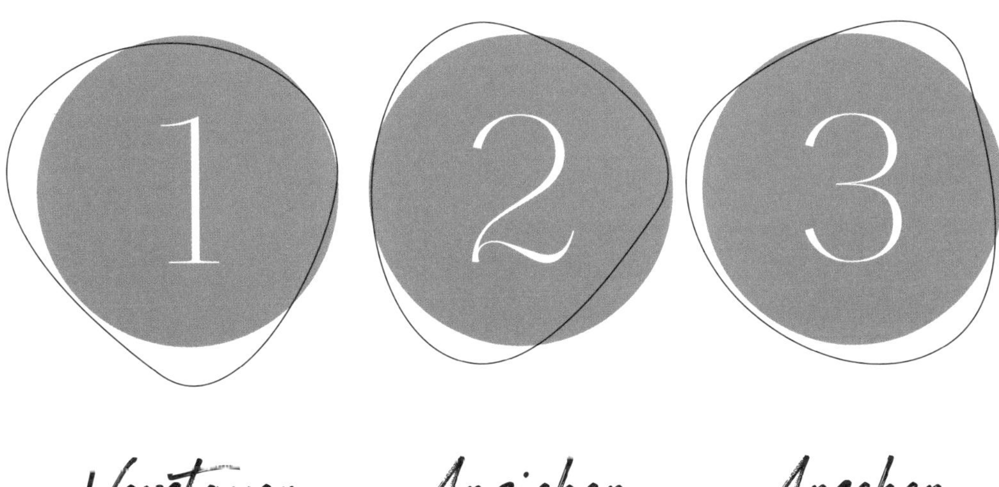

Verstauen

Nicht nur Jacken, Mäntel und Schuhe müssen im Eingangsbereich untergebracht werden. Hier lagern auch Gummistiefel und Sportutensilien, Regenschirme und Fahrradhelme. Stauraum ist also ein Muss. Doch wuchtige Schränke lassen einen kleinen Flur noch beengter erscheinen. Schlauer ist es, filigrane Möbel zu wählen, die ihn mit ihrer Präsenz nicht erdrücken. Ist kaum Platz für Stauraum, lohnen sich diese Überlegungen: Können manche Dinge im Keller oder auf dem Dachboden lagern? Lassen sich Sommer- und Winterjacken saisonal ausquartieren?

Anziehen

Schuhe an und Schuhe aus, Jacke an und Jacke aus, Mütze auf und Mütze ab: Gleich hinter der Haustür wird ganz schön viel Kleidung gewechselt. Damit das Schnüren der Schuhe leichter fällt, nimmt man am besten Platz. Und wenn es nur auf einem Klapphocker ist, der nach seinem Einsatz hinter der Garderobe verschwindet. Noch praktischer und bequemer allerdings ist natürlich eine kleine Bank, die unter ihrer Sitzfläche wertvollen Stauraum verbirgt. Ebenso gut funktioniert aber auch ein niedriges Sideboard, das dank Kissen zur Sitzmöglichkeit wird.

Ansehen

Sitzen Hut und Haar und passt das Tuch zum Blazer? Für viele Menschen ist ein Blick in den Spiegel ein Muss, bevor sie das Zuhause verlassen. Deshalb ist er im Flur einfach unerlässlich. Kein Problem, Spiegel lassen sich platzsparend an die Wand hängen. Große Exemplare zeigen nicht nur den ganzen Körper, sondern lassen auch den Flur größer erscheinen. Das gilt natürlich auch für lange Spiegel, die in Garderoben oder Kleiderständer integriert sind. Wichtig ist eine gute Ausleuchtung. Und so ganz nebenbei lassen mehrere Lichtquellen auch den Flur größer wirken.

> Ich genieße es, mit dem Platz frei zu experimentieren.

Wo vorher Trennwände den Raum unvorteilhaft zerteilten, herrschen jetzt Licht und Luftigkeit.

NICHOLAS GURNEY

EINFACH MAL UM DIE ECKE DENKEN

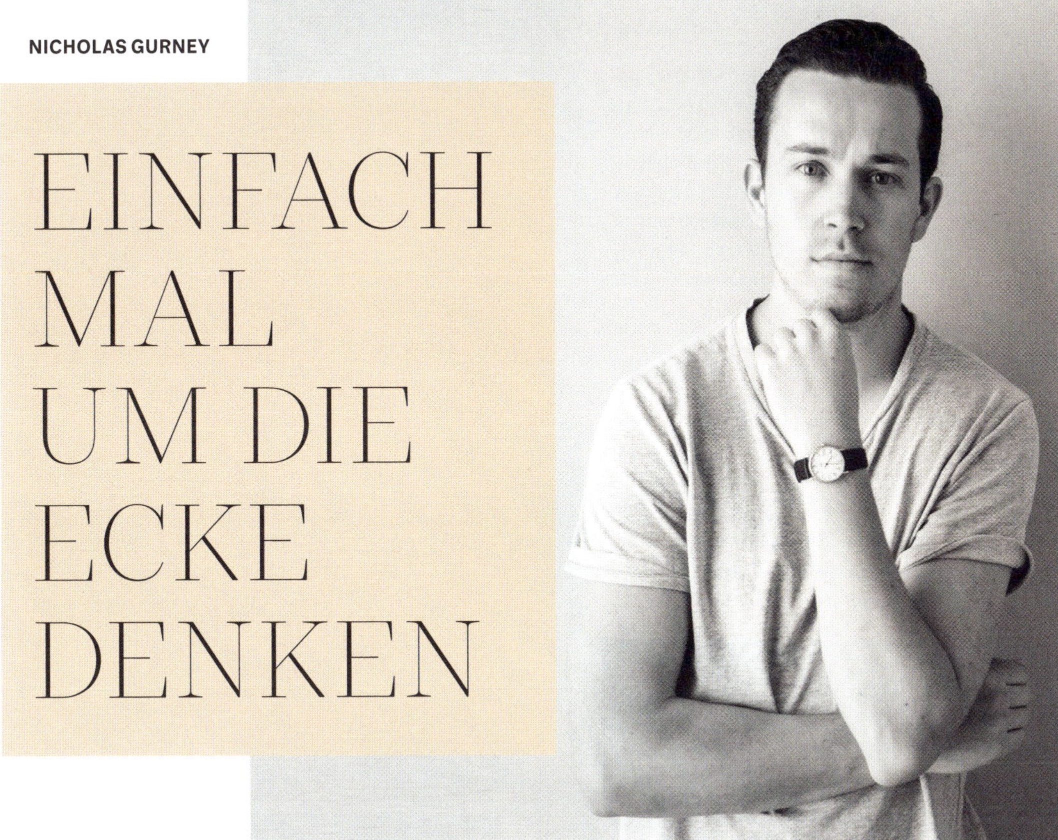

Der Australier **Nicholas Gurney** mag es reduziert. Tiny Homes sind sein Steckenpferd.

Nicholas, mit deinem eigenen Unternehmen gestaltest du coole Wohnräume. Wie war der Weg dorthin?
Eigentlich bin ich Industriedesigner. Aber ich habe mich schon immer für Interior Design und Architektur interessiert. Weil ich nicht den passenden Job gefunden habe, habe ich mich 2011 einfach selbstständig gemacht.

Wohnen auf wenig Raum ist deine Paradedisziplin. Wer sind deine Kunden?
Ein Großteil meiner Kunden sind junge Leute, oft suchen sie ihr erstes eigenes Zuhause. Ich achte immer darauf, dass wir auf einer Wellenlänge sind, was das Wohnen angeht. So entstehen die besten Ideen.

Manche deiner Designs sind fröhlich-bunt. Mit welchen Farben und Materialien arbeitest du am liebsten?
Ich mag die gesamte Farbpalette. Weiß hat die meiste Dynamik – auch wenn es genau genommen keine Farbe ist. Bei den Materialien greife ich besonders gern auf solche zurück, die wenig kosten, leicht erhältlich und vor allem nachhaltig sind.

Du bist Fachmann für kleine Räume. Worin besteht die Herausforderung?
Die Hürde, die ganz am Anfang genommen werden muss, sind alte Vorstellungen. Wer sagt, dass ein Raum auf eine bestimmte Art genutzt werden sollte? Für alle, die nur wenig Platz haben, gibt es ganz neue Wege, diesen bestmöglich zu belegen.

Was hat es für Vorteile, wenn man sich bewusst für ein kleines Zuhause entscheidet?
Sich zu reduzieren, tut gut. Es verleiht ein Gefühl von Zufriedenheit, ohne ein Zuviel und ohne im Überfluss zu leben. Das spürt man erst, wenn man diesen Ballast abwirft. Und natürlich ist ein Tiny Home auch deutlich günstiger und weniger arbeitsintensiv. ■

Das Konzept: Viele kleine Räume in einem großen. Schiebetüren trennen die Bereiche.

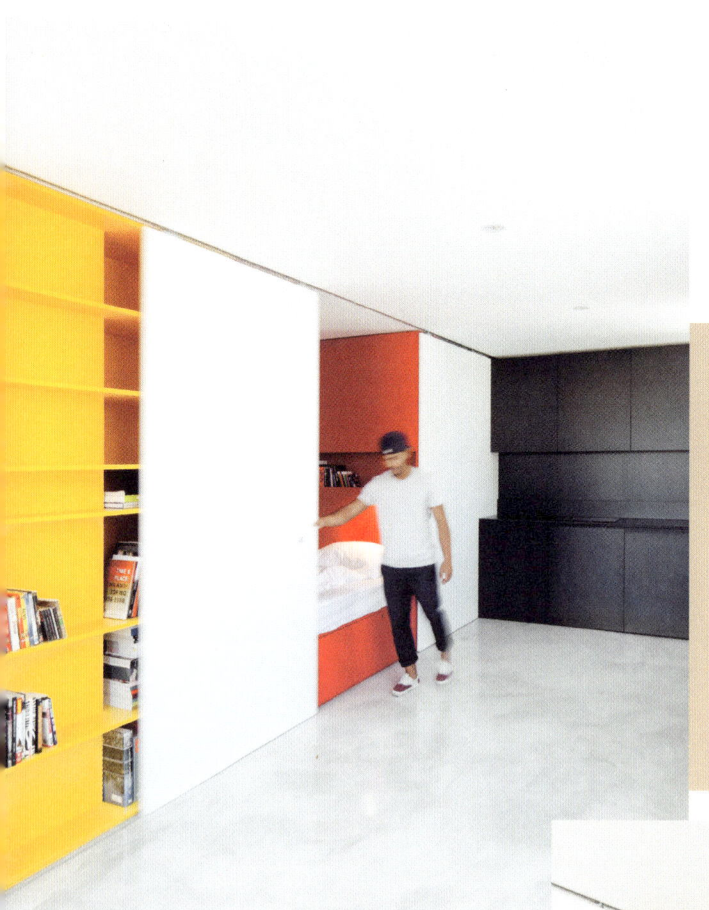

Apartment no 1

WAS Ein Einzimmerapartment

GRÖSSE 27 Quadratmeter

AUFTRAG Ausblick bewahren und Licht, Luft und Wohnraum schaffen

LIEBLINGSFEATURE Die schwarze, gut getarnte Küche

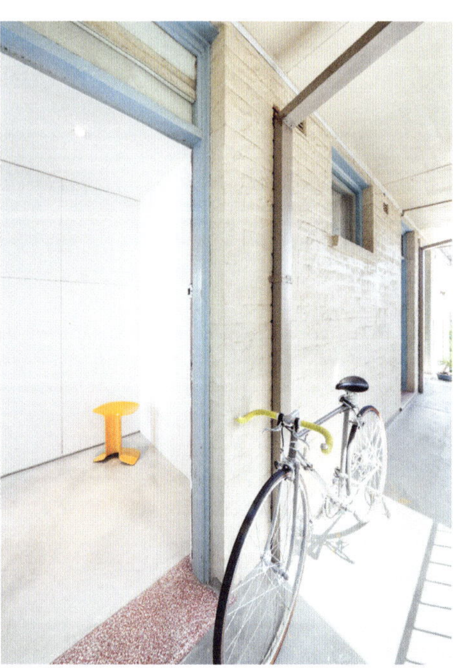

Diese kleine Wohnwelt unterscheidet sich deutlich von denen hinter den Nachbartüren.

Die Farbwahl erinnert an die Comicfigur Mighty Mouse, die auch über ihre Größe hinauswächst.

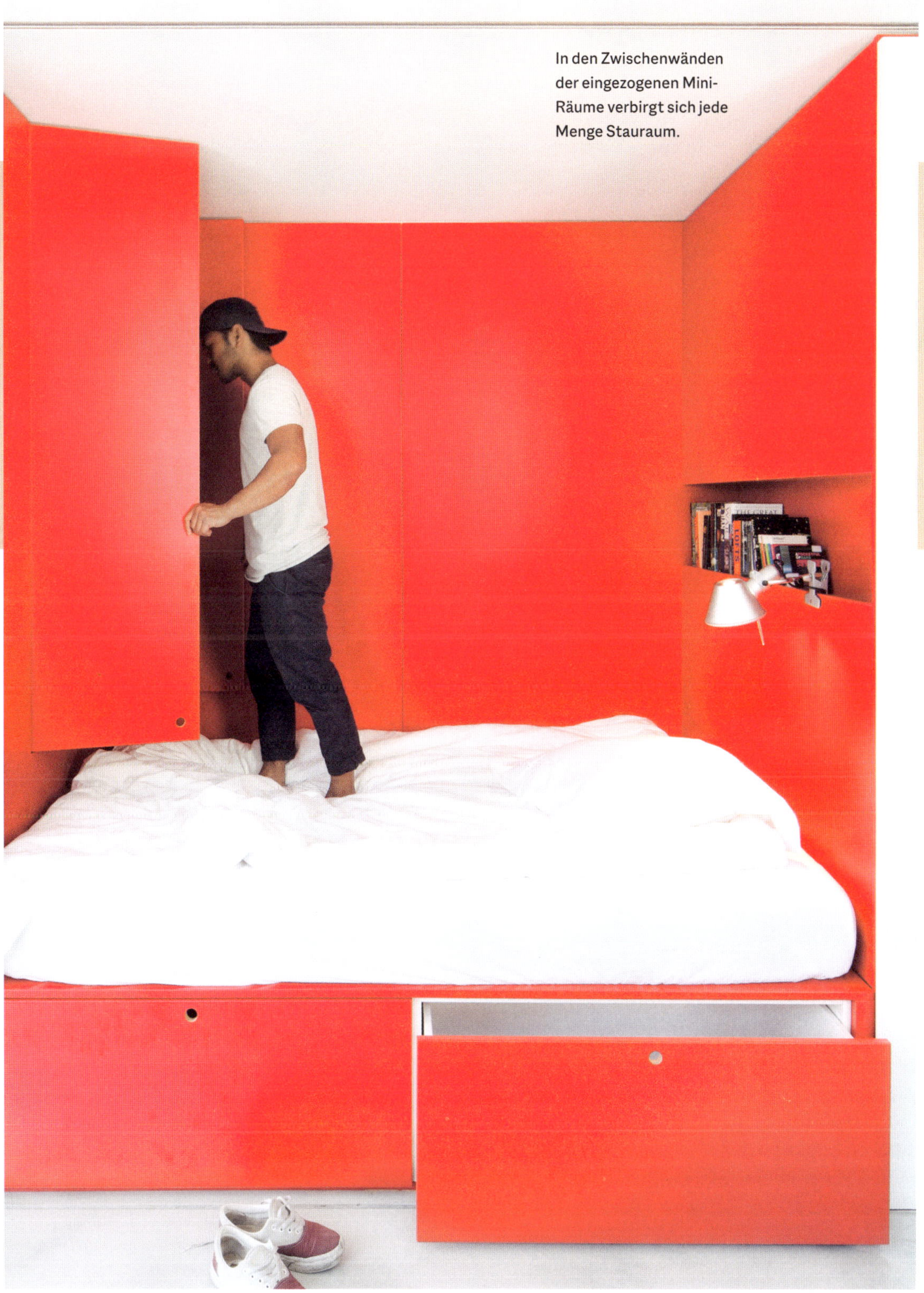

In den Zwischenwänden der eingezogenen Mini-Räume verbirgt sich jede Menge Stauraum.

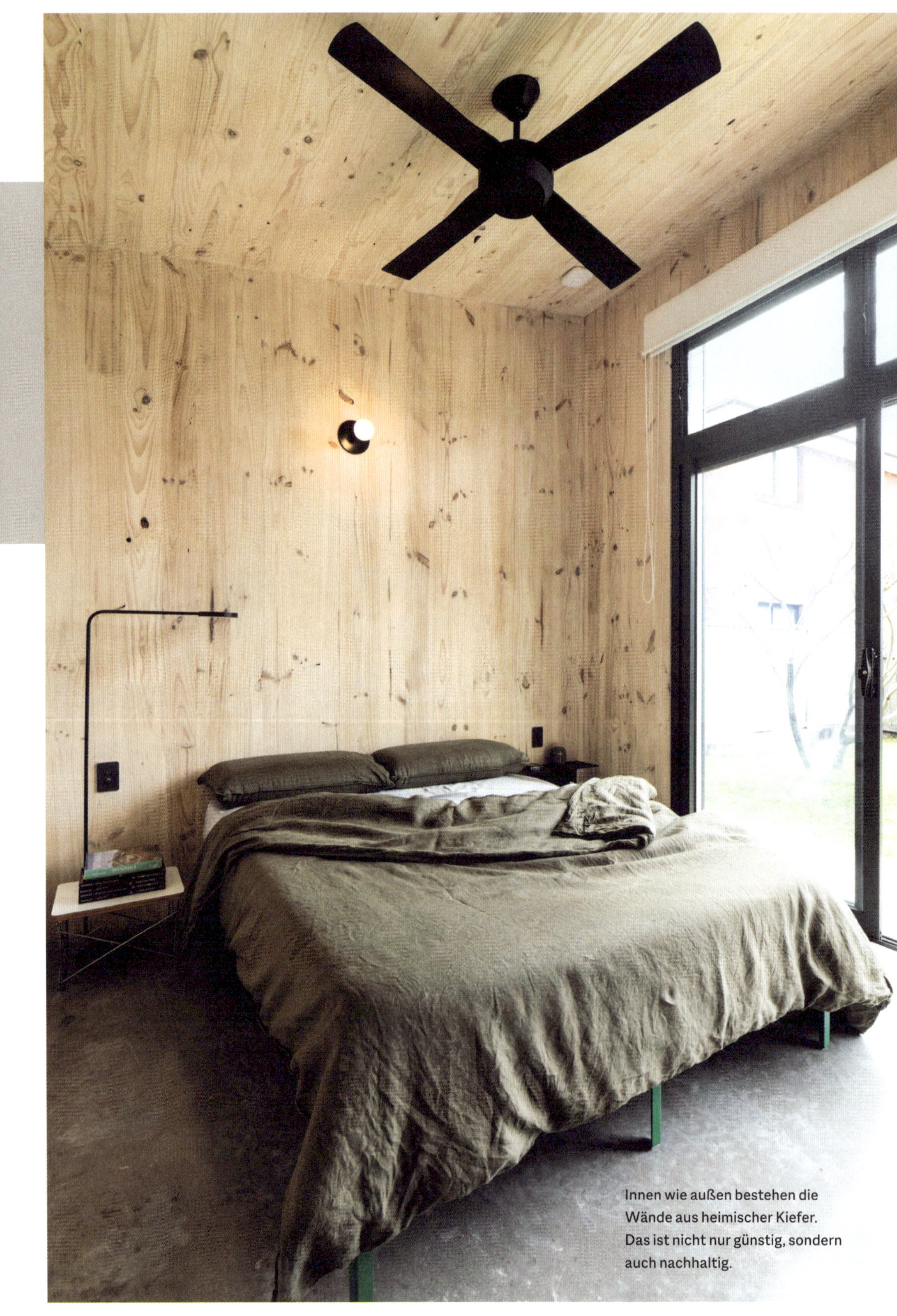

Innen wie außen bestehen die Wände aus heimischer Kiefer. Das ist nicht nur günstig, sondern auch nachhaltig.

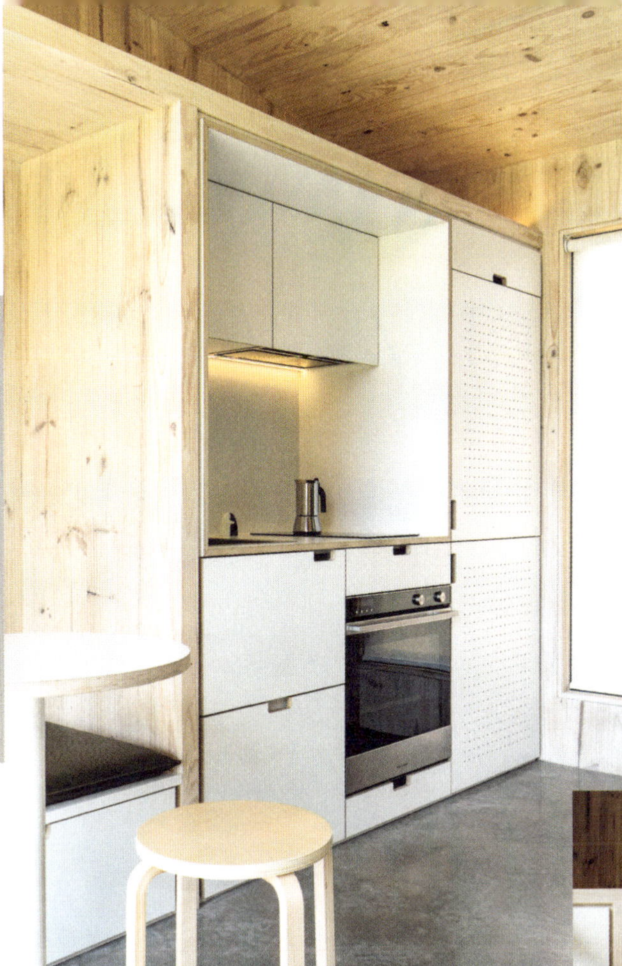

Neben Kühlschrank und Backofen hat sogar eine Waschmaschine Platz.

Apartment no 2

WAS Unterkunft für Gäste der Familie und Kurzzeitvermietungen

WO Sydney

GRÖSSE 20 Quadratmeter

LIEBLINGSFEATURE Die extrem kompakte Küche

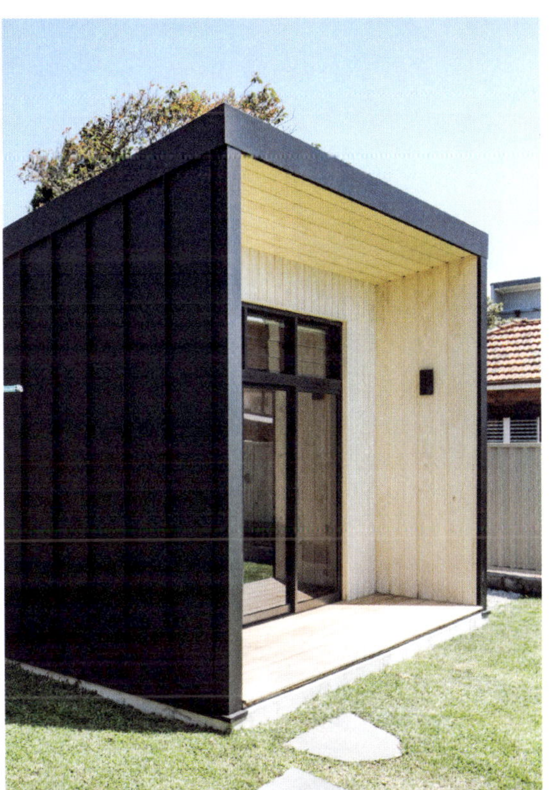

Dank der vorgefertigten Teile war das Gästehaus schnell aufgebaut.

Stauraum gibt es unter der Sitzecke, aber auch im Bereich darüber.

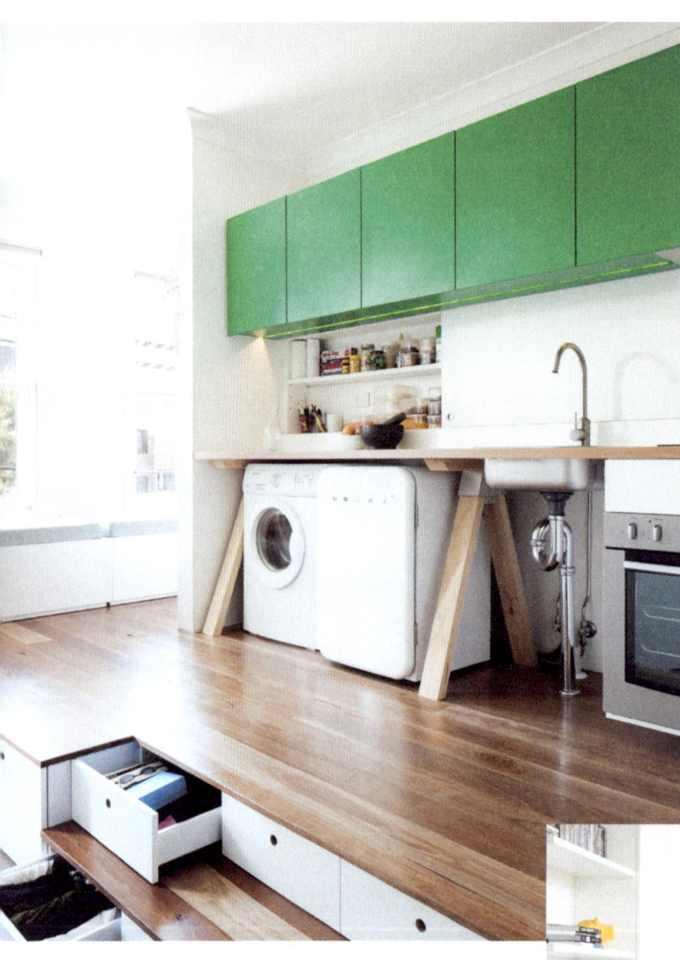

Bei so viel Weiß rundherum setzen die grünen Oberschränke spannende Kontraste.

Apartment no 3

WAS Ein Einzimmerapartment mit Bad

WO Sydney

GRÖSSE 22 Quadratmeter

LIEBLINGSFEATURE Die erhöhte Küche samt Einbauten und Stauraum darunter

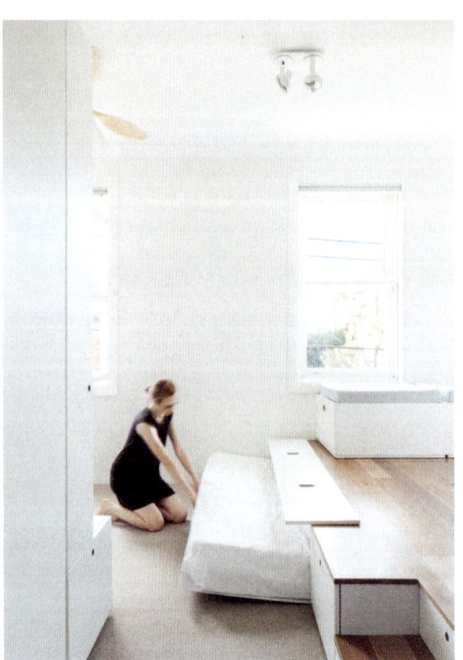

Unter der Plattform ist neben der Matratze auch Platz für unzählige andere Dinge.

Nur abends kommt das Bett zum Vorschein. Wie auf einem Schlitten gleitet es über den Teppich.

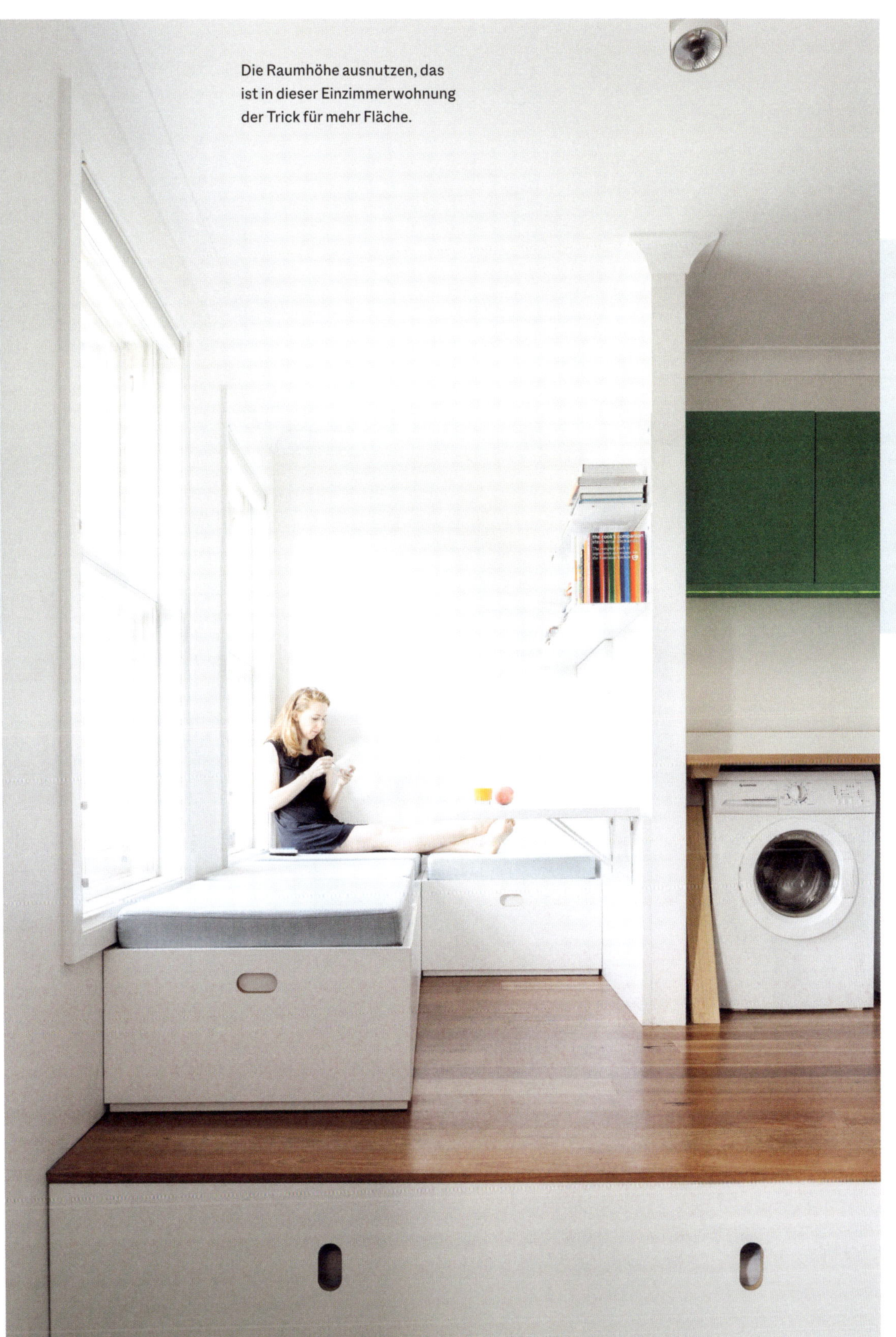

Die Raumhöhe ausnutzen, das ist in dieser Einzimmerwohnung der Trick für mehr Fläche.

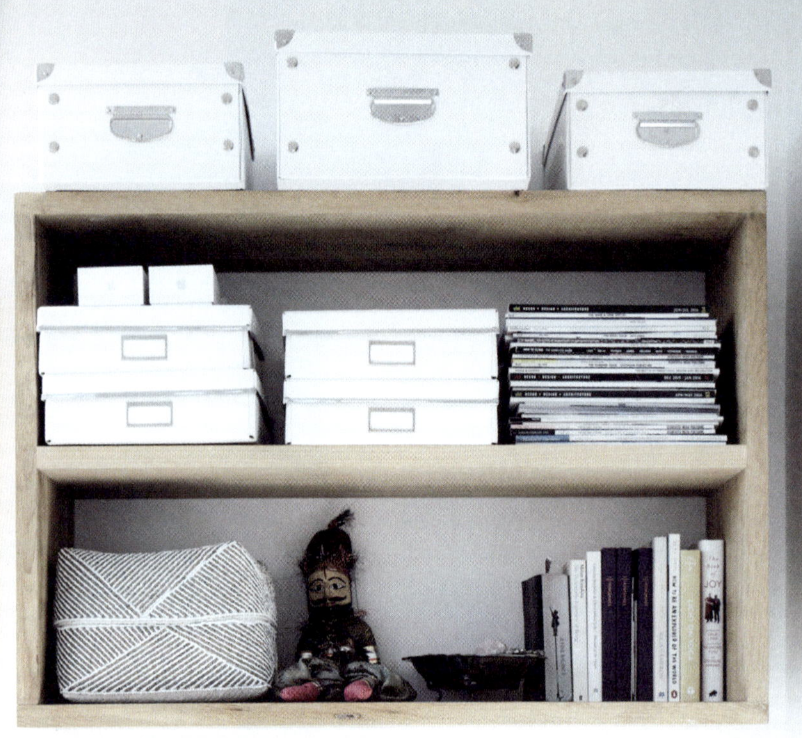

ÜBER DEN DINGEN Über dem Schreibtisch ist in der Regel jede Menge Platz für Hängeregale. In diesem Fall wird die Nische optimal ausgenutzt – sowohl für den Stauraum wie auch für die Arbeitsfläche. Die weißen Boxen verstecken Kleinkram.

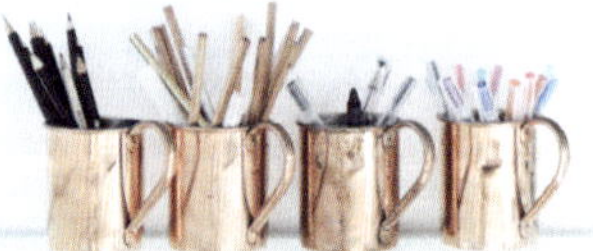

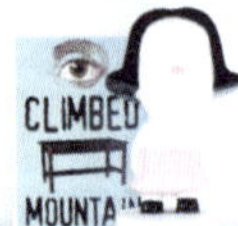

Glasplatte wirkt luftig.

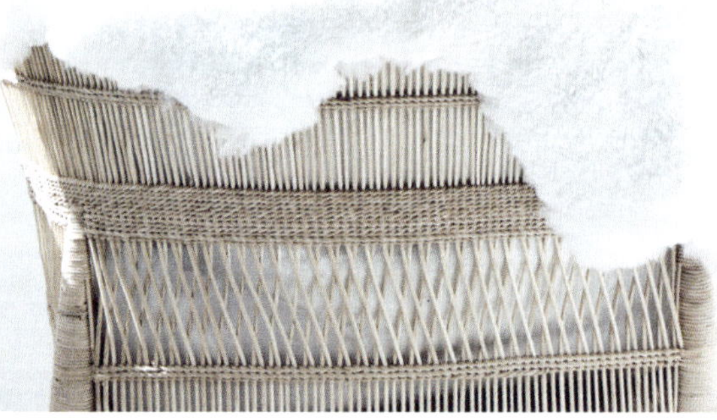

Wertvoller STAURAUM

Von A wie Autoschlüssel bis Z wie Zitronenpresse: Jedes Zuhause ist voller Dinge. Wie bekommt man sie alle unter?

GUT GEBETTET Polsterbett „Marylin" von schlaraffia.de sorgt nicht nur für gute Nächte, sondern bietet auch viel Stauraum unter dem Lattenrost. Dieses lässt sich einfach hochklappen.

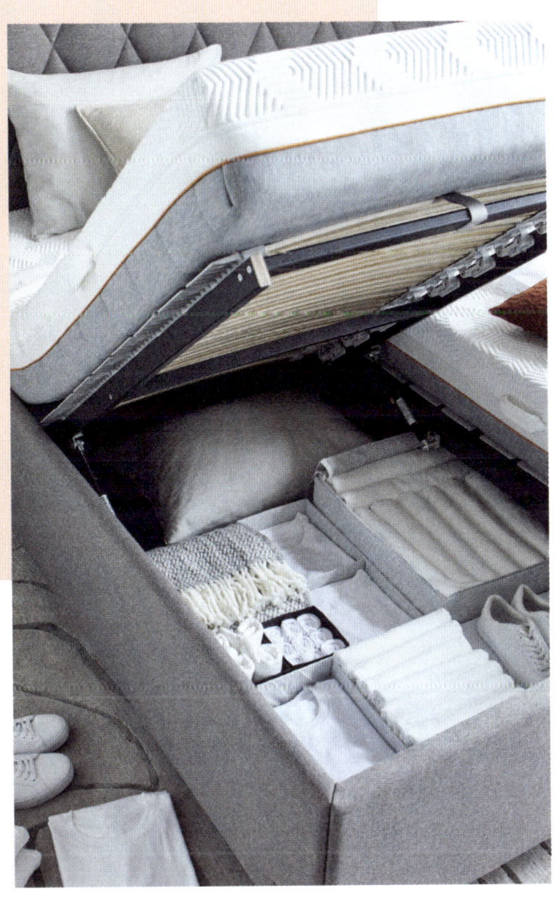

Man muss kein Sammler und Jäger sein, um Dinge in seinem Heim anzuhäufen. Es passiert ganz automatisch. Manche Menschen sind rigoroser und geben für jedes neue Teil ein altes weg. Andere wiederum können sich schlecht von Gegenständen trennen. Die Herausforderung ist, sie alle unterzubringen. Das gilt natürlich für jedes Zuhause - für ein kleines allerdings ganz besonders. Denn erstens ist dort weniger Platz. Und zweitens ist Ordnung im Tiny Home besonders wichtig, denn je aufgeräumter es ist, desto großzügiger und weitläufiger wirkt es. Daher muss jedes Teil seinen festen Platz haben. Aber wohin mit all den Dingen? Bevor man sich daran macht, Stauraum für sein Hab und Gut zu schaffen, sollte man erst einmal eine Bestandsaufnahme machen und sich, wenn möglich, von Gegenständen trennen. Es tut gut, ab und zu einmal auszusortieren. Dazu könnte man sich beispielsweise jeden Tag eine Schublade oder sogar einen Schrank vornehmen. Wer mehr Zeit hat, räumt sämtliche Dinge eines Raumes in die Mitte und trennt sich dann von unwichtigen Dingen. Es bleibt nur, was wirklich essenziell oder von persönlichem Wert ist. Alles andere wird verkauft, verschenkt oder passend entsorgt. ■

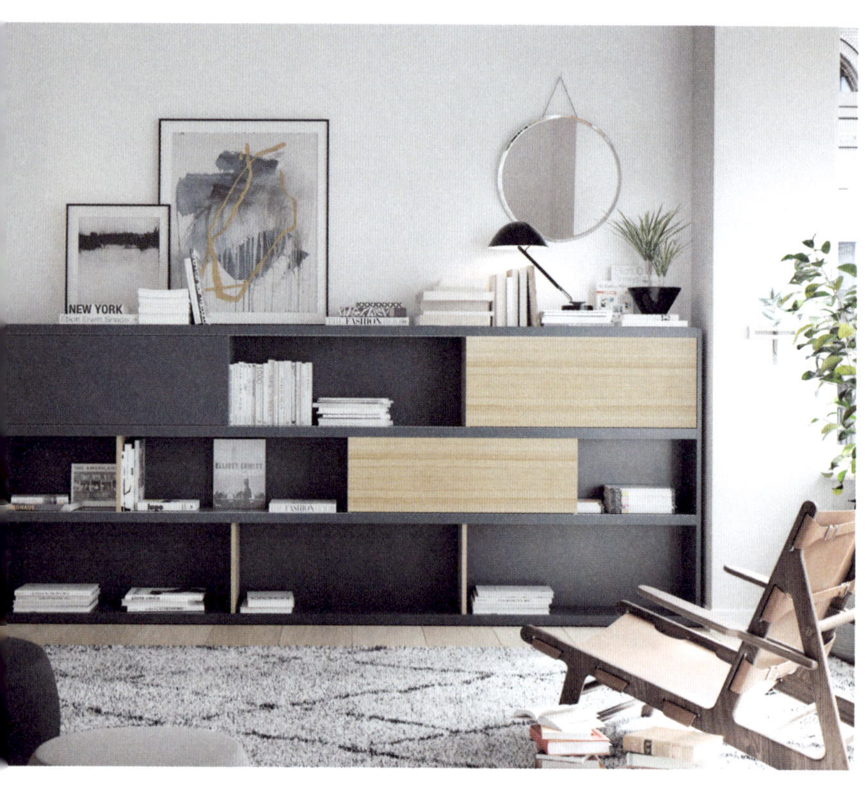

ZWEIFARBIG Ausstellen oder verstecken? Dieses Sideboard von treku.com kann beides. Die schönen Bücher werden vorgezeigt, notwendige Gadgets und Co. tauchen hinter geschlossenen Fronten ab. Die Kombination aus lackiertem und naturbelassenem Holz macht das Schmuckstück freundlich und lebendig.

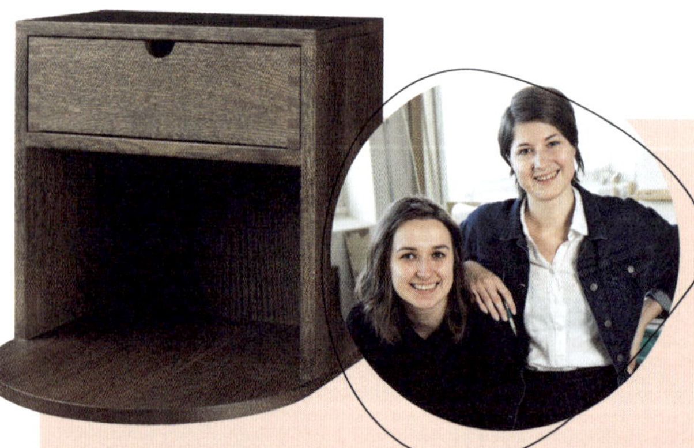

FDB MØBLER

Diana Mot und **Isabella Bergstrøm** entwerfen gemeinsam für FDB Møbler, ein Unternehmen, das seit 80 Jahren für stilvolles dänisches Design steht.

Bitte Platz nehmen!

Senkrechtstarter

Kaum hatten die beiden jungen Frauen ihr Studium abgeschlossen, ging ihr gemeinsamer Entwurf „Radius“ bei dem traditionsreichen Hersteller in Produktion. Das multifunktionale Möbel kann ja auch so einiges: Tisch, Bank und Stauraum, sogar gleichzeitig. Damit ist es, wie auch die anderen Produkte aus dieser Serie, perfekt zum Einrichten kleiner Wohnungen.

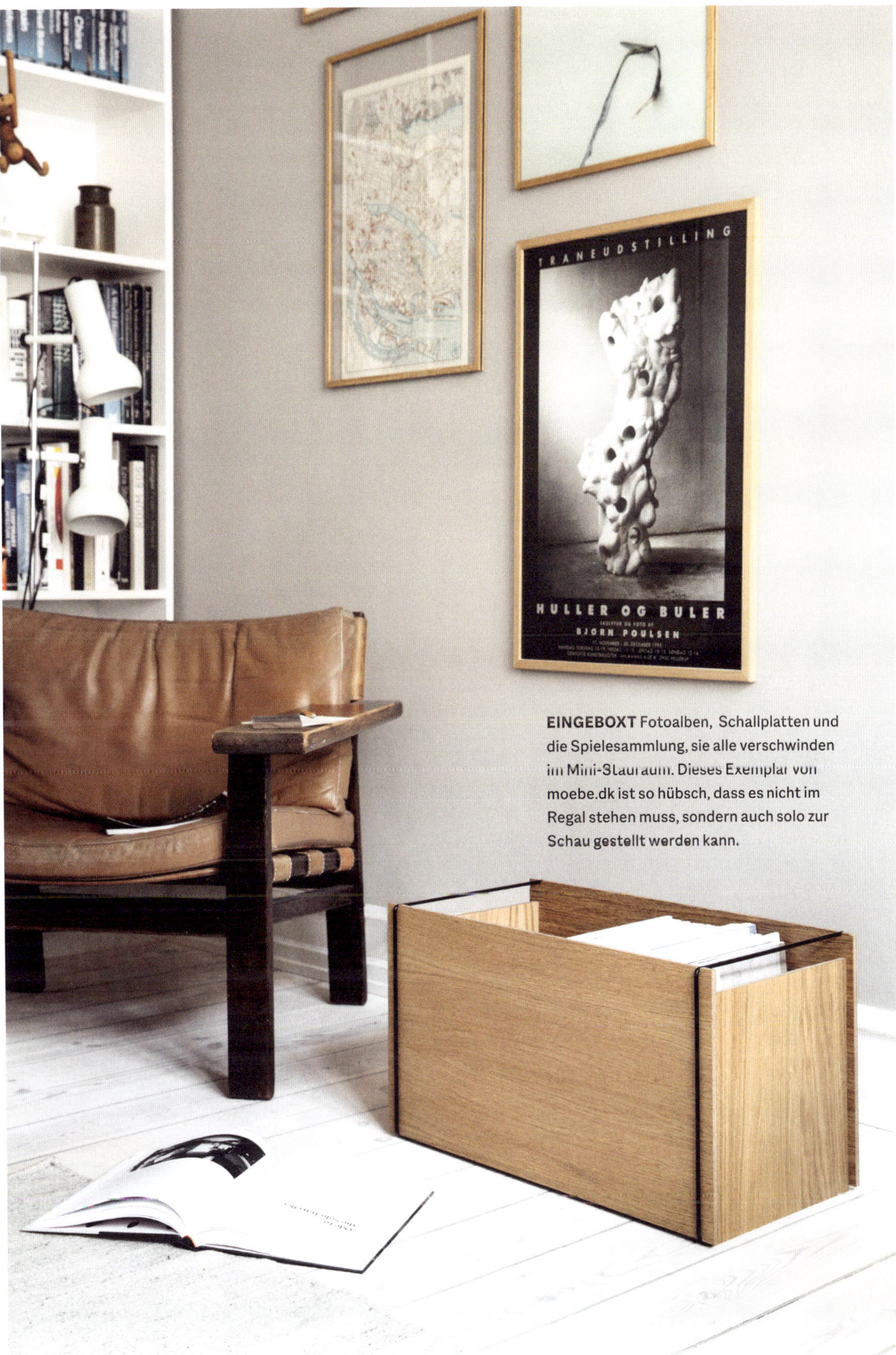

EINGEBOXT Fotoalben, Schallplatten und die Spielesammlung, sie alle verschwinden im Mini-Stauraum. Dieses Exemplar von moebe.dk ist so hübsch, dass es nicht im Regal stehen muss, sondern auch solo zur Schau gestellt werden kann.

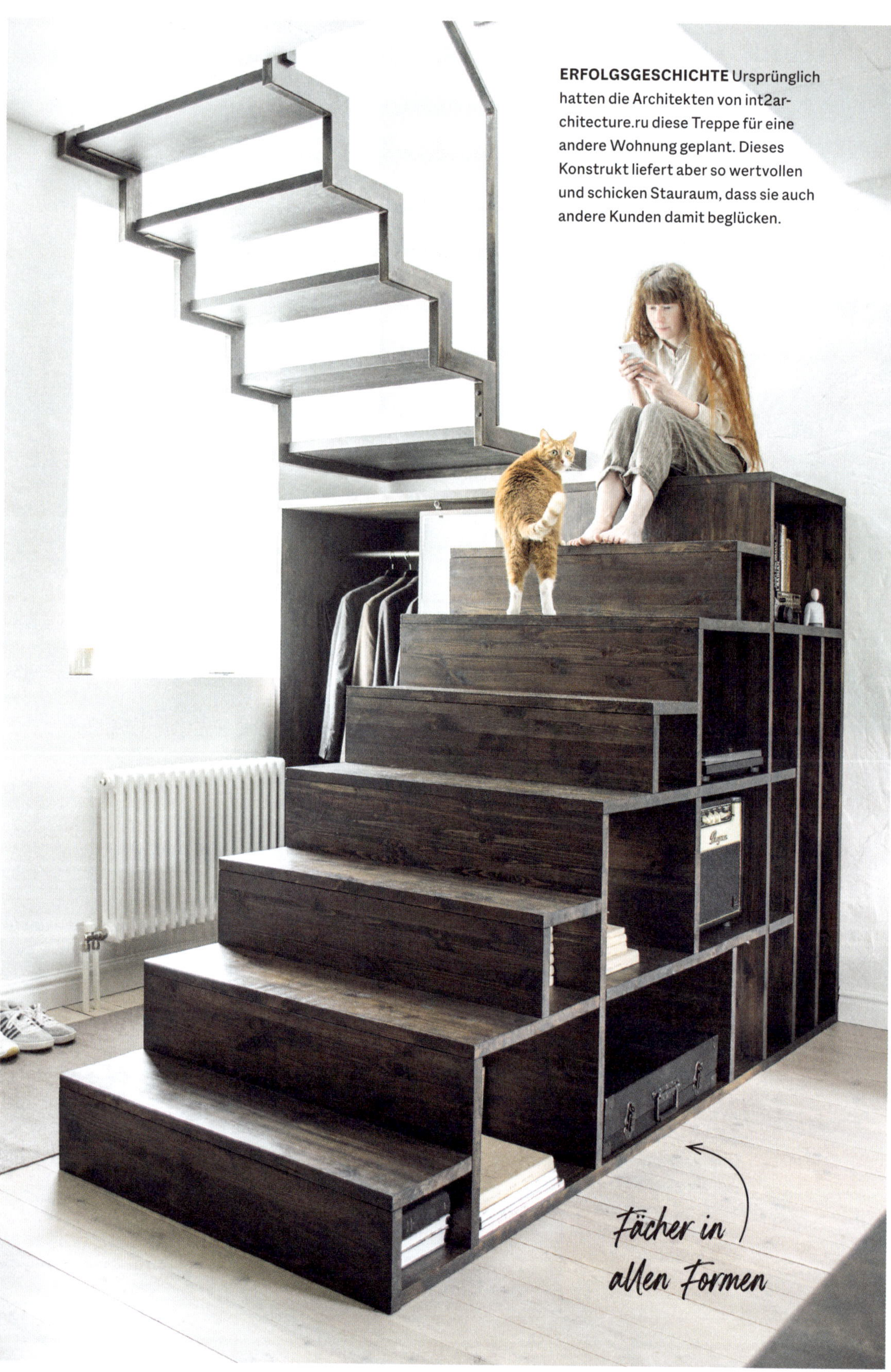

ERFOLGSGESCHICHTE Ursprünglich hatten die Architekten von int2architecture.ru diese Treppe für eine andere Wohnung geplant. Dieses Konstrukt liefert aber so wertvollen und schicken Stauraum, dass sie auch andere Kunden damit beglücken.

Fächer in allen Formen

SOLIDE SACHE Schön leicht und filigran wirkt das Sideboard von hubsch-interior.com. Dabei ist es aus robustem Eichenholz gefertigt und bietet für jeden Wohnbereich in seinen Unterteilungen viel Stauraum.

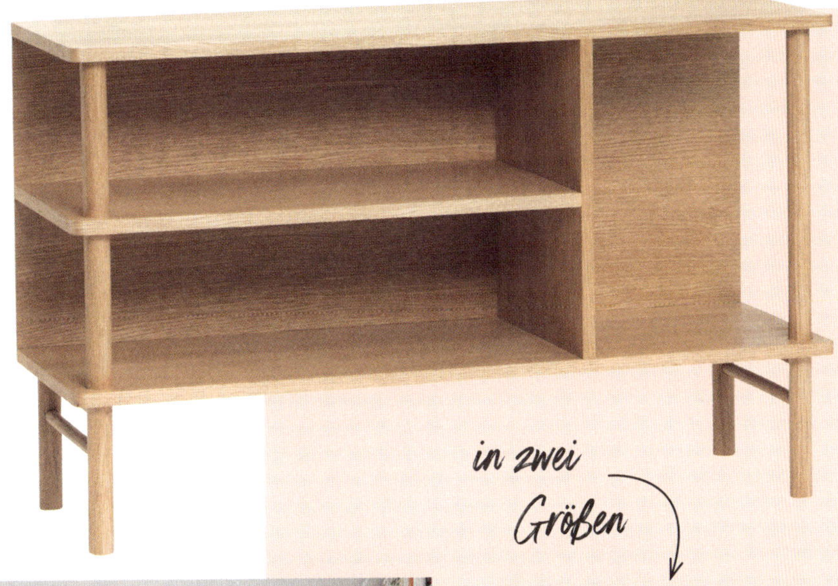

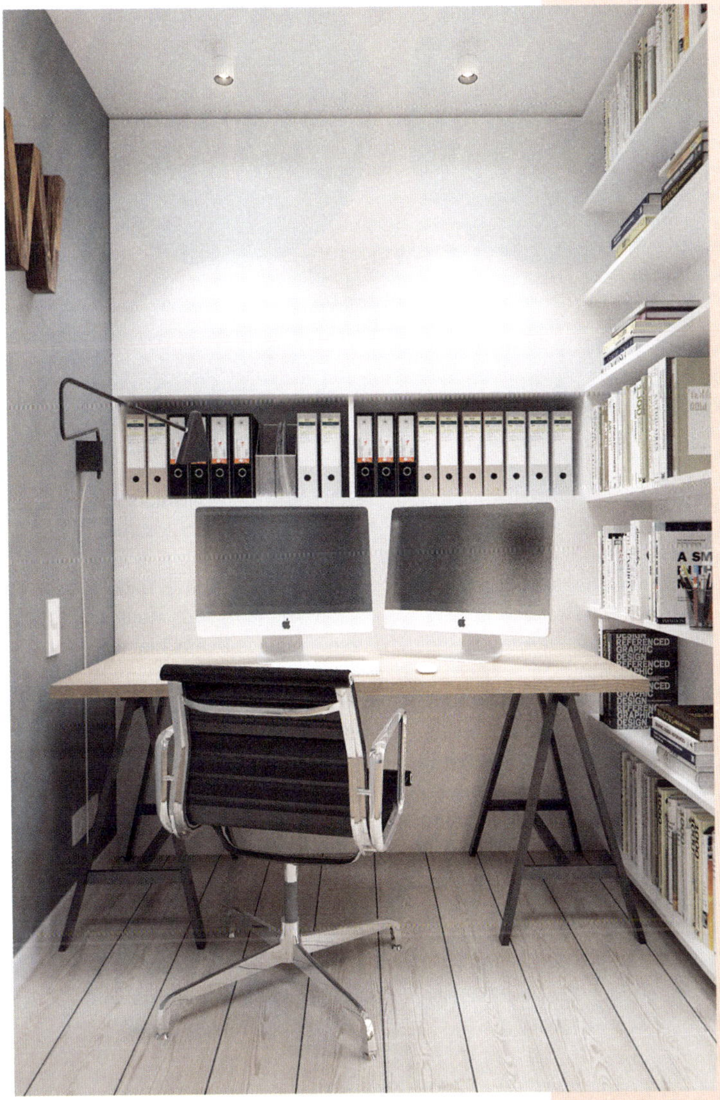

in zwei Größen

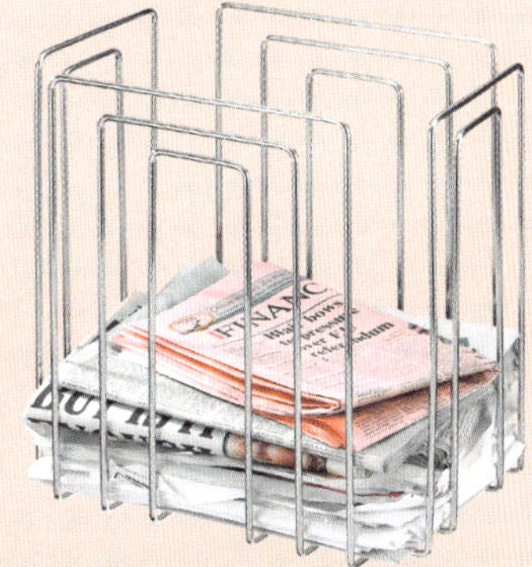

HOCHSTAPLER Tageszeitung und Interior-Magazin haben einen festen Platz im „Paper Collector“, einem Klassiker aus den 1980er-Jahren. Das Design wirkt schön leicht, dabei hat zwischen den Streben jede Menge Papier Platz.

PLATZ GEMACHT Natürlich hätte man die Platte des Schreibtisches auch bis an beide Wände ausdehnen können. So aber bleibt an einer Seite noch ausreichend Platz für ein bis an die Decke reichendes Regal und man gewinnt damit großzügigen Stauraum für Akten und Co.

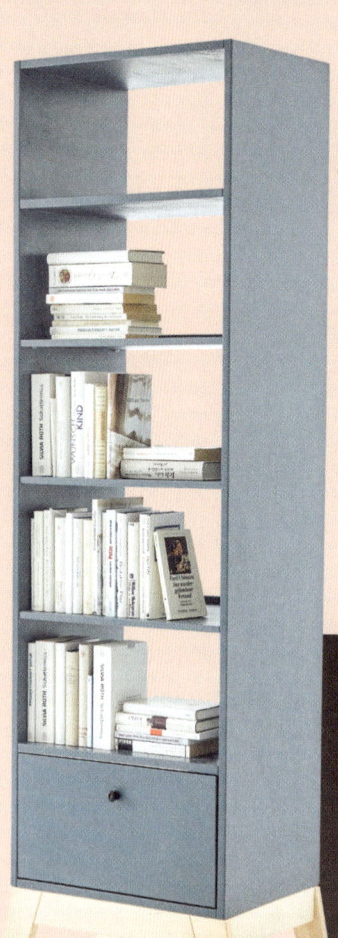

AUF ZEHENSPITZEN Das schmale Hochregal von car-moebel.de liefert nicht nur ausreichend Platz für die komplette Lieblingslektüre, sondern bringt auch noch eine geschlossene Schublade für Lesebrille und andere wichtige Dinge mit. Und das auf ganz wenig Stellfläche.

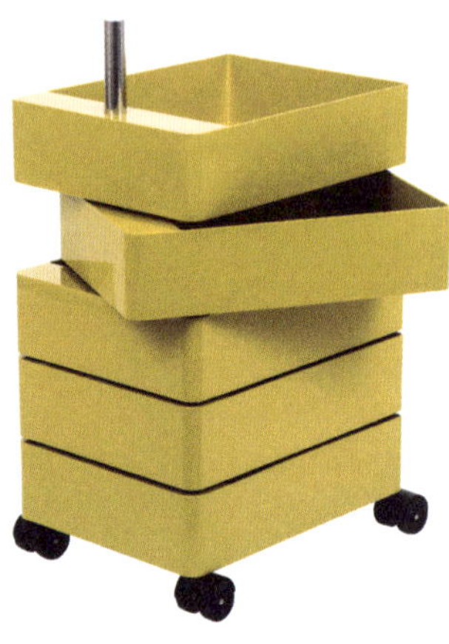

FARBKLECKS Der „360° Container“ von magisdesign.com verstaut in seinen fünf Fächern Papiere, Spielsachen, Badutensilien und unzählige andere Dinge.

NACH BELIEBEN Groß oder klein, hoch oder niedrig: Die Würfel des Systems „Eket“ von ikea.com lassen sich so zusammenstellen, wie es für den Raum und die Bewohner am besten passt. Hier wird ein Sideboard durch einige hängende Exemplare ergänzt.

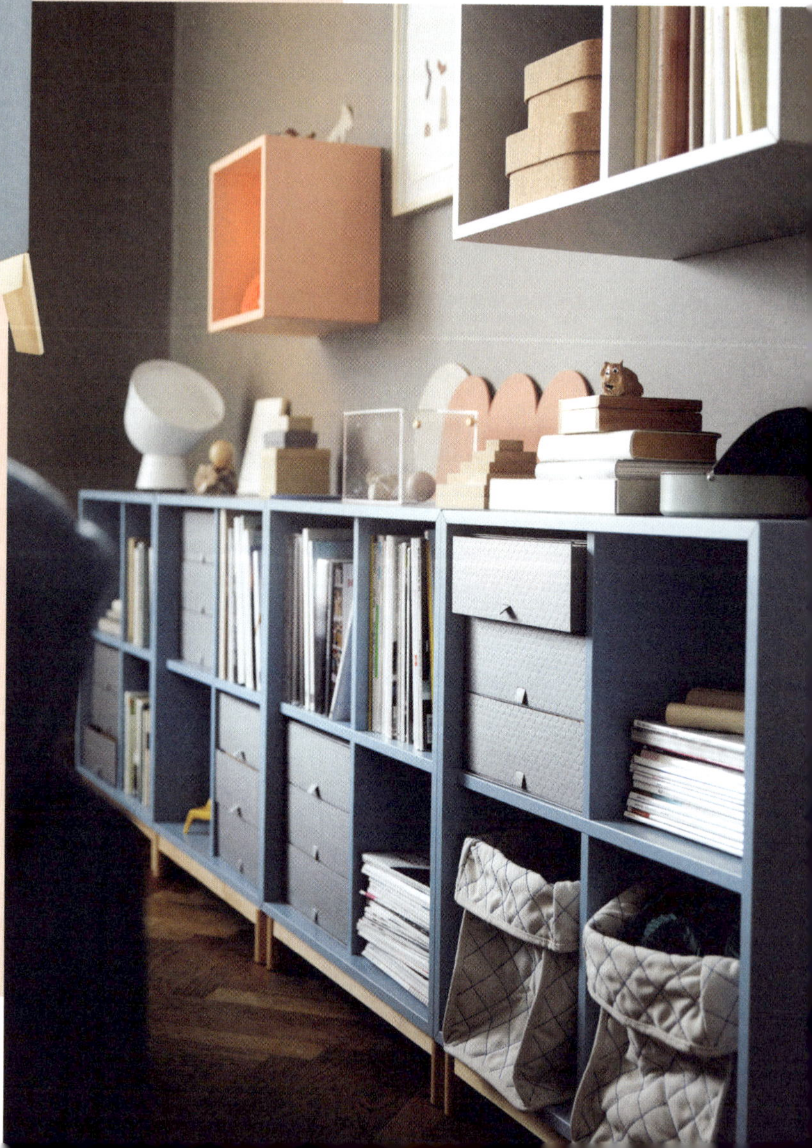

3 TOLLE TIPPS

Wie heißt es? Platz ist in der kleinsten Hütte. Wer **STAURAUM** sucht, wird ihn an Orten finden, die ihm bisher nicht in den Sinn kamen.

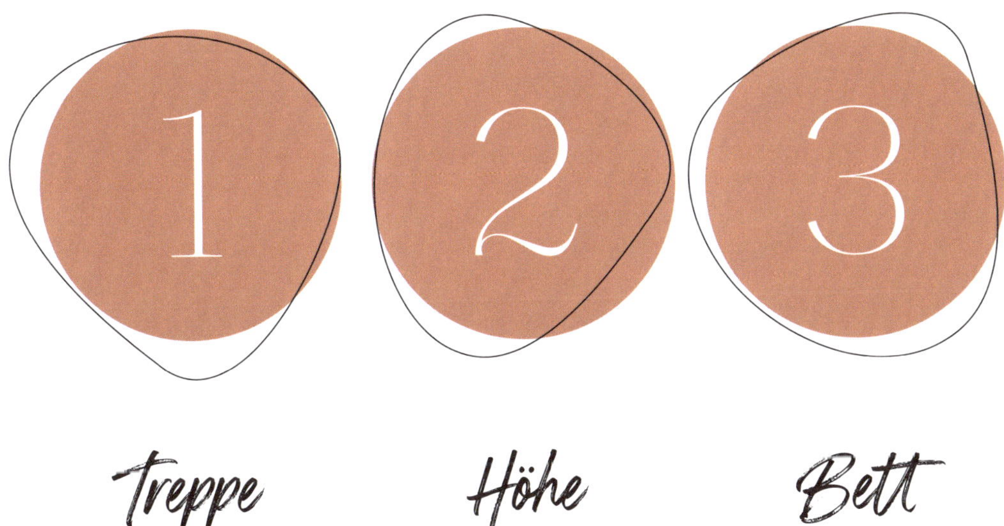

Treppe

Rauf und runter. Die Treppe ist das Bindeglied zwischen den Stockwerken. Ab und zu dient sie als Ablage für Dinge, die darauf warten, nach oben oder unten mitgenommen zu werden. Dabei kann eine Treppe deutlich mehr: Unter ihren Stufen verbirgt sich oft kostbarer Stauraum. Die einfachste Variante ist, passende Regale oder Schränke unter die Stufen zu stellen. Effektiver aber ist eine maßgetischlerte Lösung, die den Raum bis unter die letzte Stufe optimal ausnutzt. Ein Vorhang oder auch eine Wand aus Holzplatten lässt den Inhalt verschwinden.

Höhe

Was in der Fläche fehlt, muss man beim Small Living in der Höhe integrieren. Warum also sollten Regale und Schränke vor etlichen Zentimetern unter der Decke haltmachen? In der Küche beispielsweise liefern Oberschränke, die sich bis direkt unter die Decke erstrecken, deutlich mehr Platz. In den obersten Fächern lagert, was nicht oft zum Einsatz kommt. Auch im Schlafzimmer darf der Kleiderschrank bis ganz oben reichen, um noch Platz für Dinge zu haben, die man seltener braucht. Und Regale für Bücher oder Schallplatten bringen zusätzliche Fläche.

Bett

Klar und aufgeräumt sollte das Schlafzimmer sein, schließlich möchte man hier zur Ruhe kommen. Der Stauraum muss also möglichst unsichtbar sein. Wie gut, dass unter dem Bett reichlich Platz ist. Manche Modelle haben einen bis auf den Boden geschlossenen Bettkasten, der Raum für all das liefert, was aus dem Sichtfeld verschwinden soll. Schweben Matratze und Lattenrost auf vier Beinen, kann man den Raum dazwischen mit flachen Kisten füllen. Einige Hersteller versehen ihre Modelle von vornherein mit Schubladen und Fächern unter dem Lattenrost.

BIG LIFE *small space*

„Dies ist zwar ein kleiner Raum, aber es passt ganz viel Leben hinein", beschreibt Rob sein Apartment im südafrikanischen Kapstadt treffend.

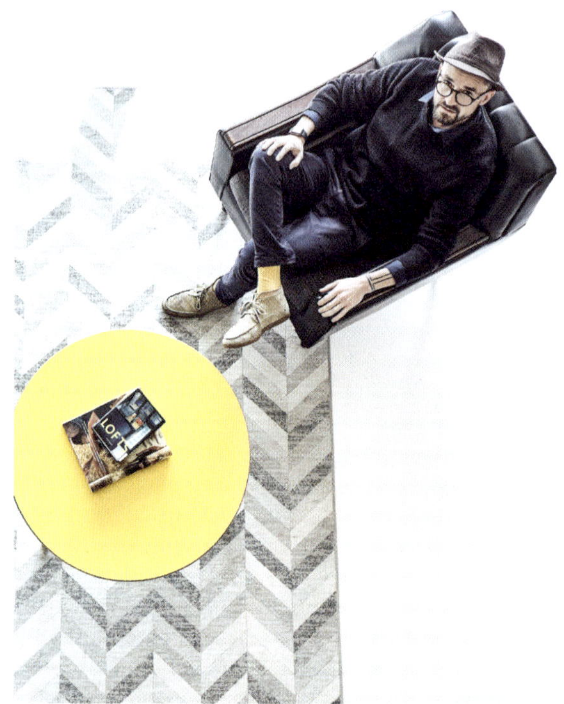

Rob liebt Möbel im Mid-Century-Stil. Kein Wunder also, dass der Sessel zu seinen Lieblingsplätzen zählt. Der Couchtisch liefert einen frechen Farbtupfer.

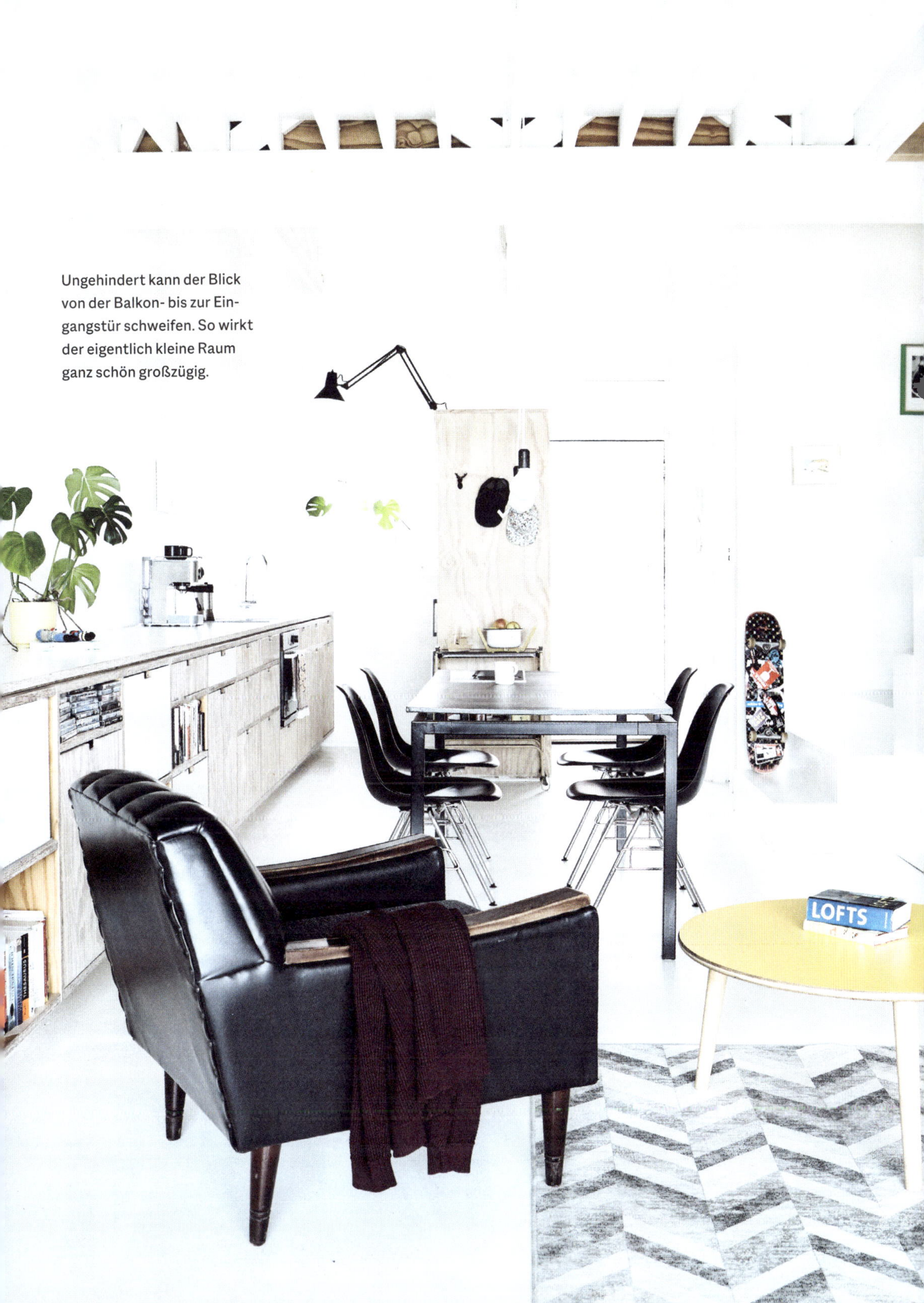

Ungehindert kann der Blick von der Balkon- bis zur Eingangstür schweifen. So wirkt der eigentlich kleine Raum ganz schön großzügig.

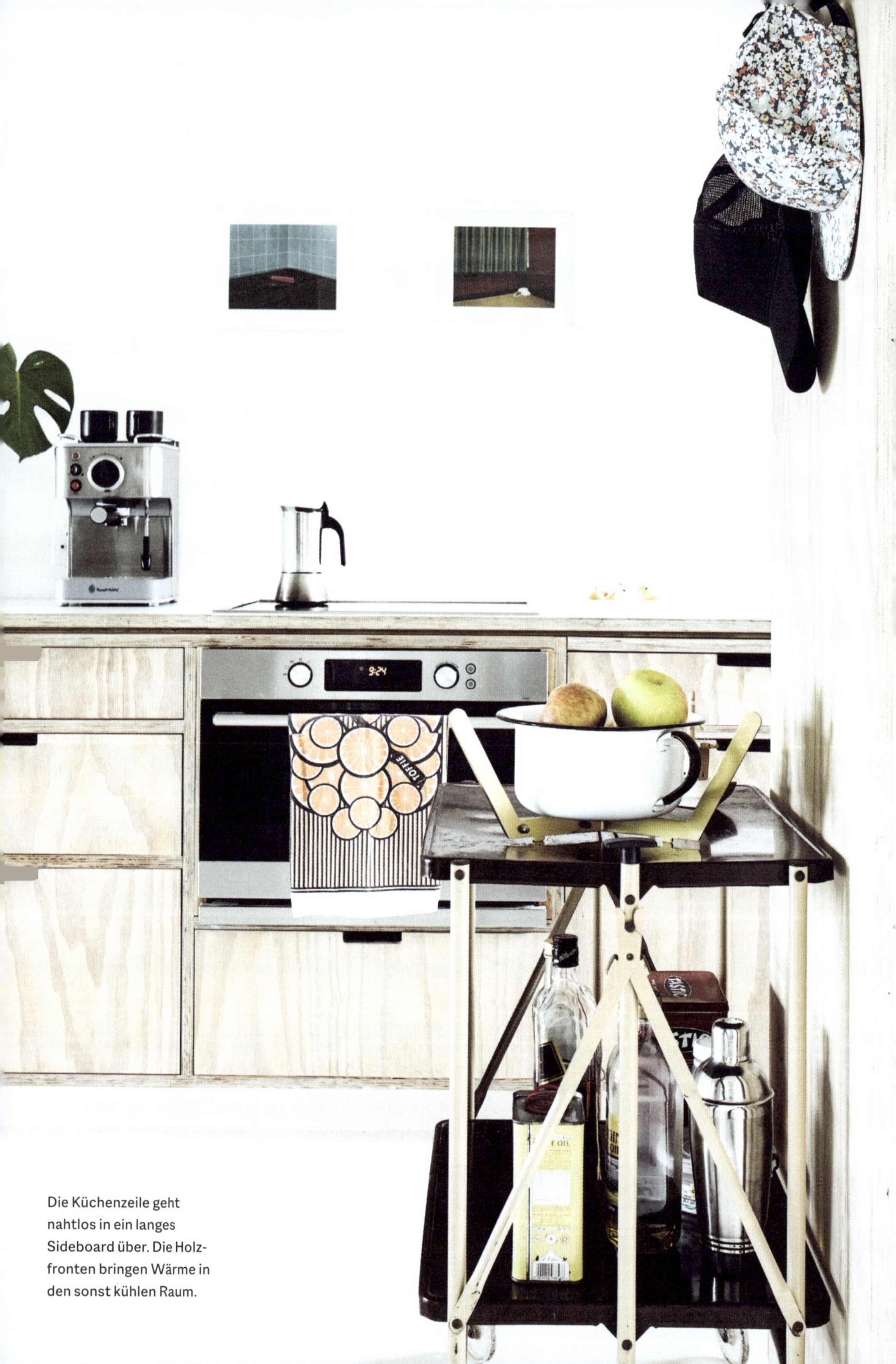

Die Küchenzeile geht nahtlos in ein langes Sideboard über. Die Holzfronten bringen Wärme in den sonst kühlen Raum.

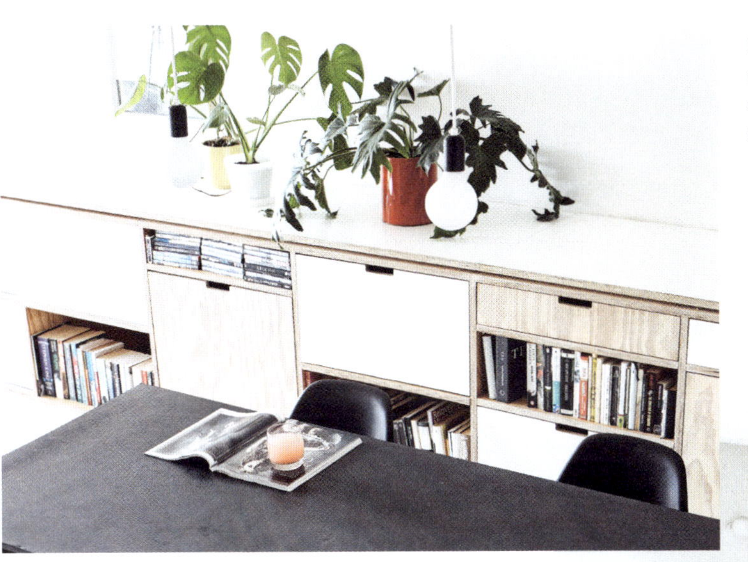

Die Klappen des Sideboards erleichtern das Ordnunghalten.

Die grifflosen Schränke unter der Treppe treten optisch in den Hintergrund.

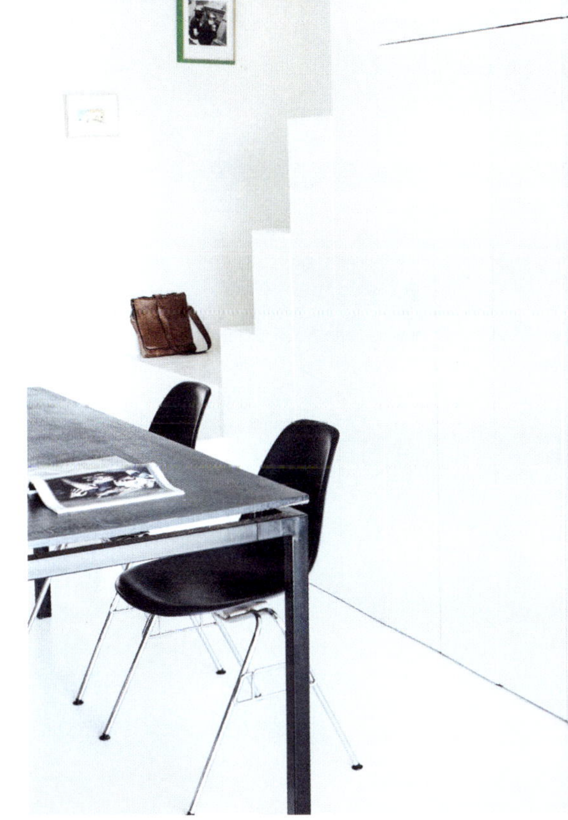

Weite und Großzügigkeit wünschte sich Rob, Regisseur aus Kapstadt. Beides fehlte seinem kleinen, dunklen Apartment von Grund auf. Mit ein paar Tricks und Kniffen - und der Unterstützung eines Architekturbüros - verwandelte er es in ein cooles, lichtdurchflutetes Zuhause, in dem nicht nur Platz für ihn, sondern auch für Feiern mit Freunden ist. Trick Nummer eins: Licht. Eine große Fensterfront lässt jede Menge Sonne hinein, ein offenes Raumkonzept sorgt dafür, dass sie die Wohnung ungehindert fluten kann. Trick Nummer zwei: helle Farben. So schwer es Rob auch fiel, das Parkett verschwand unter einer dicken Schicht Epoxidharz, das weiß eingefärbt wurde. Auch die Wände und Schränke wurden passend lackiert - für mehr Licht und Luft. Helles Holz bringt Wärme in die Räume. Trick Nummer drei: Stauraum. Unterschiedliche Schränke würden die klaren Linien stören, deshalb ziehen sich rechts und links an den Wänden ganze Schrankwände durch. Die eine ist halbhoch und wandelt sich von der Küchenzeile zum Sideboard, die andere dient gleichzeitig als Treppe. Hinter den schlichten, hell lackierten Fronten versteckt sich alles, was Rob braucht. So entstanden 58 Quadratmeter voller Weite und Großzügigkeit, die Rob jede Menge Platz für sein buntes Leben geben. ■

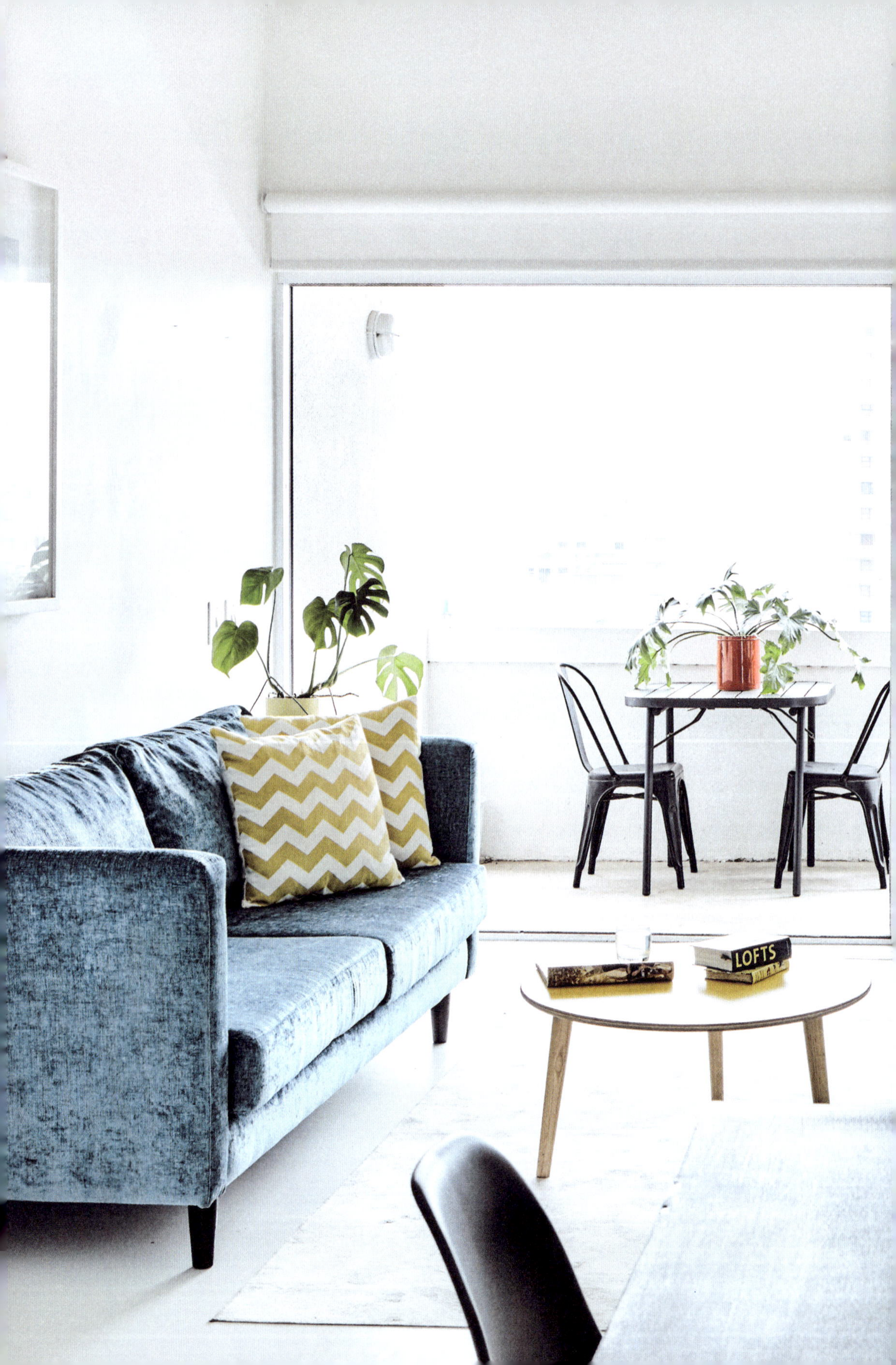
LOFTS

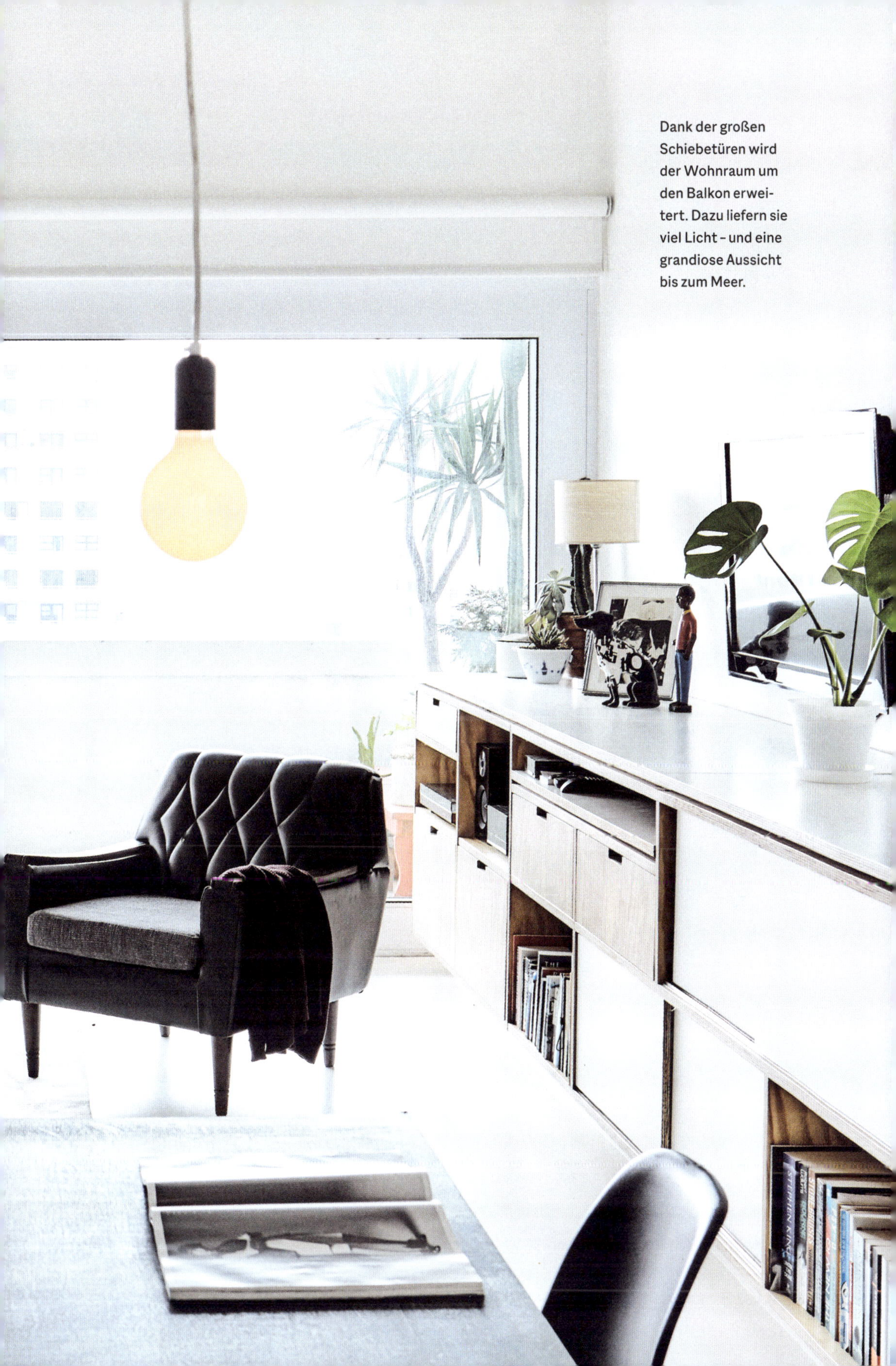

Dank der großen Schiebetüren wird der Wohnraum um den Balkon erweitert. Dazu liefern sie viel Licht – und eine grandiose Aussicht bis zum Meer.

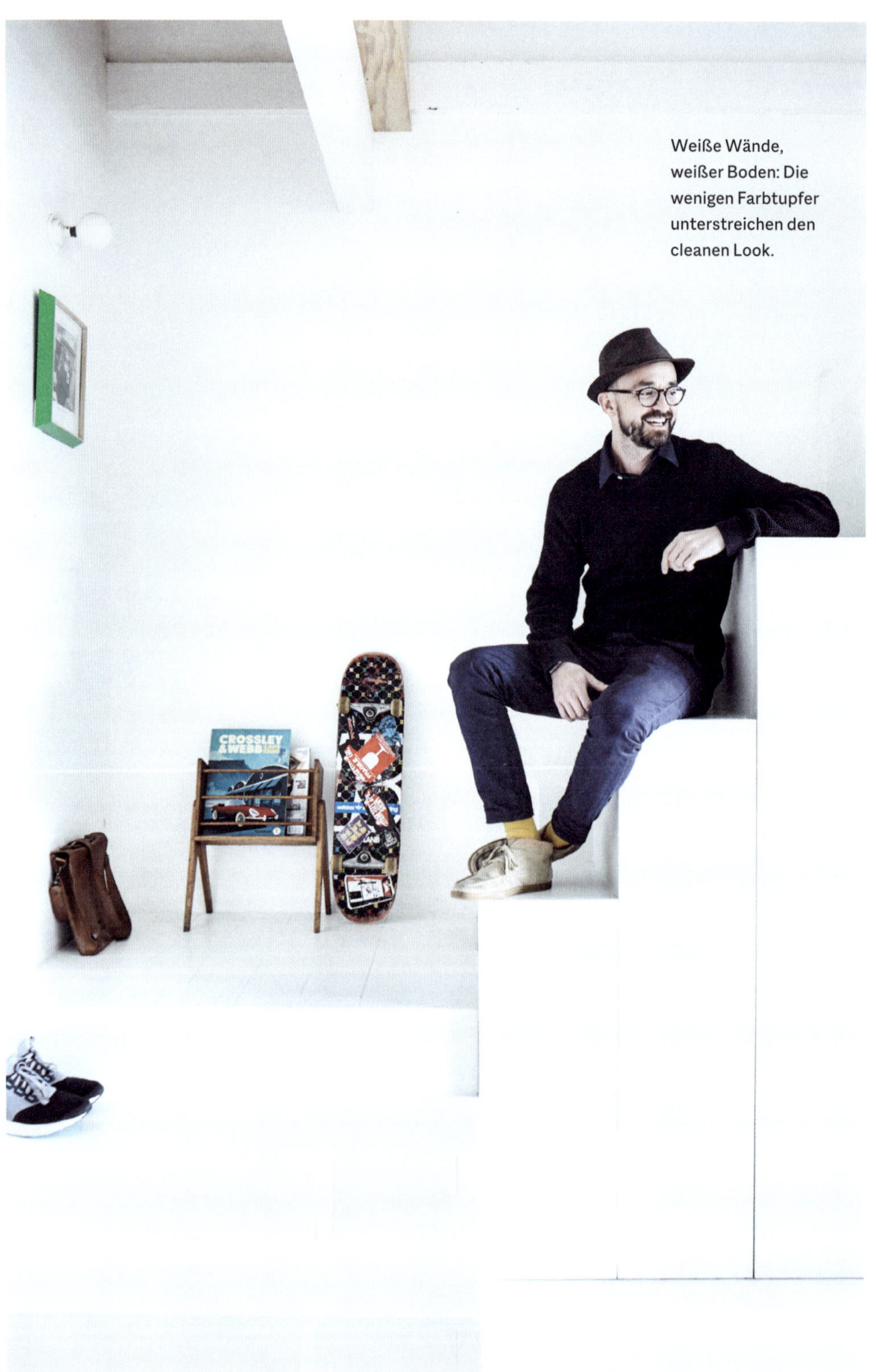

Weiße Wände, weißer Boden: Die wenigen Farbtupfer unterstreichen den cleanen Look.

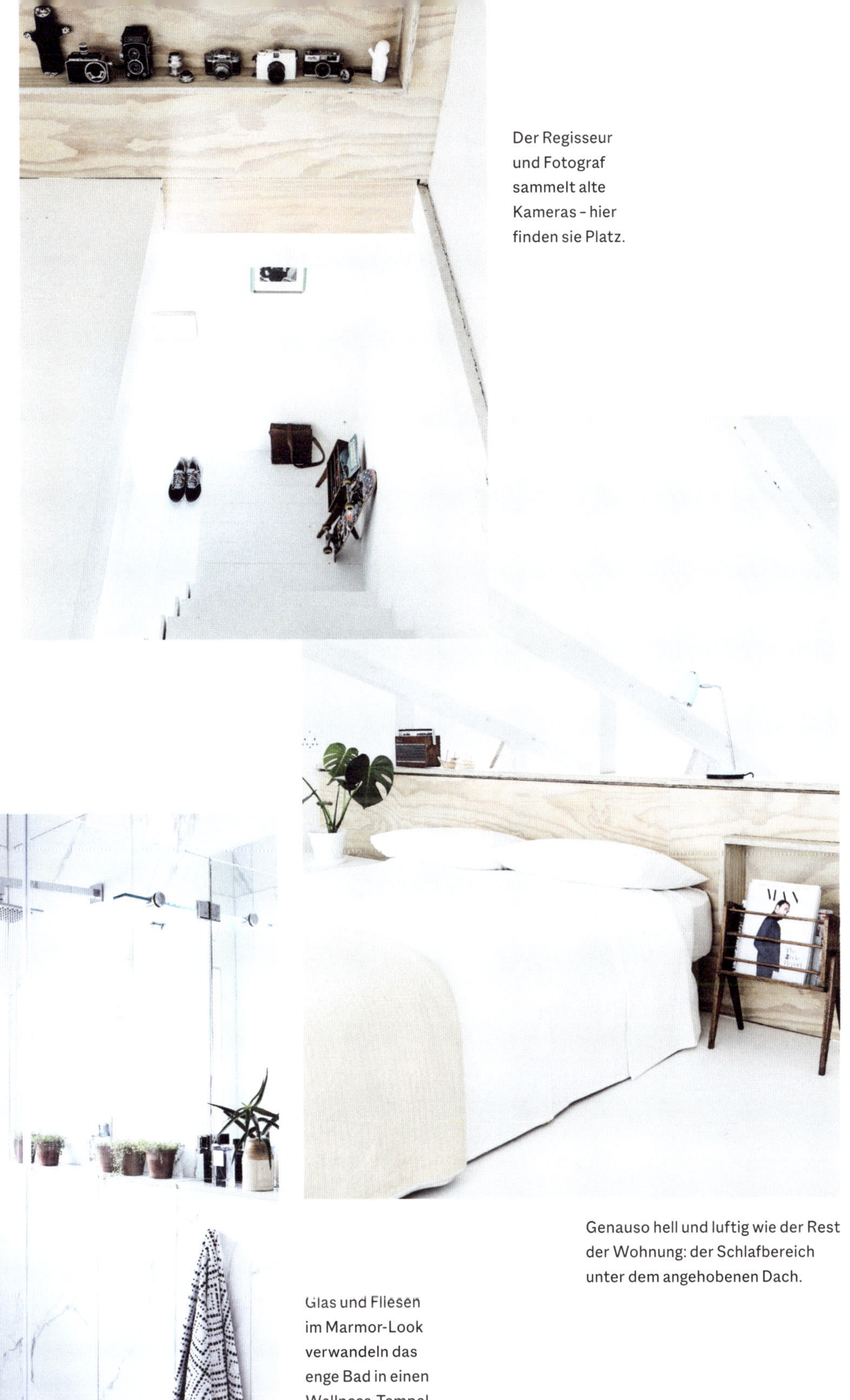

Der Regisseur und Fotograf sammelt alte Kameras - hier finden sie Platz.

Genauso hell und luftig wie der Rest der Wohnung: der Schlafbereich unter dem angehobenen Dach.

Glas und Fliesen im Marmor-Look verwandeln das enge Bad in einen Wellness-Tempel.

eine Version von vielen

WENDEHALS Ein Tisch ist ein Tisch ist ein Tisch? Nicht „Buk“ von muellermoebel.de. Je nachdem, wie man ihn dreht und wendet, wird der Beistelltisch zum Notenständer oder zum Regal, zum Zeitschriftenständer oder zur Ablage fürs Notebook.

Flexibel & PORTABEL

Mal hier, mal dort. Weil das Leben nicht statisch ist, ist es praktisch, dass manche Möbel immer in Bewegung bleiben.

BEI FUSS Als Ablage für Akten, Zeitschriften oder Drucker samt Papier ist ein Rollwagen unter dem Schreibtisch optimal. Dort nimmt er kaum Platz weg und ist im Notfall schnell verschoben.

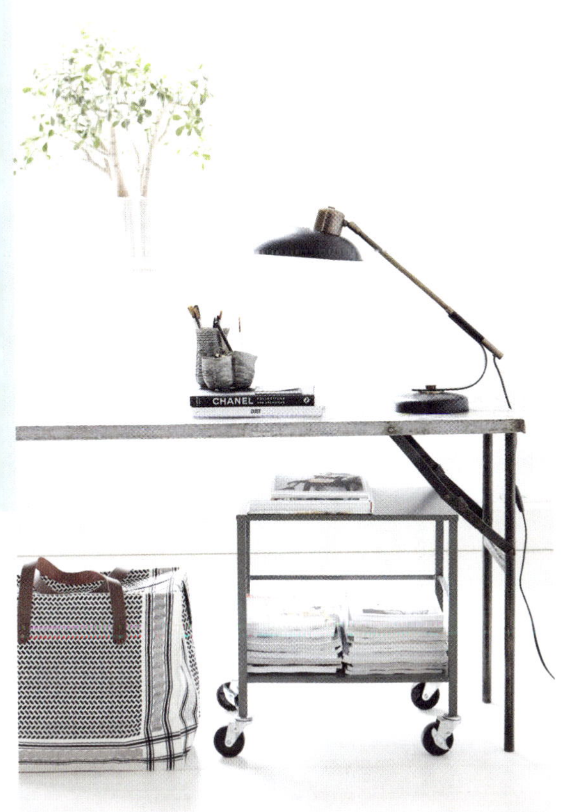

Das Leben ändert sich. Während sich früher alles an einem Ort abspielte, ist heute vieles in Bewegung. Menschen ziehen von Stadt zu Stadt, auch von einem Land ins nächste. Freiheit und Beweglichkeit - danach streben viele. Die passenden Möbel dazu sind leicht und flexibel. Sie wandern problemlos von einem Platz zum anderen, von einem Raum in den nächsten. Und auch ein Umzug ist mit solch einer Einrichtung einfacher. Gerade diejenigen, die sich bewusst für Small Living entscheiden, die sich nicht an Orte und viel Hab und Gut binden wollen, finden in portablen, flexiblen Möbeln perfekte Wohnlösungen.

Ob Schrank oder Bett, natürlich gibt es nicht alle Möbel in beweglichen Varianten. Andere aber bringen die Voraussetzungen mit, um ein Nomadenleben führen zu können. Regale beispielsweise lassen sich, wenn die Konstruktion passt, auf Rollen stellen und ganz nach Bedarf durch die ganze Wohnung schieben. Rollen machen aber auch Schubladencontainer oder Servierwagen zu flexiblen Möbeln. Andere wiederum lassen sich einfach von A nach B tragen, weil sie entsprechende Leichtgewichte sind. Manche Beistelltische sind dafür sogar mit dem passenden Griff ausgerüstet. ■

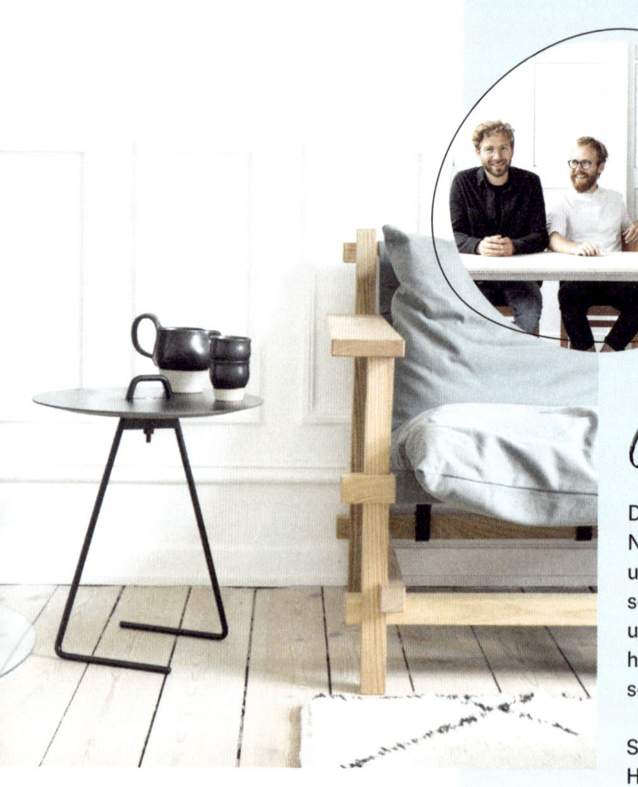

HIN & HER Draußen schmeckt der Kaffee besser? Dann trägt man seinen Becher und „Side Table" von moebe.dk eben auf den Balkon.

MOEBE

Martin de Neergaard Christensen, **Nicholas Oldroyd** und **Anders Thams** verbindet nicht nur die Liebe zu gutem Design, sondern auch ihr Label Moebe.

Gut für alle

Die Macher hinter Moebe legen viel Wert auf Nachhaltigkeit. Ihre Produkte lassen sie fair und umweltfreundlich produzieren. Damit die Menschen möglichst lange Freude an ihren Tischen und Regalen, Leuchten und Wohnaccessoires haben, sind die Designs durchweg funktional, schlicht und einfach zeitlos.

Ein Teil geht kaputt? Kein Problem, das schöne Stück muss noch lange nicht in den Müll. Die Hersteller haben dafür gesorgt, dass es sich sogar problemlos reparieren lässt, damit man noch lange etwas davon hat.

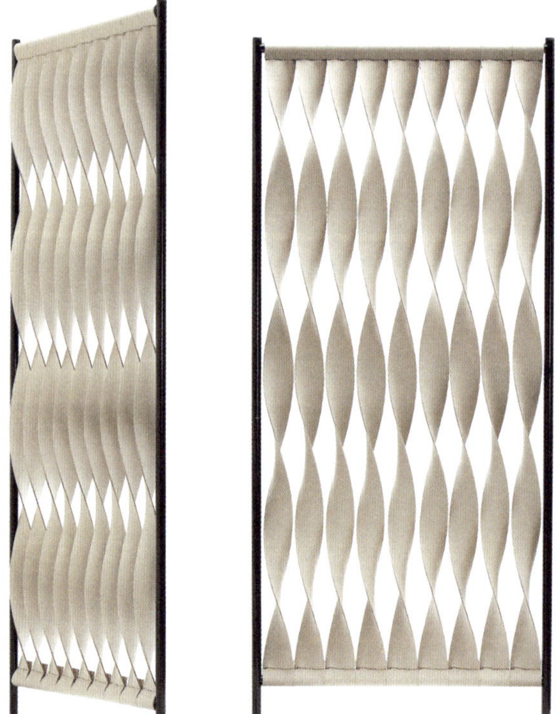

Bänder aus Filz

SEMI-TRANSPARENT Aus eins mach zwei: Raumelement „Flow" von hey-sign.de trennt einen Bereich des Zimmers vom anderen, ohne aber Licht und Luft am Fließen zu hindern. Natürlich können auch gleich mehrere Elemente gemeinsam eingesetzt werden.

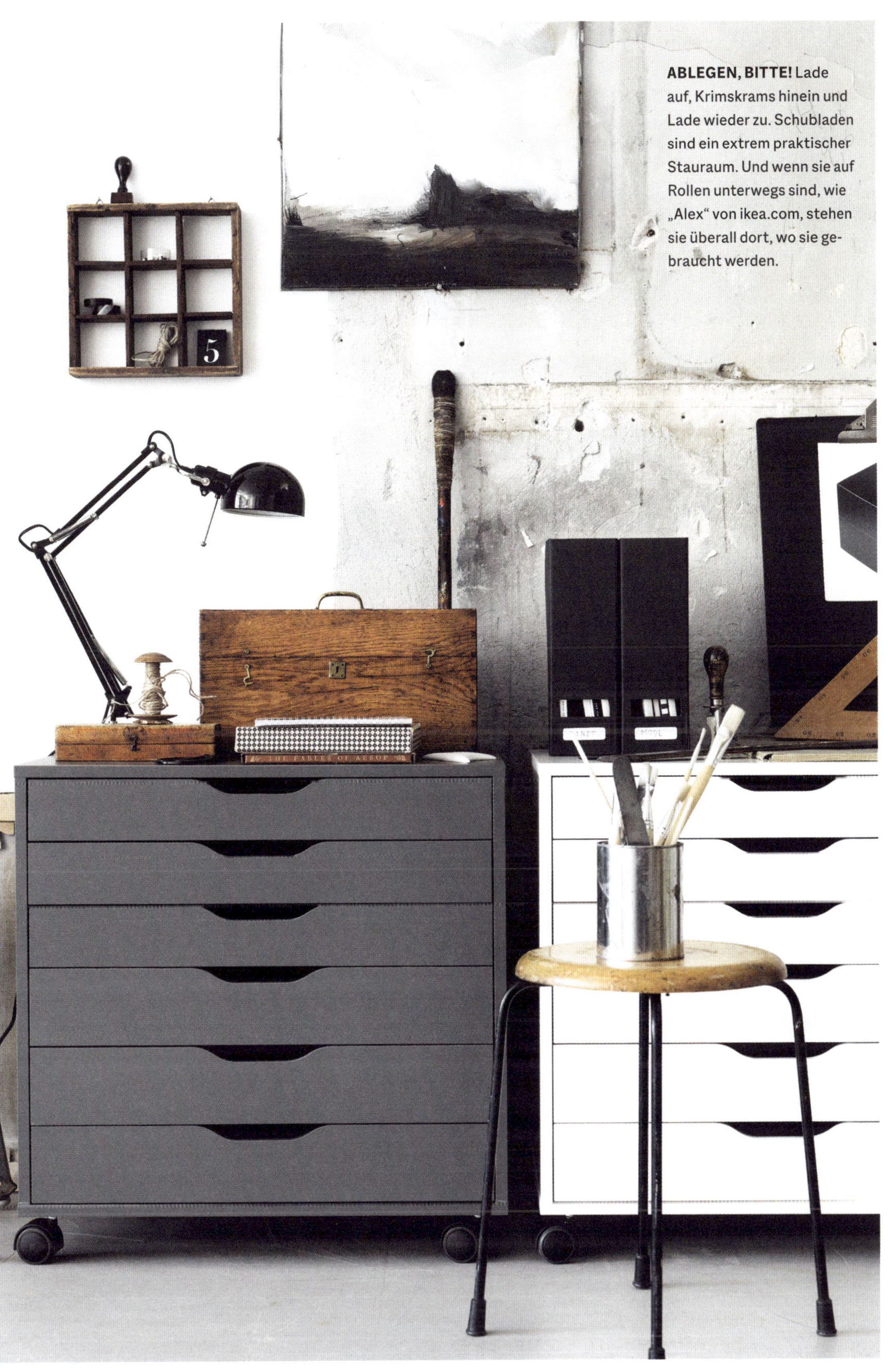

ABLEGEN, BITTE! Lade auf, Krimskrams hinein und Lade wieder zu. Schubladen sind ein extrem praktischer Stauraum. Und wenn sie auf Rollen unterwegs sind, wie „Alex“ von ikea.com, stehen sie überall dort, wo sie gebraucht werden.

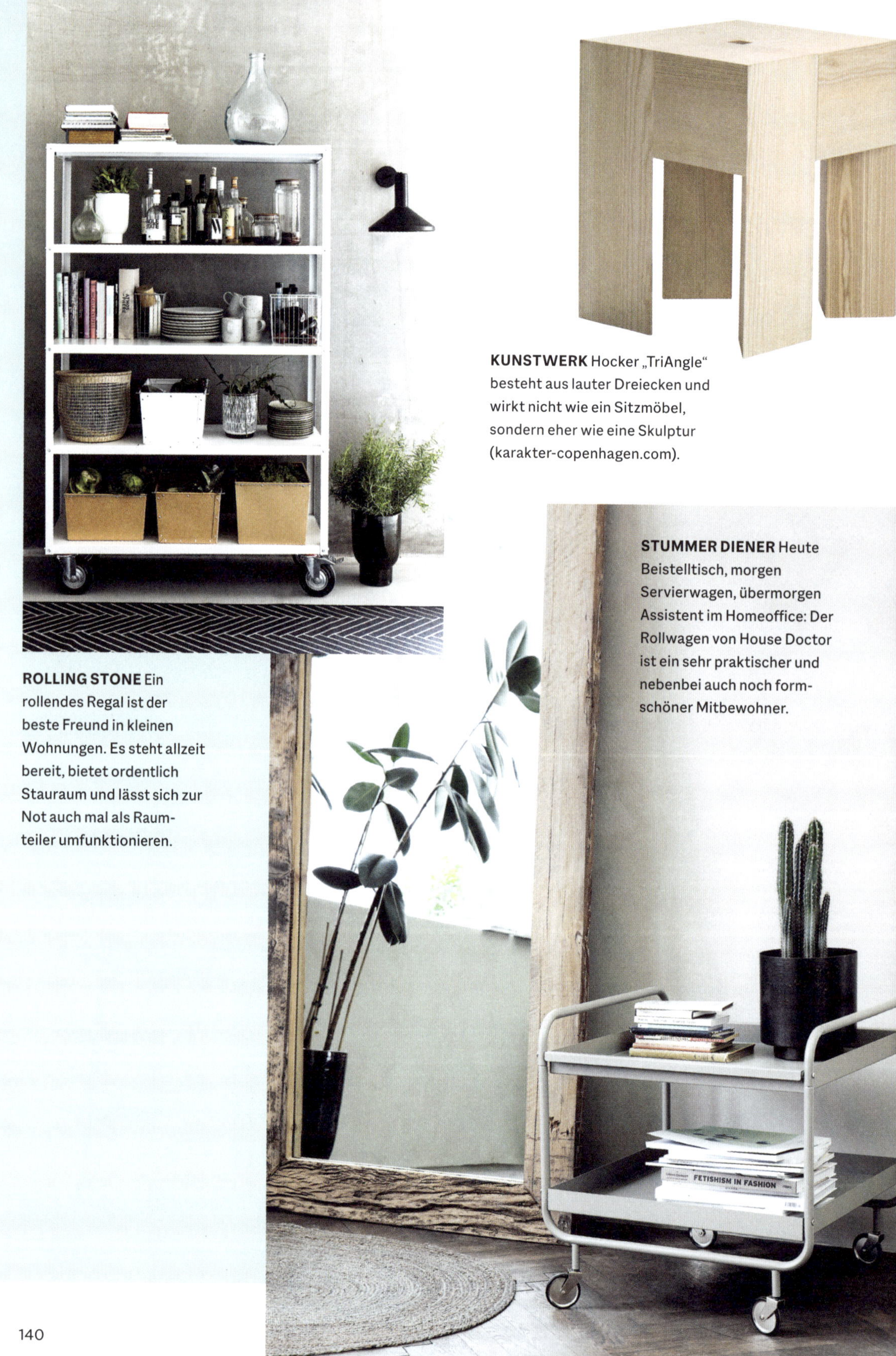

KUNSTWERK Hocker „TriAngle" besteht aus lauter Dreiecken und wirkt nicht wie ein Sitzmöbel, sondern eher wie eine Skulptur (karakter-copenhagen.com).

STUMMER DIENER Heute Beistelltisch, morgen Servierwagen, übermorgen Assistent im Homeoffice: Der Rollwagen von House Doctor ist ein sehr praktischer und nebenbei auch noch formschöner Mitbewohner.

ROLLING STONE Ein rollendes Regal ist der beste Freund in kleinen Wohnungen. Es steht allzeit bereit, bietet ordentlich Stauraum und lässt sich zur Not auch mal als Raumteiler umfunktionieren.

3 TOLLE TIPPS

Nicht jedes Möbelstück ist **FLEXIBEL** und **PORTABEL**. Aber manche werden mit Griff oder Rollen zum Nomaden in der Wohnung.

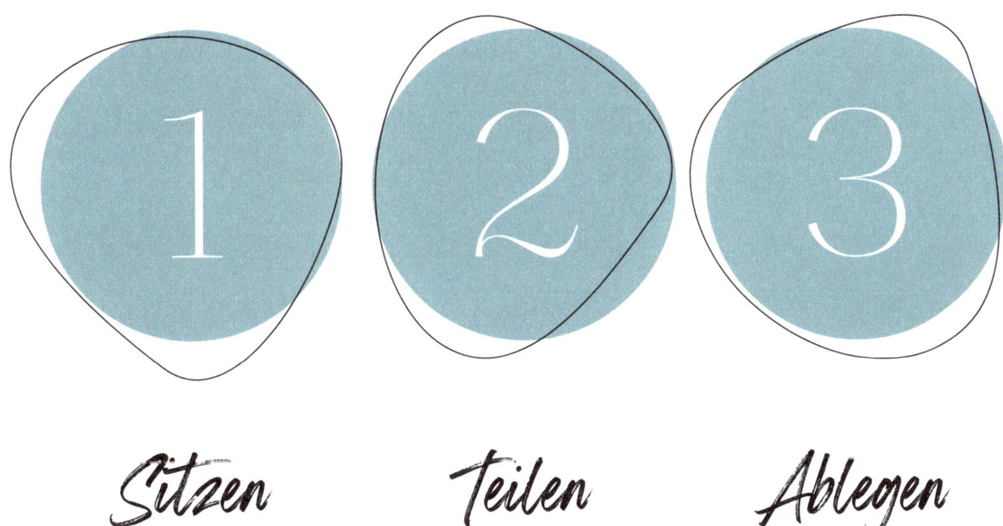

Sitzen

Wie gut, dass sich Stühle so leicht tragen lassen, vom Esstisch auf die Terrasse oder an den Schreibtisch. Besonders praktisch sind Leichtgewichte mit Metallrahmen. Noch flexibler aber sind Hocker. Manche von ihnen lassen sich in der Ecke stapeln, bis sie zum Einsatz kommen. Für die portable Bequemlichkeit sind Sitzsäcke und Poufs eine gute Wahl. Die knautschigen Loungemöbel trägt man schnell überall dort hin, wo man es sich gemütlich machen möchte. Sind sie im Weg, knufft man sie schnell beiseite. Selbst Sessel und Sofas sind dank Rollen mobil.

Teilen

Eine Trennwand einzuziehen ist aufwendig und auch nicht immer möglich – oder sinnvoll. Jederzeit einsatzbereit ist aber ein Paravent, der Bereiche zumindest optisch voneinander trennt. Beim Einschlafen ist der Blick auf den Schreibtisch nicht sehr hilfreich? Ein Paravent versperrt die Sicht auf die Arbeitsecke und unerledigte Aufgaben. Genauso trennt er aber auch die Küche vom Wohnbereich. Gerade im Tiny Home sind Raumteiler extrem praktisch, weil sie das kleine Zuhause in unterschiedliche Bereiche teilen oder unerwünschte Blicke ausschließen.

Ablegen

Ist man mit den Sitzmöbeln unterwegs, müssen auch die Ablageflächen umziehen. Praktischerweise sind viele Beistelltische so leicht, dass sie sich problemlos umstellen lassen. Und Hocker werden im Handumdrehen zum Tisch. So lassen sich auch ganz schnell neue Lieblingsecken gestalten und auf wenig Fläche immer wieder neue Räume schaffen. Aber nicht nur Tische sind beweglich. Auch Regale, Container und Servierwagen, ja selbst Kücheninseln werden mit Rollen zu flexiblen Möbelstücken, die schnell zur Seite geschoben werden können.

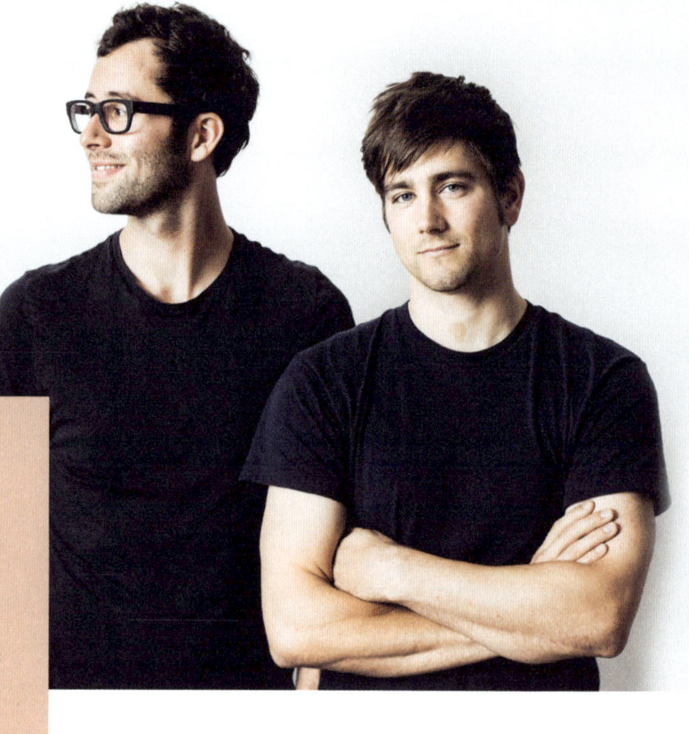

Die Entwürfe von **Florian Kallus** und **Sebastian Schneider** entstehen immer im Austausch miteinander.

KASCHKASCH

JEDES DIESER MÖBEL KANN MEHR

Florian und Sebastian, ihr seid gelernte Schreiner, habt Produktdesign studiert und 2011 euer Studio kaschkasch gegründet. Welche Art von Produkten entwerft ihr?
Unser Schwerpunkt liegt auf Einrichtungsgegenständen – von ganz groß bis ganz klein. Wir gestalten zum Beispiel modulare Schranksysteme und Sofalandschaften, genauso aber auch einen Möbelgriff oder einen Garderobenhaken, Vasen genauso wie Lampen. Zu unseren Kunden zählen kleine und größere Hersteller von Möbeln, Leuchten und auch von Wohnaccessoires.

Was zeichnet eure Designs aus?
Unsere Entwürfe sind vor allem von unserer Zusammenarbeit geprägt. Die Auseinandersetzung, der Diskurs ist uns enorm wichtig. Daraus entwickeln sich dann Konzepte, die Althergebrachtes infrage stellen und deren Schönheit in ihrer Klarheit liegt.

Wo liegen der Reiz und die Herausforderungen in eurem Job?
Wir lieben die Vielseitigkeit und die Freiheiten, die die unterschiedlichen Kunden und Aufträge mit sich bringen. Die Herausforderungen sind vielschichtig – vom Entwurf über die Entwicklung bis hin zu einem erfolgreichen Produkt. Bis zur Serienreife braucht es oft ein bis zwei Jahre.

Für den Möbelhersteller Müller habt ihr eine Serie speziell für kleine Räume entwickelt. Was müssen gute Lösungen für wenig Platz mitbringen?
Solche Möbel müssen multifunktional sein, dürfen den Raum aber nicht erschlagen. An dieser Serie lieben wir unter anderem, dass sämtliche Details genau durchdacht sind. Für kleine Räume ist das besonders wichtig. ■

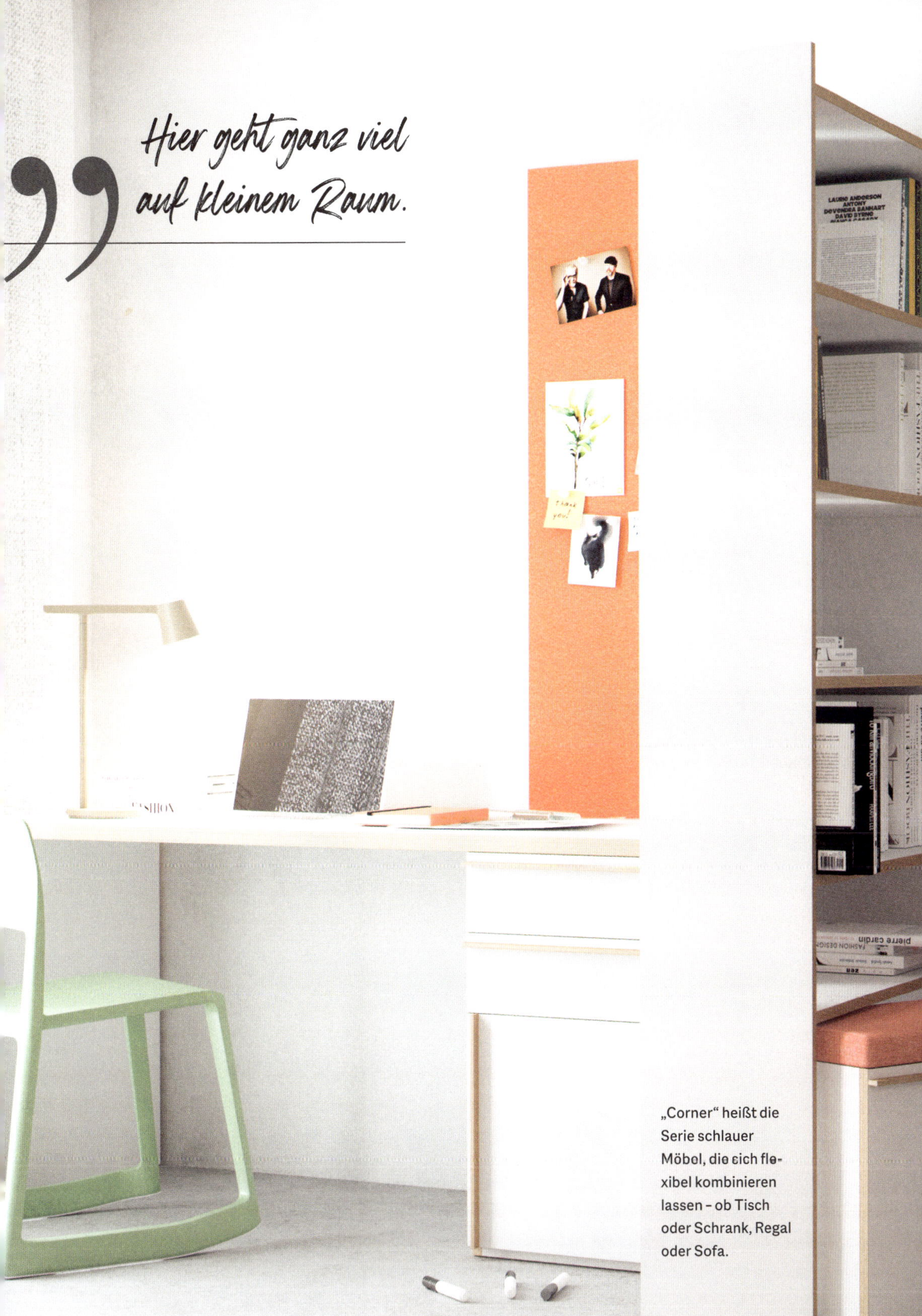

> *Hier geht ganz viel auf kleinem Raum.*

„Corner“ heißt die Serie schlauer Möbel, die sich flexibel kombinieren lassen – ob Tisch oder Schrank, Regal oder Sofa.

Apartment no 1

FÜR WEN Müller Möbelwerkstätten

WAS Ein modulares Möbelsystem

WO Überall dort, wo wenig Raum ist

LIEBLINGSFEATURE Die platzsparenden Möbel sind Multifunktionstalente

Tagsüber ein Sofa für bis zu drei Personen, abends ein gemütliches Bett. Decke und Kopfkissen verstecken sich bis zu ihrem Einsatz unter dem Lattenrost im Korpus.

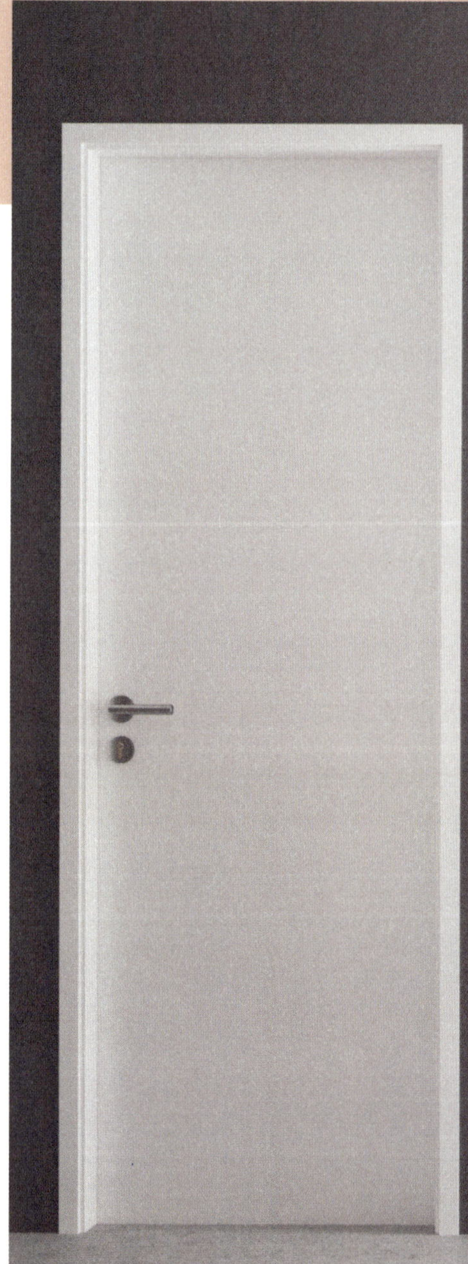

Der Schrank bietet innen clever aufgeteilten Stauraum, hält sich aber äußerlich dezent zurück.

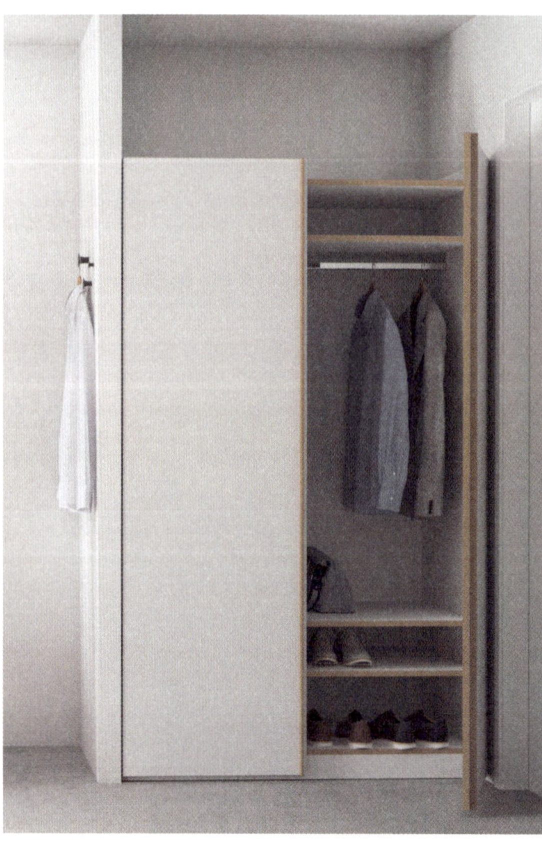

Der gepolsterte Deckel macht den Container zur praktischen Sitzbank.

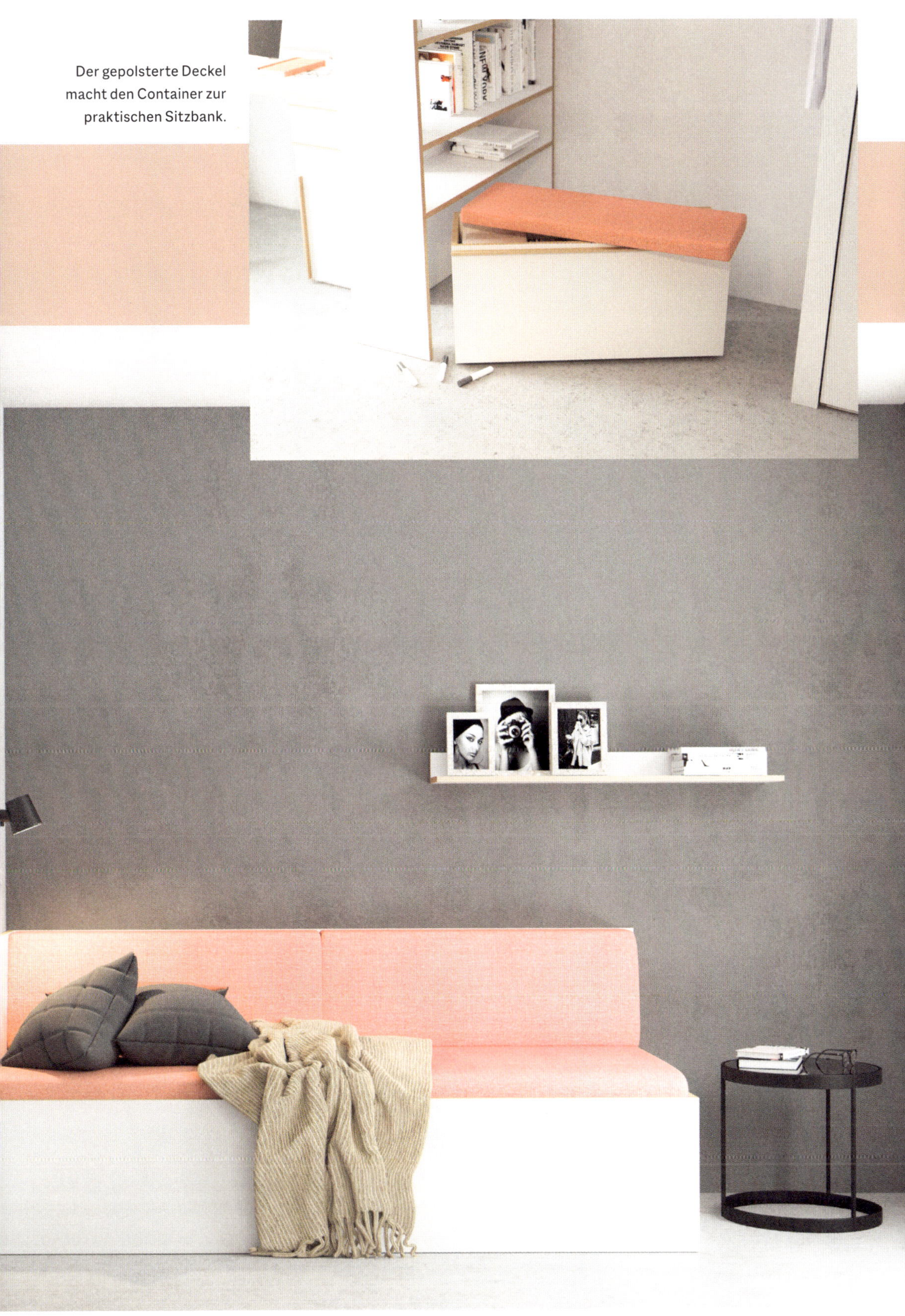

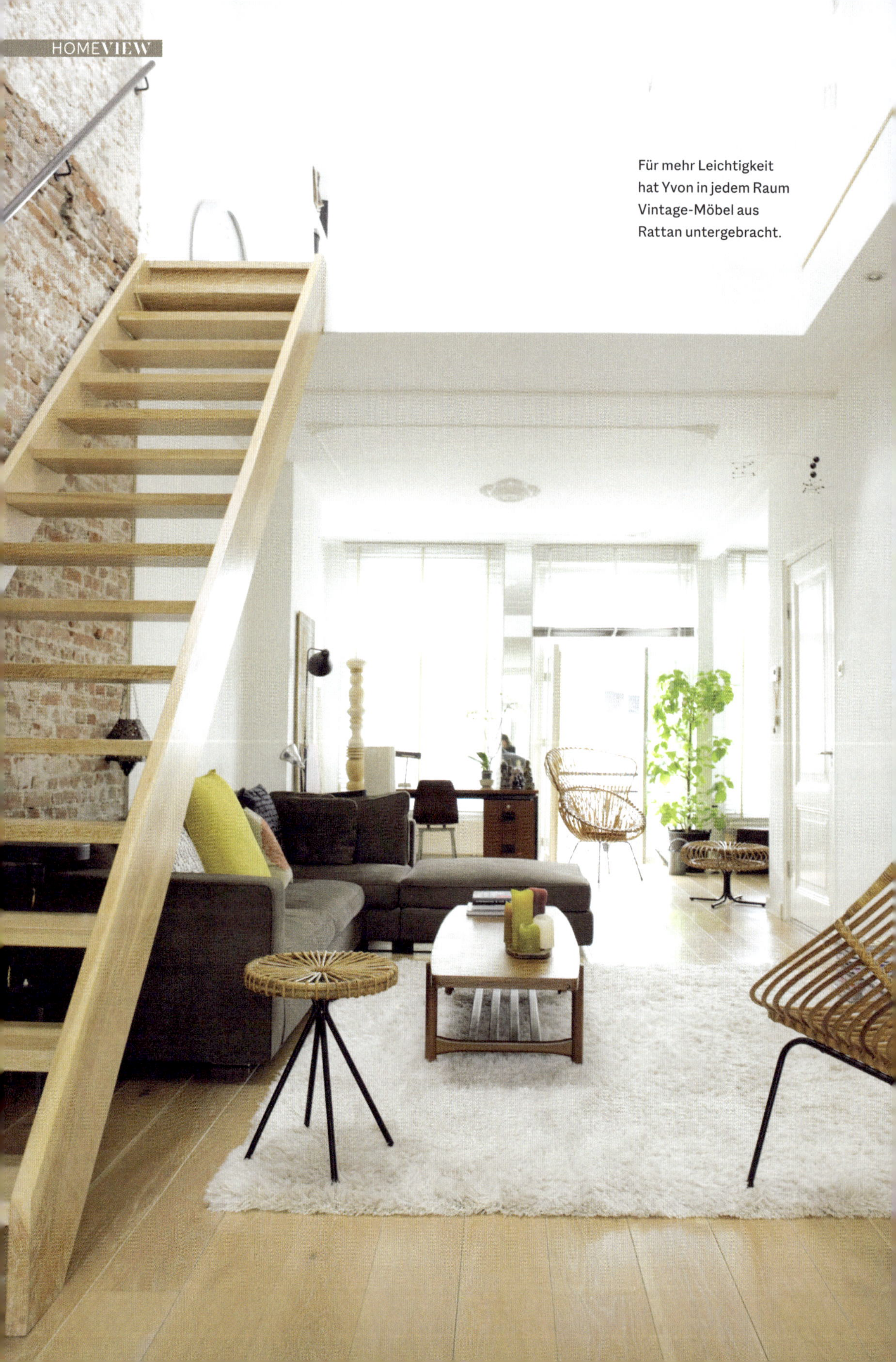

Für mehr Leichtigkeit hat Yvon in jedem Raum Vintage-Möbel aus Rattan untergebracht.

WOHNEN *im Loftstyle*

Hohe Stuckdecken und Sichtmauerwerk, offene Räume und cooles Interieur: Nein, das Apartment von Yvon liegt nicht im Big Apple, sondern in Amsterdam.

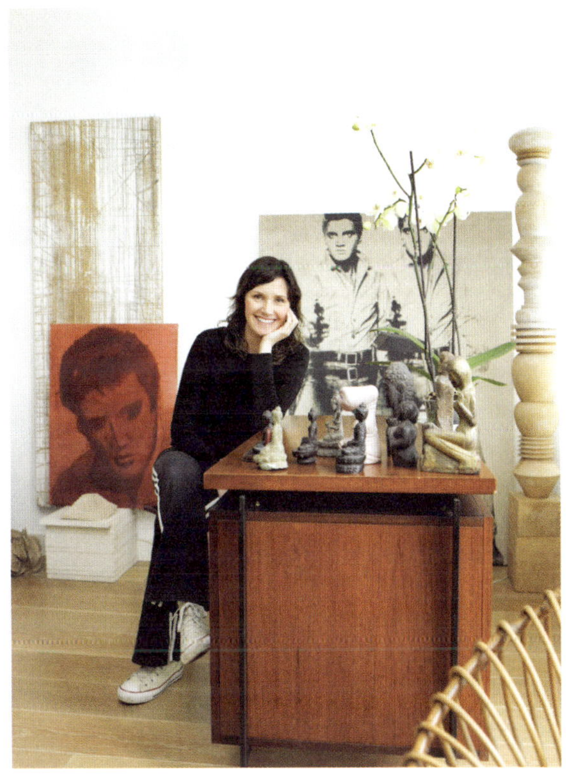

Die Künstlerin liebt ihr Zuhause im quirligen Stadtteil De Pijp. Sie teilt es mit Elvis und unzähligen Buddha-Figuren, die sie auf ihren Reisen durch die Welt gesammelt hat.

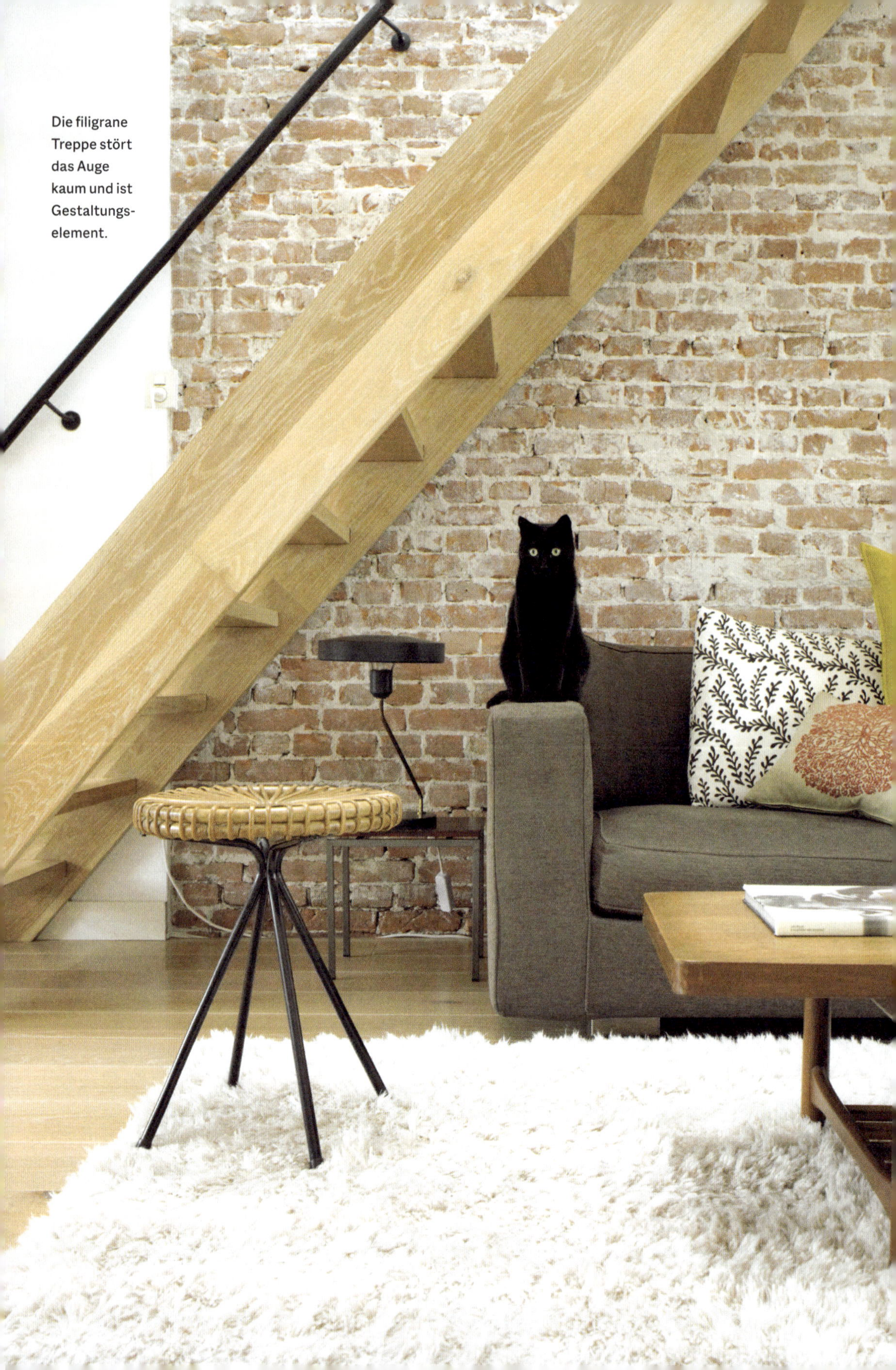

Die filigrane Treppe stört das Auge kaum und ist Gestaltungselement.

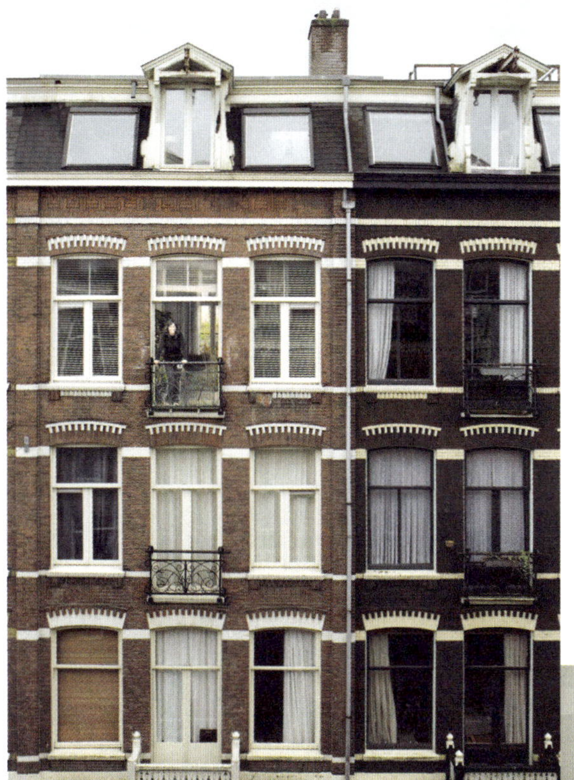

Vintage ist meine große Leidenschaft!

Hinter den oberen zwei Stockwerken verbirgt sich das Loft im NY-Style.

Schlicht und funktional die Küchenschränke, kreativ und individuell die Deko.

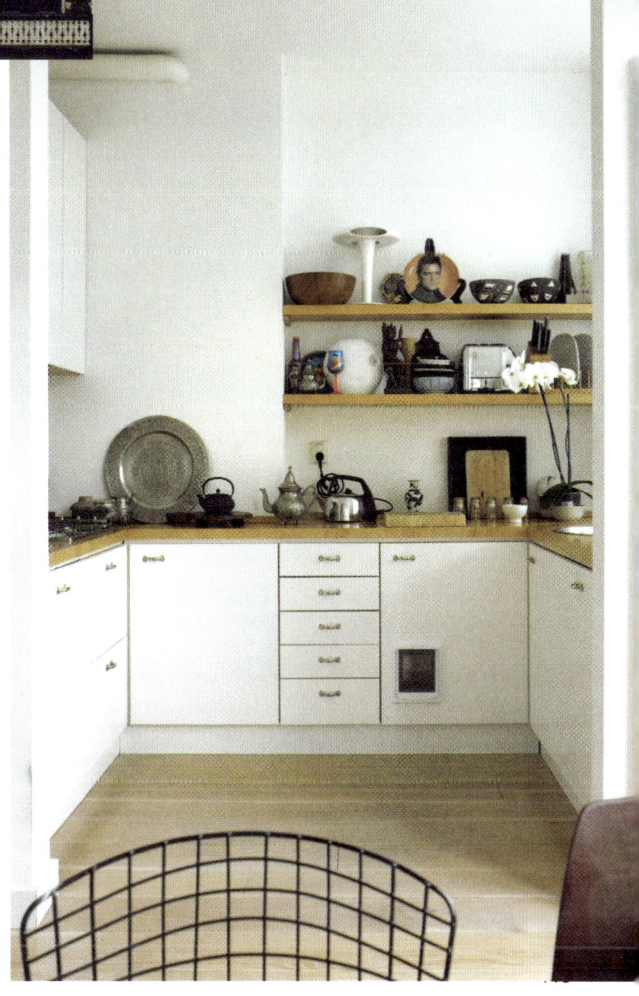

Wie gut, dass Yvon noch einmal innehielt, bevor sie ihre Altbauwohnung im Amsterdamer Stadtteil De Pijp zum Verkauf anbot. Denn eigentlich liebt die Künstlerin dieses Viertel, ihre freundlichen, kreativen Nachbarn und das kunterbunte Leben vor der Haustür. Doch das kleine Zuhause war ihr zu eng, zu voll, zu dunkel. Yvon wünschte sich mehr Licht und Luft. Und nach ein, zwei Geistesblitzen und Überlegungen war klar: Dafür muss man nicht umziehen, das neue Wohngefühl lässt sich auch mit einer Renovierung gewinnen. Der Umbau dauerte dann allerdings neun Monate – während derer die Bewohnerin zwischen Bauschutt, Abdeckplanen und Maschinen campierte. Für das Loft-Feeling legte Yvon das Mauerwerk an einer Wand frei. Im offenen Raum kann das Licht nun fließen, auch die neue, freischwebende Holztreppe steht nicht im Weg.

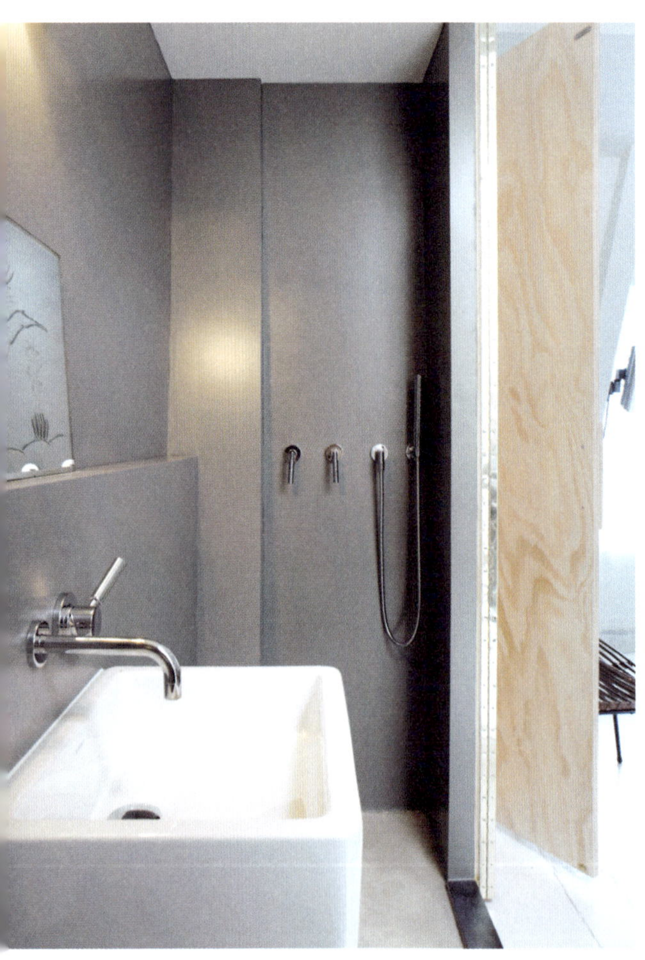

Statt in einzelnen Regalen und Schränken findet Yvons Hab und Gut jetzt Platz in einer Schrankwand im Obergeschoss, die sich über die gesamte Länge zieht. Zwei der Schranktüren öffnen sich zu einem kleinen Bad. Auch die Garderobe im unteren Stockwerk versteckt sich hinter solchen Holzplatten. Eine weitere Maßnahme: Alles, was überflüssig ist, wurde eingelagert. Was blieb, waren die Kunstwerke der Malerin und die Lieblingsstücke, die sie auf Reisen entdeckte. Die Möbel, vor allem Mid Century, kommen in diesen hellen, klaren Räumlichkeiten besonders gut zur Geltung. Statt eng und dunkel lebt die kreative Bewohnerin jetzt luftig und cool, aber trotzdem gemütlich. Ganz im Zeichen des New York Style. ■

Das Bad ist mit wasserabweisender Farbe gestrichen, deshalb sind Fliesen überflüssig.

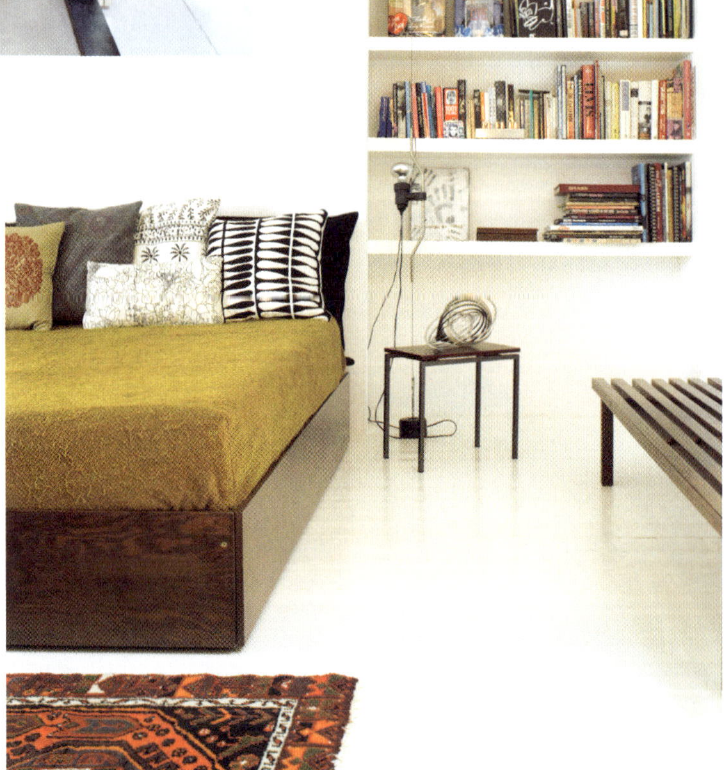

Jede Nische wird für Stauraum genutzt. Das ist nicht nur praktisch, sondern auch sehr gemütlich. Den Bettüberwurf hat Yvon aus Handtüchern genäht.

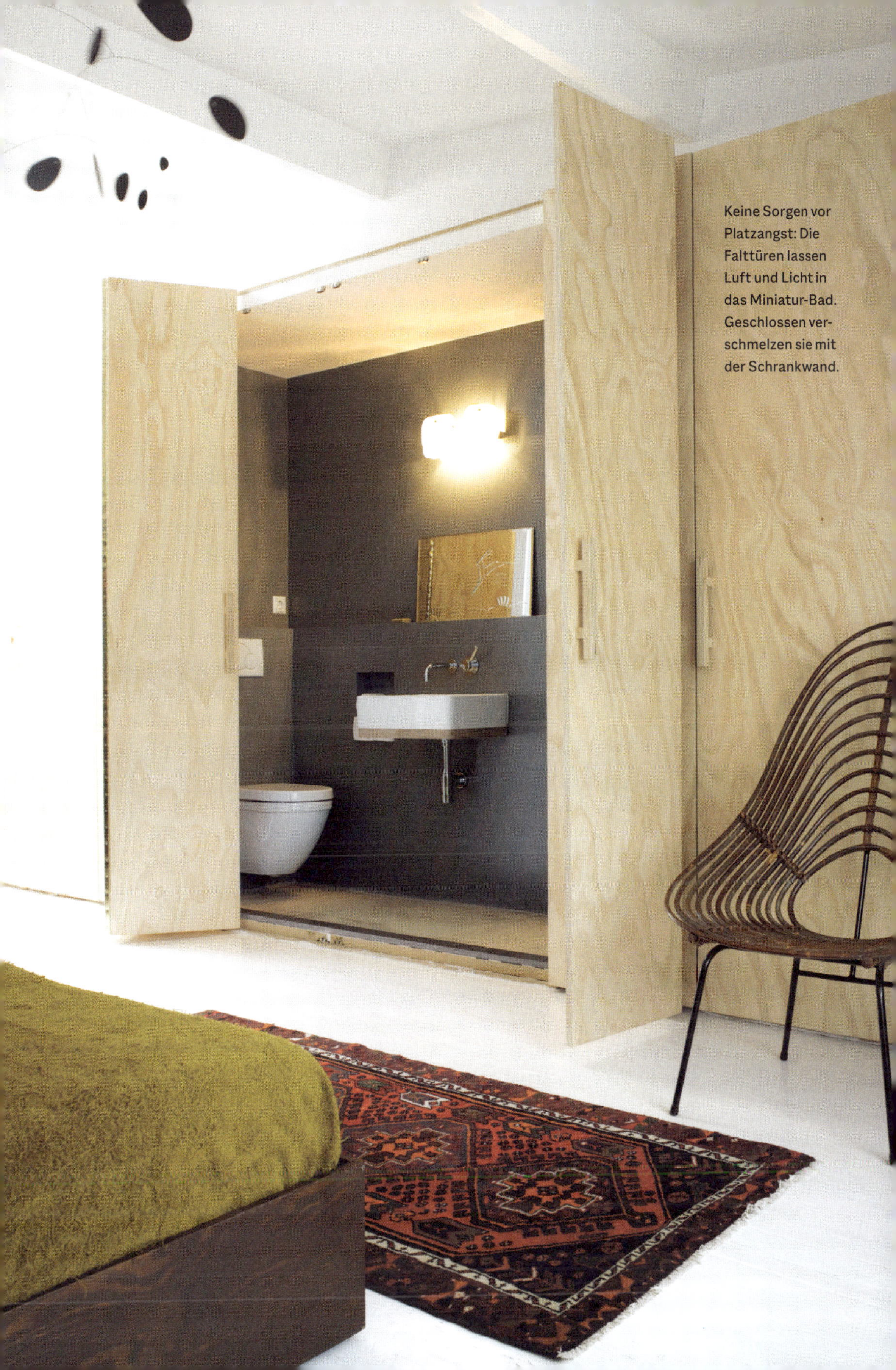

Keine Sorgen vor Platzangst: Die Falttüren lassen Luft und Licht in das Miniatur-Bad. Geschlossen verschmelzen sie mit der Schrankwand.

Schön sortierte KLEIDUNG

Das schicke Kleid und die Lieblingsbluse, die neuen Sneakers und die alte Lederjacke, sie alle brauchen eine Unterkunft.

Natürlich, ein großer Schrank bietet jede Menge Stauraum. Fächer, Kleiderstangen, Schubladen. Obendrauf auch noch Platz für Kisten und Körbe. Und hinter den geschlossenen Fronten verschwinden T-Shirt-Stapel, Pullis, Hosen und alles, was man nicht immer vor Augen haben möchte.

Gerade in kleinen Räumen aber sind ausladende Schränke nicht immer die beste Wahl. Schlauer kann es sein, ein flexibles Regalsystem einzusetzen. Oder aber ein paar Haken samt Fächer und Spiegel, eine Kleiderstange plus Sideboard oder auch einen Kleiderständer und eine Kommode. Je nachdem, was der Raum zulässt und wie die Bedürfnisse sind.

Mit individuellen Lösungen lassen sich Nischen sinnvoll nutzen und Ecken füllen. Dachschrägen werden zu begehbaren Kleiderschränken. Unter der Treppe hält eine Selfmade-Konstruktion jede Menge Stauraum bereit. Und selbst als Raumteiler kann der Schrankersatz genutzt werden und so beispielsweise den Schlafbereich von der Arbeitsecke trennen oder als Grenze zwischen Eingangs- und Wohnbereich fungieren. Ein weiteres Plus: Im Gegensatz zum sperrigen Korpus eines Schranks bringen diese Lösungen Leichtigkeit ins Zuhause. ■

ABHÄNGEN Eine simple Stange, die von der Decke hängt oder mit Abstandhaltern an die Wand geschraubt ist, macht sich perfekt als Garderobe. Weiche Körbe verwahren alles, was sich nicht aufhängen lässt. Diese Exemplare sind von ikea.com.

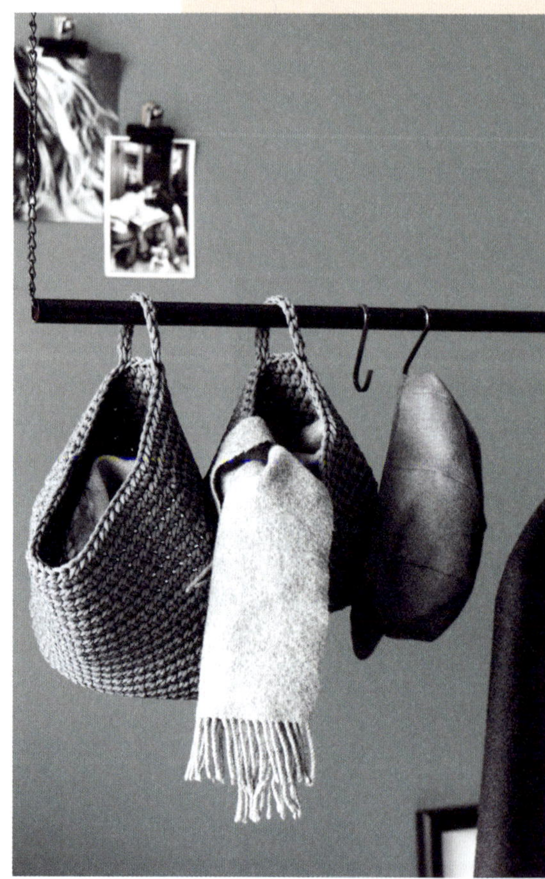

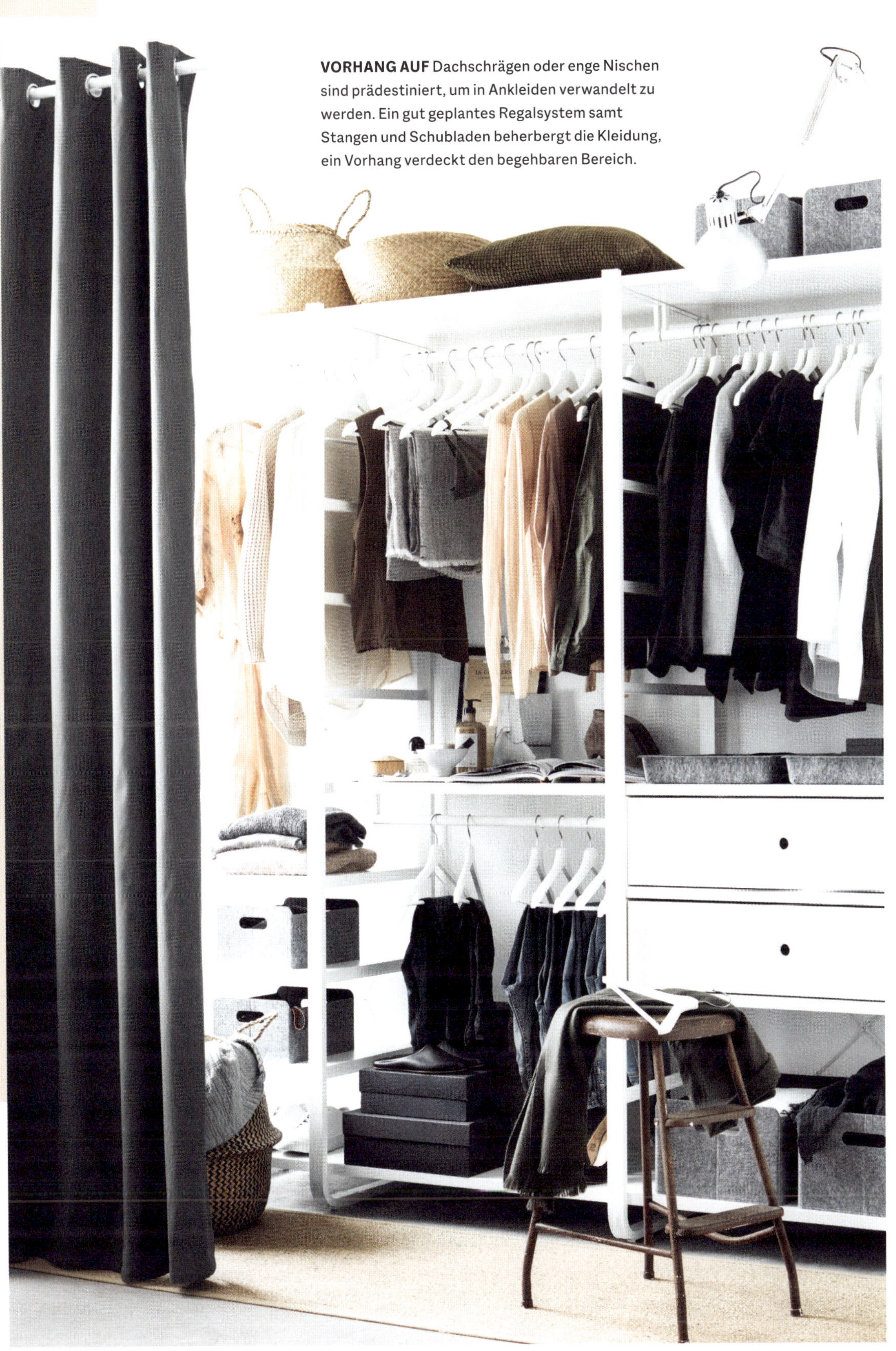

VORHANG AUF Dachschrägen oder enge Nischen sind prädestiniert, um in Ankleiden verwandelt zu werden. Ein gut geplantes Regalsystem samt Stangen und Schubladen beherbergt die Kleidung, ein Vorhang verdeckt den begehbaren Bereich.

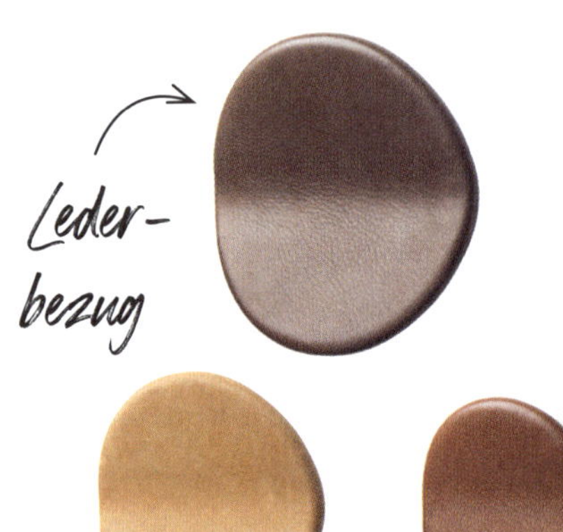

HINGUCKER Die Wandhaken „Imago" von materdesign.com sind fast zu hübsch, um von Mänteln, Schals und Taschen verdeckt zu werden.

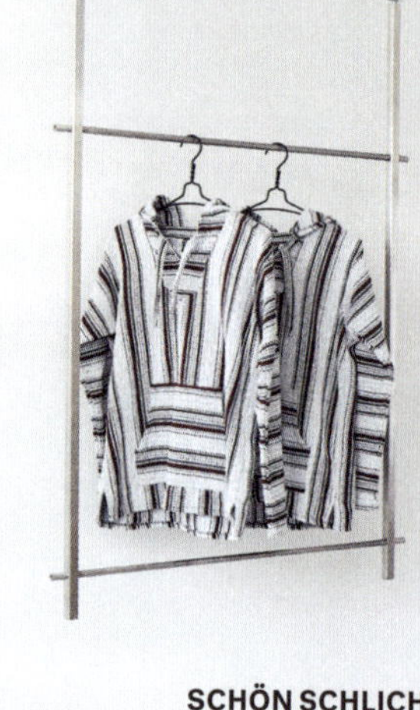

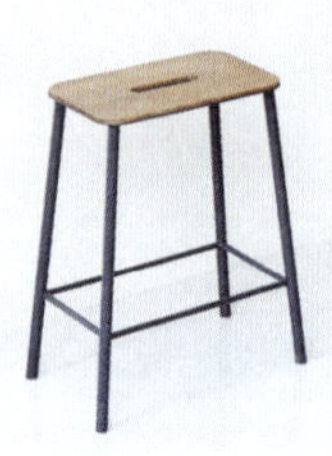

SCHÖN SCHLICHT Ein einfacher Metallrahmen als Kleiderstange setzt die Kleidung perfekt in Szene. Und nimmt dabei praktischerweise nur wenig Raum ein.

ONE OF A KIND Hier verleiht das clevere Mobiliar von Frama einer gesamten Wandfläche die ganz eigene Note.

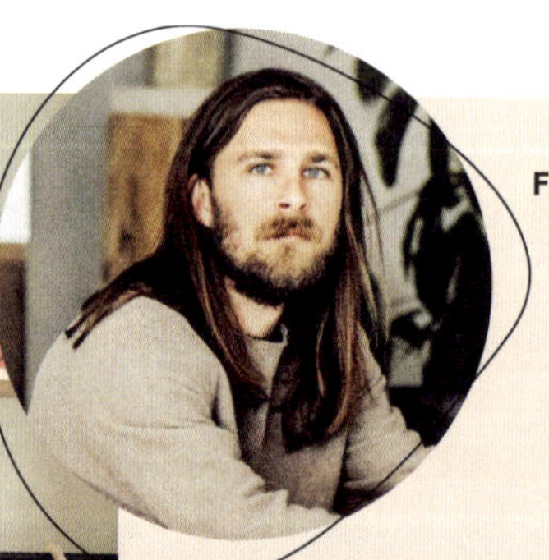

FRAMA

Niels Strøyer Christophersen wird nicht gern von Farben und Formen abgelenkt. Diese Liebe für das Schlichte ist der Kern von Frama.

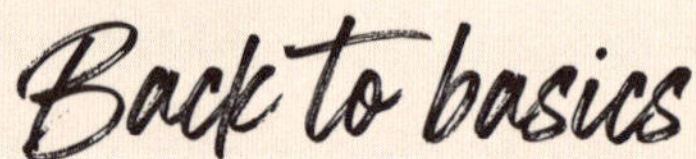

Back to basics

Klare, schlichte Linien und natürliche Materialien, sanfte Naturtöne und organische Formen: Sämtliche Produkte von Frama verströmen diese angenehme Ruhe, diese Natürlichkeit. Ob Kerzenhalter oder Regal, Hocker oder Service, sie alle verzichten auf Überflüssiges. Nichts Unnötiges stört das Auge. Ehrlich und naturverbunden.

Weil alle diese Entwürfe so schön schlicht sind, machen sie sich ausgezeichnet in kleinen Wohnungen. Hier halten sie sich dezent im Hintergrund und passen sich so jeder Wohnsituation und jedem Wohnstil an.

AUSGERÜSTET Perfekt, wenn der Hersteller an alles gedacht hat und die unterschiedlichsten Features anbietet. Diese Regalfront von stringfurniture.com macht Platz für alles, was hängt, was hinter Schubladen verschwindet und in Fächern liegt. Selbst an Ablagen und Haken für Sonnenbrille und Regenschirm ist gedacht.

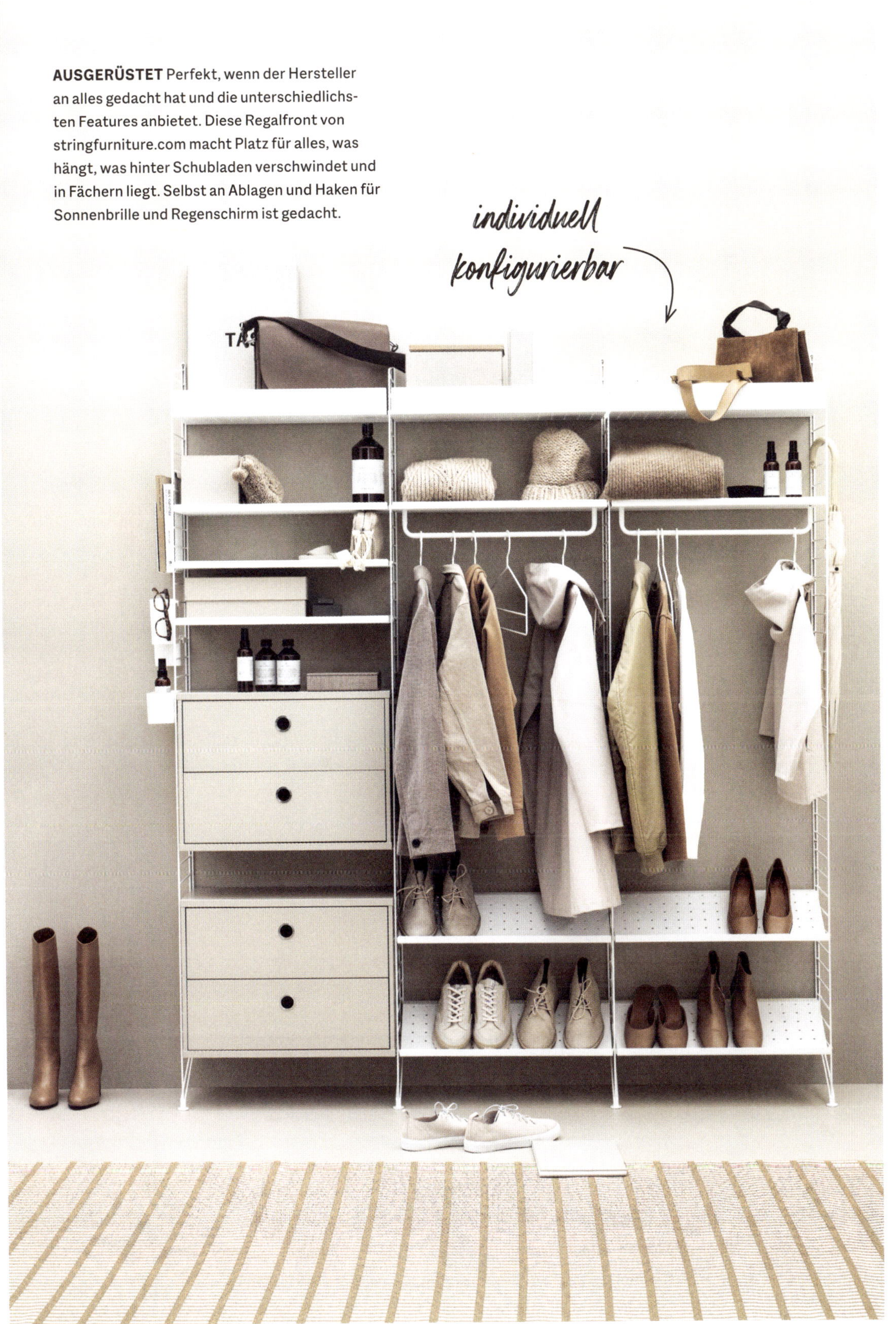

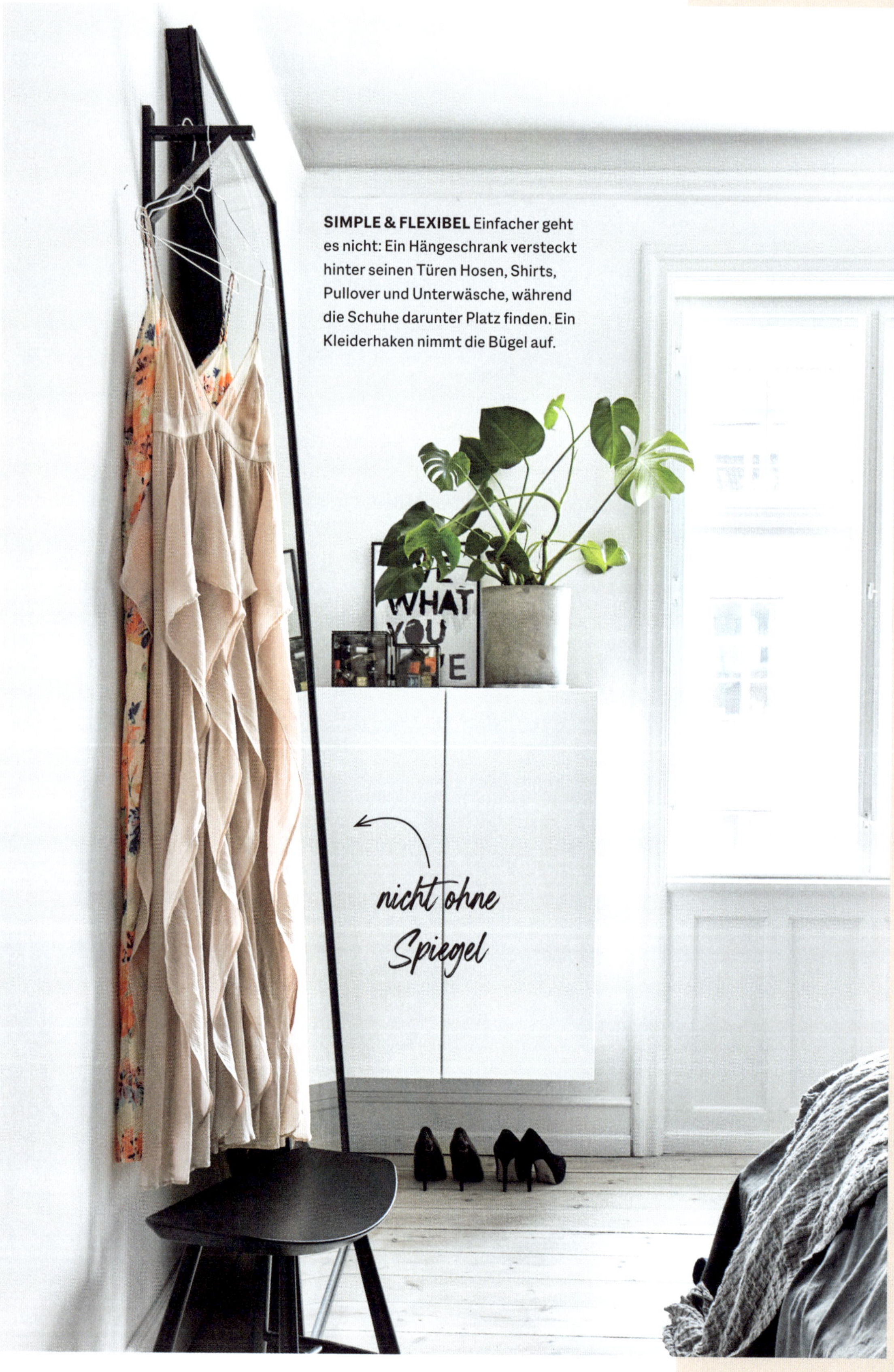

SIMPLE & FLEXIBEL Einfacher geht es nicht: Ein Hängeschrank versteckt hinter seinen Türen Hosen, Shirts, Pullover und Unterwäsche, während die Schuhe darunter Platz finden. Ein Kleiderhaken nimmt die Bügel auf.

nicht ohne Spiegel

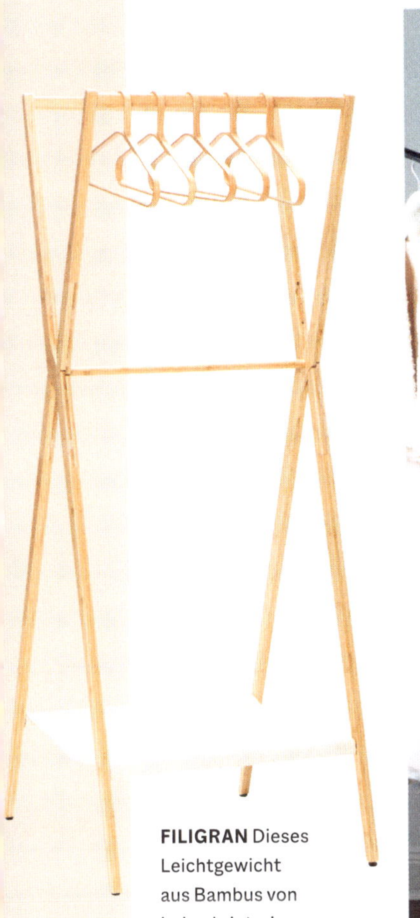

FILIGRAN Dieses Leichtgewicht aus Bambus von hubsch-interior.com passt in fast jede Nische. Die Bügel nehmen sich der Jacken, Hemden und Blusen an, die Ablagefläche aus Baumwolle verwahrt Mützen, Schals und Taschen.

AUFGEREIHT Was früher nur in Bekleidungsgeschäften zu finden war, hat längst Einzug ins Schlafzimmer gehalten: der Kleiderständer. Alles, was gefaltet liegt, findet hier Platz in einem Sideboard auf Rollen.

SELBST GEMACHT Natürlich ist eine schlichte Garderobenleiste praktisch und überall einsetzbar. Wer es aber außergewöhnlicher mag, greift selbst zu Säge und Bohrer. Ein solcher Ast wird auf eine Holzplatte aufgezeichnet und dann mit der Stichsäge ausgesägt. Knöpfe oder Haken lassen sich einfach anschrauben. Wer mag, versieht die selbst gebaute Leiste noch mit einer schützenden Lackschicht.

hübsches DIY

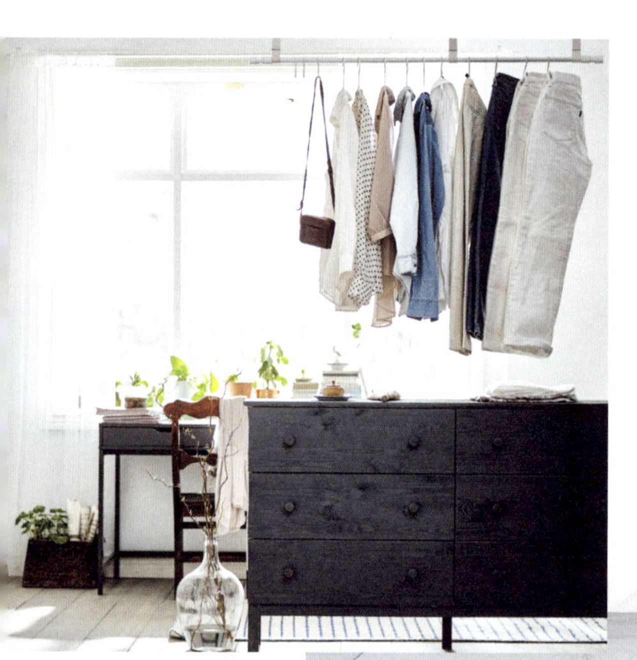

STATT HAKEN Dank der langen Lederschlaufe lässt sich das Kleiderbügel-Duo „Georg“ von skagerak.dk ganz lässig um die Garderobenstange schlingen.

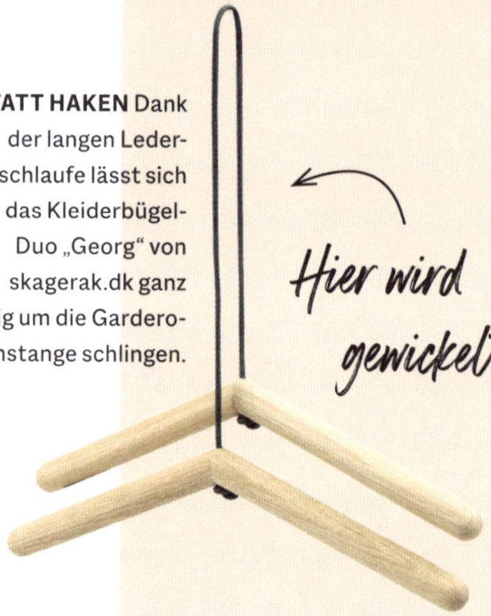

Hier wird gewickelt.

ZUSAMMENGESTELLT Wer sagt denn, dass es immer ein Regalsystem sein muss? Eine Kommode bietet nicht nur Platz in ihren Schubladen, sondern auch Ablagefläche obendrauf. Und eine Kleiderstange darüber bewahrt alles auf, was faltenfrei abhängen soll.

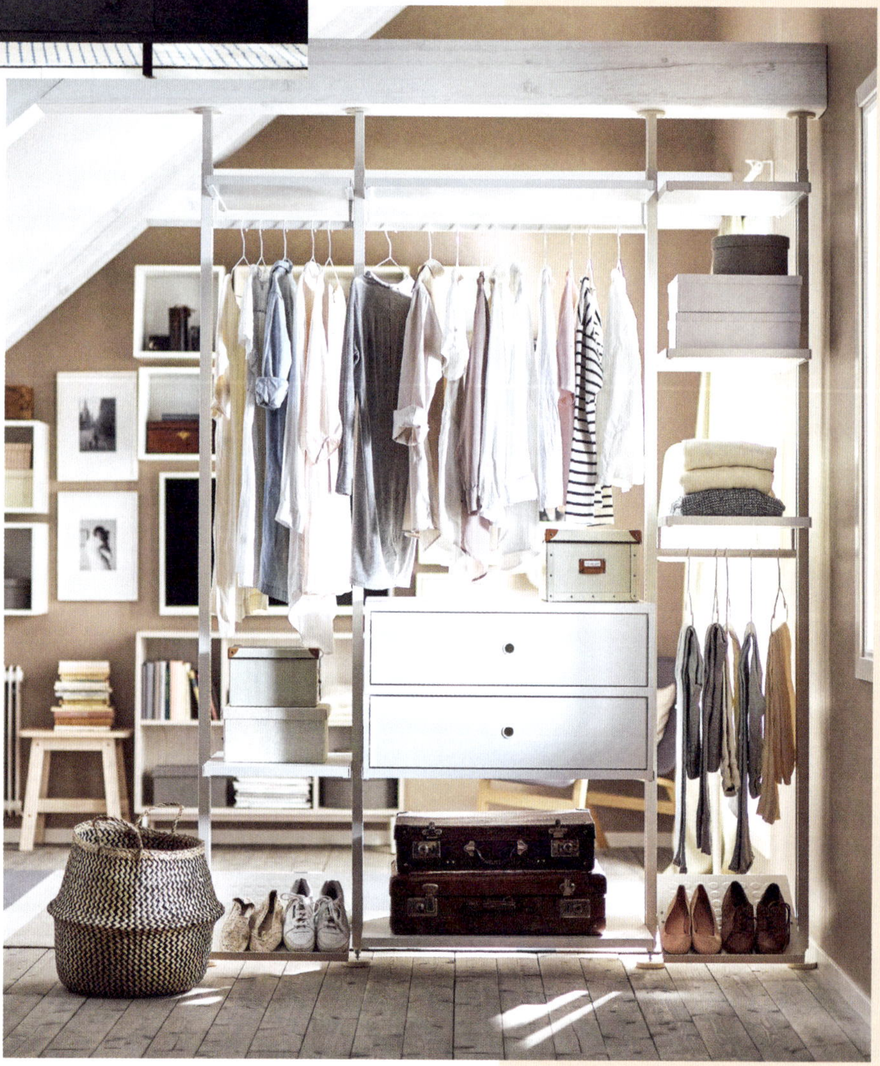

GRENZLINIE Warum sollte der Kleiderschrank immer an der Wand stehen. Genauso gut funktioniert er auch als Raumteiler. Ein offenes Regalsystem wirkt dabei luftig und lässt das Tageslicht zwischen den Bereichen fließen.

3 TOLLE TIPPS

Manches hängt, anderes liegt und einige Dinge stehen. Für jede Art der **KLEIDUNG** gibt es die passende Unterbringung.

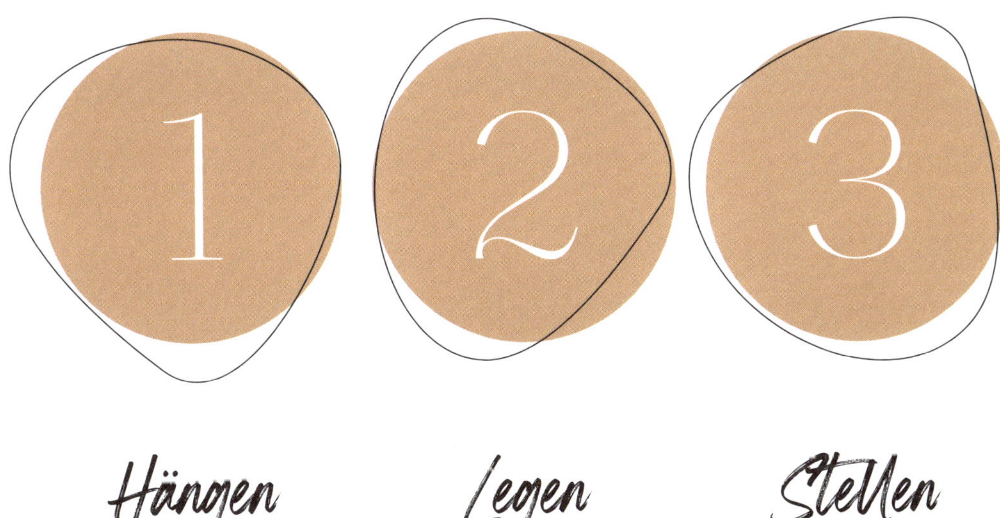

Hängen

Wer ein offenes Schranksystem konfiguriert, integriert sicherlich meist eine Kleiderstange. Wohin aber mit den Bügeln, wenn die Lösung eine ganz individuelle sein soll? Ein Kleiderständer beispielsweise ist eine gute Wahl. Manche Exemplare bringen gleich einige Fächer mit. Andere sind dank ihrer Rollen besonders praktisch. Alternativ lässt sich eine Stange an der Decke befestigen, in einer starren oder einer flexiblen Konstruktion. Und wer nur wenige hängende Kleidungsstücke aufbewahren möchte, nutzt dazu einfach hübsche Garderobenhaken.

Legen

Jeans und T-Shirts, Pullover und Sportkleidung, Unter- und Nachtwäsche: Nicht alle Kleidungsstücke hängen an Bügeln. Für etliche braucht man auch einfach nur ein Fach, ein Regalbrett oder eine Schublade. Ein Regalsystem bietet natürlich optimale Ablageflächen, ganz nach Belieben und räumlichen Möglichkeiten. Wer aber einen Partner für eine Kleiderstange sucht, könnte etwa eine Kommode oder ein Sideboard darunter platzieren. Neben einem Kleiderständer ist auch Platz für ein schmales, hohes Regal oder übereinander montierte Hängeschränke.

Stellen

Ob Schrank oder offenes System, man braucht Fläche für Kisten, Körbe und Schachteln. Schließlich wollen beispielsweise Gürtel, Schals, Mützen und Handschuhe untergebracht werden. Aber auch Schuhe lassen sich in Kartons aufbewahren. Ein offenes Regalsystem bietet auf jeden Fall die passenden Flächen für diese Zwecke. Hier lassen sich auch Regalböden speziell für Schuhe einfügen. Wer seinen Schrank individuell zusammenstellt, lagert Kisten und Körbe auf oder unter Schränken und Kommoden. Schuhe stehen einfach in Reih und Glied darunter.

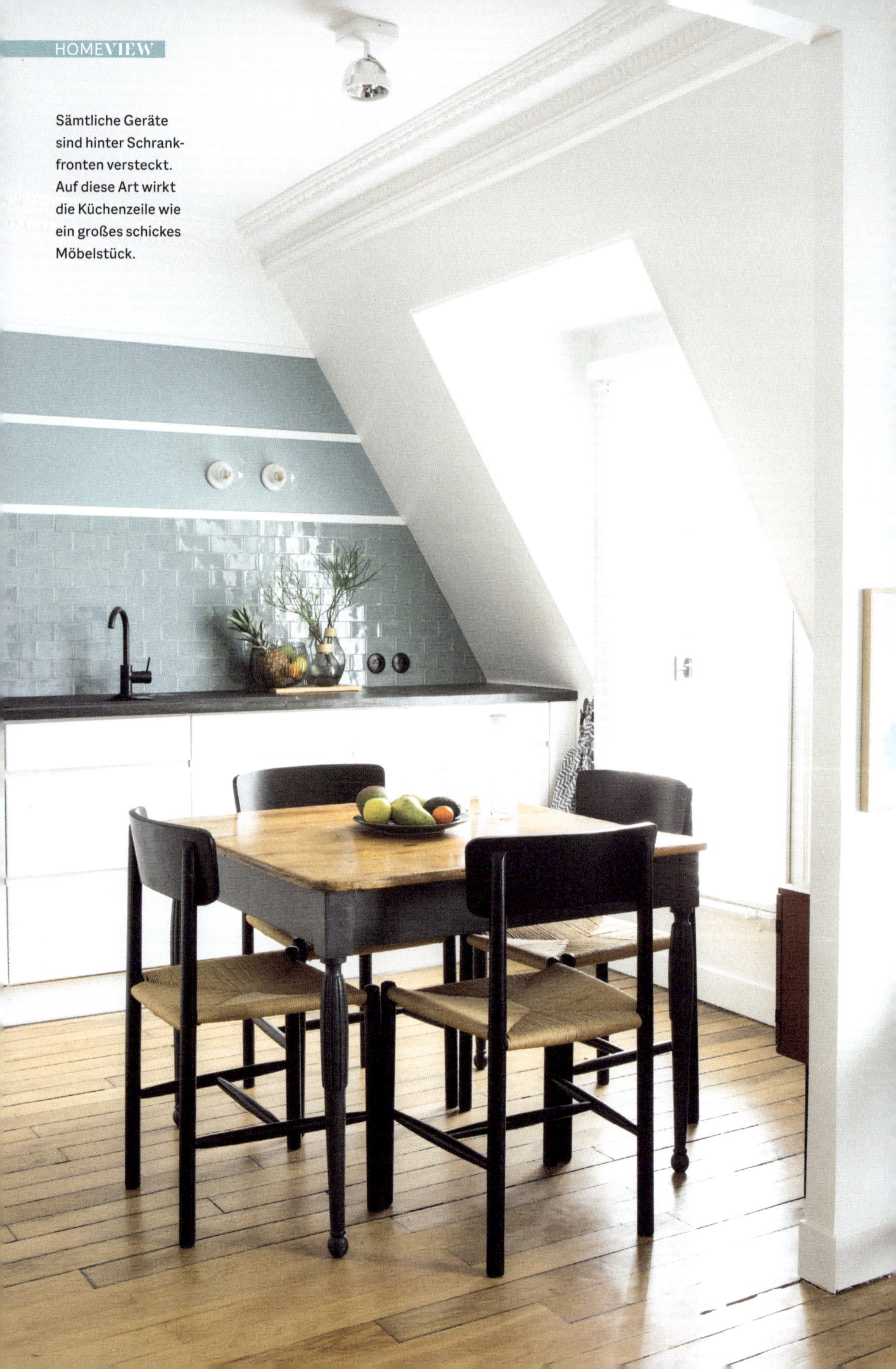

Sämtliche Geräte sind hinter Schrankfronten versteckt. Auf diese Art wirkt die Küchenzeile wie ein großes schickes Möbelstück.

EIN ZUHAUSE *mit Seele*

Der Interior Designerin Nancy sind unpersönliche Wohnungen ein Graus. Für sie muss ein Zuhause die Vorlieben der Bewohner widerspiegeln.

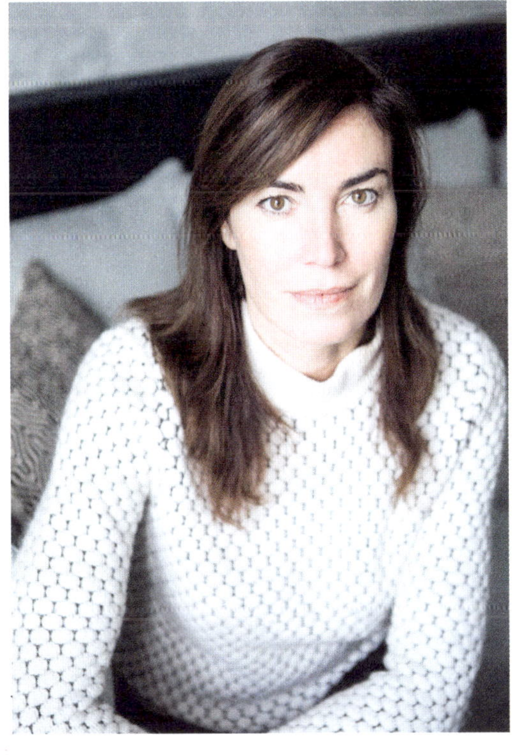

Während ihrer Zeit in Werbeagenturen lernte Nancy, Budgets nicht zu strapazieren. Deshalb mischen sich hier Vintage-Stücke unter neue Möbel.

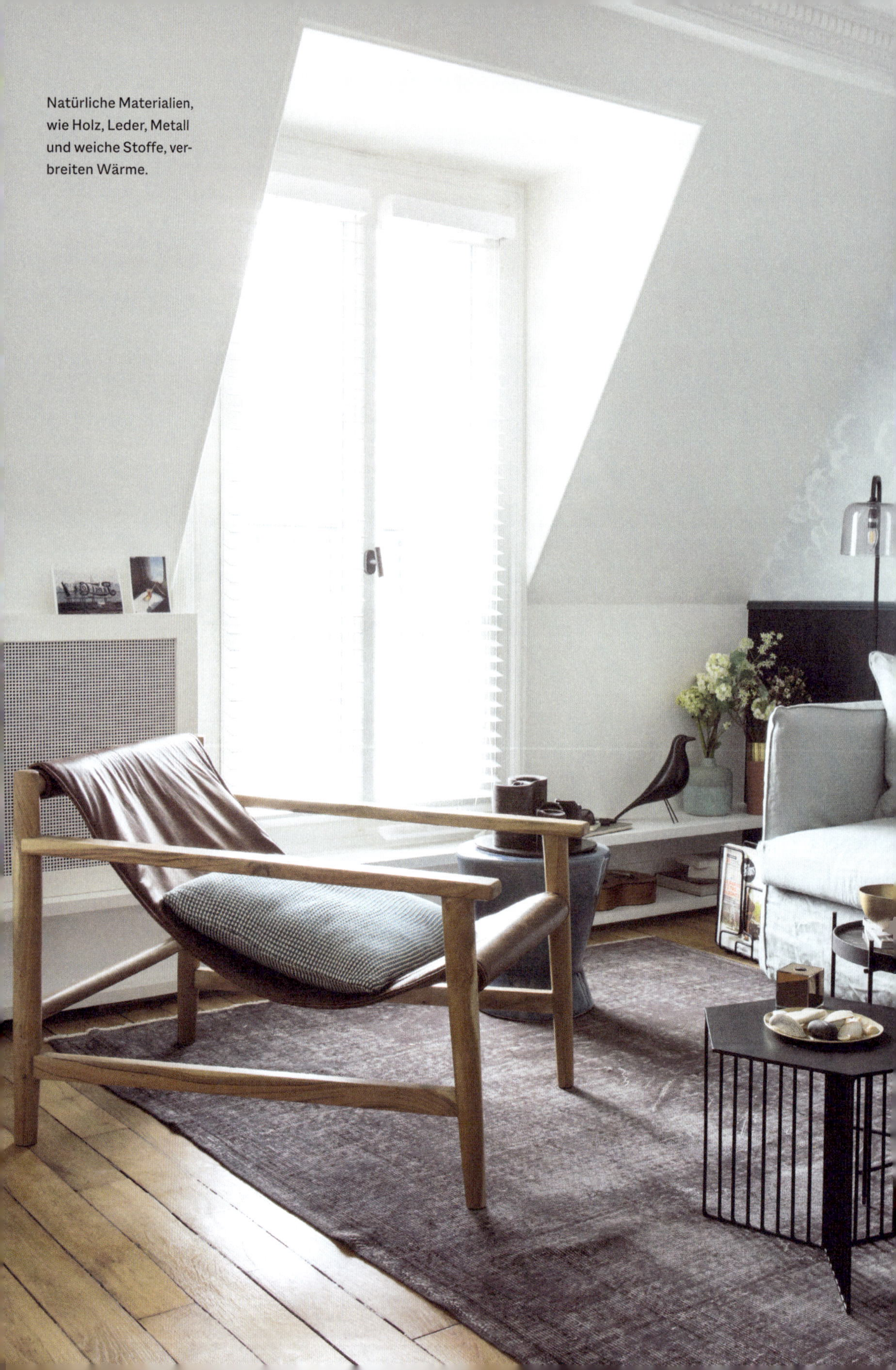

Natürliche Materialien, wie Holz, Leder, Metall und weiche Stoffe, verbreiten Wärme.

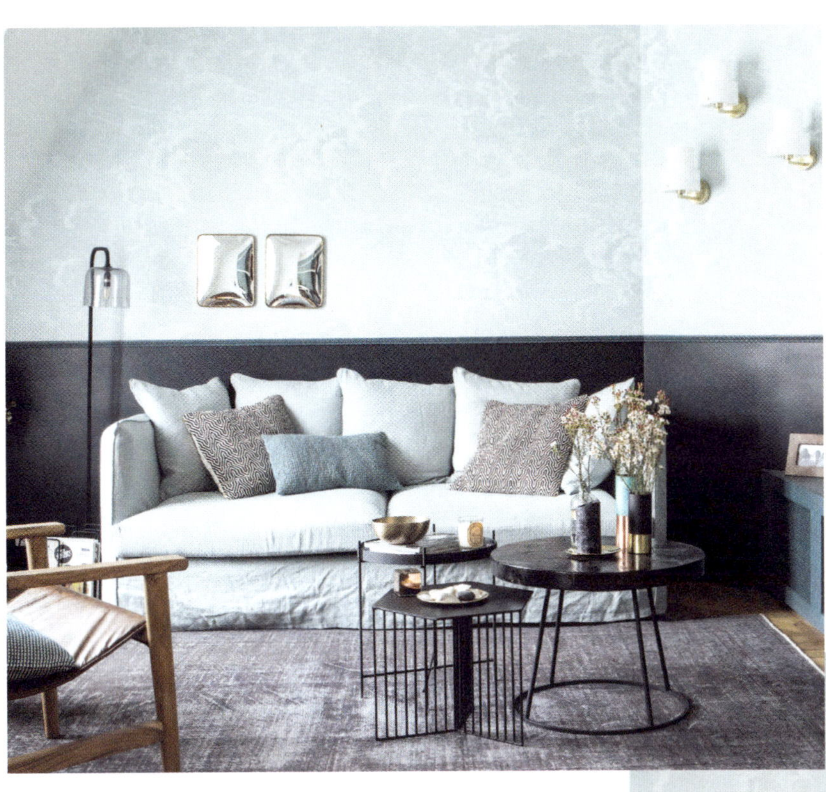

Die Lage im Dachgeschoss inspirierte Nancy zu dieser Wolkentapete – die perfekt auf die Farbe des Sofas abgestimmt ist.

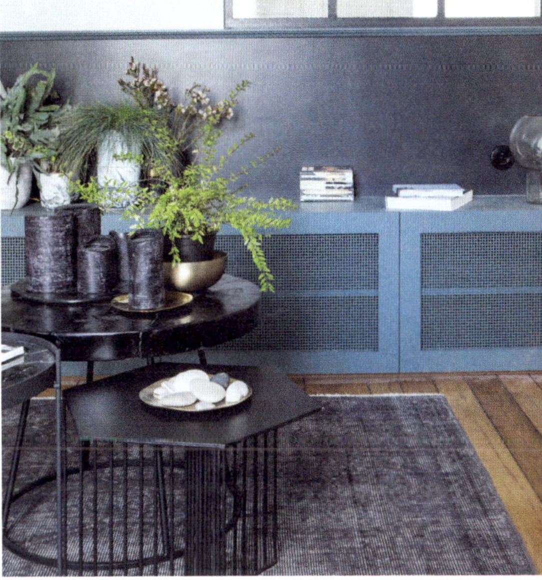

Das Fenster lässt Tageslicht in den Flur strömen und vergrößert gleichzeitig den Wohnbereich optisch.

Den „Flämischen Touch" nennt Interior Designerin Nancy die Kunst, aus einer Wohnung ein Zuhause zu machen, das die Seele seiner Bewohner zeigt. Sie weiß, wovon sie spricht, schließlich wuchs sie in einer flandrischen Familie von Architekten auf. Beruflich zog es sie allerdings nach Paris, wo sie zunächst in der Werbebranche arbeitete, bevor sie sich mit einer Ausbildung im Raumdesign als Interior Stylistin selbstständig machte. Zu ihren Projekten zählt auch diese kleine Dachgeschosswohnung, die sie in ein charaktervolles Domizil verwandelte. Die 44 Quadratmeter bedurften dringend professioneller Unterstützung. Die Räume waren unvorteilhaft aufgeteilt, die Küche winzig, der Eingangsbereich dagegen unnötig groß. Drei Monate brauchte Nancy, um das Apartment in ein gemütliches, zeitgemäßes Zuhause mit Persönlichkeit zu verwandeln. Zunächst einmal wurden Wände eingerissen und Rohre und Leitungen verlegt, um die Fläche sinnvoller aufzuteilen. Aus der Küche wurde das Schlafzimmer, aus dem Bad die Küche. Der Wohnraum erstreckt sich jetzt in den ehemaligen Eingangsbereich. Prompt

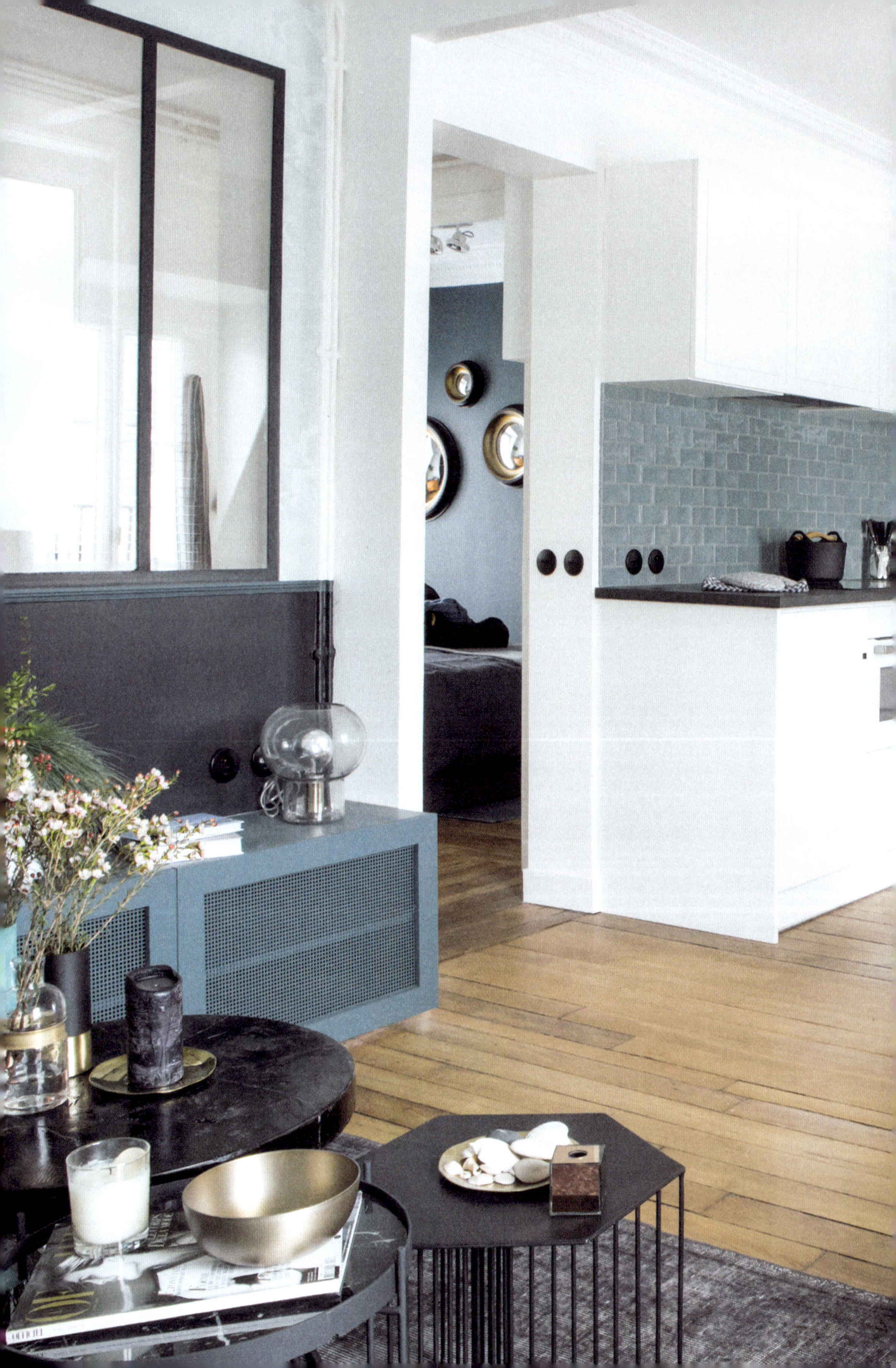

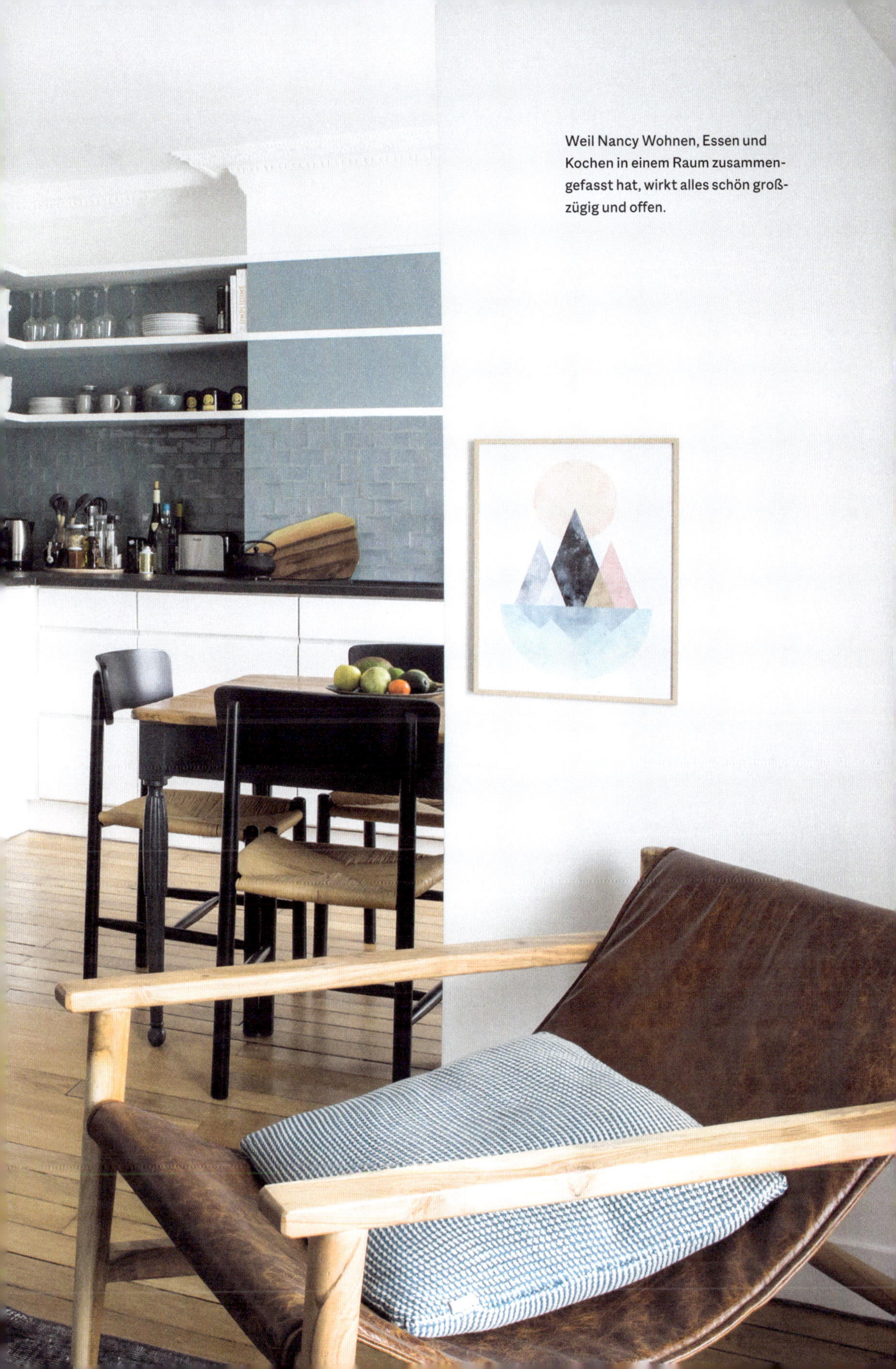

Weil Nancy Wohnen, Essen und Kochen in einem Raum zusammengefasst hat, wirkt alles schön großzügig und offen.

wirkt die kleine Wohnung deutlich geräumiger. Weil Nancy alles versteckt, was nicht hübsch ist, verschwinden die Küchengeräte hinter Schrankfronten, Kabelsalat und elektronische Gadgets wandern in ein Sideboard. Auch der Heizkörper taucht hinter dem Geflecht einer maßgetischlerten Verkleidung ab. Dringend benötigter Stauraum findet sich über alle Zimmer verteilt. Im Schlafzimmer etwa bieten Regale über dem Betthaupt Platz für die Nachtlektüre, an der Wand gegenüber punktet ein Einbauschrank. Auch die Küchenschränke sind maßgefertigt und bieten Stauraum. Während die Küchenschränke und das Bad in Weiß strahlen, zieht sich ein sanftes Petrol durch Küche, Wohnbereich und Schlafzimmer. Schwarze und kupferfarbene Accessoires setzen Akzente. An Persönlichkeit mangelt es dieser Wohnung definitiv nicht. ■

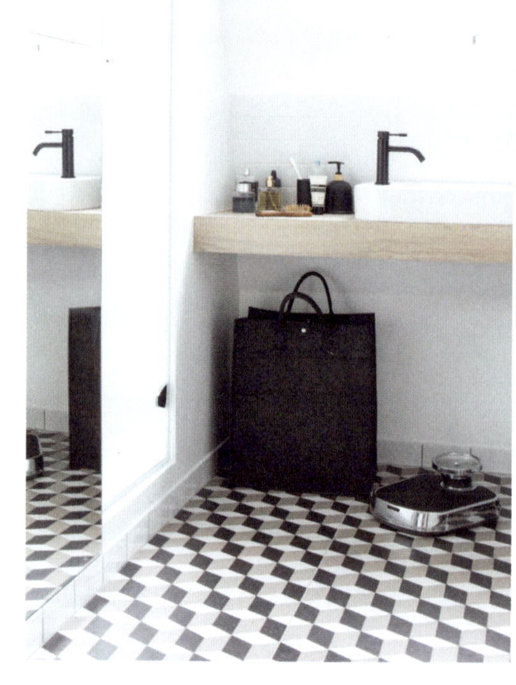

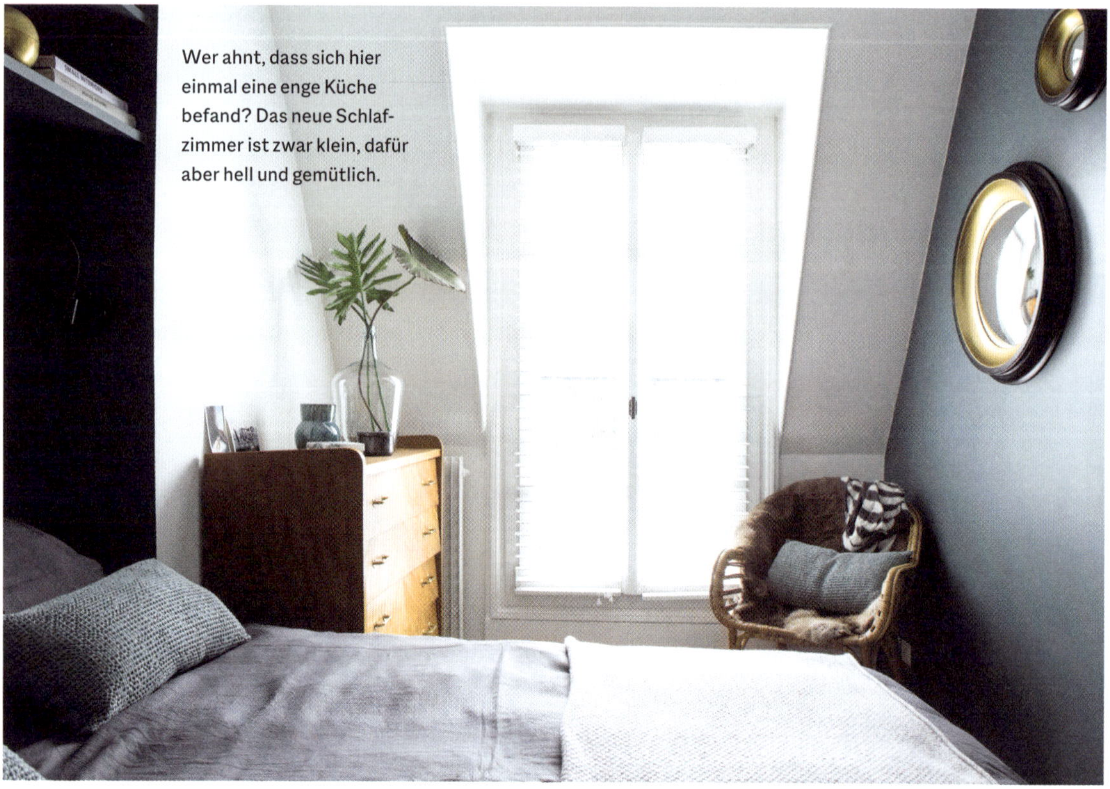

Moderne Farben, Muster und Formen verleihen dem Bad einen tollen Look.

Wer ahnt, dass sich hier einmal eine enge Küche befand? Das neue Schlafzimmer ist zwar klein, dafür aber hell und gemütlich.

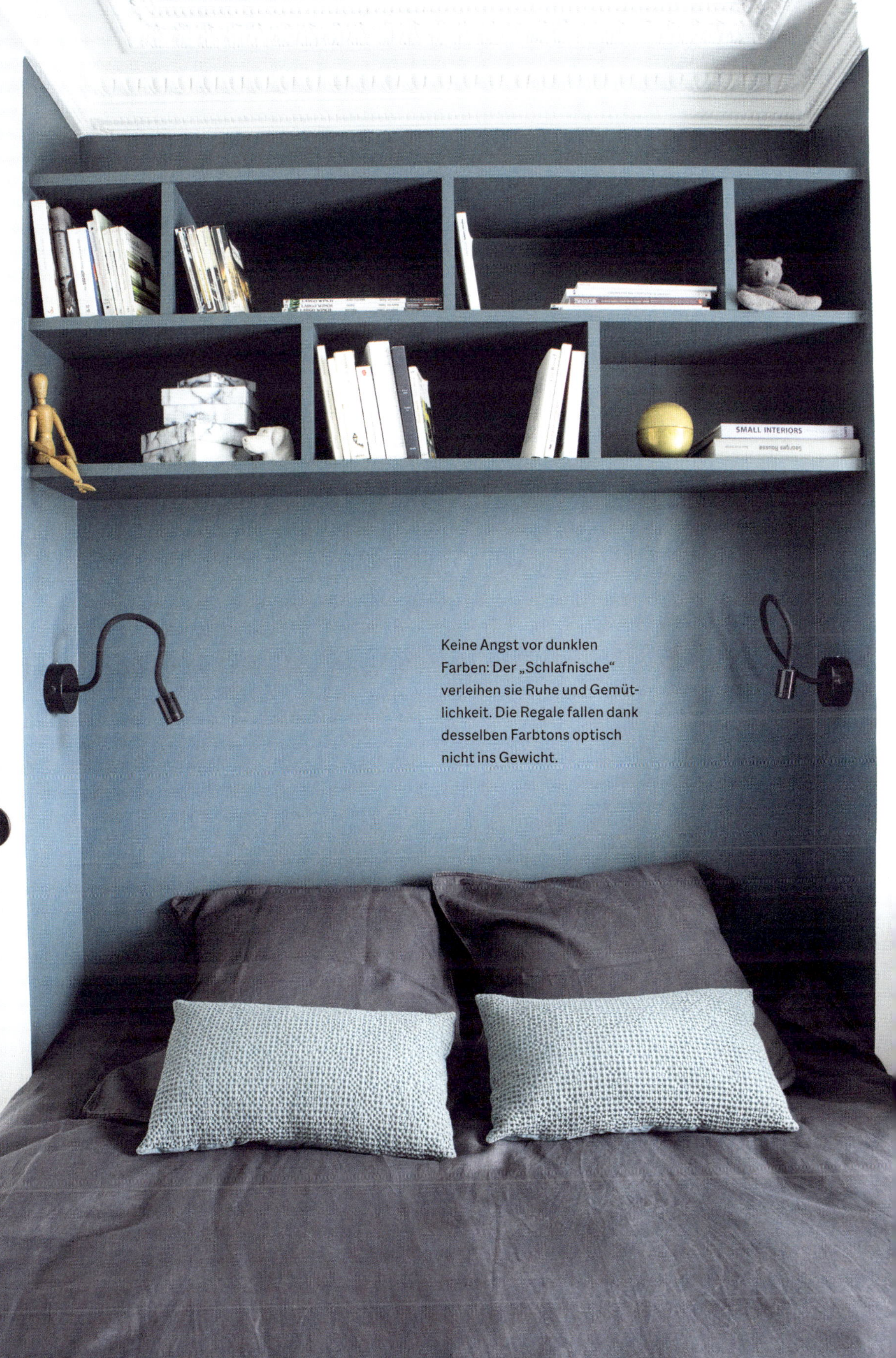

Keine Angst vor dunklen Farben: Der „Schlafnische“ verleihen sie Ruhe und Gemütlichkeit. Die Regale fallen dank desselben Farbtons optisch nicht ins Gewicht.

An der WAND

Ist die Wohnfläche knapp, ist jeder Quadratzentimeter kostbar. Da weicht man am besten auf eine weitere Dimension aus.

STAPELBAR Als hätte jemand ganz nach Lust und Laune ein paar Kisten aufeinandergestellt: Die Wandmodule von bloomingville.com wirken locker und lässig. Dabei bieten die Kuben ganz schön viel Platz für Bücher und andere schöne Dinge.

Sofas und Sessel, Tische und Stühle, sie alle haben kein Problem damit, frei im Zimmer zu stehen. Dieses ist dann allerdings schnell voll. Für Stauraum bleiben nur noch die Wände. Hier haben Schränke und Sideboards ihren Platz - solange Letztere nicht als Raumteiler quer im Zimmer stehen. Doch in der Senkrechten ist die Fläche ebenfalls begrenzt, schließlich wird sie nicht nur durch Schränke, sondern auch durch Türen und Fenster minimiert. Und natürlich sollen außerdem noch Bilder und anderer Wandschmuck Platz finden.

Vorsicht: Wer jetzt jeden verbleibenden Quadratzentimeter mit Regalen, Hängeschränkchen u. Ä. überfrachtet, sorgt schnell für ein Gefühl von Enge. Raumhohe Regalwände nehmen oft viel Platz ein - und dürfen das auch, denn sie wirken wie eine homogene Fläche und engen nicht ein. Werden aber viele kleinere Wandmöbel und -objekte großflächig aufgehängt, entsteht ein optisches Chaos. Möchte man mehrere kleine Regale, Pinnwände und Hängeboards über die Wand verteilen, sollten sie zu kleinen Grüppchen arrangiert werden. So sieht es nicht nur schick aus, sondern die Wand wirkt dadurch aufgeräumt und der Raum großzügiger. ■

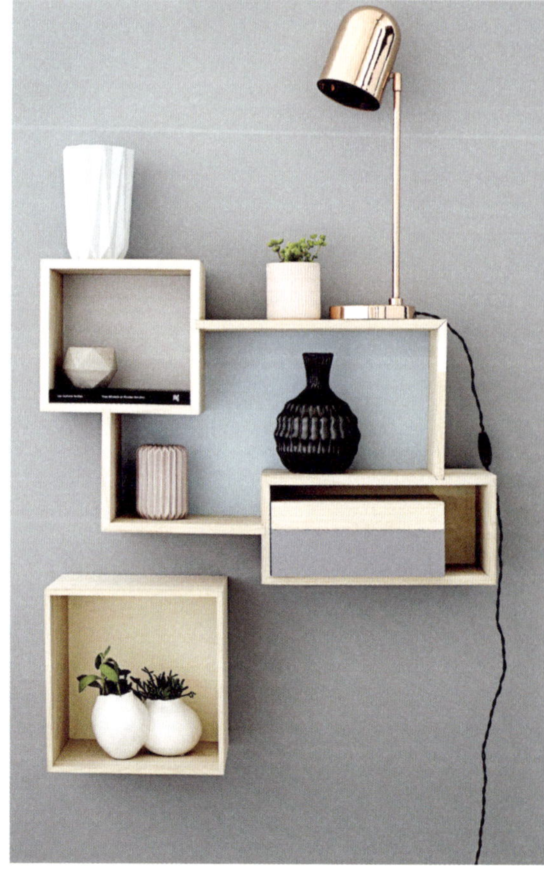

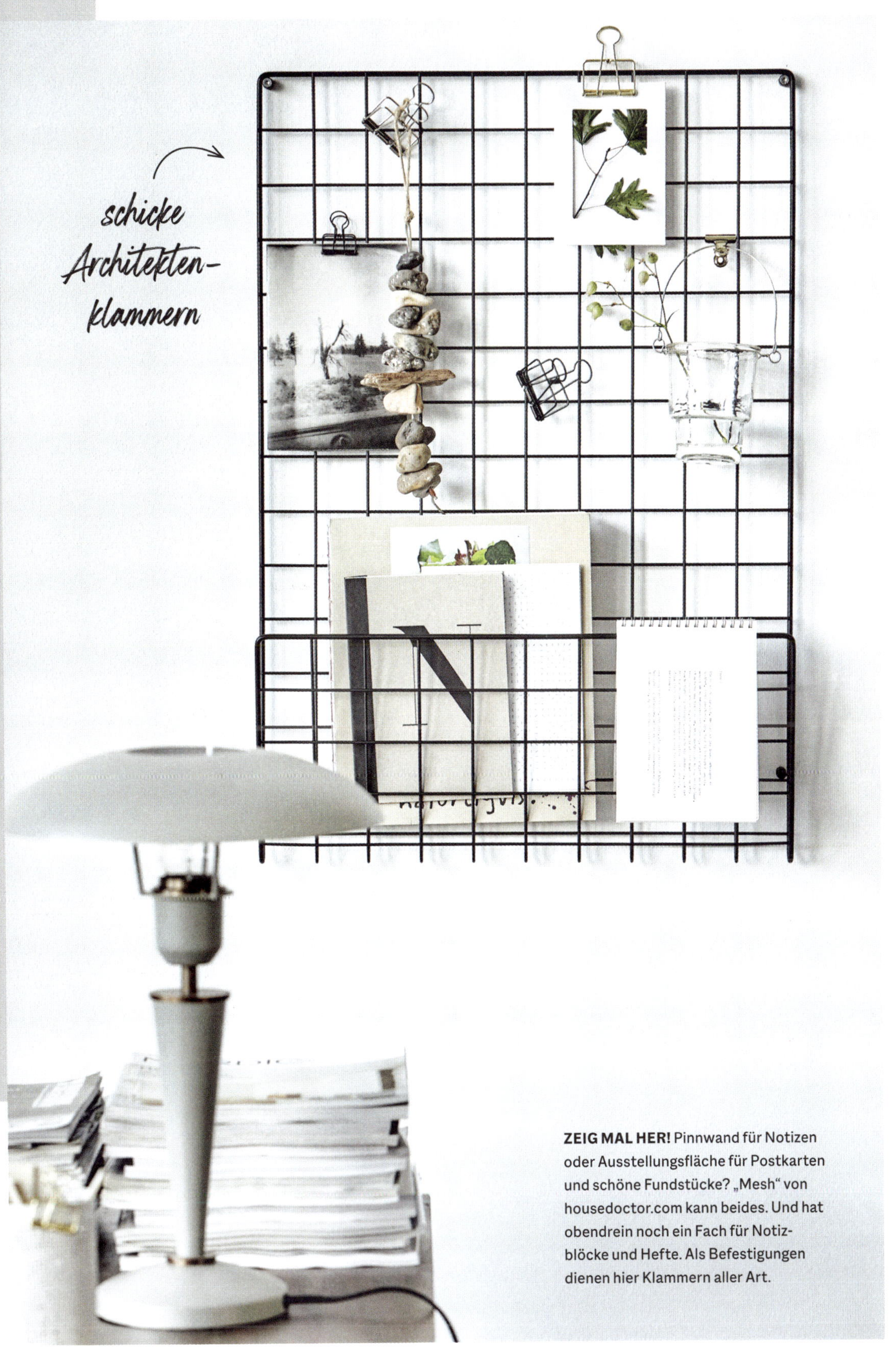

ZEIG MAL HER! Pinnwand für Notizen oder Ausstellungsfläche für Postkarten und schöne Fundstücke? „Mesh" von housedoctor.com kann beides. Und hat obendrein noch ein Fach für Notizblöcke und Hefte. Als Befestigungen dienen hier Klammern aller Art.

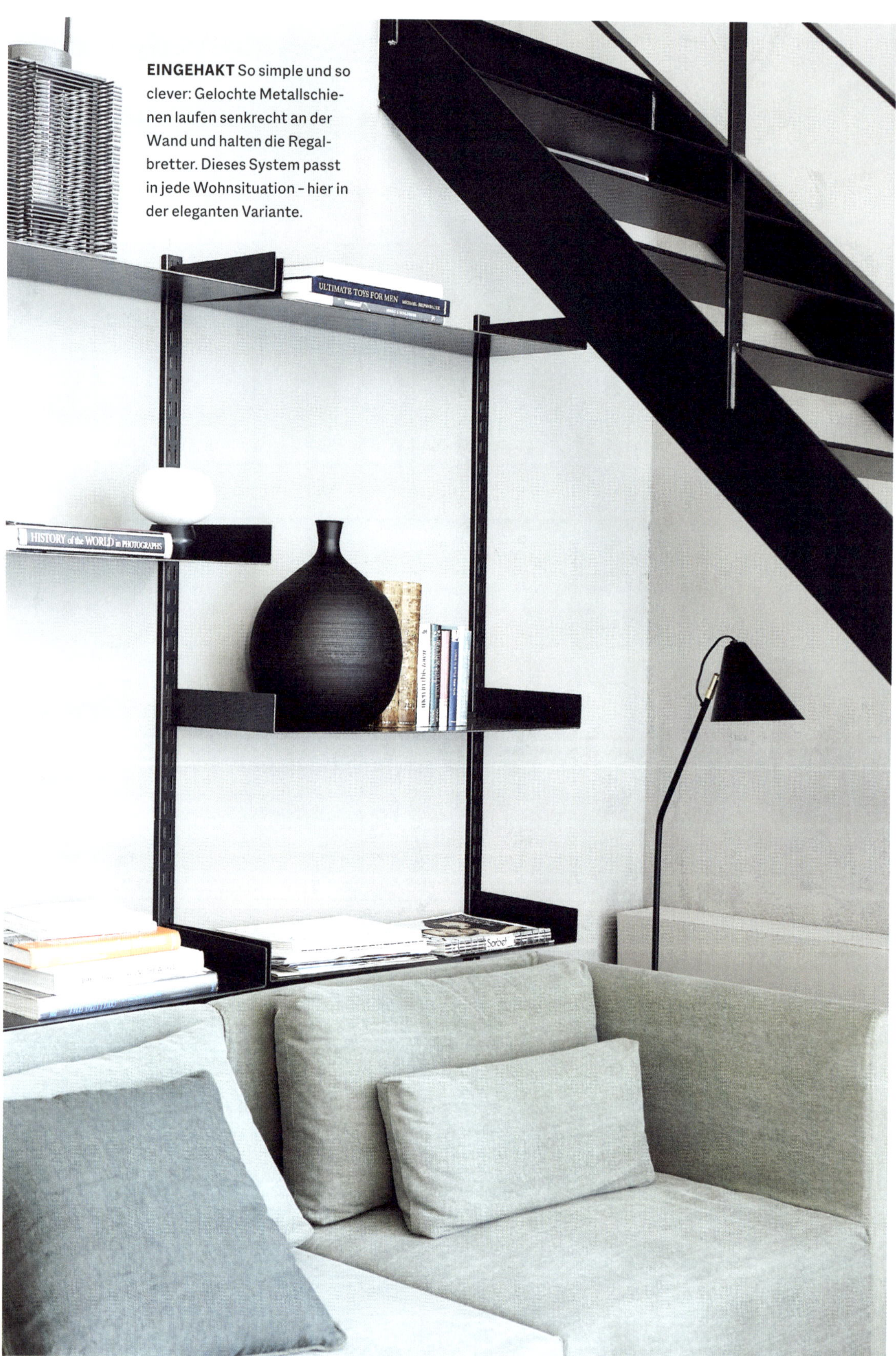

EINGEHAKT So simple und so clever: Gelochte Metallschienen laufen senkrecht an der Wand und halten die Regalbretter. Dieses System passt in jede Wohnsituation – hier in der eleganten Variante.

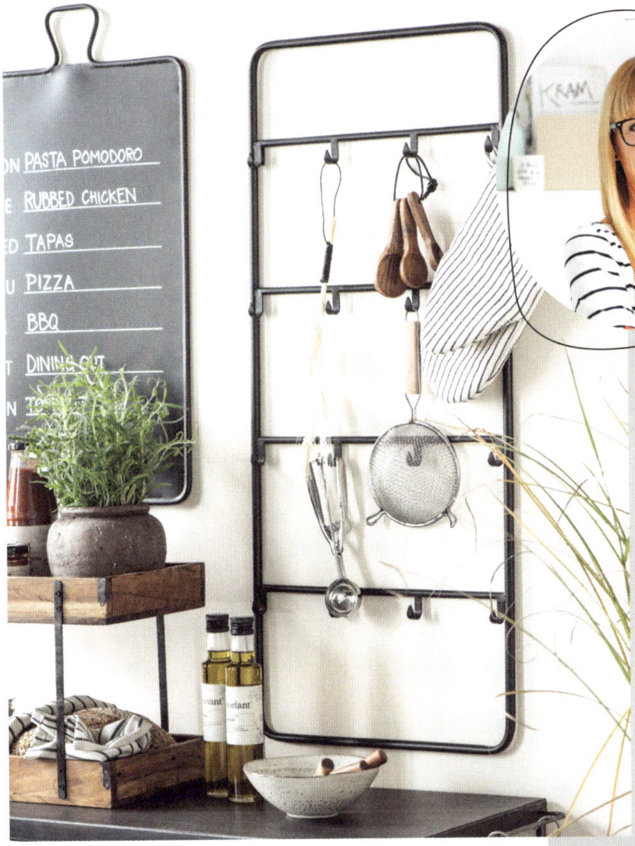

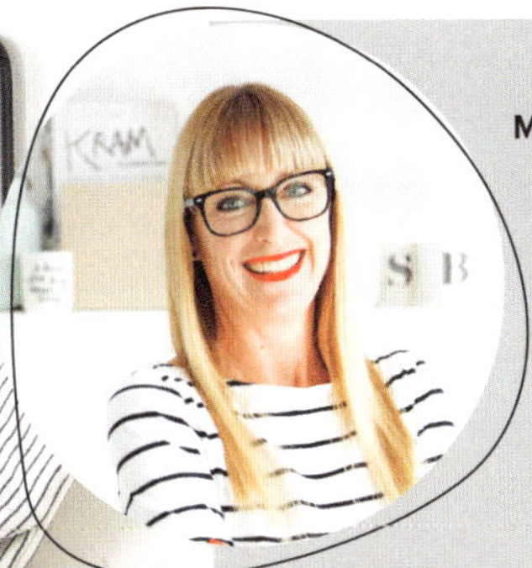

MARION

Marion Hellweg lebt und arbeitet in München. Sie leitet seit 2010 ein eigenes Kreativ- und Design-Büro mit Fokus auf Interior und Lifestyle.

Maxi-Lösungen

Das umtriebige Multitalent ist nicht nur als Autorin und Journalistin im Bereich Design, Wohnen und Architektur tätig, sondern legt auch gern mal selbst Hand an: Als gelernte Tischlerin und Interior Designerin hat Marion Hellweg schon bei einer Vielzahl von Mini-Apartments und kleinen Häusern die komplette Inneneinrichtung geplant und mit ihrem Team ausgeführt. Ihr Fokus liegt dabei auf „Maxi-Lösungen für wenig Raum“.

Da jeder Zentimeter in einem sehr kleinen Zuhause kostbar ist, widmet die Interior Designerin vor allem Wänden und Wandnischen viel Aufmerksamkeit, wenn es darum geht, das Optimum an Stauraum herauszukitzeln.

ÜBERSICHTLICH Kochutensilien und andere Dinge hängen hier dekorativ an der Küchenwand (iblaursen.dk).

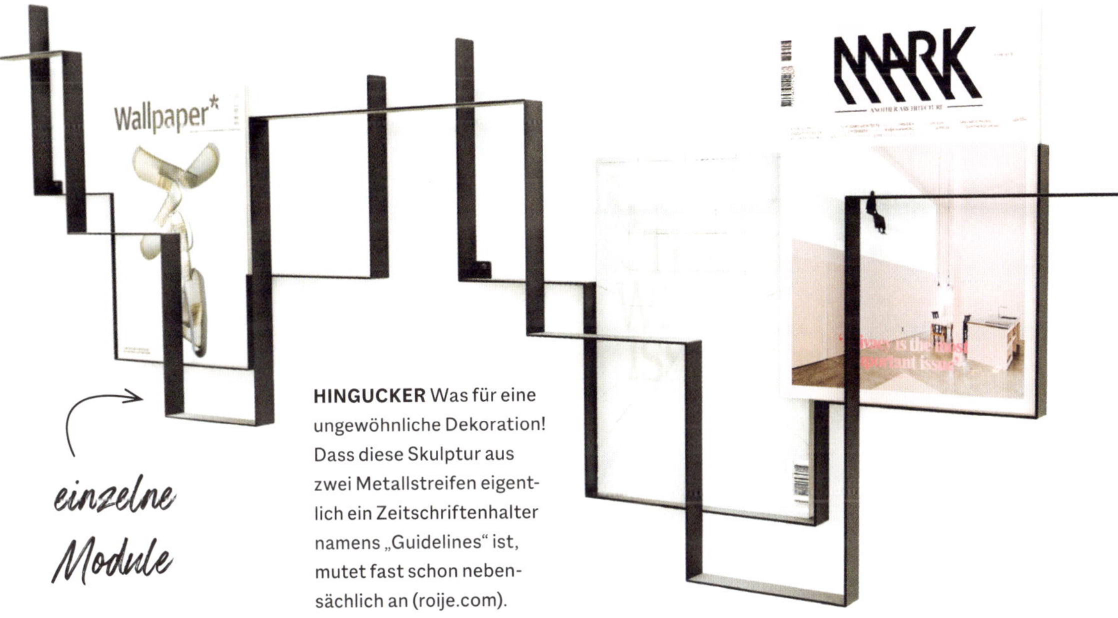

einzelne Module

HINGUCKER Was für eine ungewöhnliche Dekoration! Dass diese Skulptur aus zwei Metallstreifen eigentlich ein Zeitschriftenhalter namens „Guidelines“ ist, mutet fast schon nebensächlich an (roije.com).

hängen & stellen

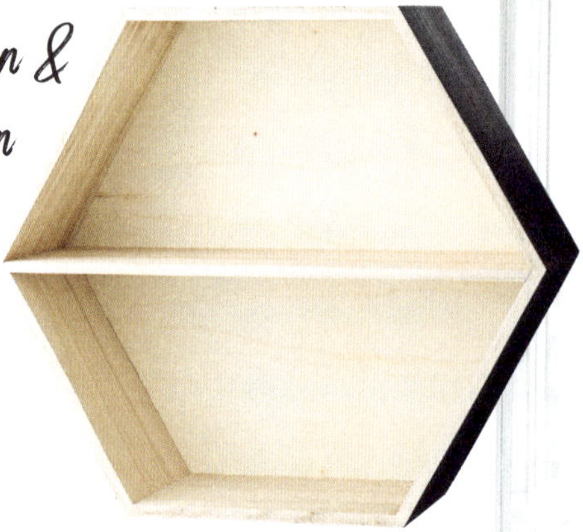

HEXAGON Dieses wabenförmige Wandregal von bloomingville.com erinnert an einen Setzkasten. Wie im Vorbild mit etlichen kleinen Fächern ist auch hier jede Menge Platz für liebste Schätze.

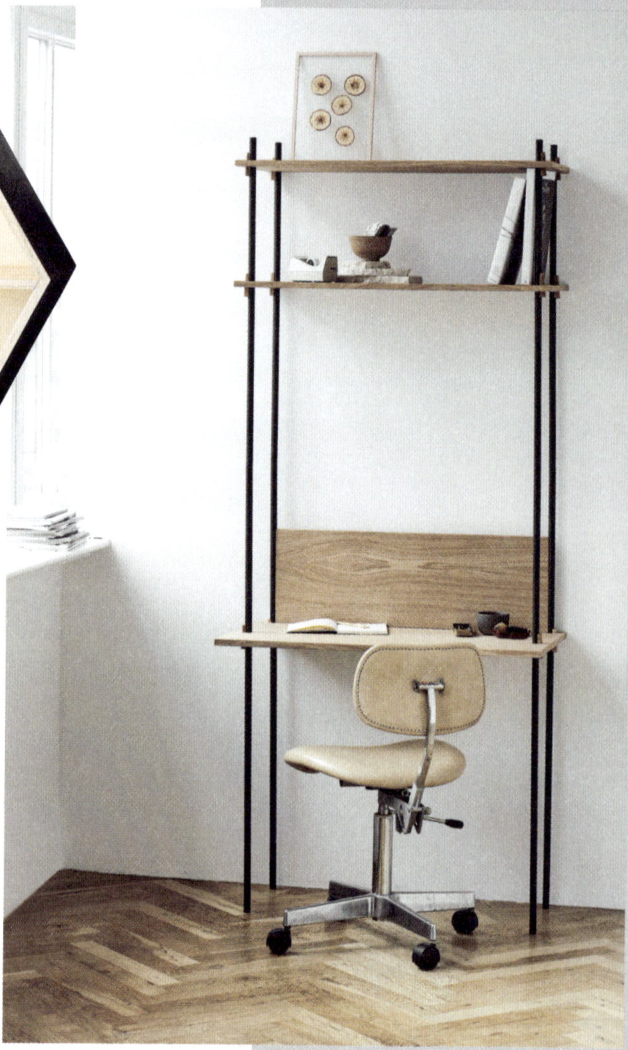

AB NACH OBEN Ein schmaler Schreibtisch wie dieser aus dem Regalsystem von moebe.dk nimmt nicht viel Platz ein, sondern nutzt die Wandfläche in der Höhe. Regalböden lassen sich ganz nach Belieben einfügen.

IM SPOTLIGHT Statt als wackeliger Stapel neben dem Sofa lagern die Zeitschriften im Magazinhalter „Norr“ von skagerak.dk ganz stilvoll an der Wand. Die schönsten Exemplare dürfen natürlich in die erste Reihe.

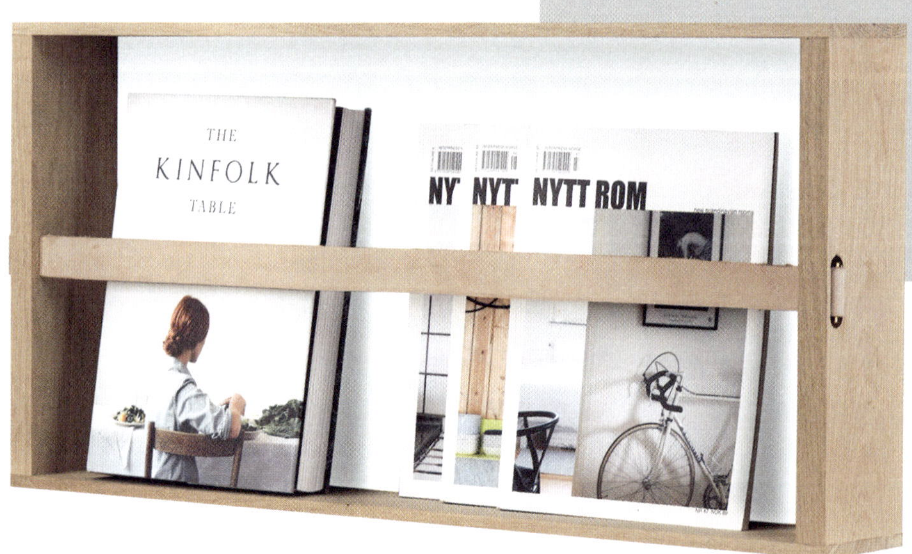

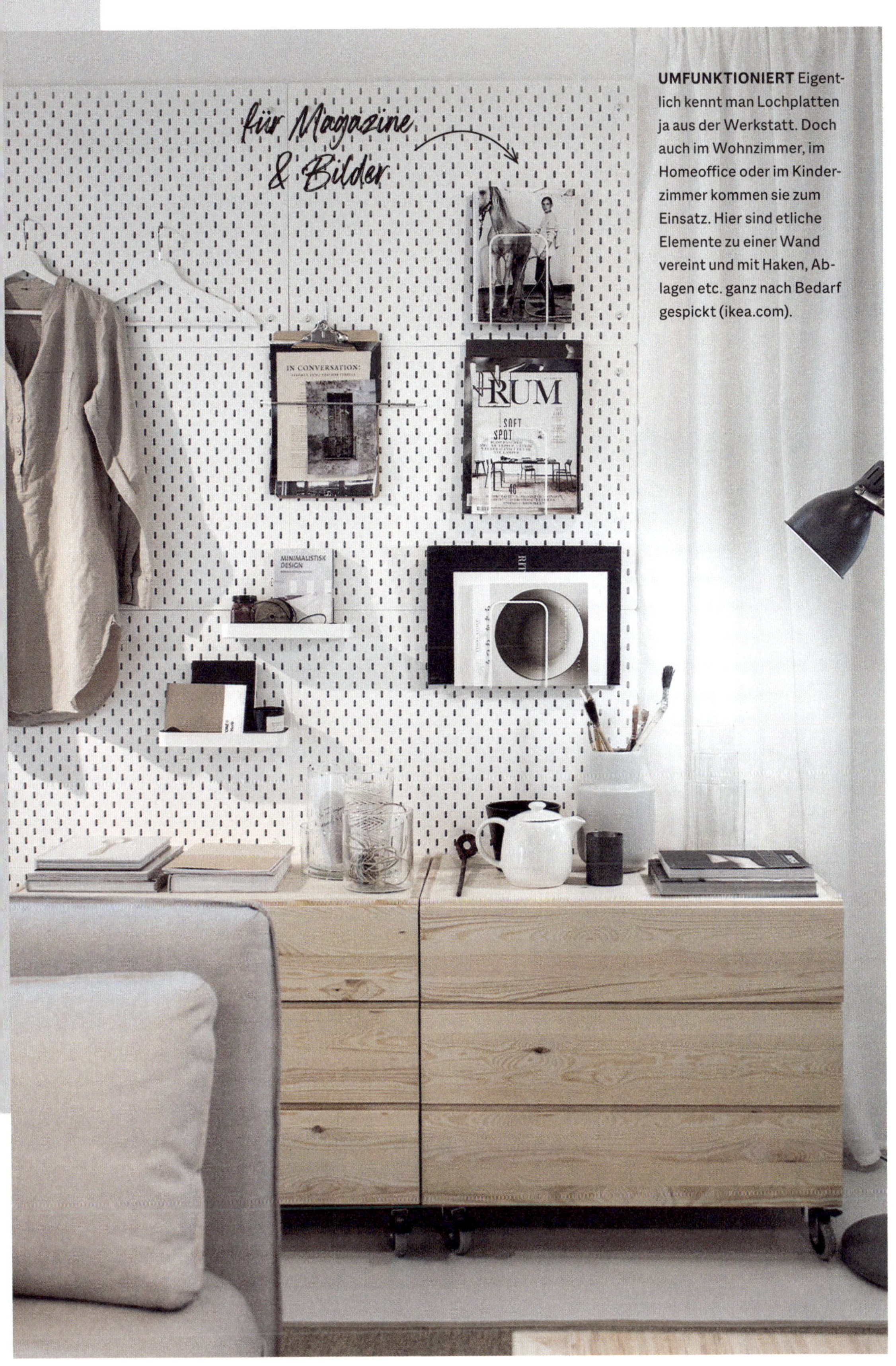

UMFUNKTIONIERT Eigentlich kennt man Lochplatten ja aus der Werkstatt. Doch auch im Wohnzimmer, im Homeoffice oder im Kinderzimmer kommen sie zum Einsatz. Hier sind etliche Elemente zu einer Wand vereint und mit Haken, Ablagen etc. ganz nach Bedarf gespickt (ikea.com).

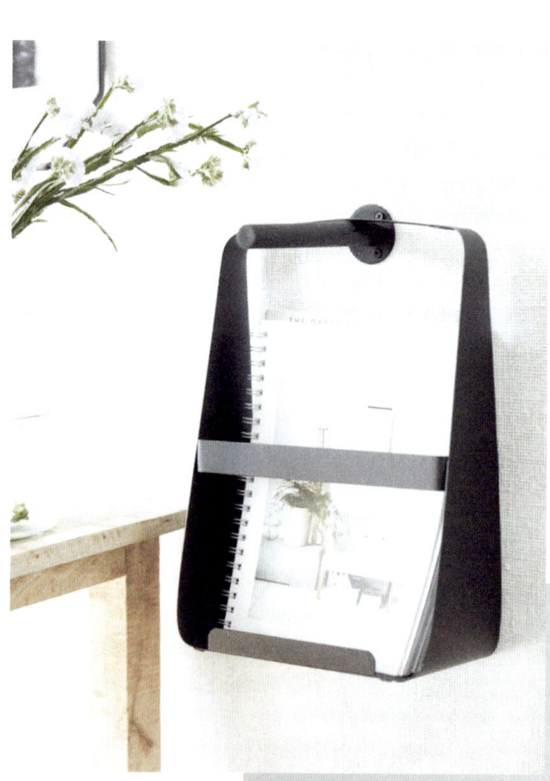

HÜBSCHES DING Ein Brett, zwei Halterungen. Mehr braucht es nicht, um ein Regal zu bauen? Das mag sein, aber „Shelf“ von framacph.com ist dabei besonders gelungen.

in diversen Farben

GRIFFBEREIT
Schön schmal und praktisch: Dieser Zeitschriftenhalter von housedoctor.com bewahrt am Sofa Magazine auf, am Schreibtisch hält er Ordnung und im Kinderzimmer verwahrt er die Gute-Nacht-Lektüre.

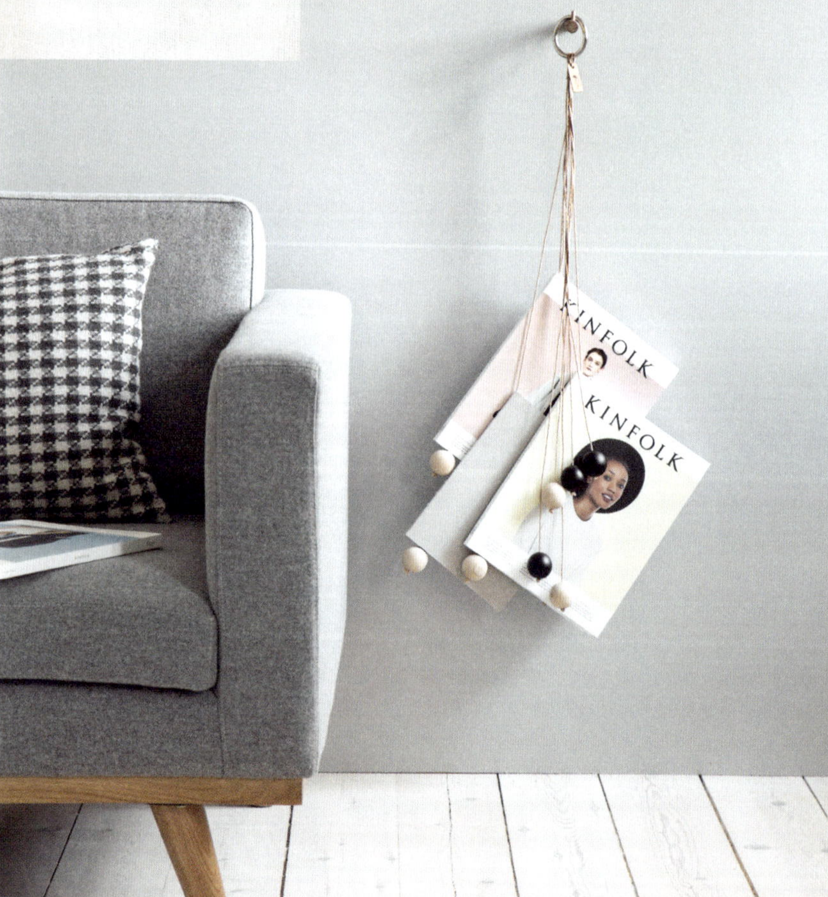

AUFGEFÄDELT
Clevere Idee: Der Zeitschriftenhalter „Magazine Hang Out“ lässt die Zeitschriften an Schnüren abhängen. Dicke Holzkugeln sorgen dafür, dass die Hefte nicht abrutschen (bywirth.com).

3 TOLLE TIPPS

Wer wenig Platz hat, sollte statt Bildern lieber Möbel an die **WAND** hängen. Es gibt da einige clevere und sehr praktische Lösungen.

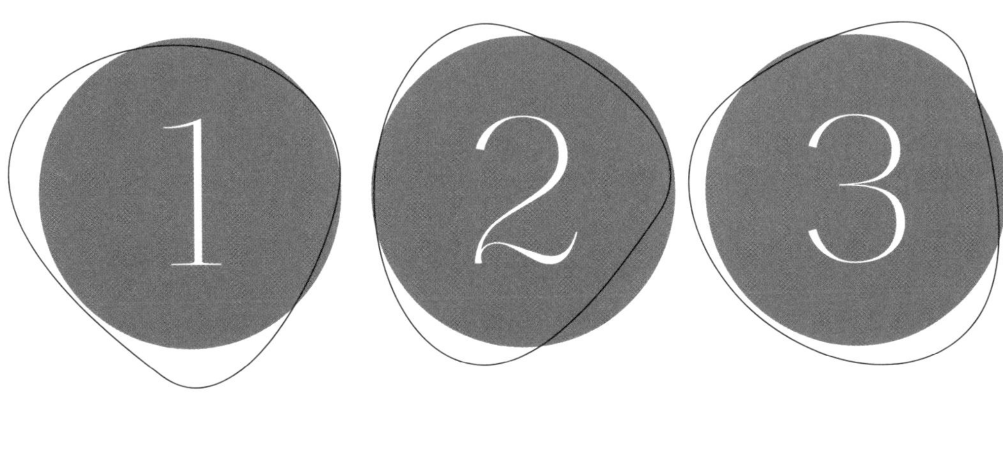

Regale

Sie liefern Stauraum, ohne dabei wuchtig zu wirken. Und sie wachsen in die Höhe, wenn auf der Fläche kein Platz ist: Regale. Vom einzelnen Brett bis zur großformatigen Bücherwand sind sie vielseitig einsetzbar. Regale stehen vor der Wand, lassen sich aber auch aufhängen. Möbel, die sich individuell zusammenstellen lassen, sind ideal für schwierige Situationen. Leiterregale und Systeme, die an Schienen hängen, wirken besonders filigran und sind damit perfekt für Tiny Homes. Für die Ordnung in offenen Regalen verstecken Körbe und Kisten den Kleinkram.

Pinnwände

Die klassische Pinnwand verwahrt wichtige Notizen und Reminder, Postkarten und Fundstücke. Ihre modernen Verwandten können mehr: Gitterwände oder Lochplatten halten nämlich nicht nur Zettel fest, sondern lassen sich mit den passenden Utensilien fast unbegrenzt erweitern. Haken und Klammern befestigen an Gittern auch Gegenstände. Noch flexibler aber ist die Lochwand. Mit dem richtigen Zubehör macht sie sich nicht nur in der Werkstatt nützlich, sondern auch im Haus. Sogar Ablagen und Behälter lassen sich aufhängen.

Specials

Zu den findigen Ideen, die das Wohnen mit wenig Raum erleichtern, zählen auch Tische, die sich an der Wand befestigen lassen und bei Bedarf aufgeklappt werden. Ob Sekretär oder Esstisch, dieses System funktioniert für viele Gelegenheiten. Zu den cleveren Ideen zählen aber auch Racks, die Küchenutensilien aufbewahren. Neben dem Herd aufgehängt, sind Pfanne und Schneebesen immer griffbereit. Sehr praktisch sind zudem Magazinhalter, die an der Wand hängen und die Lieblingszeitschriften bereithalten. Es gibt sie in unterschiedlichsten Varianten.

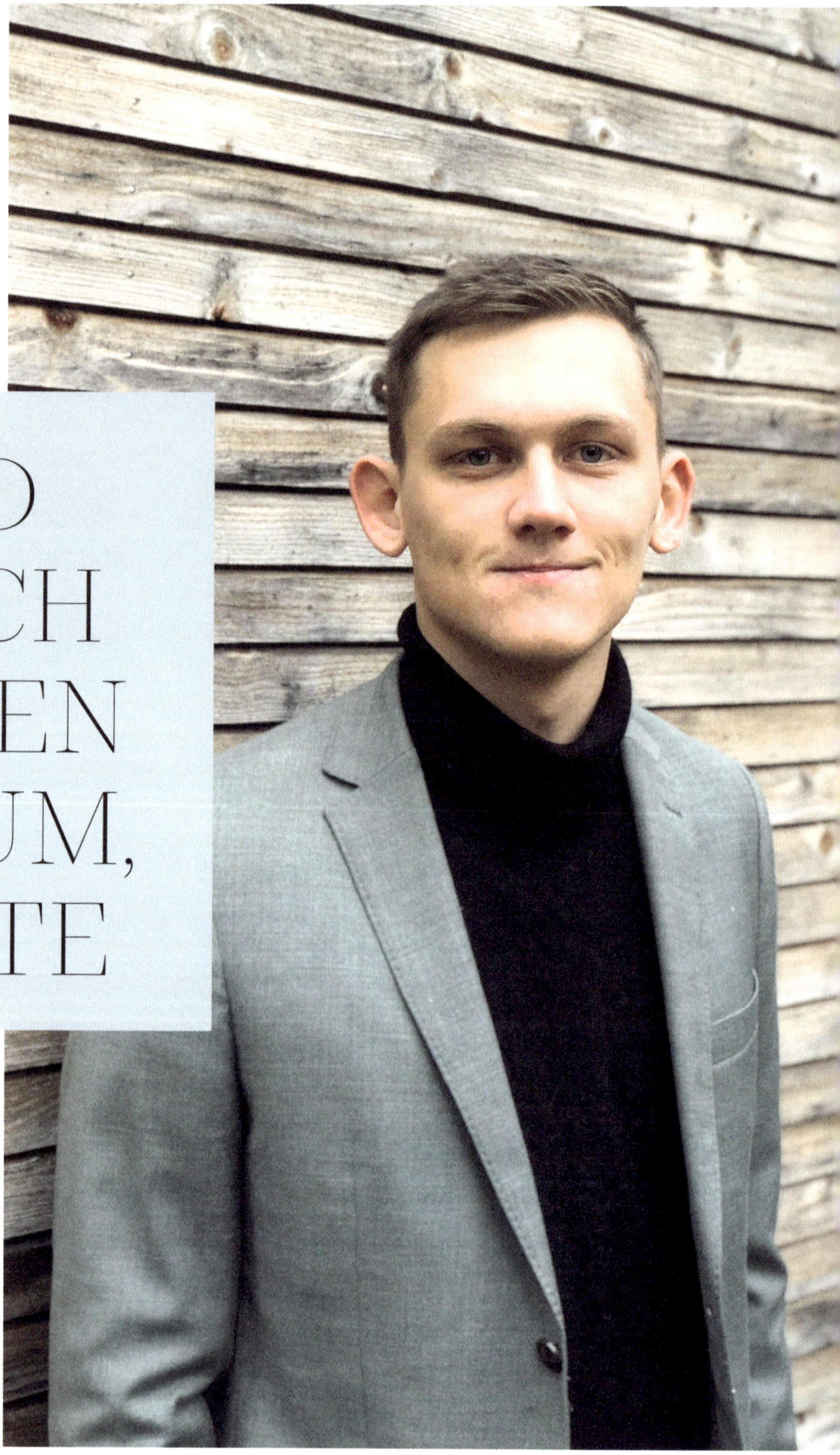

ADD A ROOM

UND NOCH EINEN RAUM, BITTE

Erik Aarup ist als CEO Teil des Teams von add a room. Seit 2010 verkauft das dänische Unternehmen clever durchdachte Modulbauten.

20 Quadratmeter ganz persönliche Strandoase. Genauso gut macht sich dieses Modul als Arbeits- oder Gästerefugium.

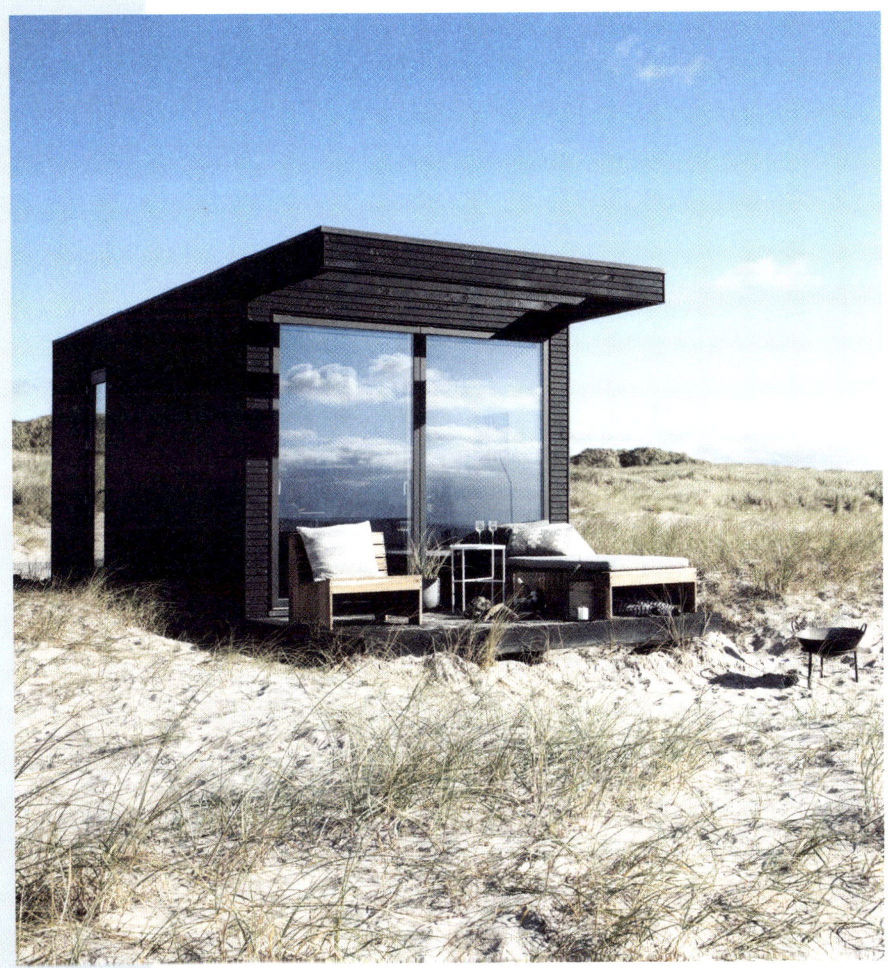

> Die besten Ideen kommen, wenn man außerhalb der Norm denkt.

add a room – der Name verrät das Konzept: Ihr verkauft Module, die für sich alleine stehen, aber auch zu einem größeren Gebäude zusammengefügt werden können.

Genau. Wir bauen Räume aus Holz in verschiedenen Größen. Diese Würfel lassen sich miteinander kombinieren, können aber genauso gut frei stehen. Auf diese Weise kann man sich ein Gäste- oder Arbeitszimmer in den Garten setzen, aber auch ein Ferienhaus auf das Lieblingsgrundstück am See stellen. Die Module haben unterschiedliche Größen und lassen sich mit etlichen Features ausrüsten. Je nachdem, was der Kunde braucht.

Wer ist denn auf diese Idee gekommen?

Die Gründerin, Susanne, ist Dänin. Gemeinsam mit ihrem Mann Sven, einem Schweden, hat sie das Konzept von add a room entwickelt. Susanne hat lange für dänische Designer gearbeitet, Sven hat als Bauunternehmer viel Erfahrung mit dem Material Holz gesammelt. Mit den beiden vereinen sich in dieser Firma also dänisches Design und die schwedische Tradition, Holzhäuser zu bauen.

Holz ist ein nachhaltiger Baustoff. Legt ihr Wert auf Nachhaltigkeit?

Auf jeden Fall. Zum einen arbeiten wir mit natürlichen Materialien. Zum anderen sind unsere Häuser nicht statisch, sondern flexibel einsetzbar - ganz nach den Bedürfnissen der Bewohner. Das macht sie auch nachhaltig.

Was sind deine Lieblingsprojekte?

Es ist immer eine Freude, wenn das fertige Bauwerk an seinen Platz kommt und sich optimal in die Umgebung einfügt. Aber besonders gefällt mir, wenn das ursprüngliche Konzept aufgeht. Wie bei der schwedischen Familie, die ein Ferienhäuschen kaufte, um später noch zwei Module anzubauen, als die Familie wuchs. Und mit dem zusätzlichen Arbeitszimmer kann jetzt auch problemlos das Wochenende verlängert werden.

Welchen Rat gibst du denjenigen, die auf wenig Fläche wohnen möchten?

Denke darüber nach, welche Funktionen du ins Freie verlagern kannst. Das Wohnzimmer ist klein? Eine Terrasse von 20 Quadratmetern ist im Sommer der schönste Raum. Und wer eine großzügige Outdoor-Küche baut, braucht im Haus nur eine schmale Zeile. ■

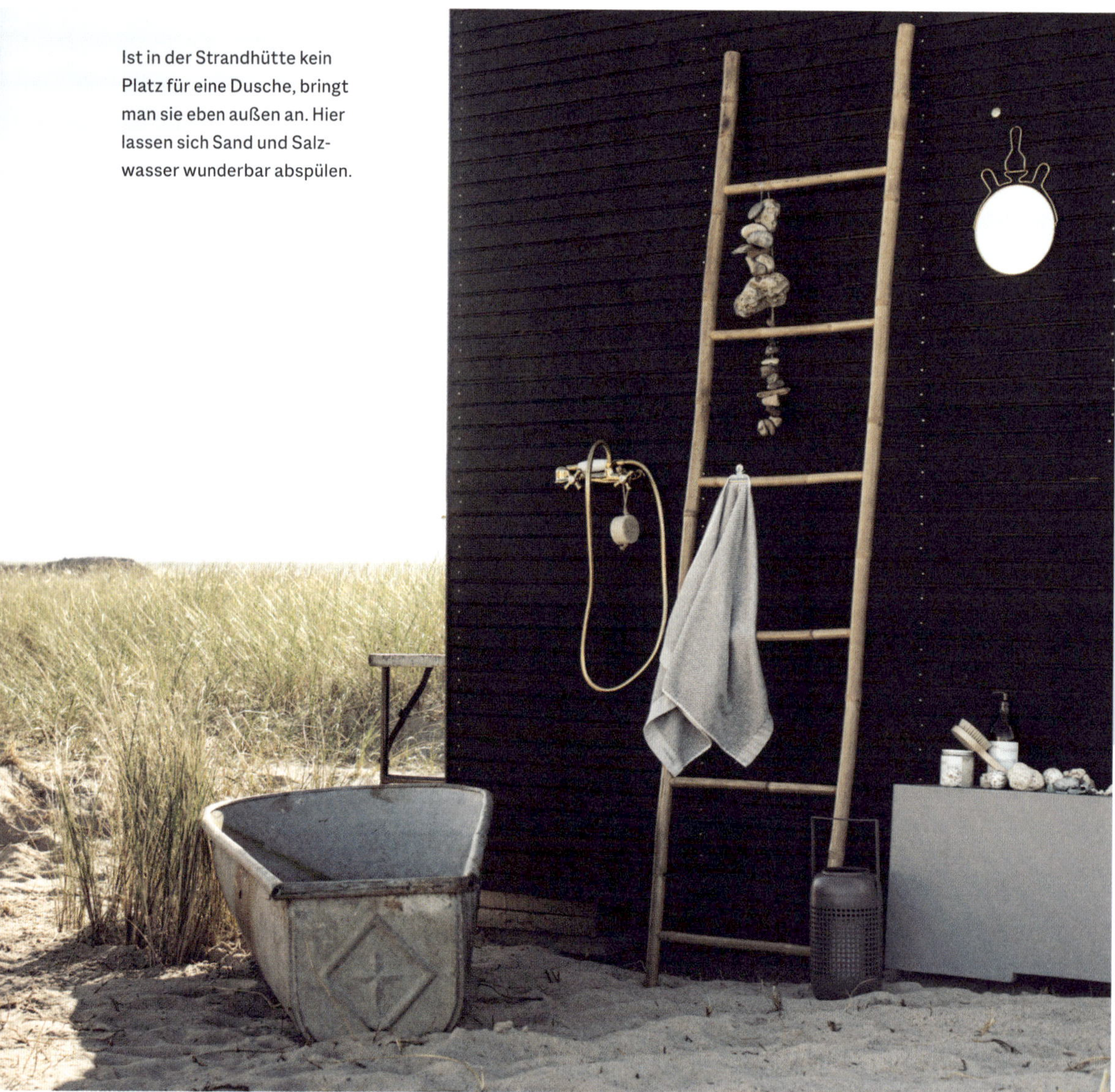

Ist in der Strandhütte kein Platz für eine Dusche, bringt man sie eben außen an. Hier lassen sich Sand und Salzwasser wunderbar abspülen.

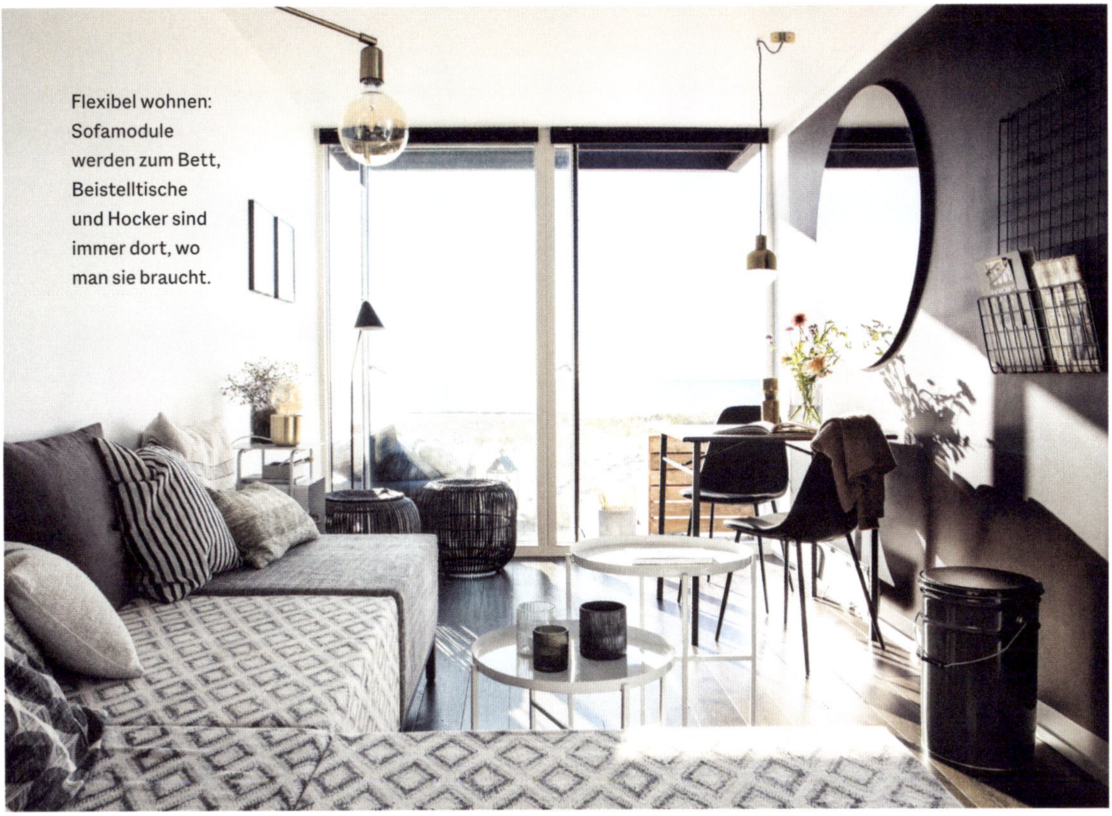

Flexibel wohnen: Sofamodule werden zum Bett, Beistelltische und Hocker sind immer dort, wo man sie braucht.

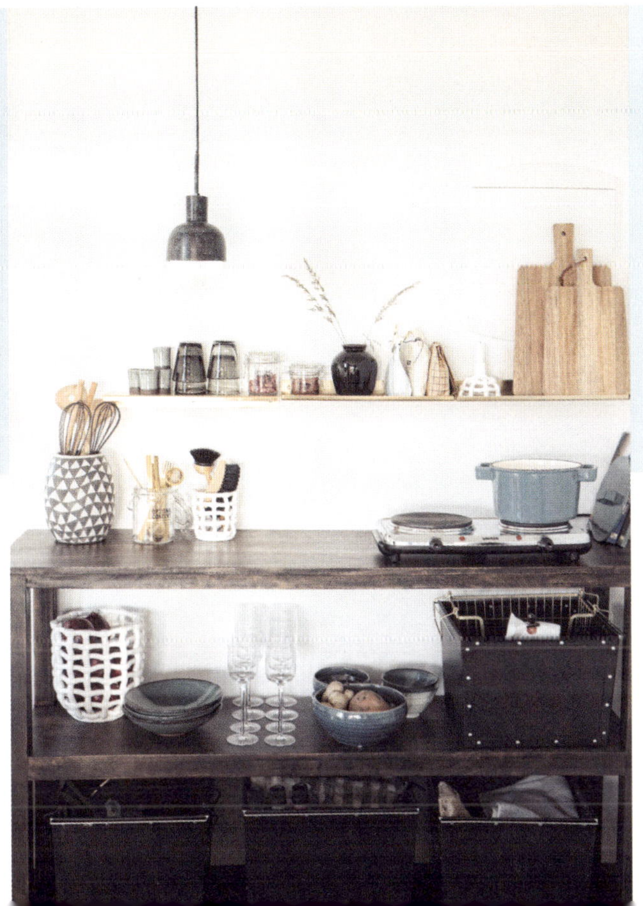

Apartment no 1

WAS Ein Strandhaus für House Doctor

GRÖSSE 20 Quadratmeter

WO Hvide Sande, Dänemark

LIEBLINGSFEATURE Der Blick auf das Meer

Die Kochplatte auf dem Regal wird zur improvisierten Küchenzeile. Körbe und Kisten bewahren Zubehör und Zutaten auf.

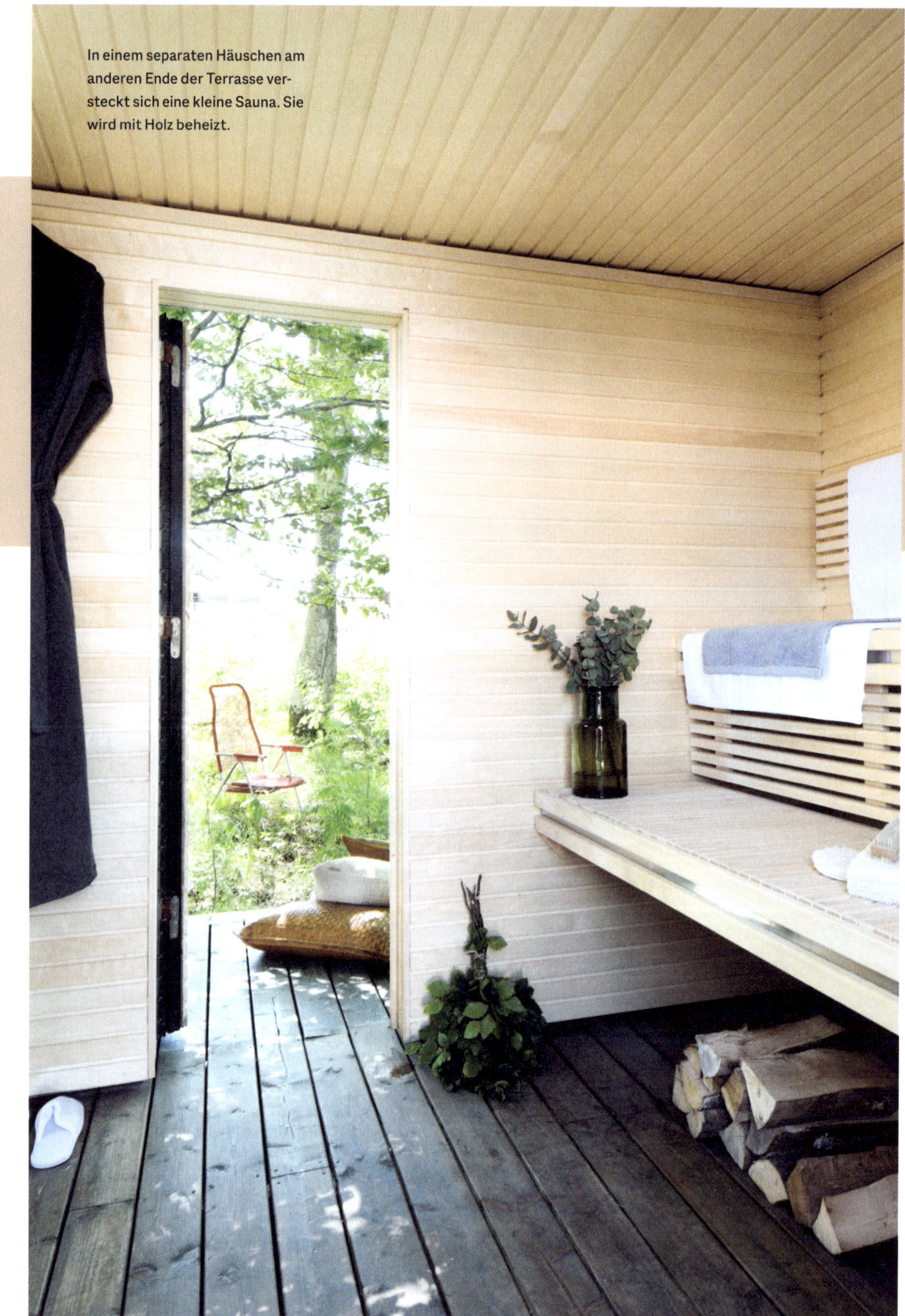

In einem separaten Häuschen am anderen Ende der Terrasse versteckt sich eine kleine Sauna. Sie wird mit Holz beheizt.

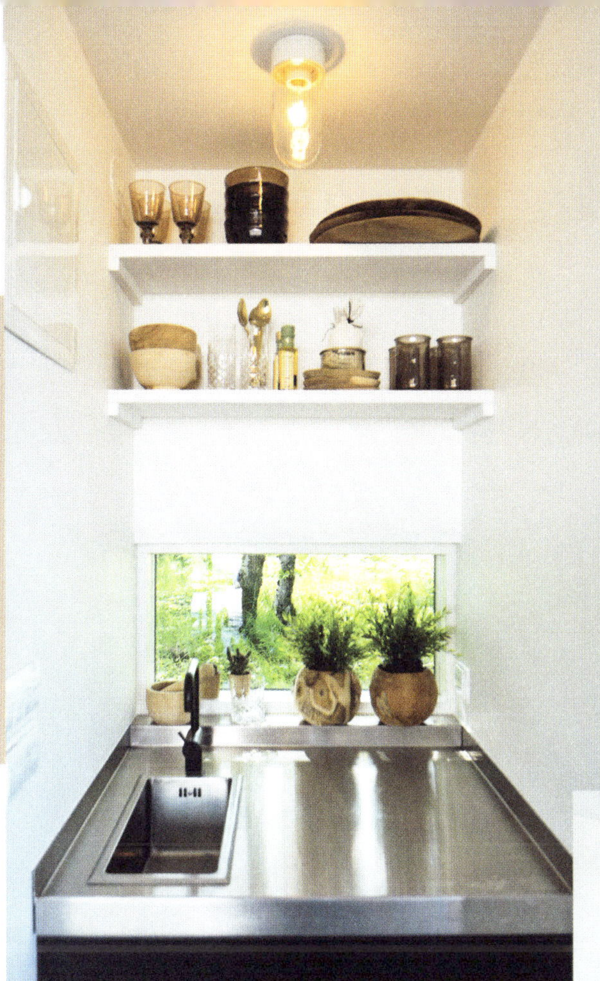

Die Mini-Küche ist für die schnelle Mahlzeit. Gekocht wird draußen.

Apartment no 2

WAS Ehemaliger Showroom für add a room

GRÖSSE 15 Quadratmeter plus Outdoor- Features

LIEBLINGSFEATURE Die Outdoor-Küche, die Sauna und Häuschen miteinander verbindet

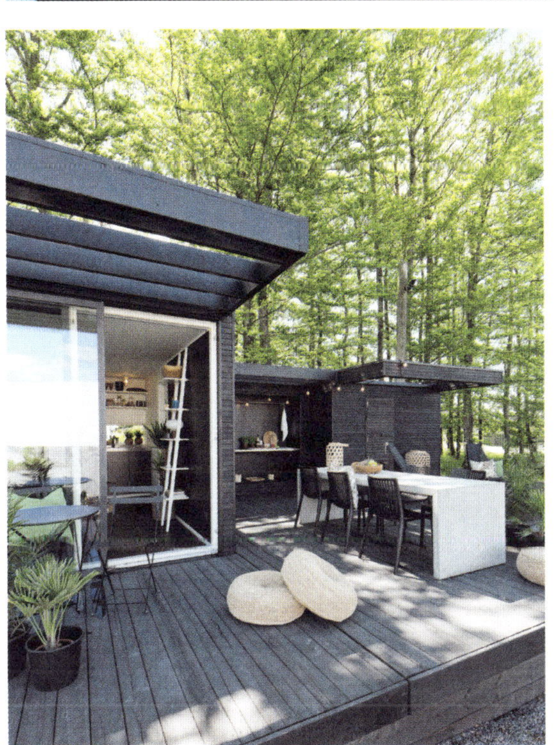

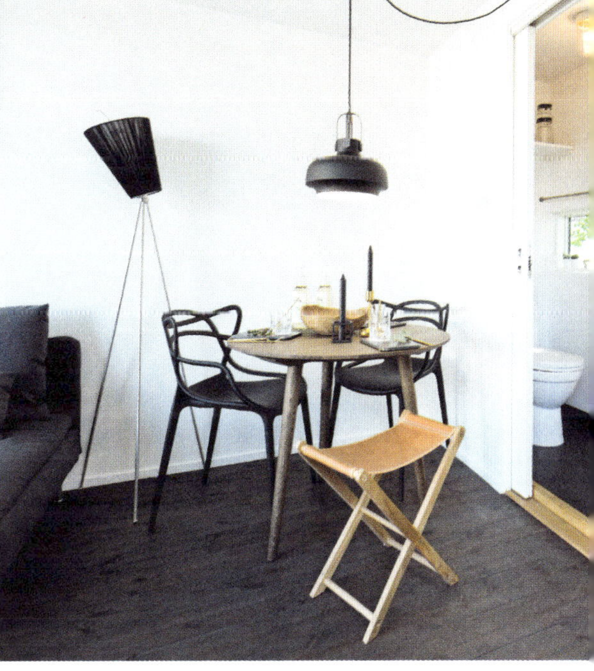

Das Holzdeck ist groß genug für das Sommerleben im Freien.

Neben dem Wohnraum ist sogar noch Platz für ein winziges Bad.

traumhaft SCHLAFEN

Das Schlafzimmer in einem Tiny Home ist meist sehr klein. Deshalb muss es sich aber noch lange nicht so anfühlen.

GUT VERSTECKT Boxspringbetten haben in der Regel einen Bettkasten, in dem viel Platz für Decken etc. ist. Aber auch normale Betten lassen Luft unter dem Lattenrost, die man mit flachen Kästen und breiten Schubladen nutzen kann.

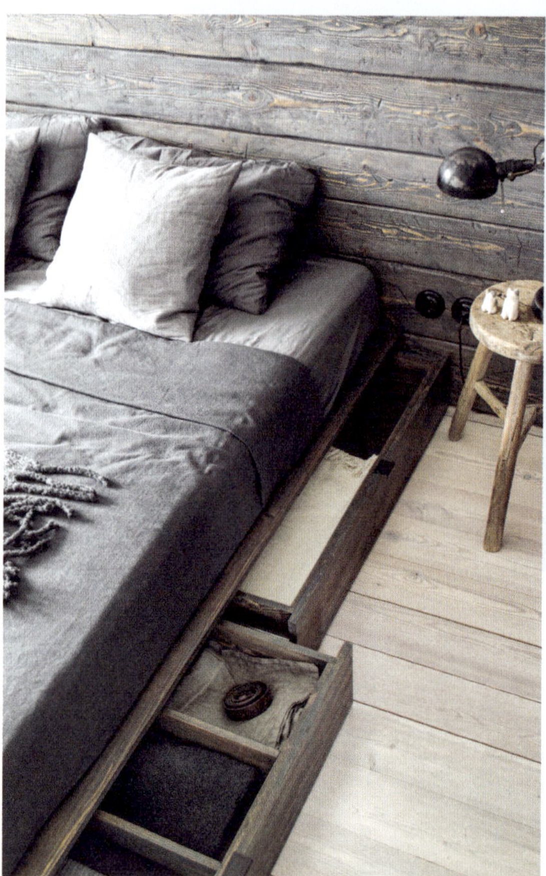

Der kleinste Raum eines Zuhauses wird oft als Schlafzimmer genutzt. Grundsätzlich ist das eine gute Idee, schließlich verbringt man hier in der Regel nur wenige wache Stunden. Das ist aber noch lange kein Grund, ihn zu vernachlässigen und keinen Gedanken an die Gestaltung und Einrichtung zu verschwenden. Mit einigen simplen Tricks wird aus der engen Schlafkammer ein heller, luftiger und freundlicher Raum. Für entspannte Stunden und traumhafte Nächte.

Je kleiner das Zimmer, desto wichtiger ist die optimale Ausnutzung. Hier kommen Maßanfertigungen ins Spiel. Genau auf die Situation zugeschnittene Lösungen nutzen Nischen und Ecken optimal aus. Wie zum Beispiel das maßgetischlerte Bett unter der Dachschräge, dessen Bettkasten zusätzlichen Stauraum liefert. Oder die Schiebetür, die aus der Nische hinter dem Schornstein einen Kleiderschrank macht. Wichtig ist, dass sämtliche Einbauten nicht zu massiv und wuchtig wirken, um den kleinen Raum nicht zu erdrücken. Ebenso wichtig wie eine gute Ausnutzung der Fläche ist auch die richtige Beleuchtung. Statt gleißender Deckenstrahler sorgen mehrere kleine Lichtquellen für eine gemütliche Atmosphäre. ■

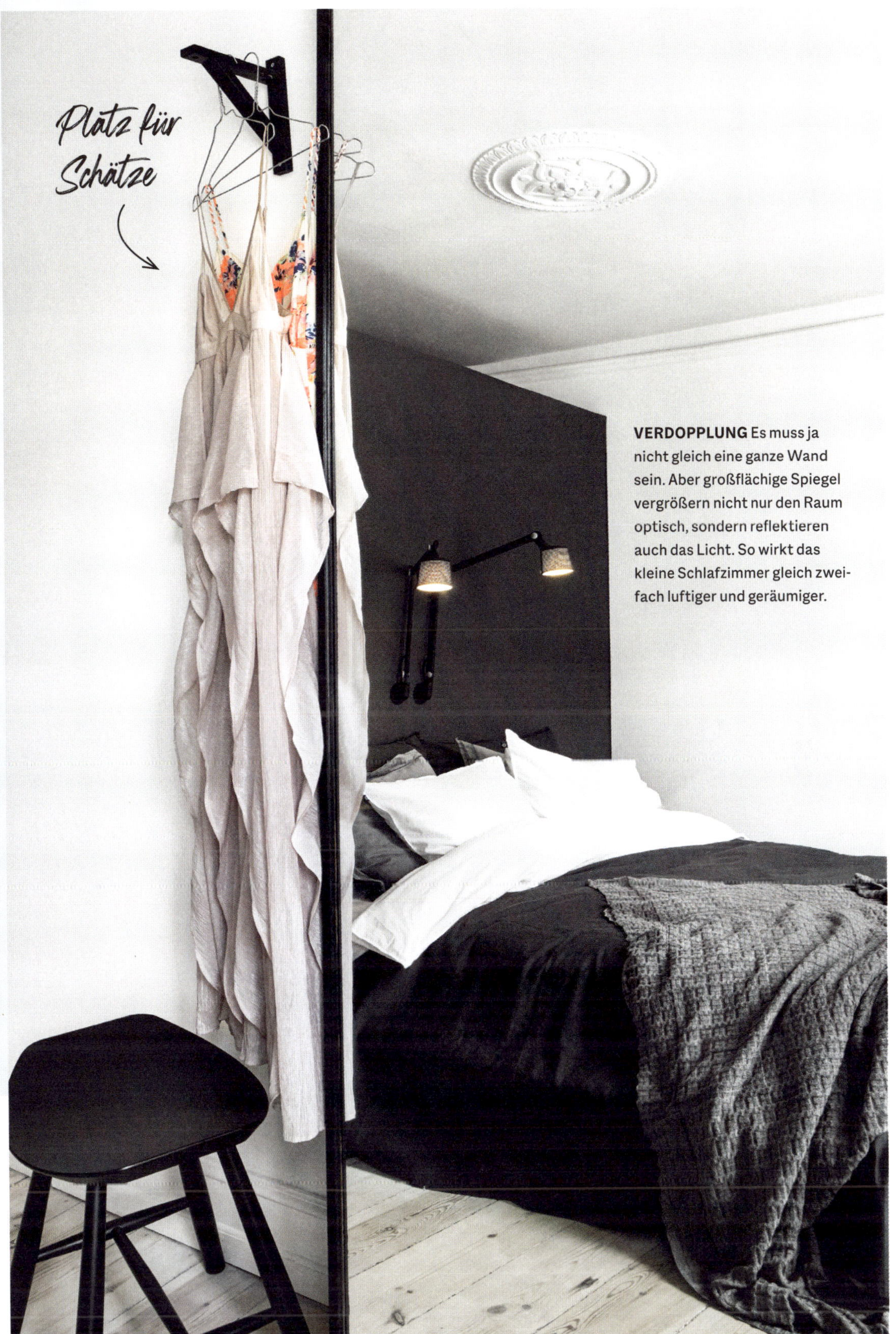

VERDOPPLUNG Es muss ja nicht gleich eine ganze Wand sein. Aber großflächige Spiegel vergrößern nicht nur den Raum optisch, sondern reflektieren auch das Licht. So wirkt das kleine Schlafzimmer gleich zweifach luftiger und geräumiger.

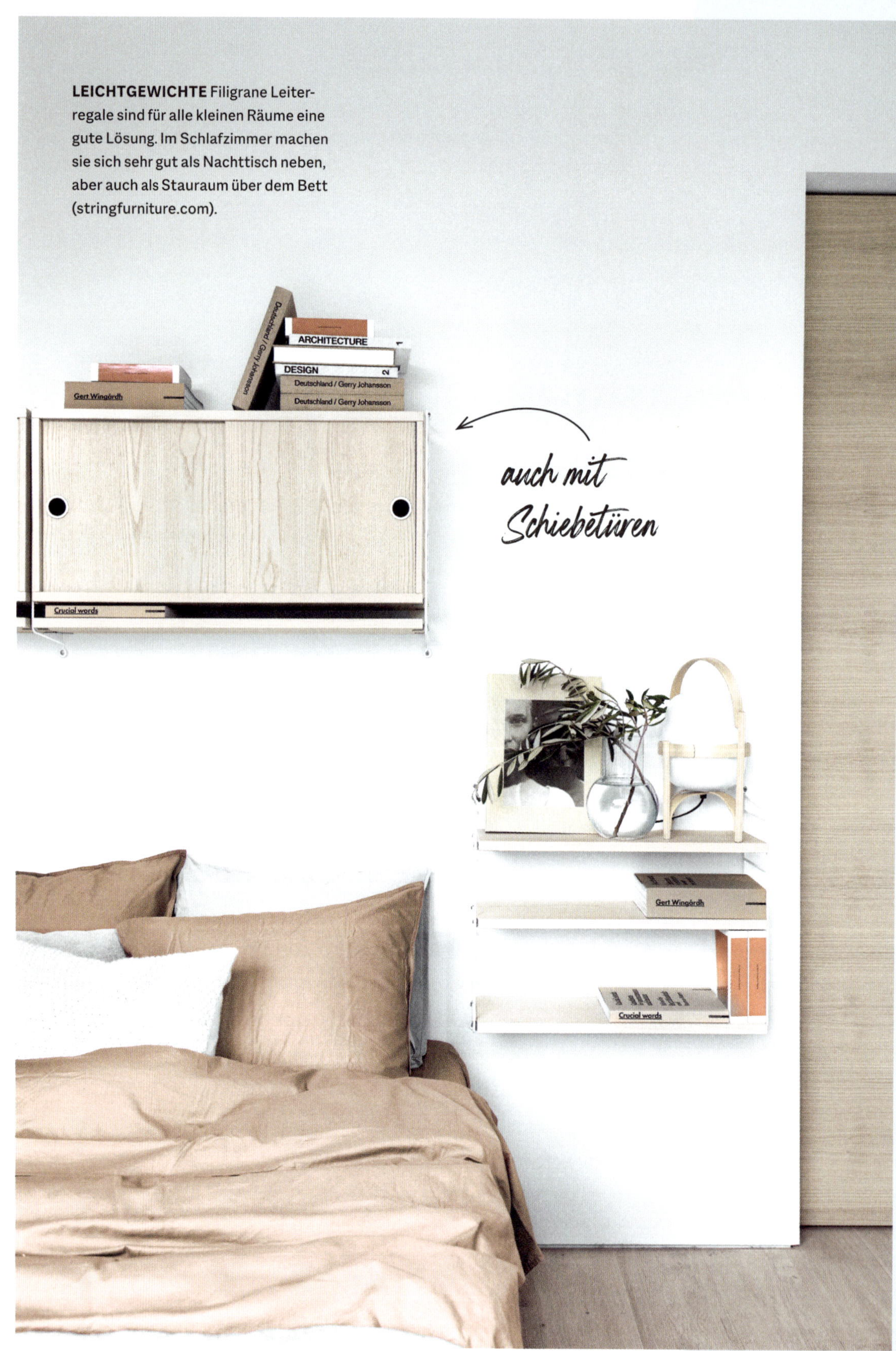

LEICHTGEWICHTE Filigrane Leiterregale sind für alle kleinen Räume eine gute Lösung. Im Schlafzimmer machen sie sich sehr gut als Nachttisch neben, aber auch als Stauraum über dem Bett (stringfurniture.com).

Bettkasten als Beisteller

ÜBERRASCHUNGSEFFEKT Beim Bett „Nook" von Müller steckt der Clou im Kopfteil. Oberflächlich dient es als Ablagefläche für Buch, Brille und Taschentuch. Darunter aber verbergen sich diverse Fächer, die jede Menge Stauraum liefern.

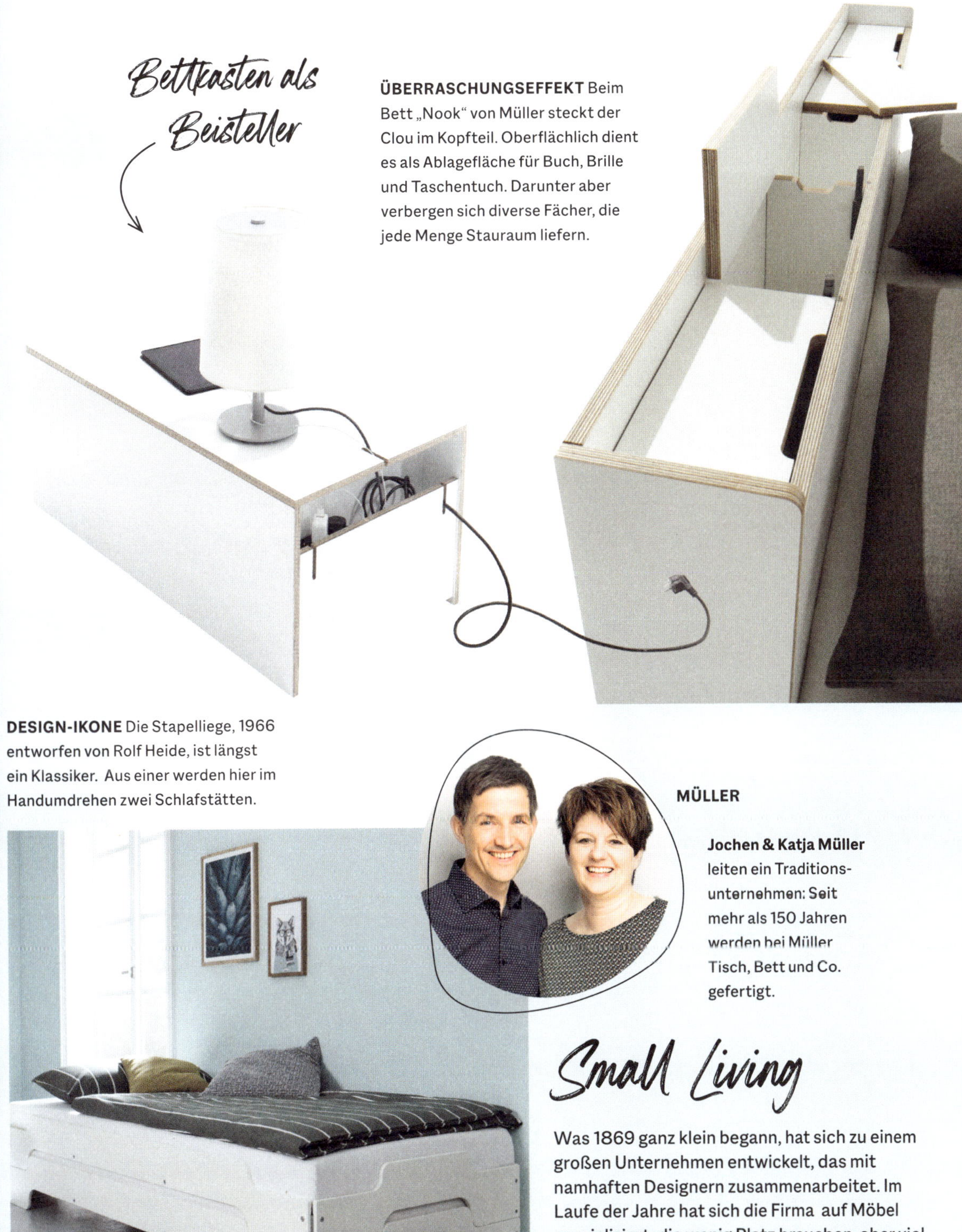

DESIGN-IKONE Die Stapelliege, 1966 entworfen von Rolf Heide, ist längst ein Klassiker. Aus einer werden hier im Handumdrehen zwei Schlafstätten.

MÜLLER

Jochen & Katja Müller leiten ein Traditionsunternehmen: Seit mehr als 150 Jahren werden bei Müller Tisch, Bett und Co. gefertigt.

Small Living

Was 1869 ganz klein begann, hat sich zu einem großen Unternehmen entwickelt, das mit namhaften Designern zusammenarbeitet. Im Laufe der Jahre hat sich die Firma auf Möbel spezialisiert, die wenig Platz brauchen, aber viel können. Der neue Name: Müller Small Living.

Ob für das Studentenwohnheim oder das Hotelzimmer: Die Linie „Corner" rüstet Mikro-Apartments mit cleveren, multifunktionalen Designermöbeln aus.

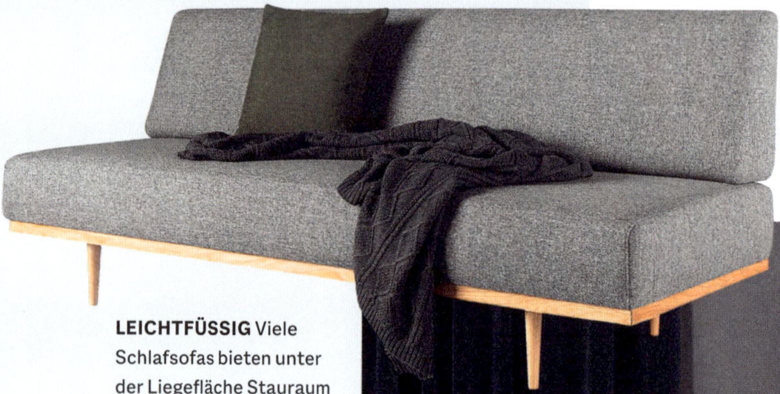

Geheimfach

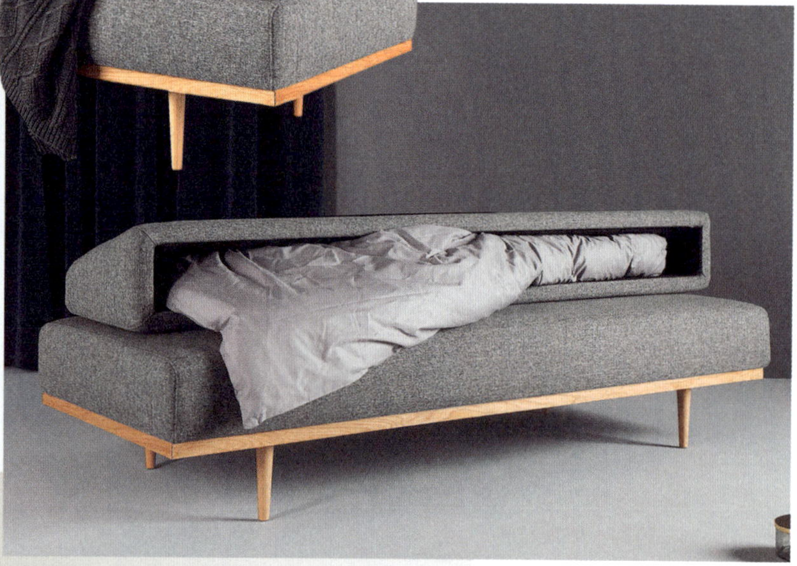

LEICHTFÜSSIG Viele Schlafsofas bieten unter der Liegefläche Stauraum für Bettdecke und Kopfkissen. Weil „Vanadis" von home24.de zu diesem Zweck die Rückenlehne nutzt, bleibt das Untergestell schön leicht und luftig.

an Lederriemen aufgehängt

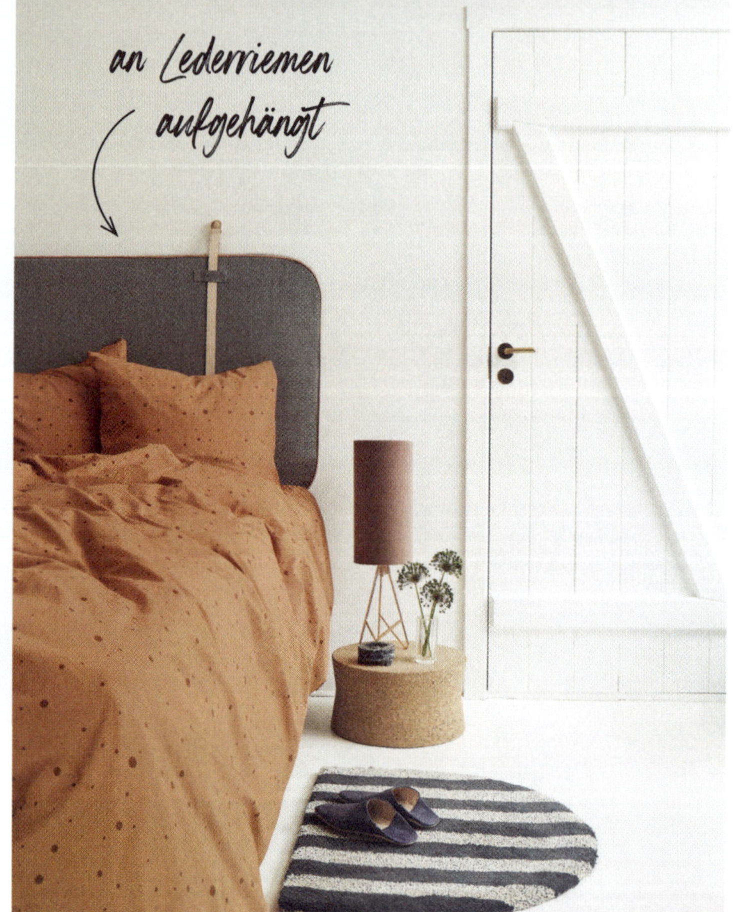

NATURNAH Regal, Schränkchen, Hocker – nein, danke. Hier kommt ein schlichter Zylinder aus Kork zum Einsatz. Die Tischlampe mit dem filigranen Fuß macht aus dem Ensemble einen hübschen, zarten Nachttisch mit natürlicher Note.

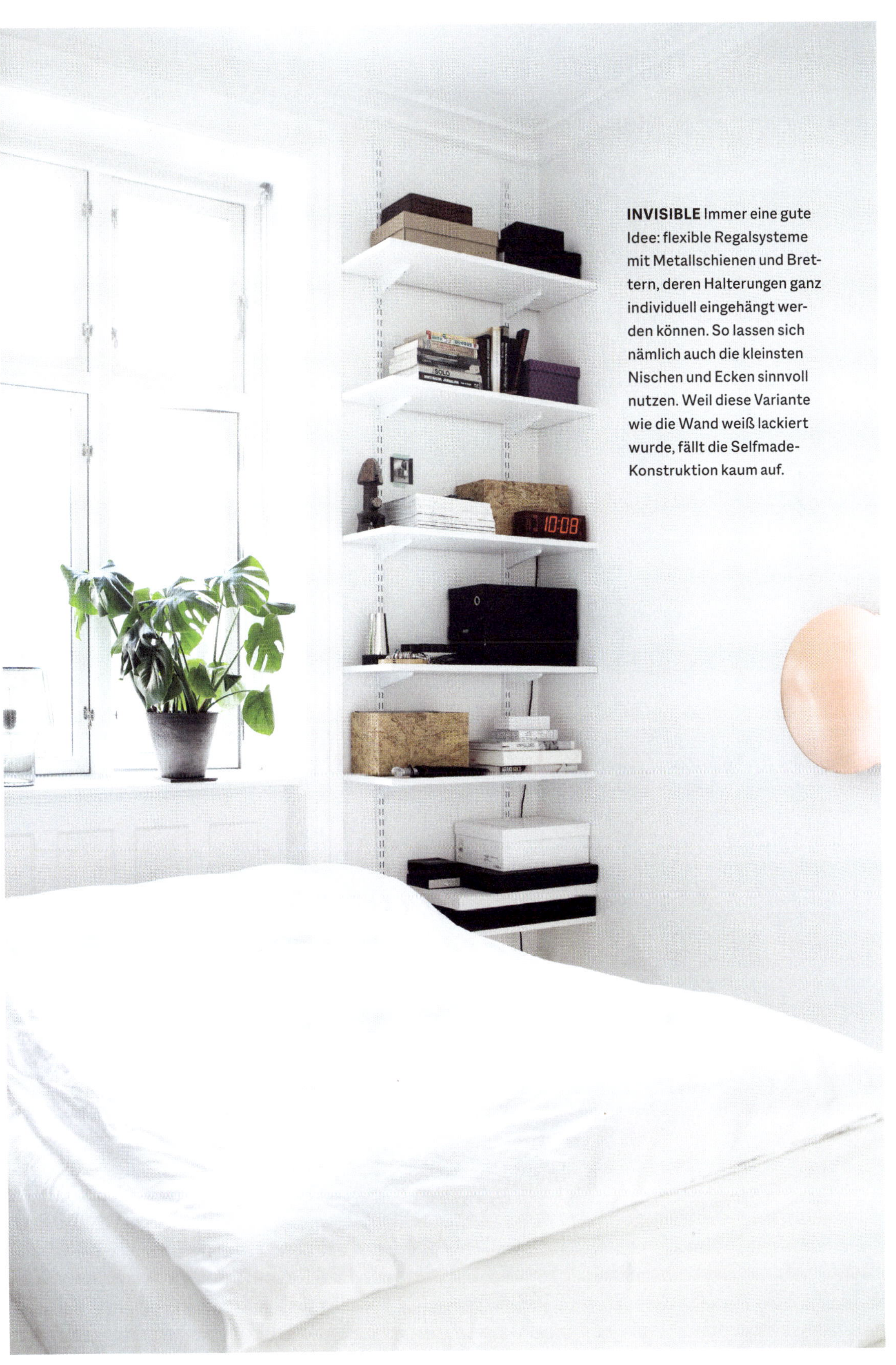

INVISIBLE Immer eine gute Idee: flexible Regalsysteme mit Metallschienen und Brettern, deren Halterungen ganz individuell eingehängt werden können. So lassen sich nämlich auch die kleinsten Nischen und Ecken sinnvoll nutzen. Weil diese Variante wie die Wand weiß lackiert wurde, fällt die Selfmade-Konstruktion kaum auf.

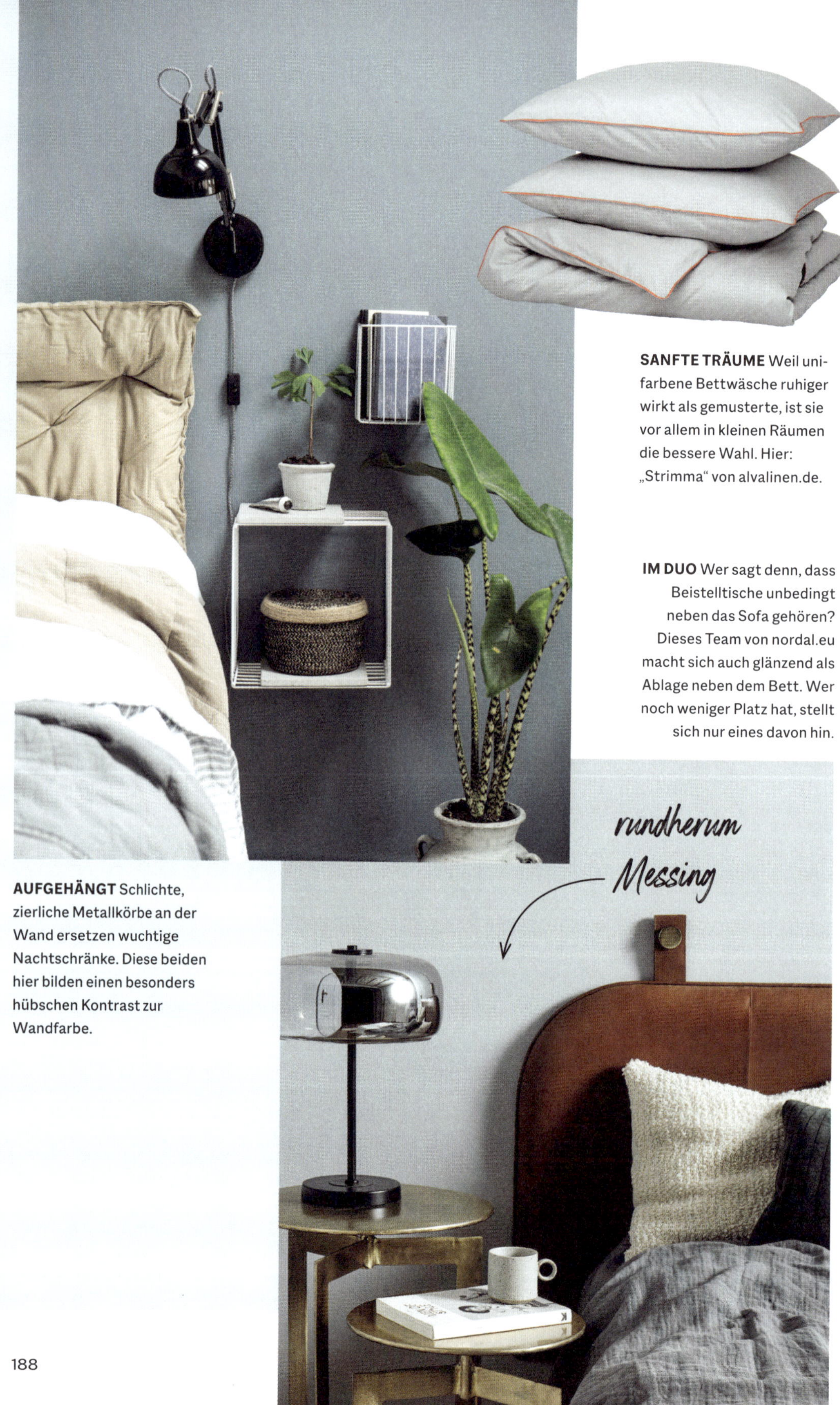

SANFTE TRÄUME Weil unifarbene Bettwäsche ruhiger wirkt als gemusterte, ist sie vor allem in kleinen Räumen die bessere Wahl. Hier: „Strimma" von alvalinen.de.

IM DUO Wer sagt denn, dass Beistelltische unbedingt neben das Sofa gehören? Dieses Team von nordal.eu macht sich auch glänzend als Ablage neben dem Bett. Wer noch weniger Platz hat, stellt sich nur eines davon hin.

AUFGEHÄNGT Schlichte, zierliche Metallkörbe an der Wand ersetzen wuchtige Nachtschränke. Diese beiden hier bilden einen besonders hübschen Kontrast zur Wandfarbe.

3 TOLLE TIPPS

Für sanfte Erholung und süße Träume lässt sich auch ein kleines **SCHLAFZIMMER** in ein Zentrum der Entspannung verwandeln.

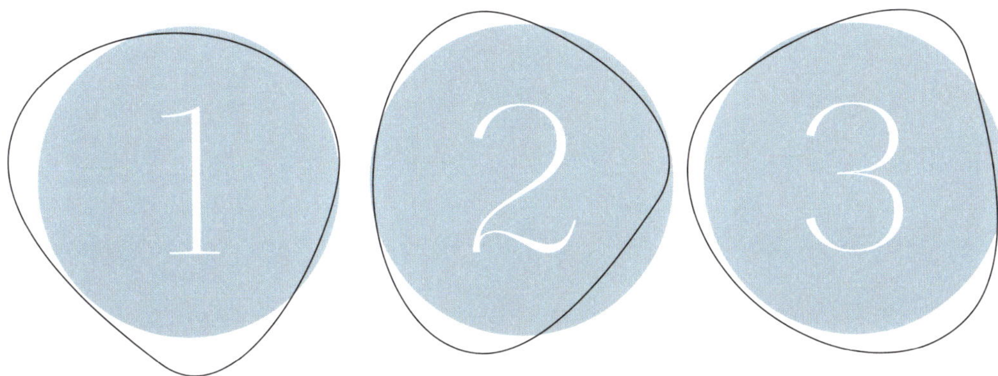

Minimalismus

Im Schlafzimmer ist weniger mehr. Weniger Möbel, weniger Deko, weniger Muster und laute Farben. So kommen Körper und Geist am besten zur Ruhe. Diese Regel gilt besonders in einem Tiny Home. Schnell ist der Raum überfrachtet - mit Möbeln genauso wie mit Formen und Dingen. Auch ein Stilmix sorgt dafür, dass im Schlafzimmer zu viel Trubel herrscht. Das Auge bleibt an etlichen Ecken hängen und ist schnell überfordert. Wer dagegen in diesem Raum Minimalismus walten lässt, schafft nicht nur eine spaähnliche Atmosphäre, sondern auch ein Gefühl von Großzügigkeit.

Farben

Natürlich, dunkle Farben sind aufregend und schaffen tolle Kontraste. Aber im Schlafzimmer ist Aufregung eher unerwünscht. Und um einen kleinen Raum großzügiger wirken zu lassen, sind helle Töne eh die bessere Wahl. Wer auf dunklere Nuancen nicht verzichten möchte, sollte innerhalb einer Farbfamilie bleiben. Für eine besonders entspannte Atmosphäre kann man die Wände in sanften Grautönen streichen. In Kombination mit Weiß scheint der Raum so lichter und offener. Möbel und Accessoires aus Naturmaterialien bringen gemütliche Wärme.

Stauraum

Wie überall im Tiny Home gilt auch im Schlafzimmer: Ordnung, bitte! Alles, was herumliegt, bremst den Blick und lässt den Raum kleiner erscheinen. Auch im Schlafzimmer ist Stauraum ein Muss. Aber weil wuchtige Möbel schnell einengend wirken, greift man in einem kleinen Schlafzimmer besser zu leichten, filigranen Alternativen. Ein offenes Hängeregal lässt den Bereich ums Bett größer erscheinen als ein klobiger Nachtschrank. Und all die kleinen Dinge, die schnell chaotisch wirken könnten, werden der Ordnung halber einfach in Kisten und Körben verstaut.

AUSZEIT *in der Natur*

Carl-Felix ist ein „norddeutscher Jung“ und mit dem Blick in die Weite aufgewachsen. Auch sein Ferienhäuschen ermöglicht spektakuläre Aussichten.

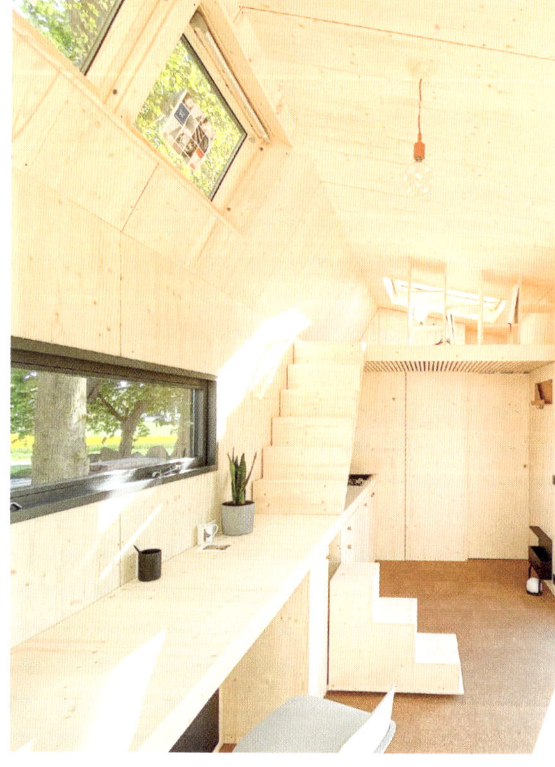

Dank der hohen Decken wirkt das nur 21 Quadratmeter kleine Ferienhaus schön großzügig, offen und luftig. Die Oberlichter lassen besonders viel Sonne herein.

Ein wenig futuristisch sieht „Kaat“ auf der grünen Wiese aus. Dank der Naturmaterialien passt das Häuschen aber trotzdem ganz wunderbar hierher.

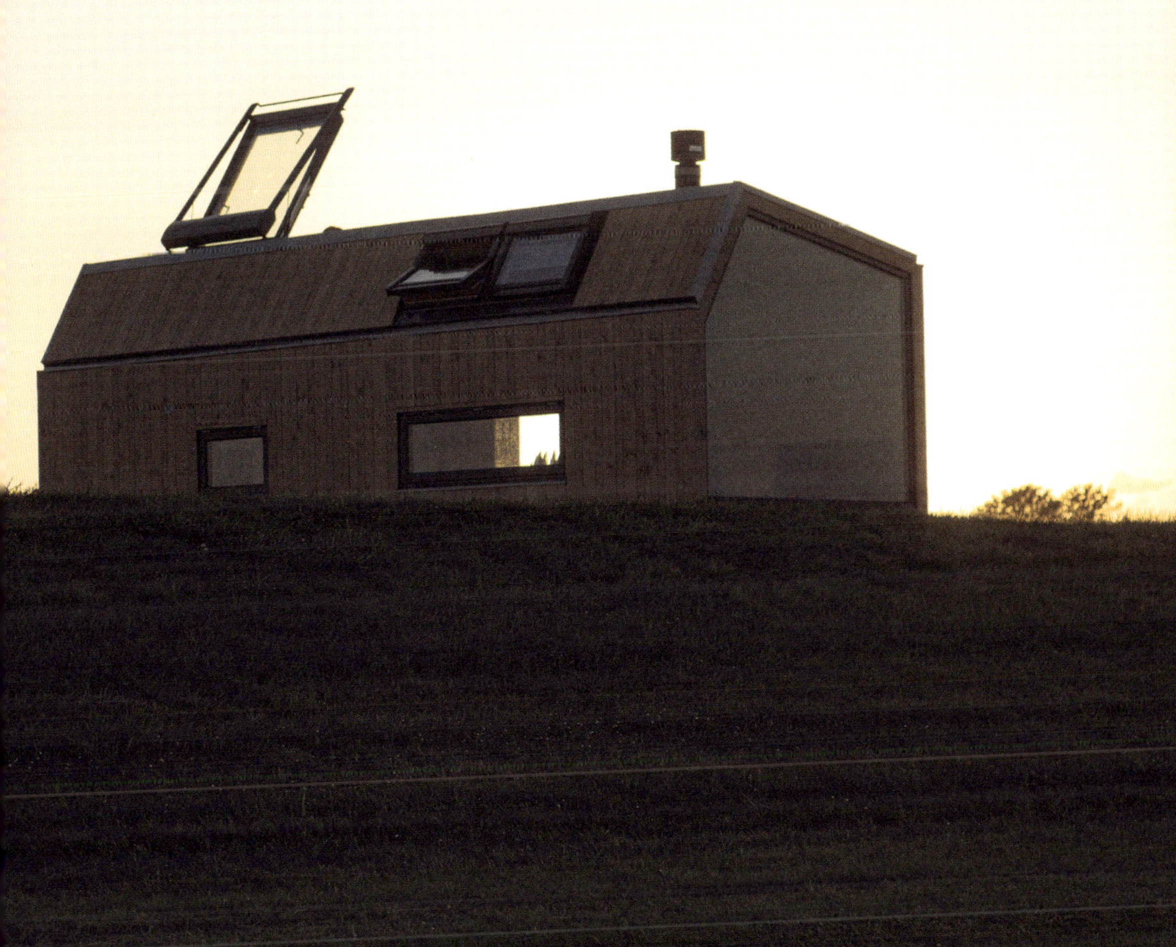

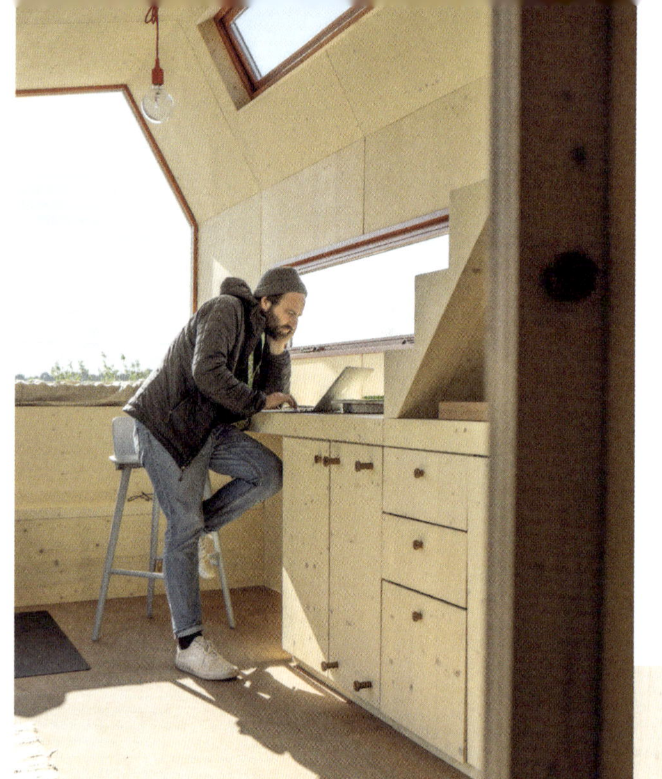

Ich liebe den Blick ins Grüne!

Ob Ess- oder Arbeitsplatz: Hier wird erledigt, was eben gerade so ansteht .

Wenn sich ein Tischler ein Ferienhaus baut, ist Holz selbstverständlich das Material der Wahl. Und wenn man dann wie Carl-Felix in der Nähe der Küste lebt, sollte dieses Urlaubsdomizil den Blick über Meer, Watt und Wiesen spektakulär in Szene setzen. Mobil darf dieses Ferienhaus auch gern sein, schließlich möchte man besagte Aussichten ruhig mal wechseln. Carl-Felix legt außerdem viel Wert auf eine ökologische Lebens- und Bauweise, die Umwelt und gesundes Wohnen hat er bei seinen Ideen immer im Kopf. Und zu guter Letzt soll das temporäre Heim auch noch schick aussehen, einen zeitgenössischen Look haben. Ganz schön viele Anforderungen, die der findige Tischler gemeinsam mit einem Freund in eine clevere Form brachte. „Kaat“ nennt er das mobile Tiny House. Übersetzt aus dem Plattdeutschen bedeutet das so viel wie „kleine Hütte“.

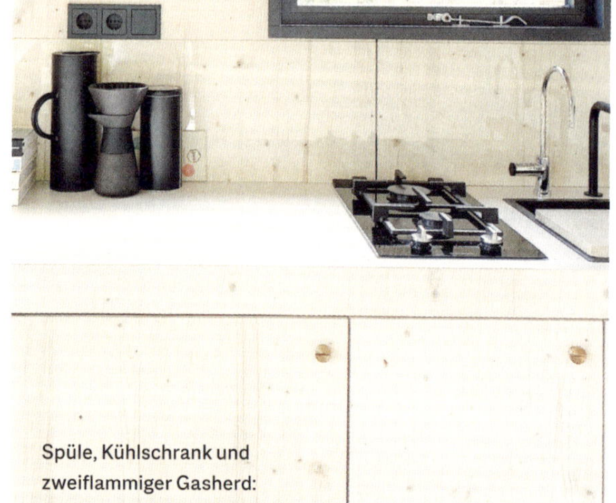

Spüle, Kühlschrank und zweiflammiger Gasherd: Auf kleinem Raum lässt sich überraschend groß kochen.

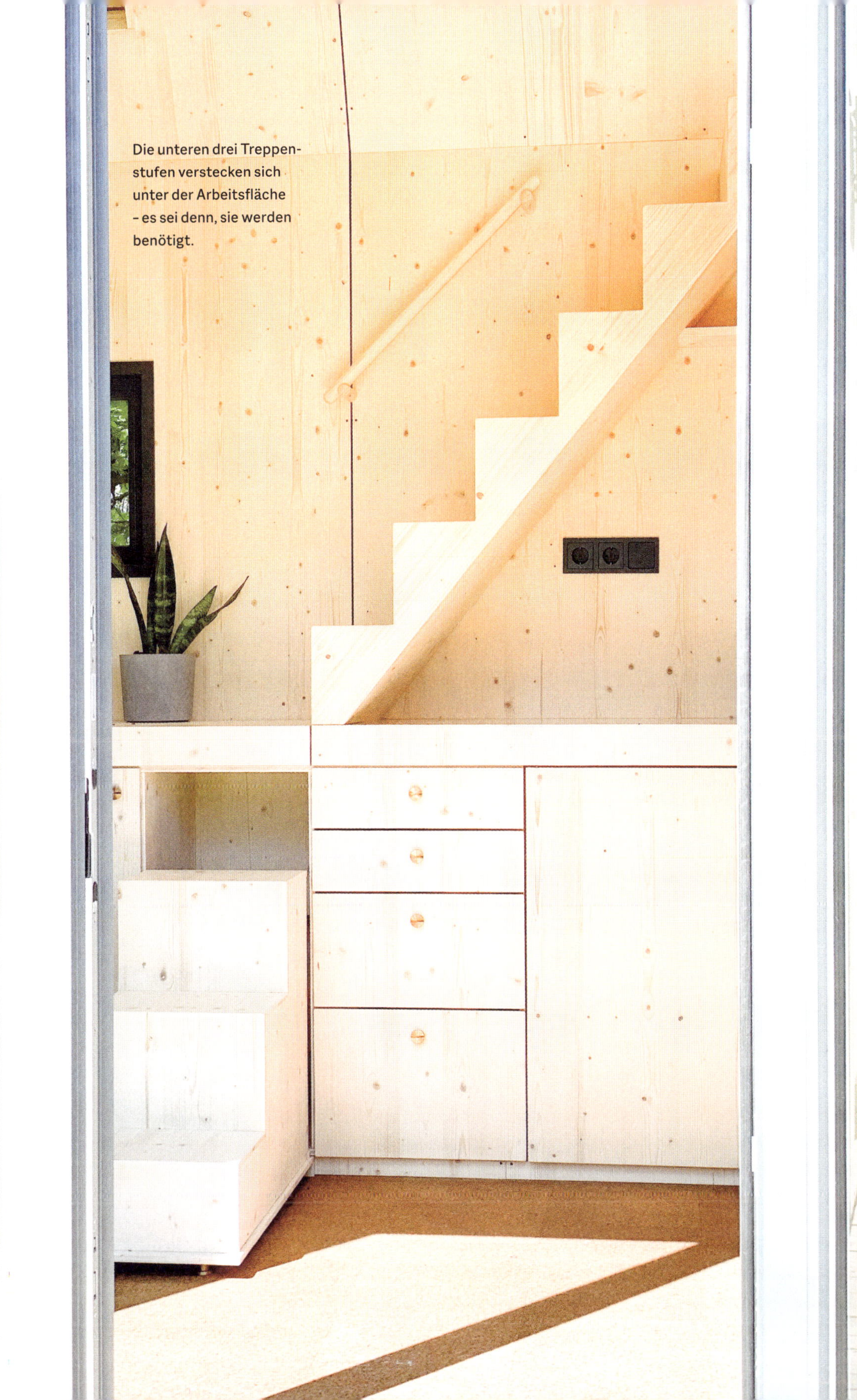

Die unteren drei Treppenstufen verstecken sich unter der Arbeitsfläche – es sei denn, sie werden benötigt.

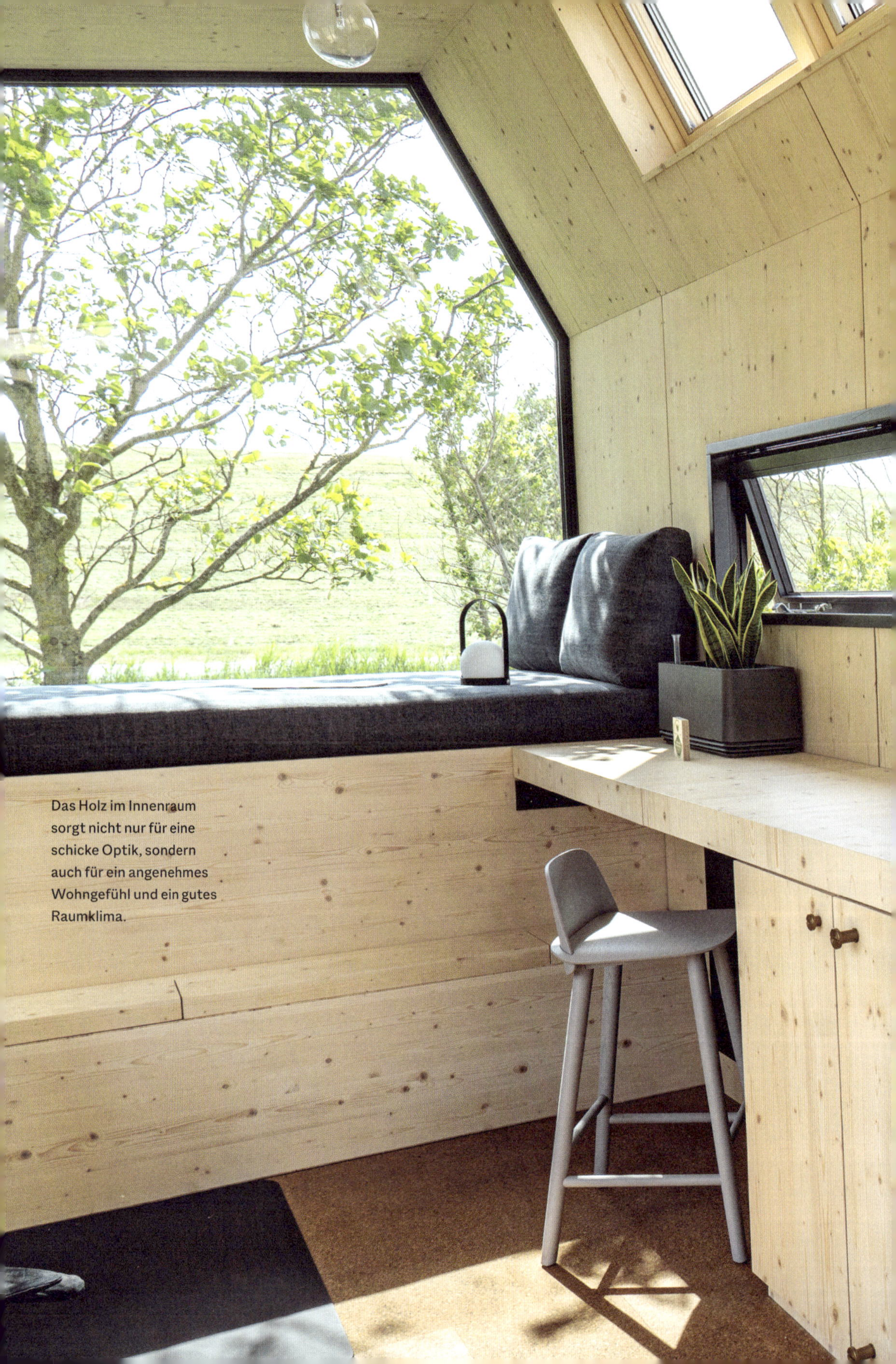

Das Holz im Innenraum sorgt nicht nur für eine schicke Optik, sondern auch für ein angenehmes Wohngefühl und ein gutes Raumklima.

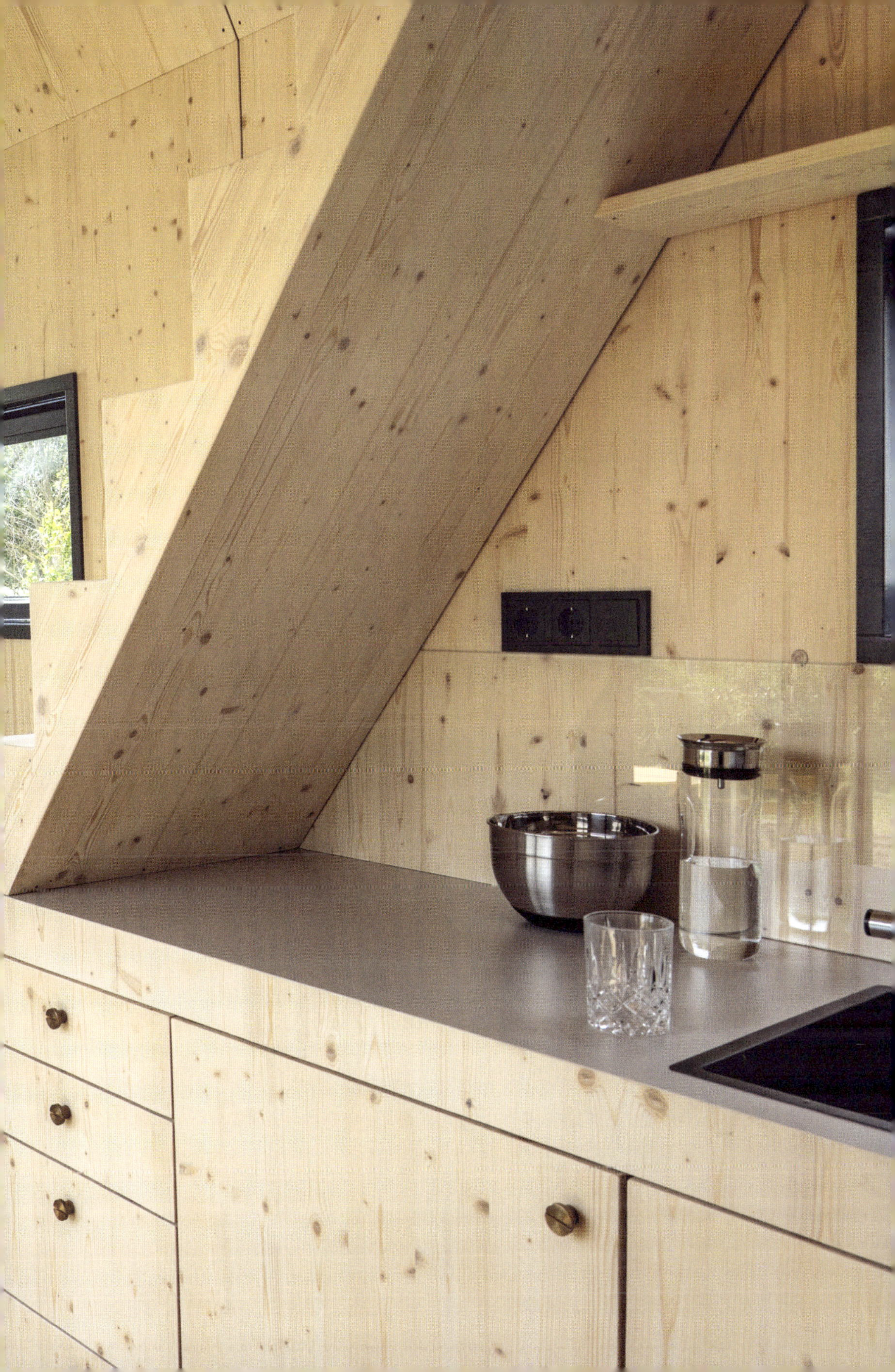

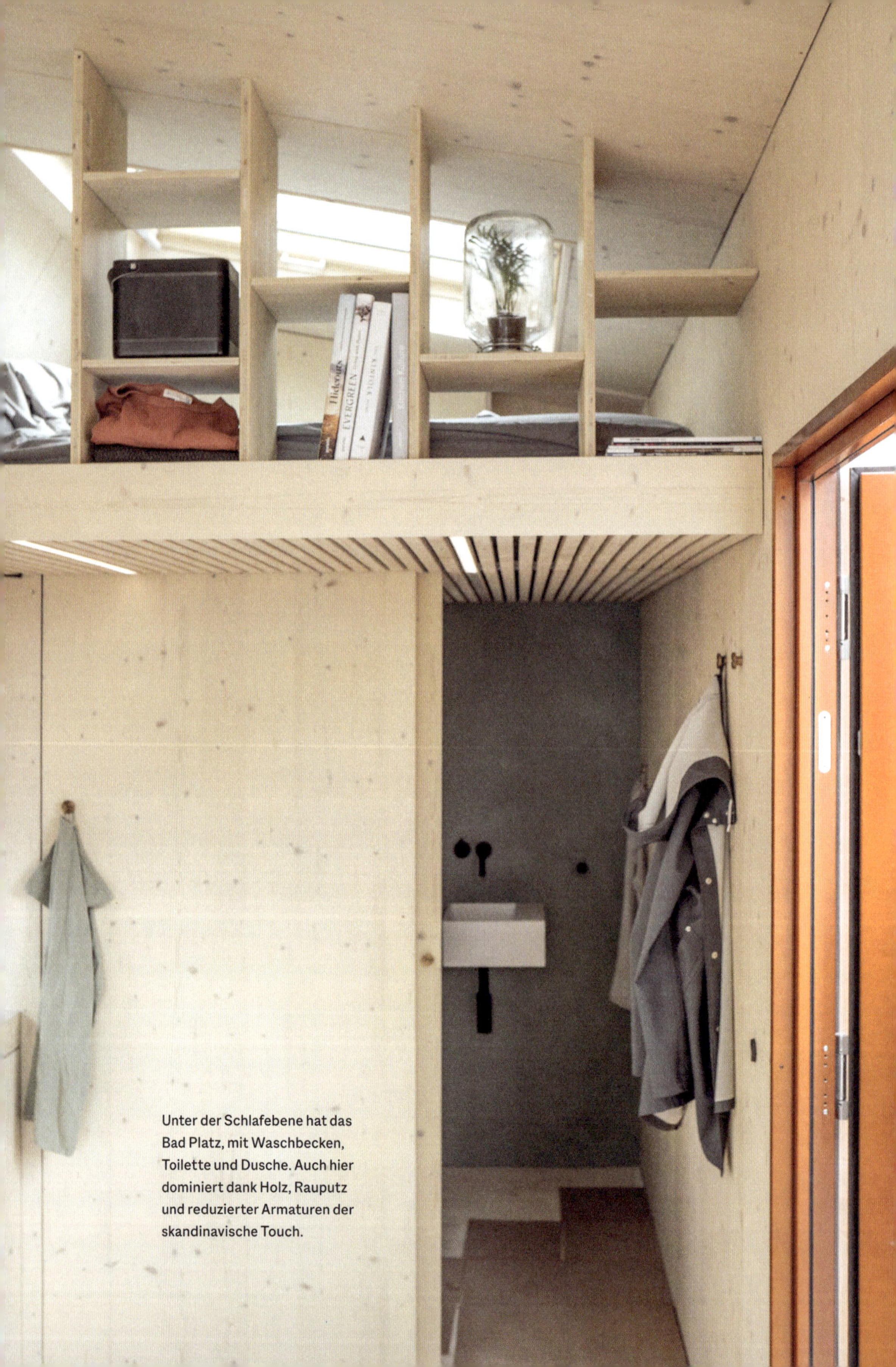

Unter der Schlafebene hat das Bad Platz, mit Waschbecken, Toilette und Dusche. Auch hier dominiert dank Holz, Rauputz und reduzierter Armaturen der skandinavische Touch.

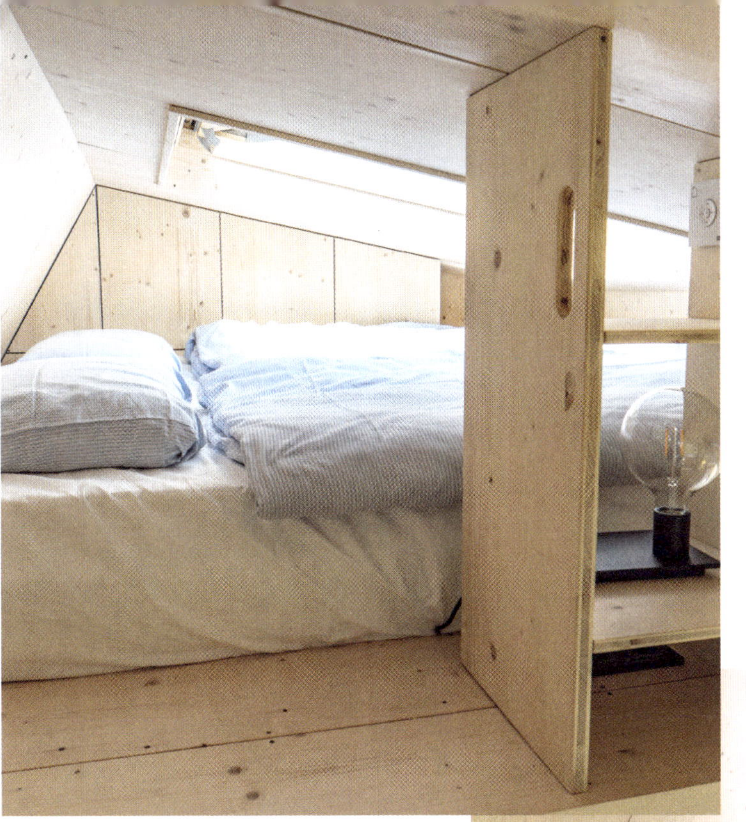

Das große Veluxfenster auf der Schlafebene lenkt den Blick in den Sternenhimmel. Der Clou: Es lässt sich hydraulisch vollständig öffnen.

Die Treppe dient nicht nur als Weg ins Obergeschoss, sie ist auch Raumteiler und Skulptur.

Ein Understatement, denn auf den 21 Quadratmetern findet viel statt: Neben einem Bad und einer Küche gibt es ein großzügiges Bett auf einer eigenen Ebene, dazu eine Lounge-Ecke mit einer weiteren Schlafmöglichkeit, einen Arbeitsbereich und ausreichend Stauraum. Und das alles in einem klaren, skandinavisch inspirierten Design. Die Materialien sind größtenteils natürlich: Die Fassade besteht aus modifiziertem und imprägniertem Fichtenholz, das Innenleben und die Möbel sind ebenfalls aus Fichte konstruiert. Für eine gute Dämmung sorgt Seegras – eine naheliegende Entscheidung, wenn man am Meer wohnt. Ein Jahr lang dauerte es, bis alle Ideen zu einem Gesamtkonstrukt zusammengefügt waren und das Tiny House im Skandi-Look auf seinen Rädern stand. Mittlerweile hat das Häuschen einen so großen Anklang gefunden, dass Carl-Felix daraus ein Geschäftsmodell entwickelt hat und seine Kaats auch zum Verkauf anbietet. ■

Einblicke IN TINY

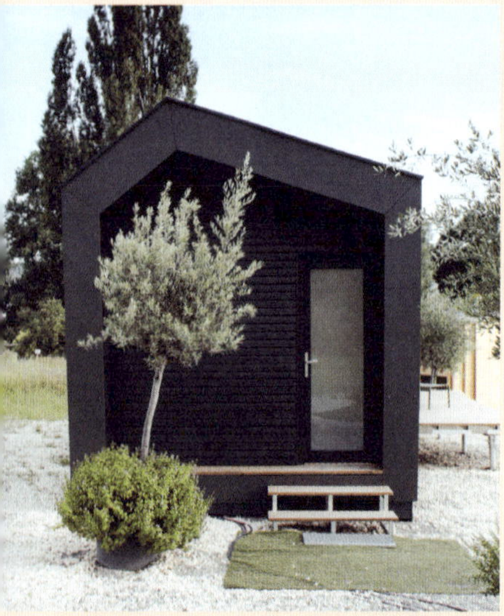

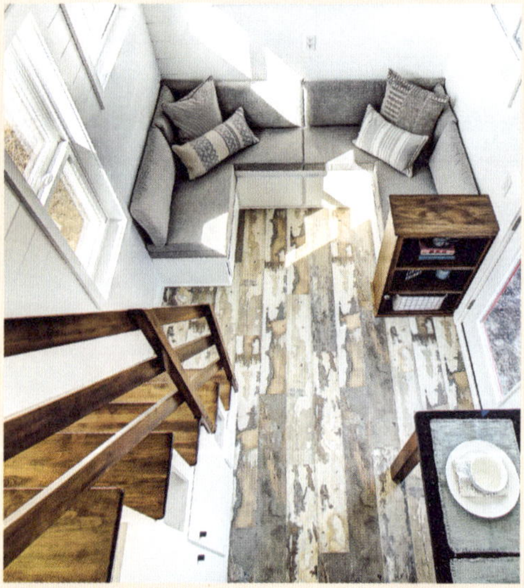

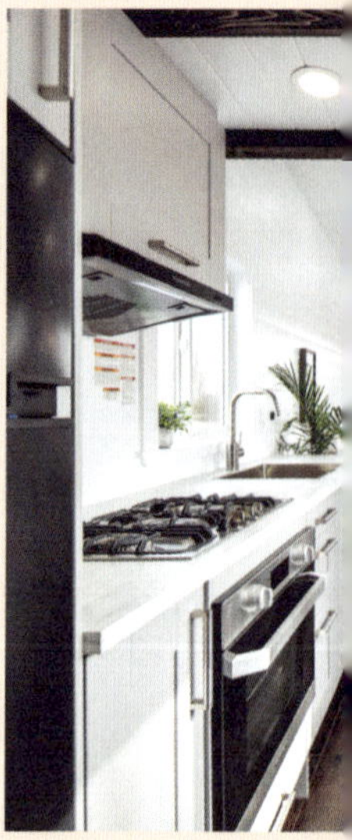

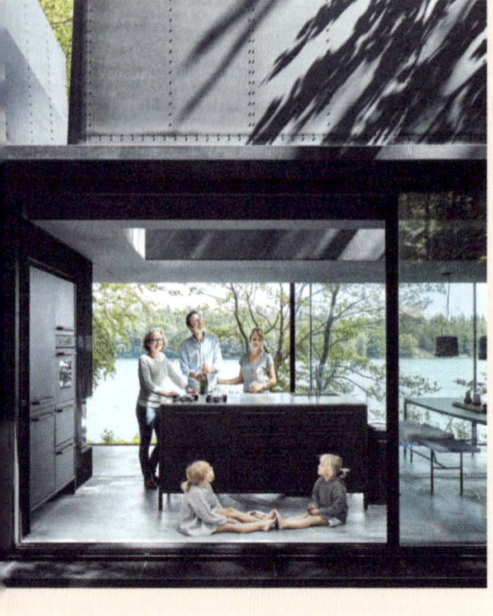

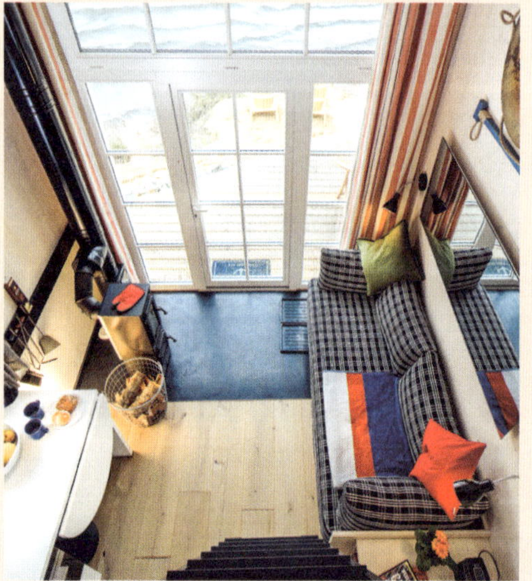

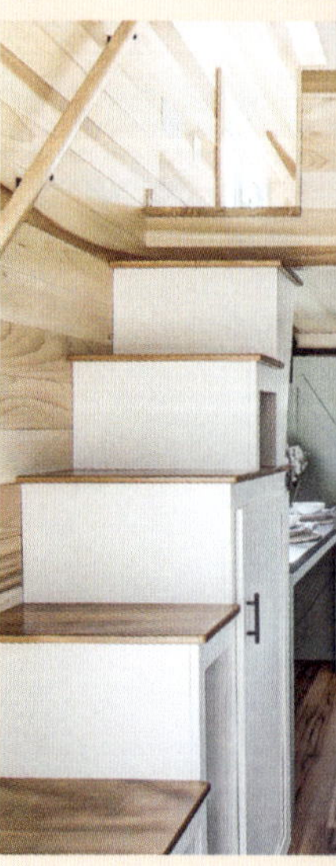

HOUSES

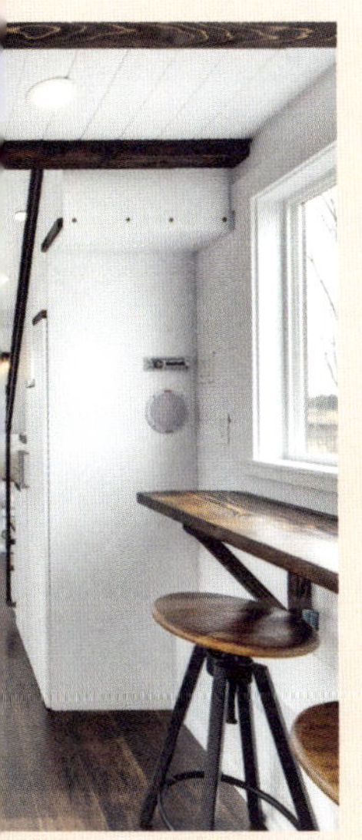

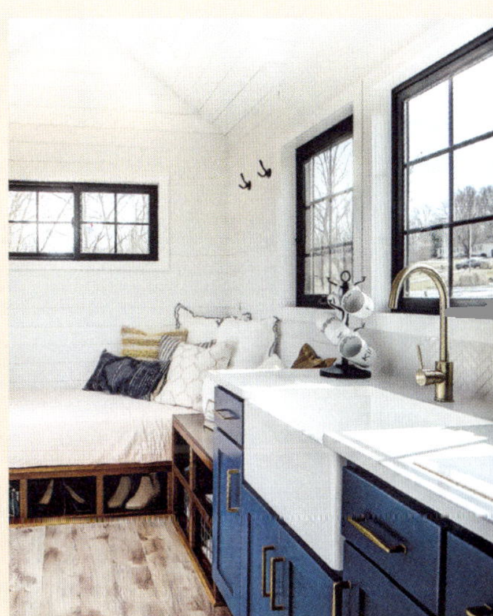

Großes Wohnen auf ganz kleinem Raum: Der Trend zum Tiny House zeigt, dass immer mehr Menschen ihr Leben vereinfachen und Ballast abwerfen möchten. Wer sich auf das Wesentliche reduziert, kann die eigene Lebensqualität steigern.

Einige Häuschen sind mobil und lassen sich von einem schönen Fleckchen zum nächsten ziehen. Andere sind dafür gebaut, an ein und demselben Ort zu bleiben. Manche sind privat bewohnte Eigenheime, andere kommen als Büro, als Gäste- oder Wochenendhaus zum Einsatz. Und andere wiederum werden als Feriendomizil vermietet. Sie alle haben eine Gemeinsamkeit: Die schicken Häuschen zeigen, dass hier nur auf Wohnfläche, nicht aber auf Komfort verzichtet werden muss. Eine gut ausgestattete Küche, Badezimmer mit Dusche, clever untergebrachter Stauraum, eine gemütliche Sitzecke und ein großes Bett, oft auf einer zweiten Ebene – so lässt es sich bequem leben.

Die Entscheidung für ein Tiny House hat nicht nur ideelle, sondern auch finanzielle Gründe. Natürlich ist ein Eigenheim, das nur 25 Quadratmeter misst, wesentlich günstiger als eines mit 120 Quadratmetern. Auch das Grundstück, das gekauft oder gepachtet werden kann, kostet. Und manchmal ist ein Tiny House nur eine Zwischenstation, ein vorübergehendes Zuhause an einem Ort, bevor es zum nächsten geht. Wer mit dem Gedanken spielt, seinen Wohnraum zu minimieren, sollte sich vorab für ein Wochenende oder einen ganzen Urlaub in einem Tiny Holiday House einmieten. Es fühlt sich rundum gut an? Dann steht einem Umzug nichts im Wege. ■

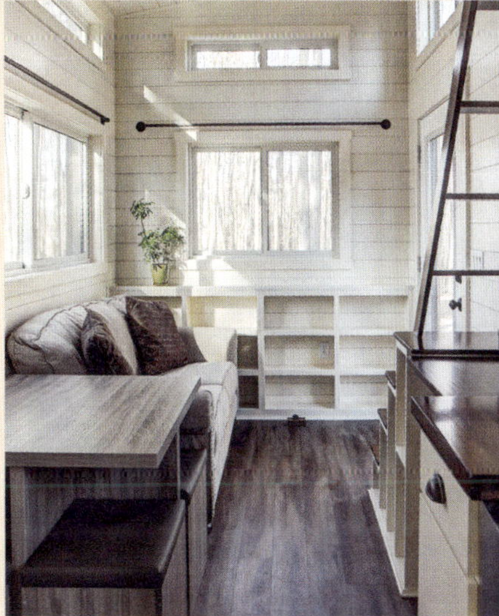

TINY HOUSE NO 1

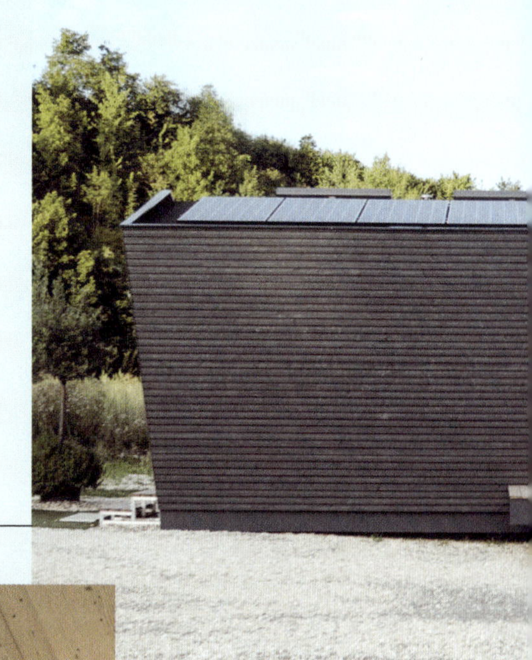

Die Küchenzeile ist zwar schmal, hat aber alle Features, die man braucht. Die grifflosen hellen Fronten verstärken den cleanen, minimalistischen Look des Hauses.

Ein großflächiger Spiegel erweitert das Raumgefühl im kleinen Badezimmer.

Mit seiner dunklen Fassade aus Fichtenholz fügt sich das Tiny House ganz harmonisch in die umliegende Natur ein.

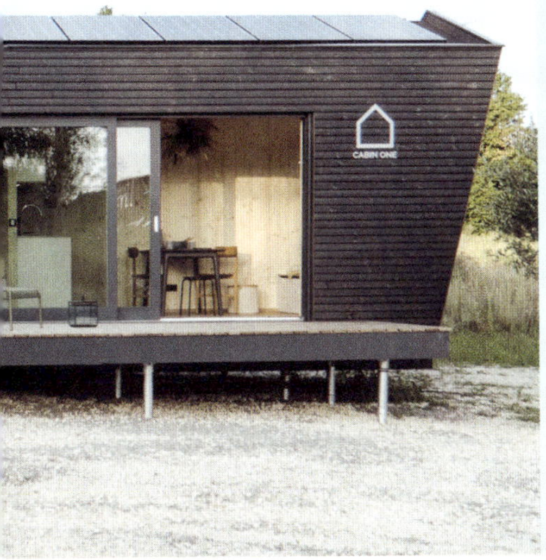

Gut aufgestellt

CABIN-ONE.COM Wie viel Platz darf es denn sein? Zu zweit wohnt es sich gut in einem Cabin One, für mehr Raum erweitert es sich zum Cabin Bay. Im Cabin Suite haben sogar vier Personen Platz. Sie alle vereint das minimalistische Design. Klare Linien, viel Holz drinnen wie draußen und die extravagante Form sind das Markenzeichen der Tiny Houses dieses Unternehmens. Besonders praktisch: Vor der Kaufentscheidung kann man zur Probe wohnen.

NAME Modell Cabin One, Tiny House für zwei

GRÖSSE 28 m² nutzbare Fläche

LIEBLINGSFEATURE Das riesige Giebelfenster, das den Innenraum mit Licht flutet und eine grandiose Aussicht gewährleistet.

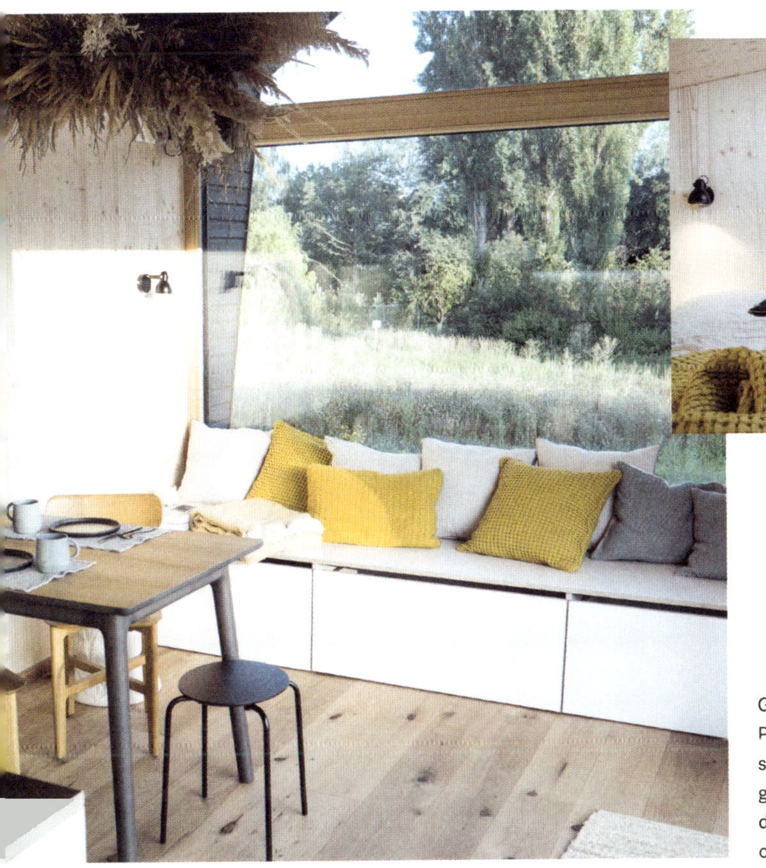

Unterm Sternenhimmel einschlafen und von Sonnenstrahlen wach gekitzelt werden: Das Dachfenster macht es möglich.

Genauso wie das große Panoramafenster erstreckt sich auch die Bank über die gesamte Giebelseite. Unter der Sitzfläche versteckt sich ordentlich Stauraum.

TINY HOUSE NO 2

Fröhlich leuchten das rote Dach und die rote Tür. Ansonsten hält sich Manteo farblich eher zurück: Weiß kombiniert mit gebeiztem Holz gibt im Inneren den Ton an. Die Fenster sind zwar klein, lassen aber dennoch viel Licht hinein.

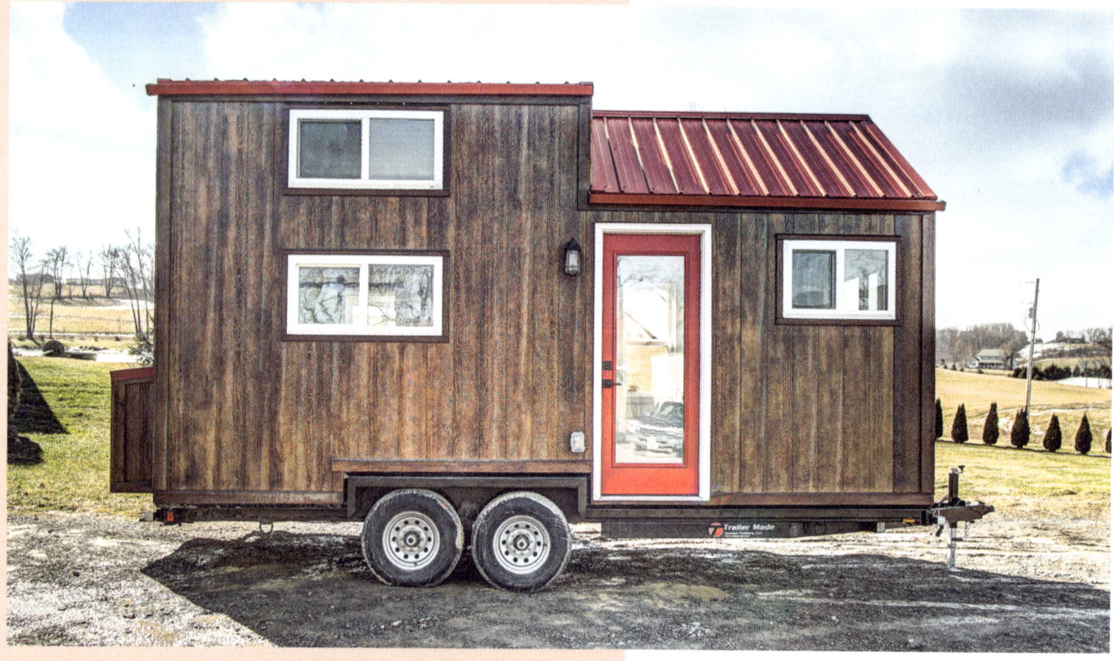

Haus auf Rädern

MODERNTINYLIVING.COM Die Leidenschaft für ein abenteuerliches Leben und solides Handwerk brachte einige Freunde in Columbus, Ohio, zusammen. Ihr Anspruch: die schönsten, sichersten, fahrtüchtigsten und modernsten Tiny Houses zu bauen. Ihr Programm: verschiedene Modellreihen, dazu aber auch ganz nach Kundenwünschen konstruierte Unterkünfte.

NAME Manteo (auf Basis des Modells The Point), Ferienhaus für vier Personen

GRÖSSE 22 m²

LIEBLINGSFEATURE Der auf alt getrimmte Fußboden, der ein ganz besonderes Flair verströmt. Weil sich die weißen Wände und Decken optisch zurückhalten, kommt er richtig zur Geltung.

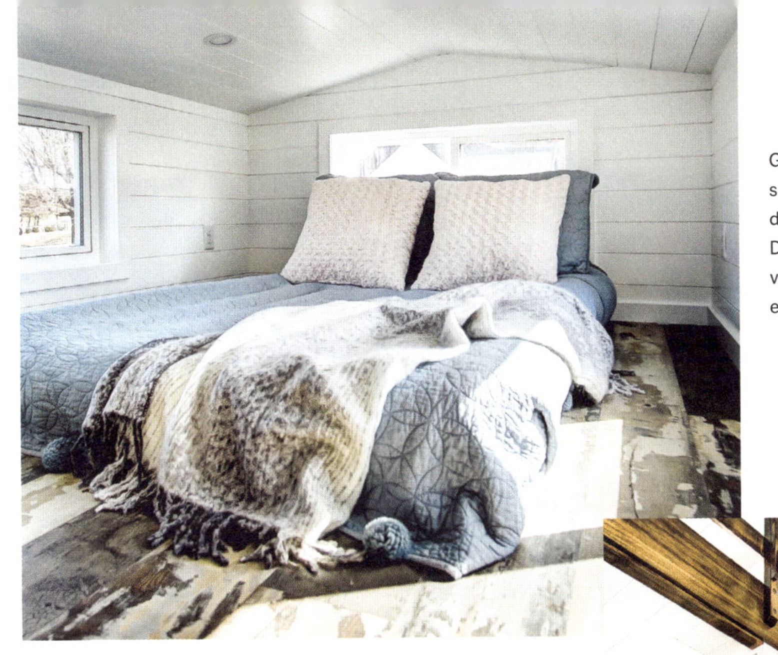

Ganz königlich schläft es sich auf dieser Ebene. Die Sitzecke unten verwandelt sich in ein zweites Bett.

Kleiderschränke unter der Treppe: Im Tiny House wird jede Ecke genutzt.

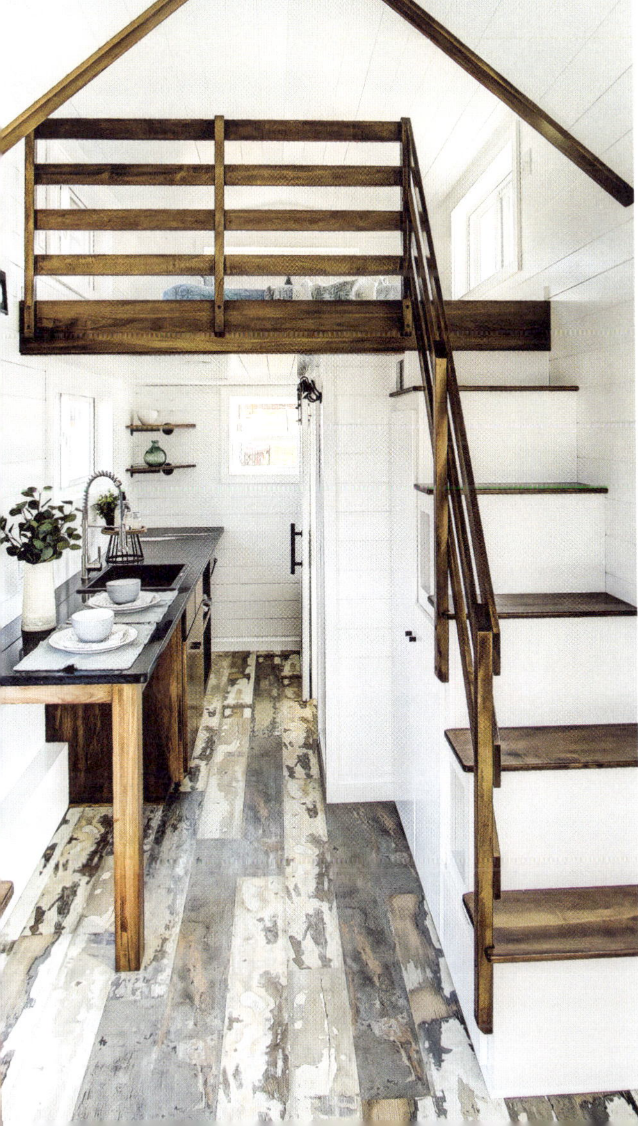

Gegenüber der Küchenzeile befindet sich hinter einer Schiebetür das Badezimmer. Alles kompakt und clever konzipiert.

Das strahlende Weiß in Kombination mit dem dunklen Holz und den sanften Grautönen sorgt für ein gemütliches Landhaus-Flair.

Essen mit Aussicht verspricht die Frühstückstheke, die direkt an die Küche angrenzt. Genauso gut könnte man hier aber auch den Laptop aufklappen und das Homeoffice aufbauen.

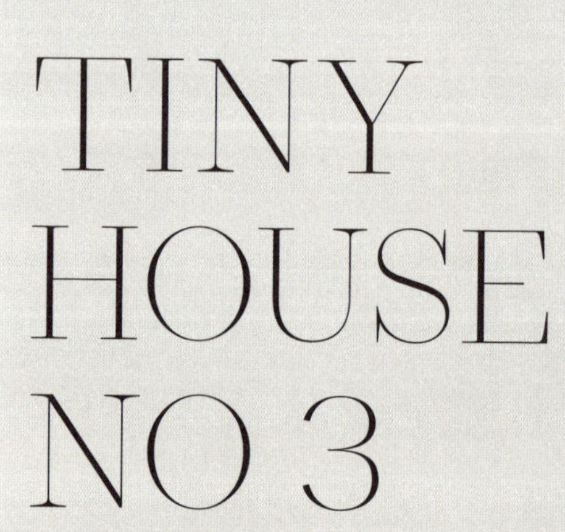

TINY HOUSE NO 3

Weitblick auf der Schlafebene. Durch die Fenster und die weißen Wände wirkt der Bereich nicht beengt.

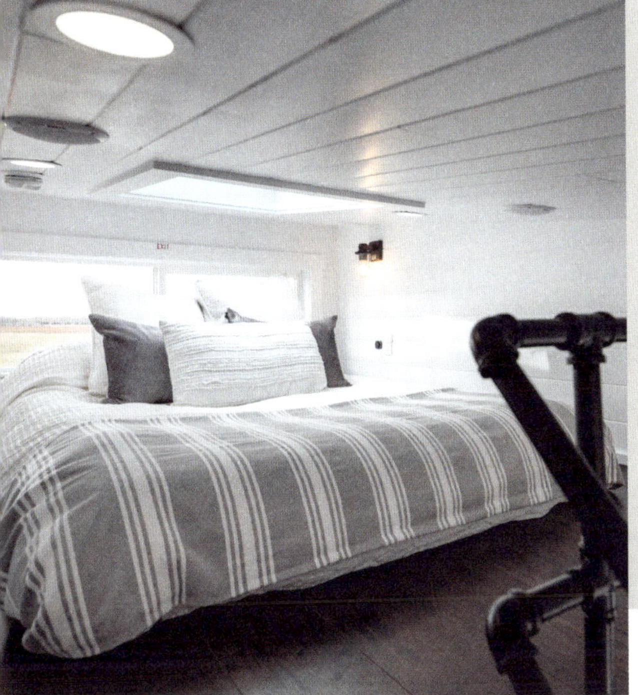

Sehr stilvoll

MINTTINYHOMES.COM Die kanadische Mint Tiny House Company versorgt Anhänger des Small Living seit 2014 mit diversen Modellen. Dabei wohnen die Kunden nicht nur in Kanada, sondern auch in den USA. Die Umwelt liegt dem Unternehmen sehr am Herzen – da passt es natürlich gut, dass das Leben im Tiny Home den CO_2-Fußabdruck der Bewohner um einiges reduziert.

NAME Aero Edition

GRÖSSE 22 m²

LIEBLINGSFEATURE Das Skylight über dem Bett, das zusammen mit den beiden Fenstern Schlafen unter dem Sternenhimmel verspricht.

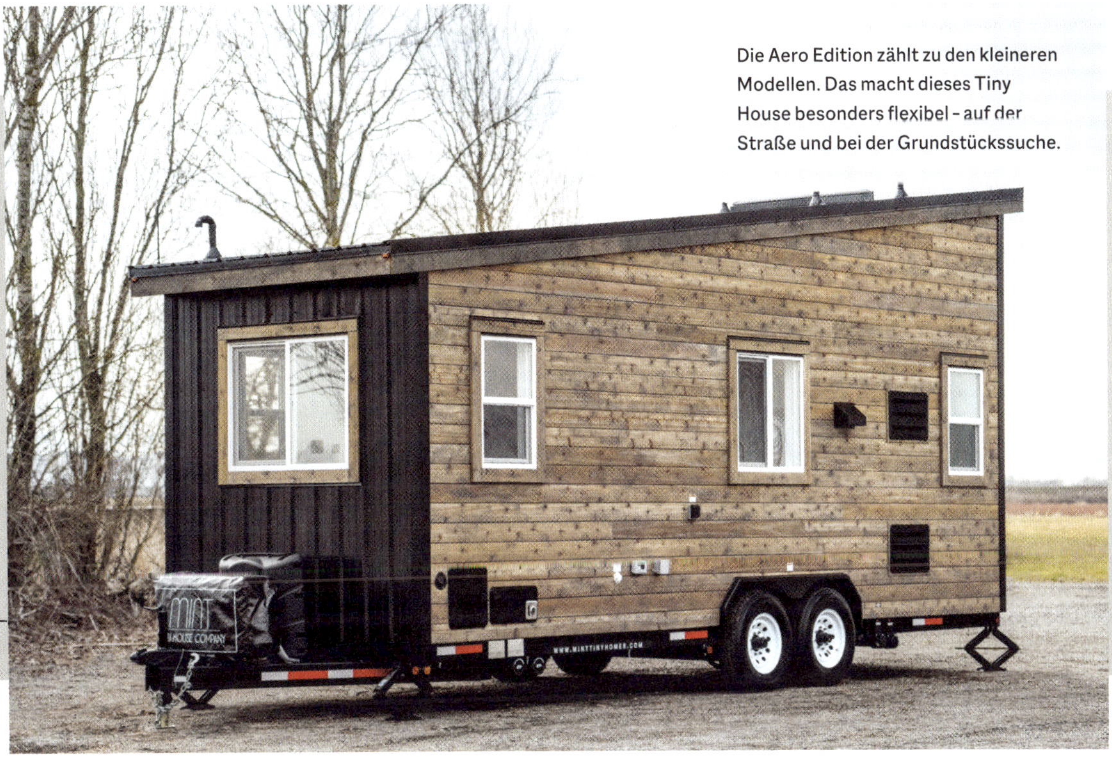

Die Aero Edition zählt zu den kleineren Modellen. Das macht dieses Tiny House besonders flexibel – auf der Straße und bei der Grundstückssuche.

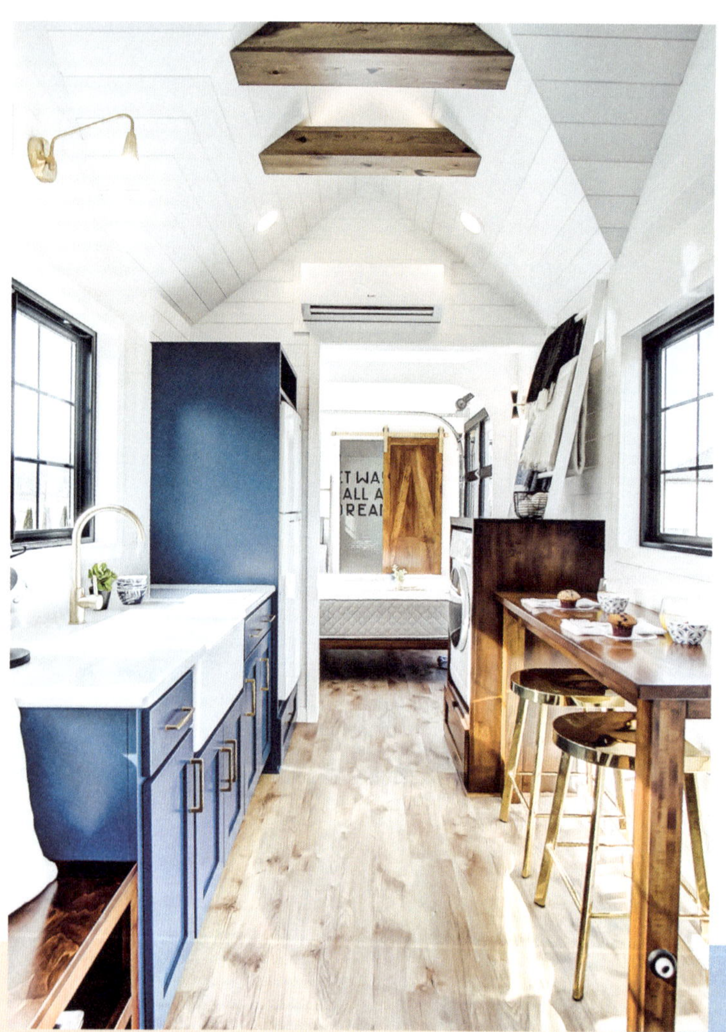

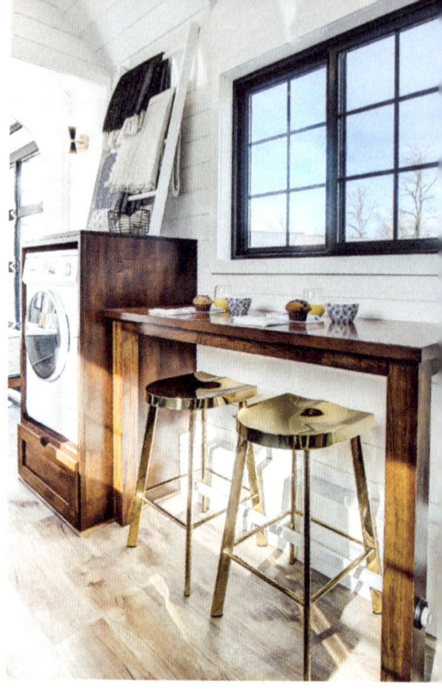

Essen und Arbeiten neben der Waschmaschine – die fällt aber dank der Holzverkleidung kaum auf.

Einmal quer durch: Vom Sofa am einen Ende des Hauses schaut man durch die Küche und den Schlafbereich bis an die Rückwand der Dusche.

TINY HOUSE NO 4

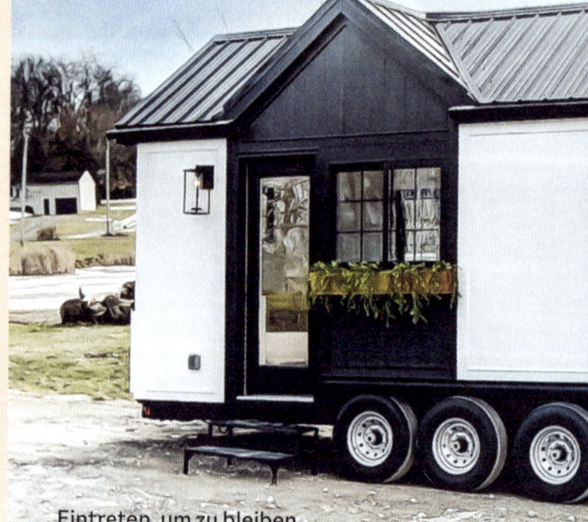

Eintreten, um zu bleiben. Die Blumenkästen und die Sprossenfenster wirken extrem einladend.

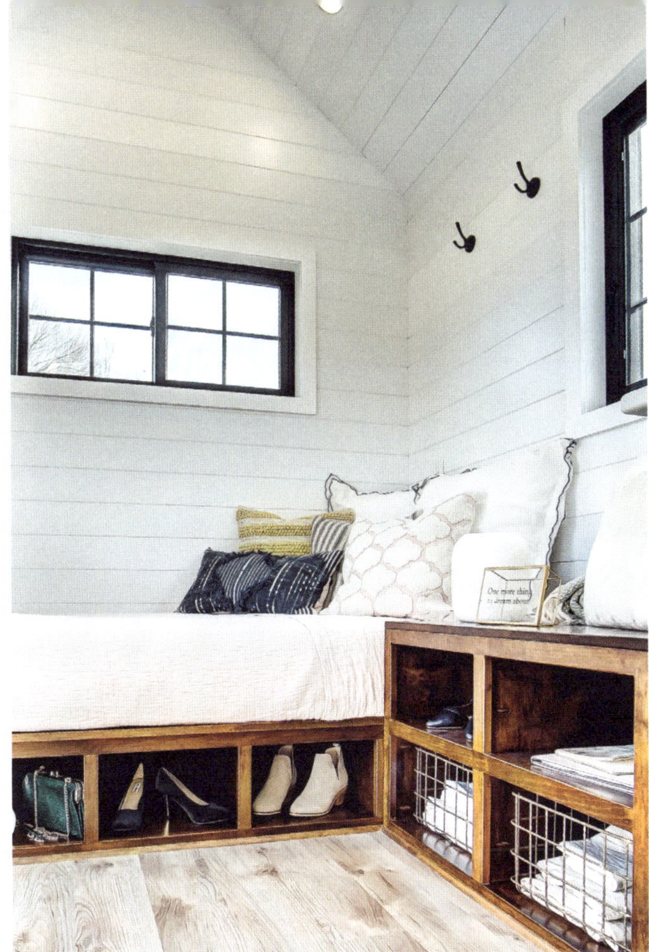

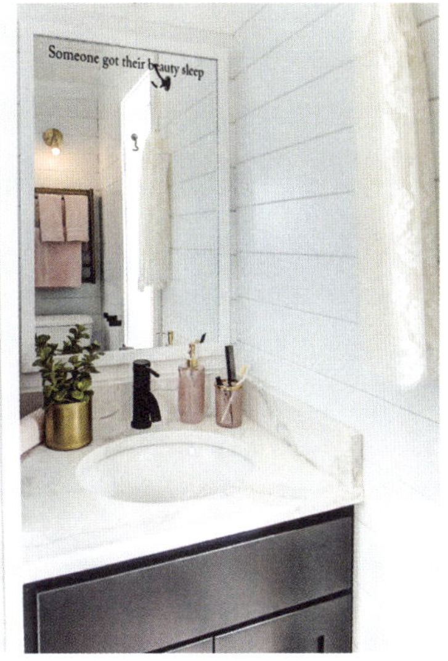

Marmorwaschtisch und schwarzer Unterschrank machen das Bad edel.

Es müssen nur die Kissen neu arrangiert werden, schon wird das Sofa zum Gästebett. Notwendiger Stauraum verbirgt sich darunter.

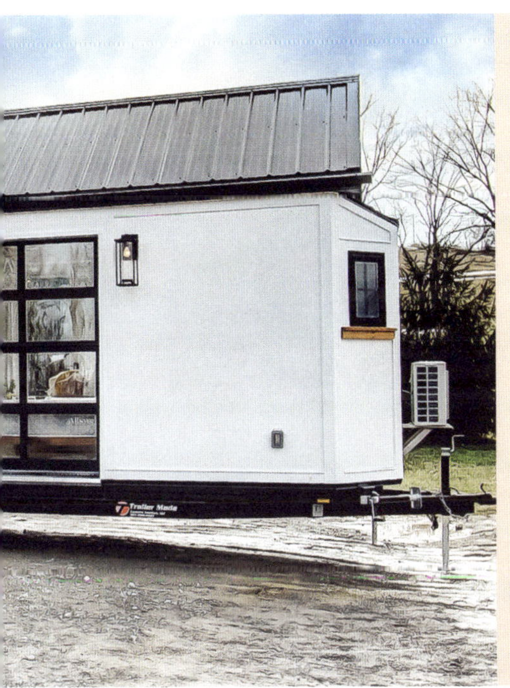

Country Living

MODERNTINYLIVING.COM Unter den Standardmodellen ist nichts Passendes dabei? Kein Problem, das Unternehmen baut auch ganz maßgeschneiderte Tiny Houses. Wie dieses Exemplar. Besonders gelungen ist die elegante blaue Küche mit dem gegenüberliegenden schmalen Tresen und den Barhockern. Das Giebeldach und die Bepflanzung an der Fassade verleihen dem Haus Authentizität.

NAME Allswell (Maßanfertigung)

GRÖSSE 22 m²

LIEBLINGSFEATURE Die bodentiefen Fenster im Schlafbereich, die sich wie Garagentore auf Knopfdruck hochfahren lassen.

Minimalistisch

VIPP.COM In den schwedischen Wäldern wartet dieses Tiny House auf Erholungssuchende. Riesige Fensterkonstruktionen holen Wald und Wasser direkt in das Ferienhaus. Eine traumhafte Verbindung aus moderner Architektur und ursprünglicher Natur, hergestellt und an Urlaubsgäste vermietet vom dänischen Label Vipp.

NAME Shelter, Ferienhaus für zwei

GRÖSSE 55 m²

LIEBLINGSFEATURE Die Aussicht auf den Waldsee direkt vor der Tür.

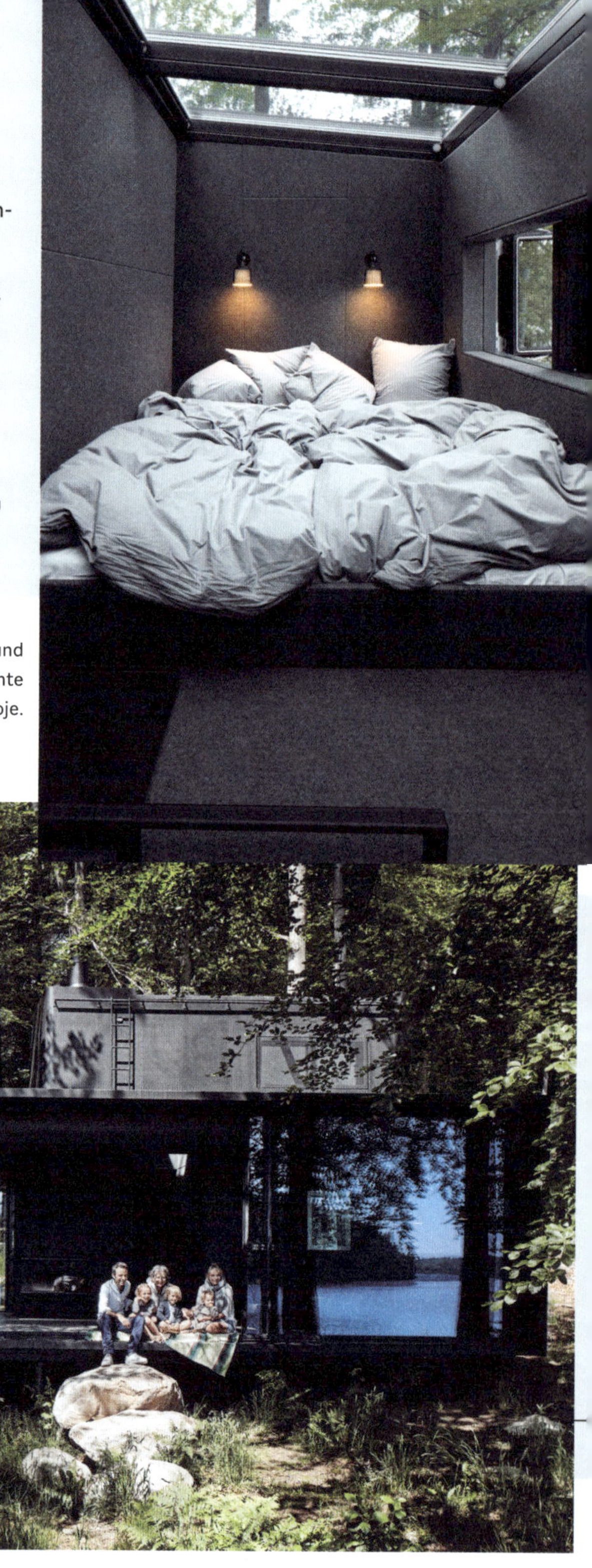

Konsequente Ruhe und entspannte Nächte verspricht diese Koje.

Überraschend harmonisch fügt sich der schwarze Quader in die Natur ein.

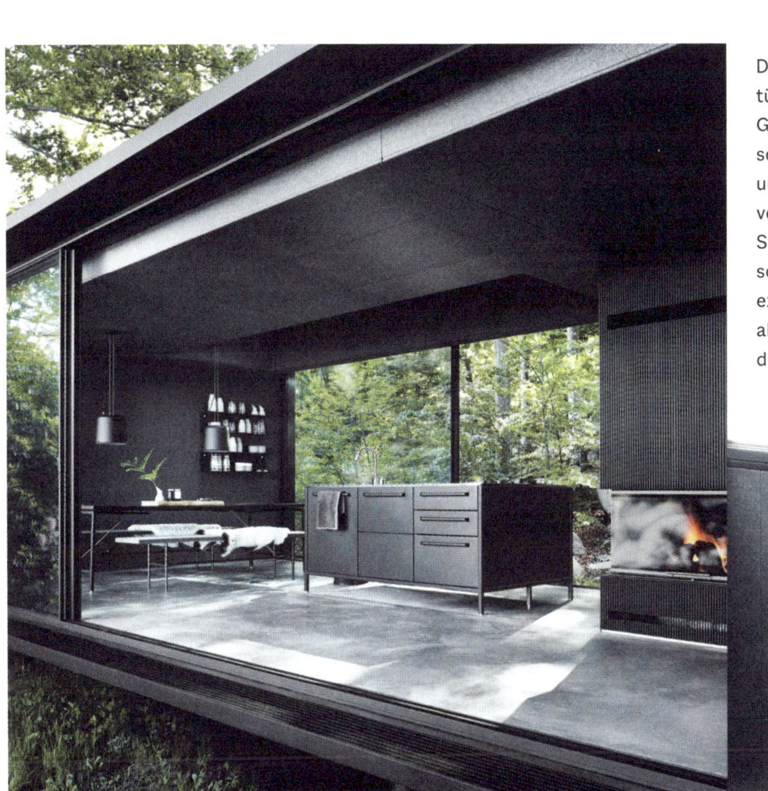

Die Schiebetüren lassen die Grenzen zwischen drinnen und draußen verschwimmen. So wirkt das schwarze Innere extravagant, aber nicht zu düster.

TINY HOUSE NO 5

Vom Müllcimer bis zu den Küchenschränken: Das Haus ist komplett mit Möbeln und Accessoires von Vipp ausgestattet.

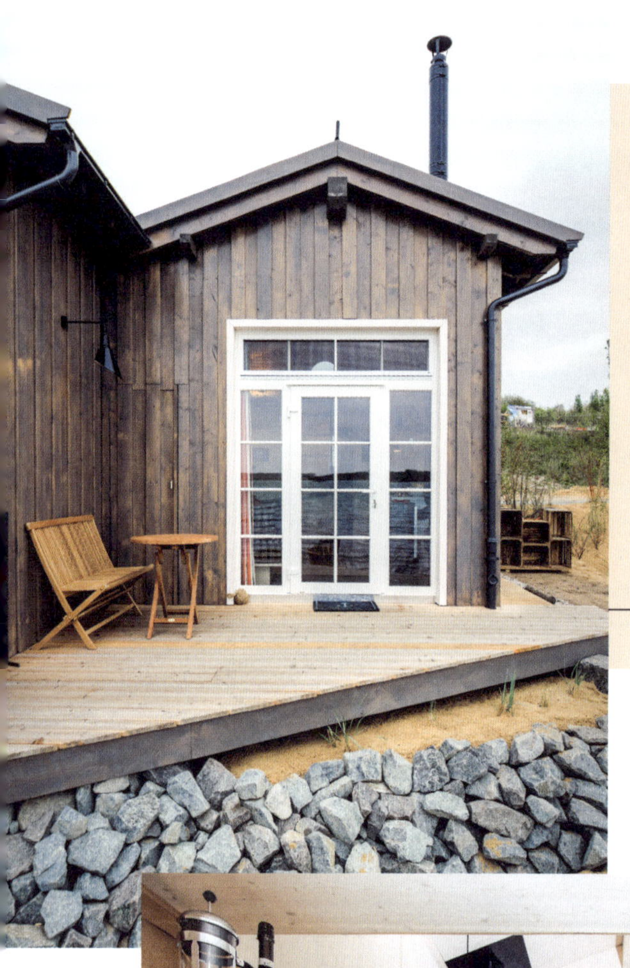

TINY HOUSE NO 6

Direkt vom Bett ins Wasser: in dieser Lage kein Problem.

Die helle, freundliche Einrichtung macht das winzige Häuschen geräumiger.

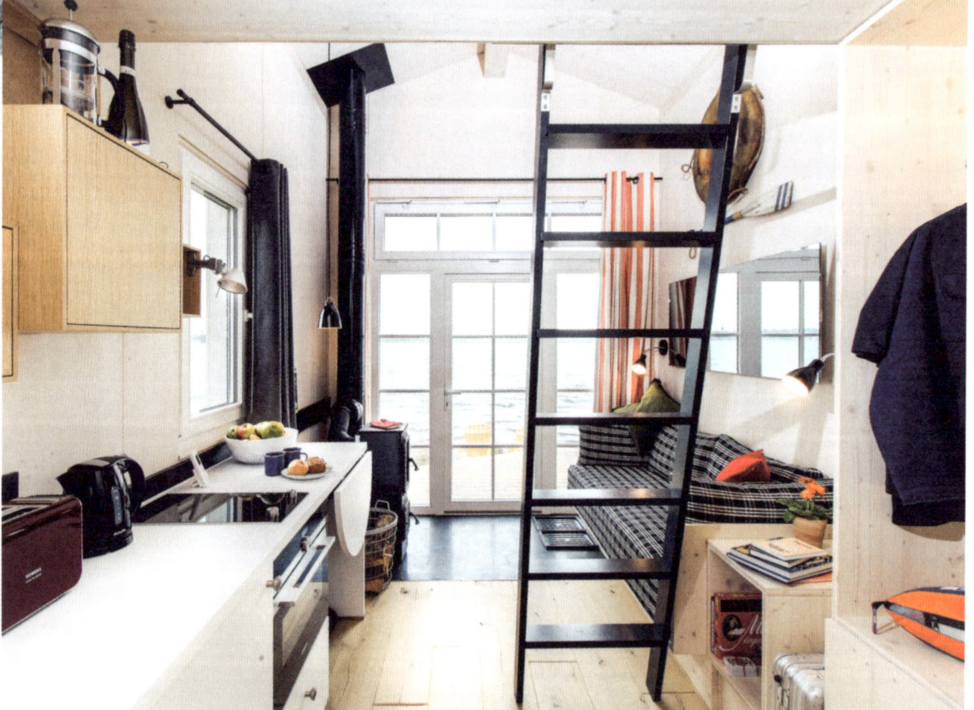

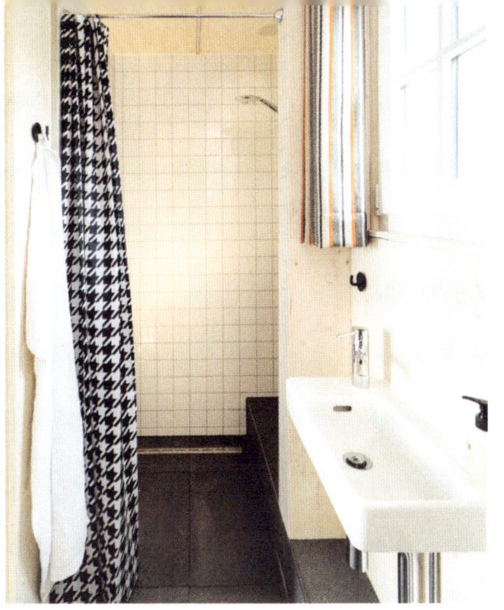

Zähneputzen mit Aussicht: Statt in den Spiegel fällt hier der Blick ins Grüne.

Das Bullauge lässt keine Zweifel über die Lage am Seeufer aufkommen.

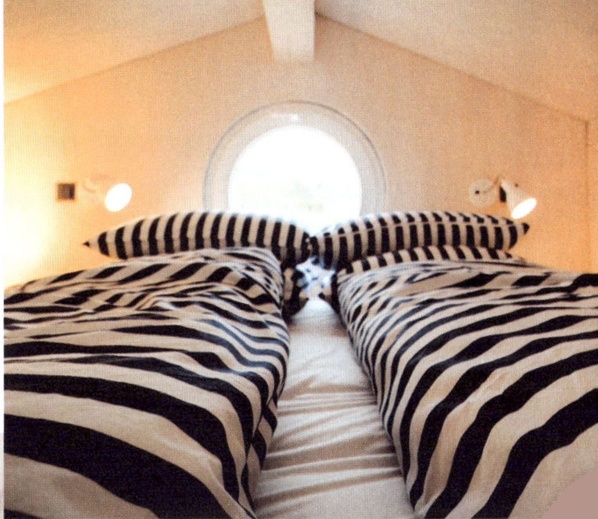

Gegen Absturzgefahr und für maritimes Flair ist die Schlafnische mit Netzen gesichert. Die filigrane Leiter kann man aus dem Weg schieben.

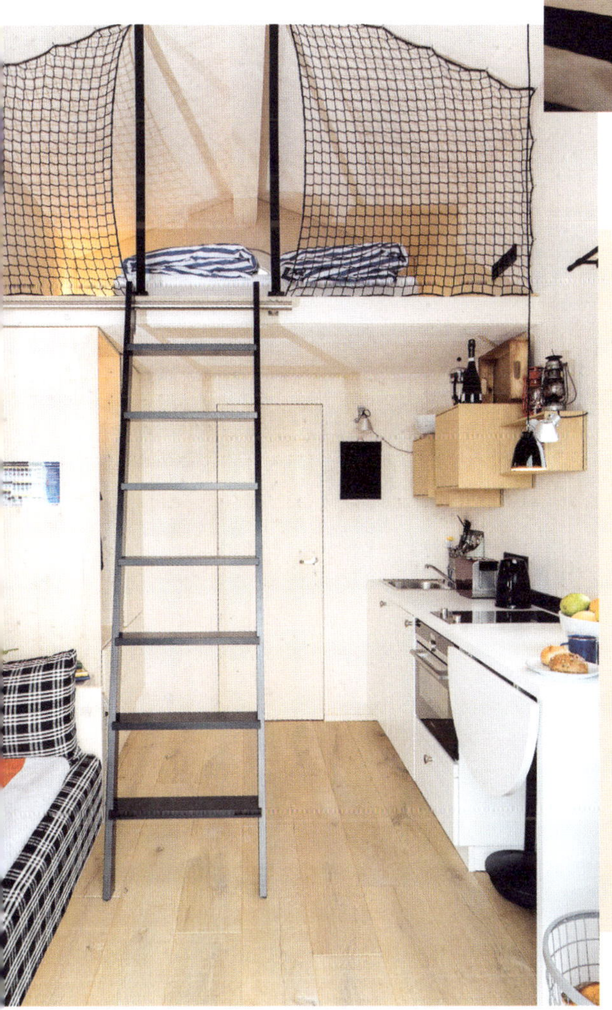

Urlaubsflair

SEEDATSCHEN.DE Eine Datsche ist ein Grundstück mit Wochenendhäuschen. Seedatschen ist also der perfekte Name für ein Unternehmen, das Ferienhäuser am Rande des Hainer Sees im Leipziger Umland vermietet. Drei Größen stehen zur Auswahl – dieses hier ist das Tiny House und bietet Platz für zwei Personen.

NAME Zweiufer

GRÖSSE 14 m²

LIEBLINGSFEATURE Der Werkstattofen, der auch bei schlechtem Wetter für gute Stimmung sorgt.

TINY HOUSE NO 7

Dieses Tiny House bietet ganz viel Leben auf nur sechs Metern Länge.

Im großzügig bemessenen Wohnzimmer versteckt sich der Stauraum nicht nur unter den Sitzbänken, sondern auch unter dem Fußboden.

Auch die Treppe bietet reichlich Platz, um notwendige Dinge unterzubringen.

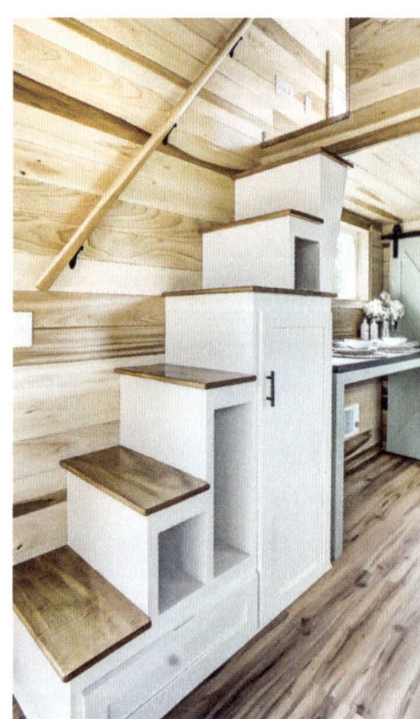

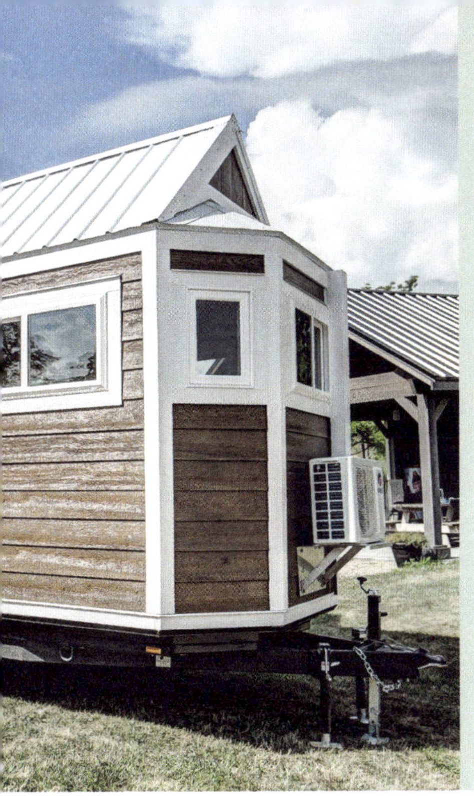

Ganz natürlich

MODERNTINYLIVING.COM Nicht nur dank der Holzverkleidung von außen fühlt man sich in Sage Point der Natur ganz nah. Auch das Innenleben erinnert an eine Hütte mitten im Wald: Die salbeigrün lackierten Fronten harmonieren perfekt mit der Maserung der Innenverkleidung. Dieses Tiny House bietet gleich zwei Schlafplätze: eine Schlafebene über Küche und Bad und eine zum Bett umzubauende Sitzecke am anderen Ende des Häuschens.

NAME Sage Point (Version des Modells The Point)

GRÖSSE 22 m²

LIEBLINGSFEATURE Der zusätzliche, clever konzipierte Stauraum, der sich unter dem Fußboden des Wohnzimmers verbirgt.

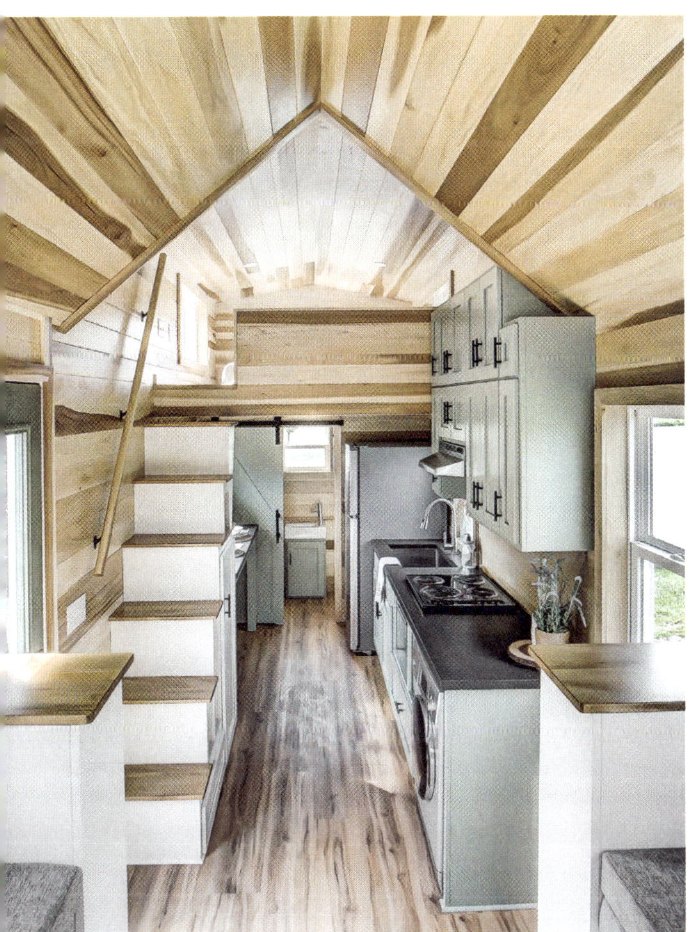

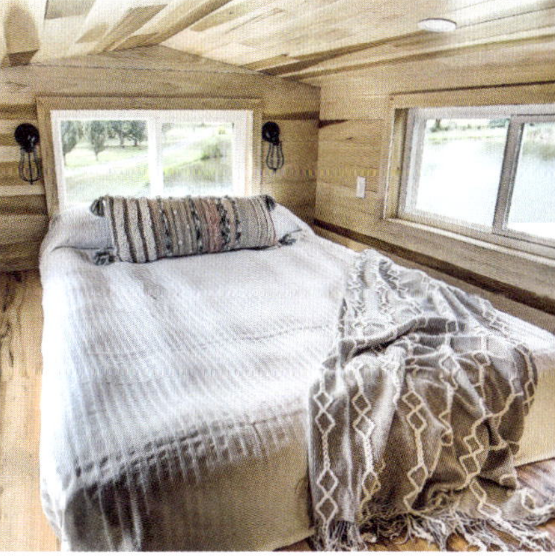

Gleich zu drei Seiten kann man den Blick vom Bett aus hinaus ins Grüne schweifen lassen.

Vom Wohnzimmer bis zum Mini-Bad hinter der Schiebetür wirkt dank der Farb- und Materialwahl alles wie aus einem Guss.

TINY HOUSE NO 8

The Mohican ist komplett mit Kiefern- und Zedernholz verkleidet. Zu dieser Außenhülle passt das ebenfalls mit Holz gestaltete Innenleben. Schick für Naturburschen, aber auch für alle, die es schön schnörkellos mögen.

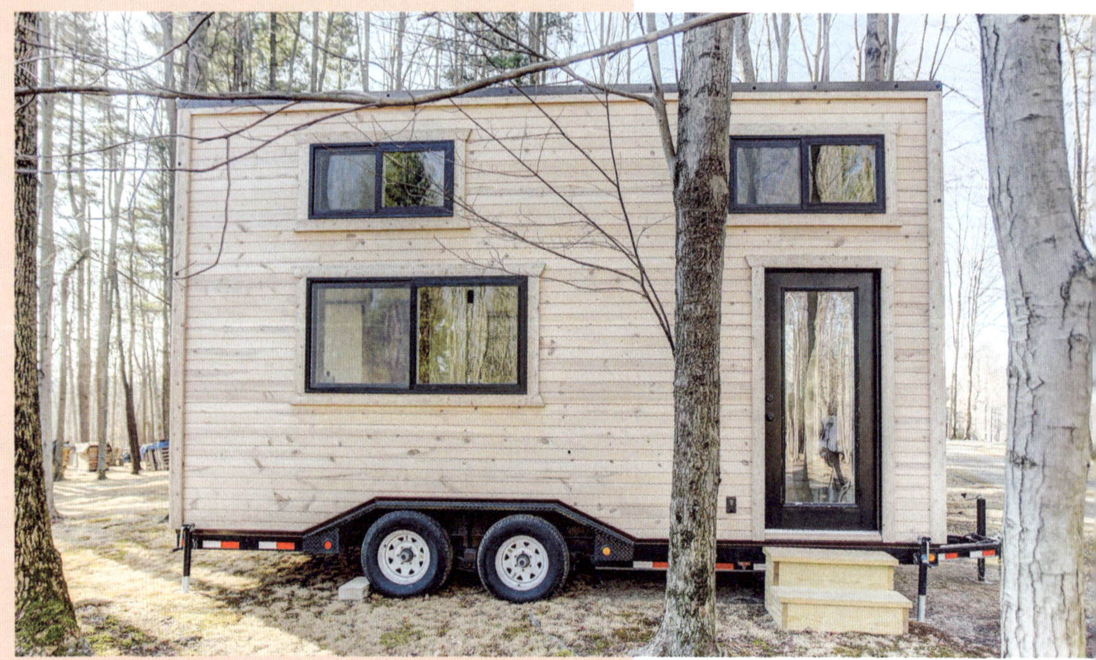

Zwei Stockwerke

MODERNTINYLIVING.COM The Mohican ist der Name dieses modernen Modells. Ganz ohne Schnickschnack überzeugt es durch klare Linien, eine kompakte Form und eine solide Bauweise. Das Tiny House lässt sich problemlos von A nach B ziehen, ist also zugleich ein ideales Feriendomizil. Aber natürlich kann man sich dafür auch ein dauerhaftes Plätzchen suchen.

NAME The Mohican

GRÖSSE Erdgeschoss: 15 m², Loft 6,5 m²

LIEBLINGSFEATURE Die vielen Fenster und die gläserne Haustür, die das Licht ungehindert durch das gesamte Mini-Haus fluten lassen.

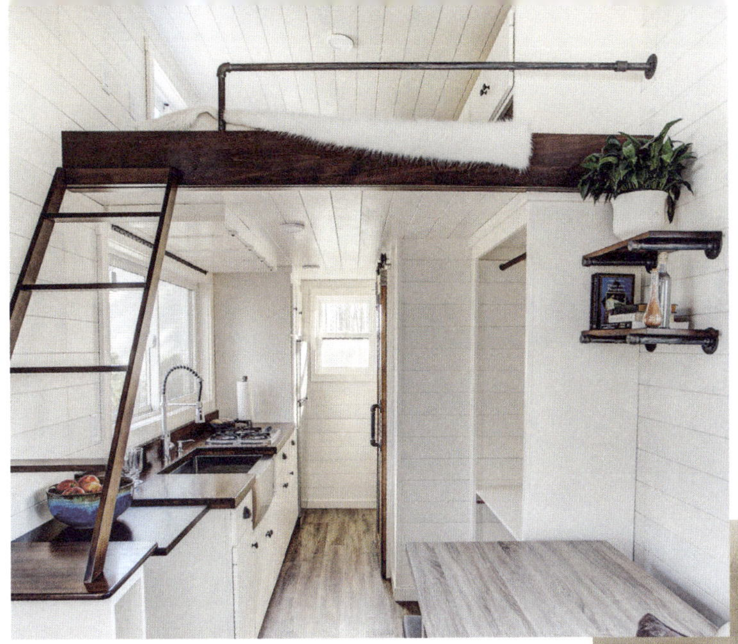

Schwarzes Metall sorgt für ein wenig Industrial Style und peppt die weiße Wohnlandschaft auf.

Das gebeizte Ahornholz bringt Wärme und Wohlgefühl in das Häuschen.

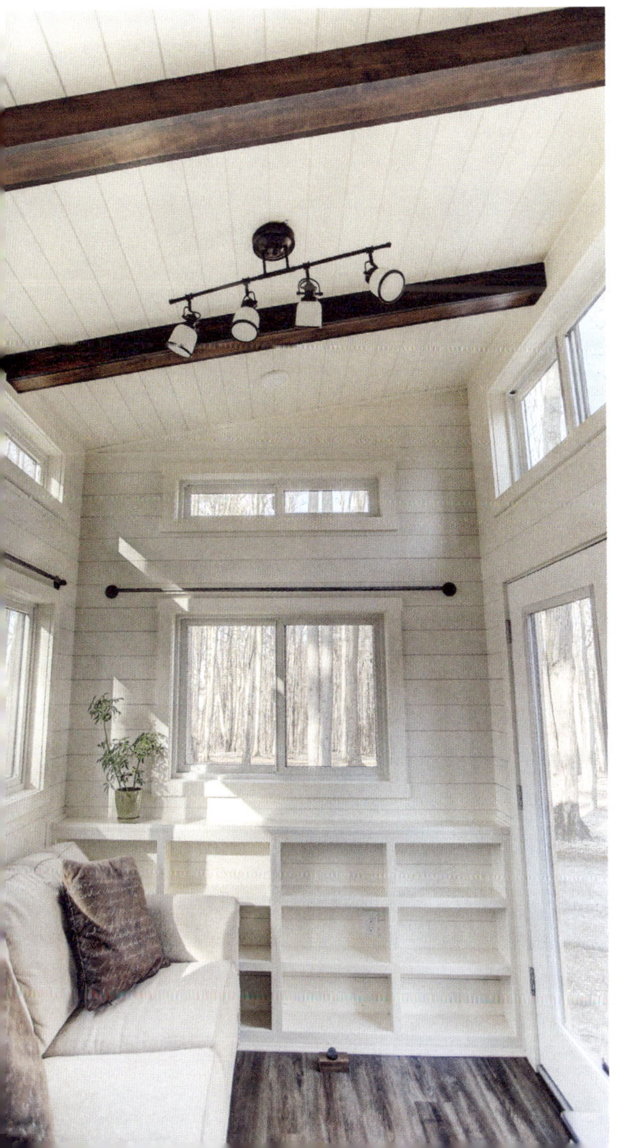

Hinter geschlossenen Fronten verstecken sich alle Habseligkeiten. Im offenen Regal ist Platz für Bücher und andere Schätze.

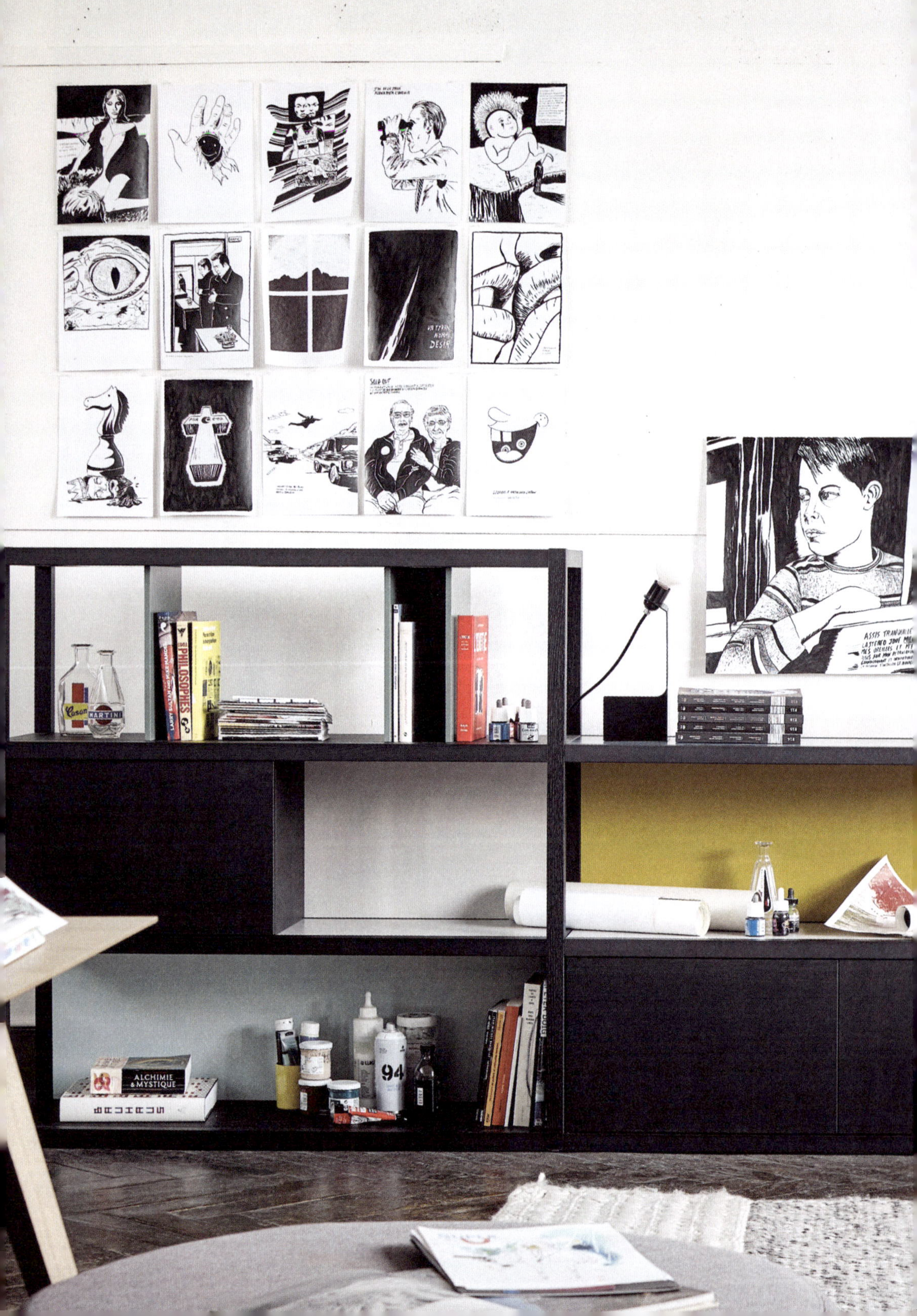

PHILOSOPHIES
MARTINI
ALCHIMIE & MYSTIQUE
94

„Wohnen mit flexiblen Stauraumlösungen."

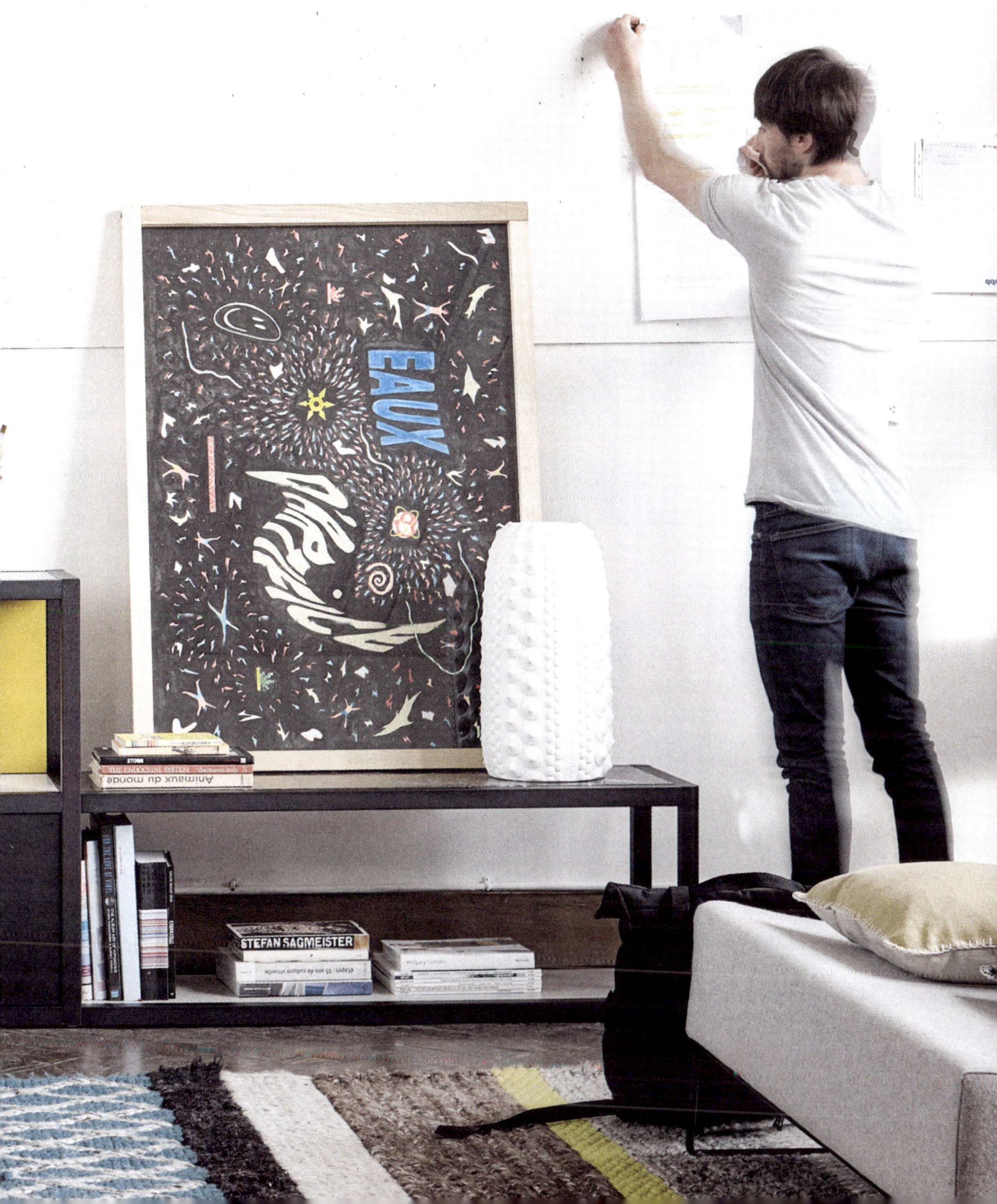

Bezugsquellen, Hersteller & Infos

BELEUCHTUNG
andtradition.com
ayilluminate.com
flos.com
himmee.com
hkliving.nl
innolux.fi
lampegras.fr
lightyears.dk
louispoulsen.com
muuto.com
northernlighting.no
superliving.dk
tomdixon.net
wastberg.com

INTERIOR UND WOHNACCESSOIRES
affari.nu
alki.fr
ambientedirect.com
avocadostore.de
blomus.com
bloomingville.com
bungalow.dk
bywirth.com
carlhansen.com
car-moebel.de
connox.de
estampille52.fr
fdbmobler.dk
fermliving.de
framacph.com
greenliving-shop.de
grueneerde.com
hartodesign.fr
hay.dk
hemashop.com
hessnatur.com
housedoctor.com
hubsch-interior.com
iblaursen.dk
ikarus.de
impressionen.de
karakter-copenhagen.com
korbo.se
lenebjerre.com
liv-interior.com
magisdesign.com
manufactum.de
moebe.dk
naturehome.com
nordal.eu
normann-copenhagen.com
norsu.com.au
richard-lampert.de
roije.com
sidebyside-shop.com
skagerak.dk
sostrenegrene.com
stilconceptstore.de
stringfurniture.com
treku.com
wayfair.de
westwingnow.de

MODULMÖBEL
ambivalenz.org
cubit-shop.com
made.com
muellermoebel.de
mycs.com
pickawood.com
stocubo.de
usm.com

MODULKÜCHEN
bloc-modulkuechen.de
bulthaup.com
bycocoon.com
cane-line.de
framacph.com
home24.de
ikea.com
miniki.eu
naber.de
roshults.com
siematic.com
stadtnomaden.com
steel-cucine.com
tomas-kitchen-living.co.uk

SCHLAFEN
alvalinen.de
auping.com
bettenrid.de
brunobett.de
flexform.it
magazin.com
schlaraffia.de
smartbett.de
swisssense.de

FERIENHÄUSER
hofgut.info
klitzeklein.org
naturama-beilngries.de
naturhaeuschen.de
pier9-hotel.de
puresleben.at
seedatschen.de
tinyescape.de

TINY HOUSES
addaroom.dk
cabin-one.com
extrahuset.se
gotiny.de
greentinyhouses.com
kleinernomade.org
meyers-tiny-house.de
minttinyhomes.com
moderntinyliving.com
mycubig.com
rolling-tiny-house.de
tiny-house-diekmann.de
vipp.com
wohnwagon.at
wood-cube.com

INFOS
thetinylife.com
tinyhomebuilders.com
tinyhouse.com
tinyhouselistings.com
tiny-house.info
tiny-house-helden.de
tiny-houses.de

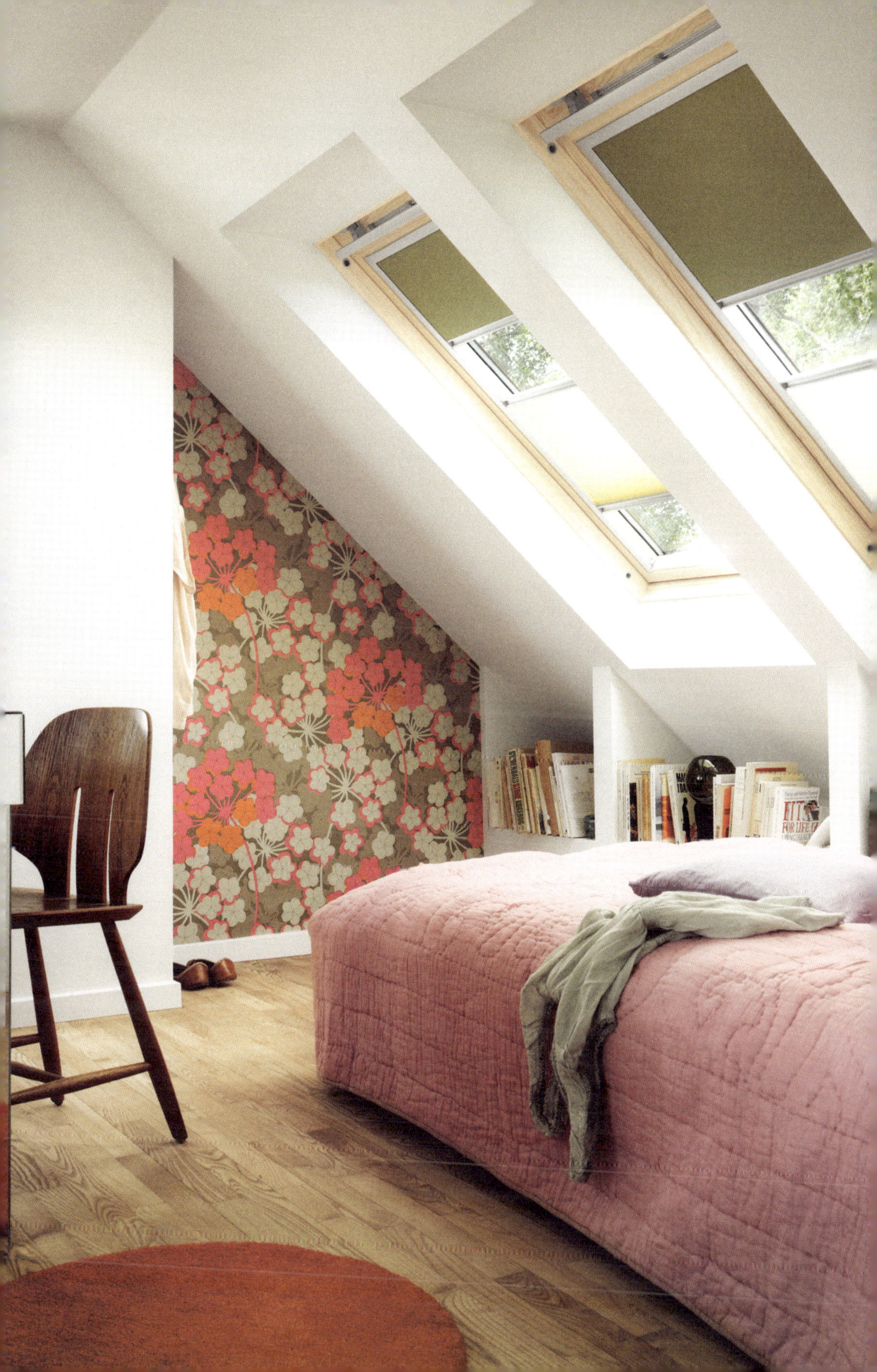
FIT
FOR LIFE

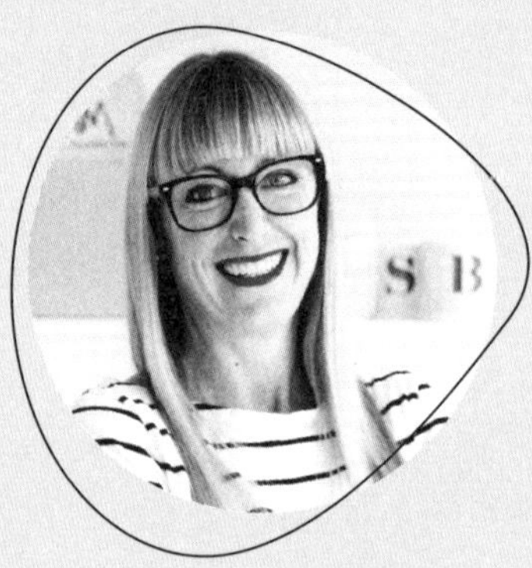

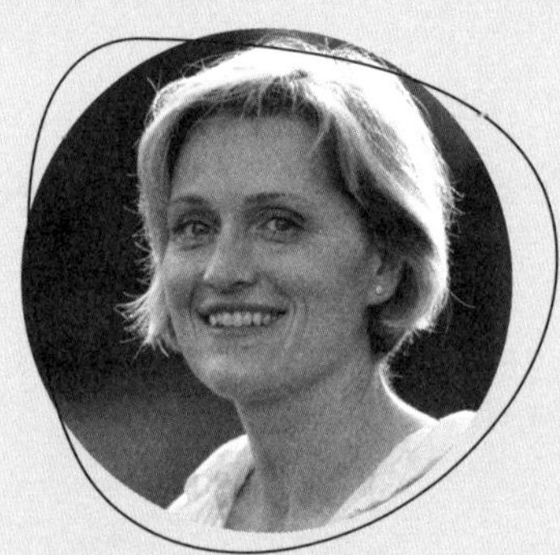

Marion Hellweg

lebt mit Tochter Florentine in München. Die gelernte Tischlerin, Restauratorin und Interior Designerin war lange Jahre Chefredakteurin der Zeitschriften „House & Gardening" und „Wohnträume", zudem Herausgeberin und Chefredakteurin der nordischen Wohnzeitschriften „Sweet Living Magazin" und „My Homestyle" und verantwortet nun als Chefredakteurin das Wohn- und Lifestyle-Magazin „Living & More". 2011 hat sie sich mit ihrem eigenen Büro „Nord Liv" als Journalistin, Herausgeberin, Stylistin und Inneneinrichterin selbstständig gemacht und sich als erfolgreiche Buchautorin in den Bereichen Wohnen, Architektur und Lifestyle etabliert.

Frederike Treu

lebt mit Söhnen, Ehemann und Tieren in Worpswede. Nach diversen Stationen in Verlagen und Agenturen machte sich die Kulturwissenschaftlerin 2009 als freie Journalistin selbstständig und schreibt seitdem vor allem über ihre zwei großen Leidenschaften: Wohnen und Garten. Ob Reportage oder Porträt, Kolumne oder Rezension, ihre Texte werden unter anderem in Magazinen wie „Living & More", „Living at Home", „GartenFlora", „Cosmopolitan" und „Laura" veröffentlicht.

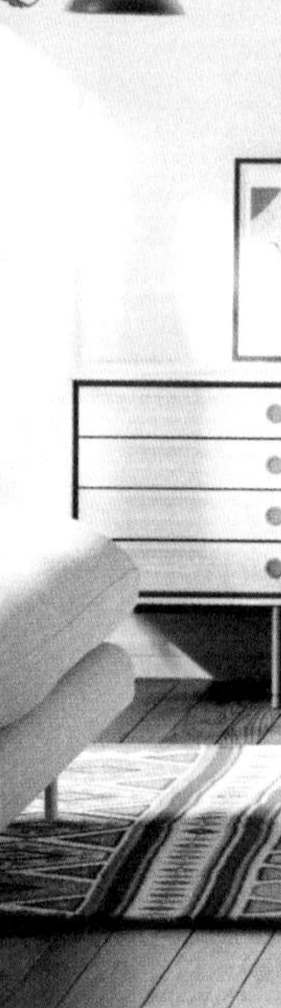

Dank

Ein großes Dankeschön geht an Frederike: Ohne deine textsichere Unterstützung wäre dieses Buch nicht möglich gewesen! Außerdem danke ich allen Fotografinnen & Fotografen, Bildagenturen, Herstellern und Firmen, die uns ihr wunderschönes Bildmaterial für dieses Buch zur Verfügung gestellt haben. Darüber hinaus möchte ich Florentine sowie meiner Familie und meinen Freunden für ihre Liebe und Unterstützung danken. Und zu guter Letzt: ein herzliches „Merci!" an das gesamte Team von Prestel für die wunderbare Zusammenarbeit. Julie Kiefer danke ich für ihr Vertrauen und Engagement sowie Sabine Loos für ihr wundervolles Layout – besser kann eine kreative Zusammenarbeit nicht aussehen.

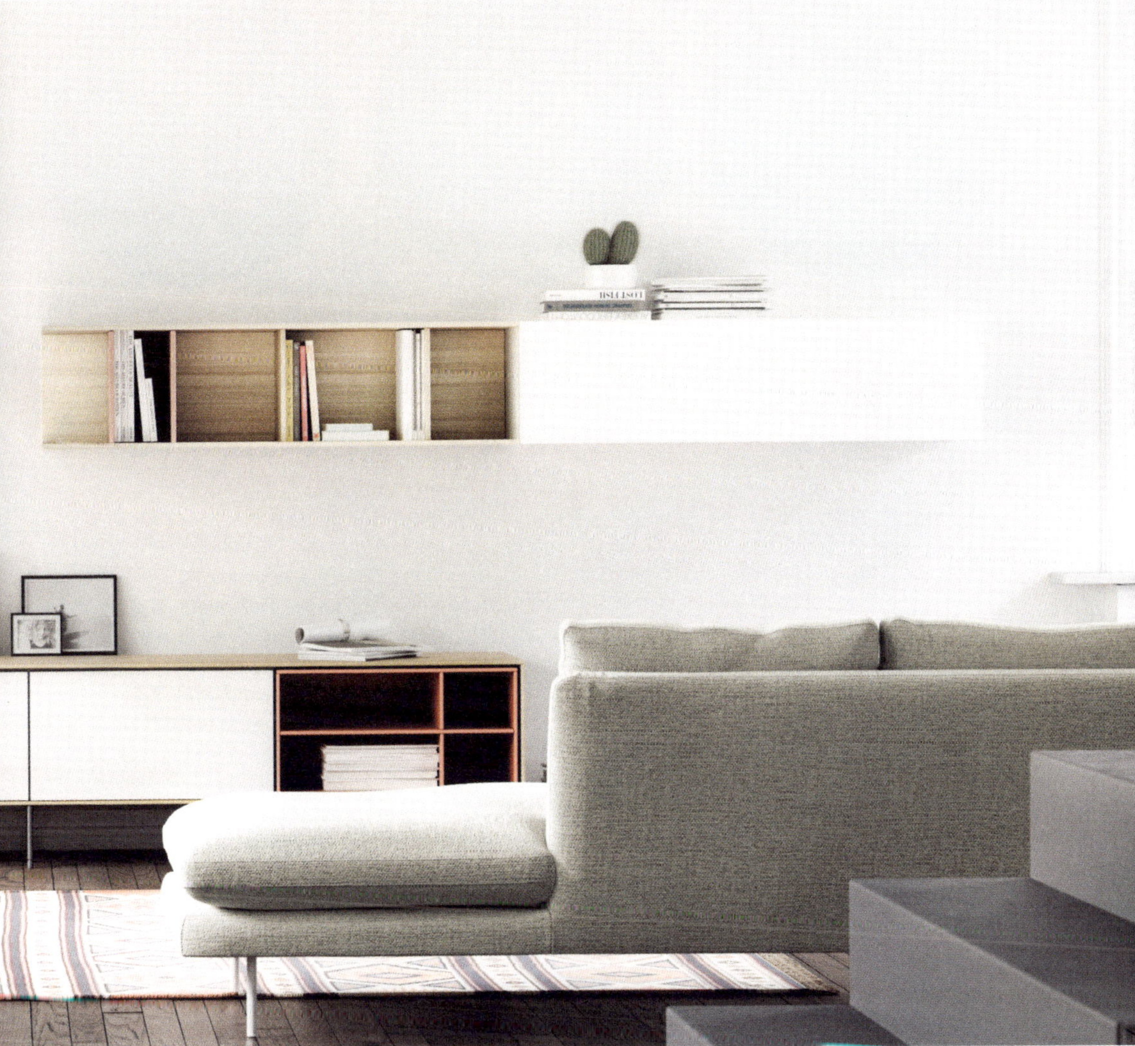

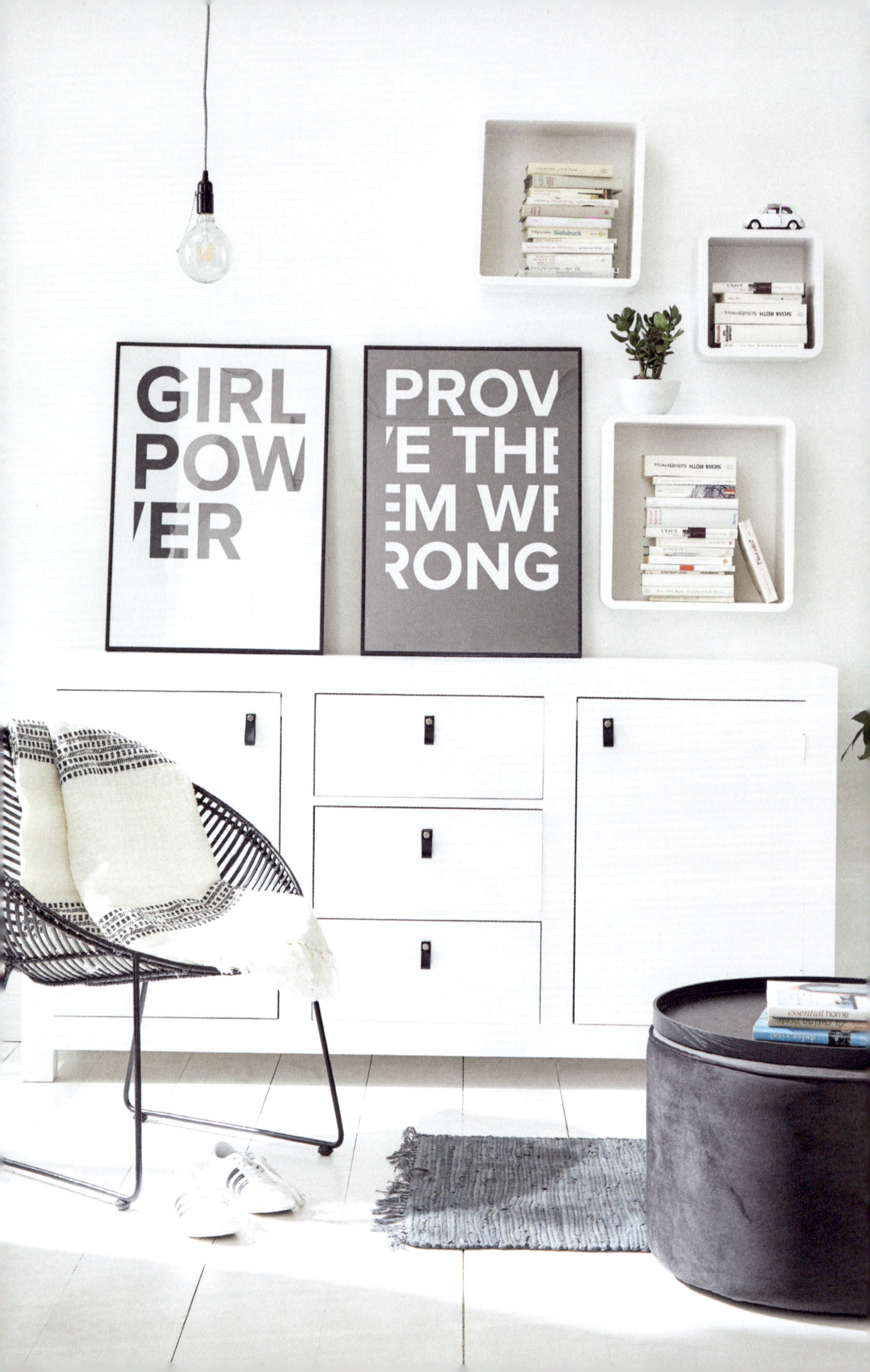

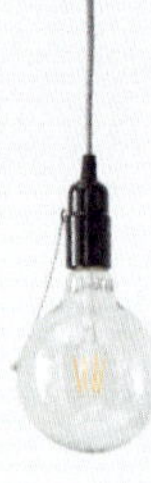

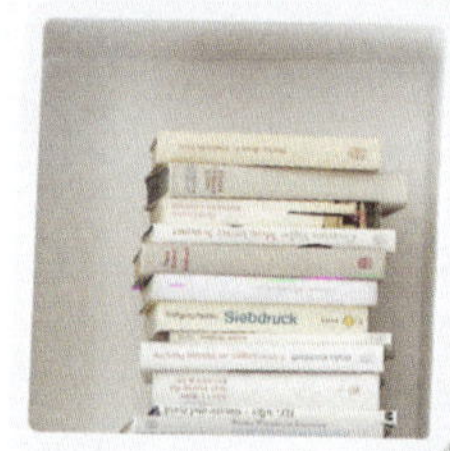

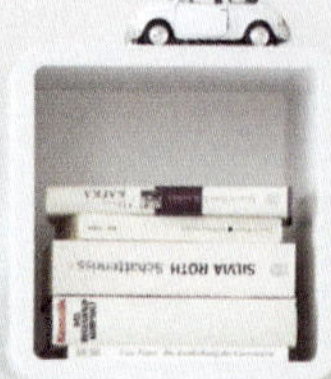

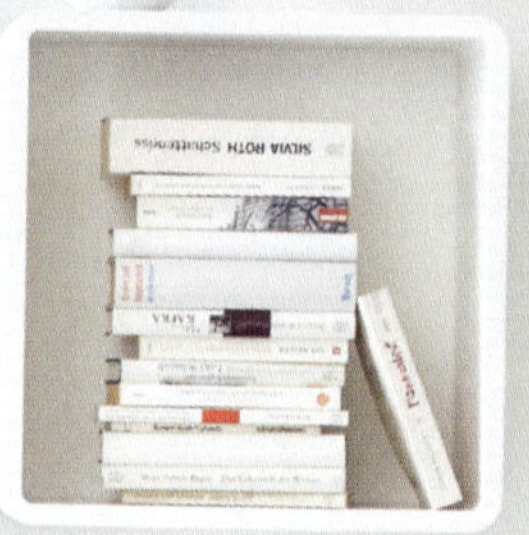

Bildnachweis

S. 2: Christina Kayser O. / Living Inside; S. 4: House Doctor; S. 5: SARIPICTURE, Sarah Domandl; S. 6: Marc Heldens, kaschkasch; S. 7: Moebe, Cabin One; S. 8/9: SieMatic; S. 11: Ikea; S. 12: INT2architecture; S. 14-23: Natalie Spadavecchia, The Palm Co; S. 24: H&M Home; S. 25: House Doctor; S. 26: House Doctor; S. 27: Ikea, Cabin One, siehe Hersteller; S. 28: Ikea, siehe Hersteller; S. 30-41: INT2architecture; S. 42: INT2architecture; S. 43: INT2architecture; S. 44: Paola Bagna: Ringo Paulusch, Vania da Rui, siehe Hersteller; S. 45: Ikea; S. 46: Vipp, Car-Möbel; S. 48-57: Greg Cox / bureaux.co.za; S. 58/59: siehe Hersteller; S. 60: Ambivalenz; S. 61: String; S. 62: siehe Hersteller; S. 64-71: Marc Heldens; S. 72: House Doctor; S. 73: Vipp; S. 74: House Doctor; S. 75: Stadtnomaden, SieMatic; S. 76: bureaux.co.za, siehe Hersteller; S. 78-83: Michael K Chen Architecture, Alan Tansey; S. 84: House Doctor; S. 85: INT2architecture; S. 86: Avenue Lifestyle, Holly Marder, Velux, siehe Hersteller; S. 87: Ikea; S. 88: Bezmirno, Ikea; S. 89: n by Naber; S. 90/91: Ikea; S. 92: bureaux.co.za; S. 94-103: Christina Kayser O. / Living Inside; S. 104: Korbo; S. 105: Bungalow; S. 106/107: siehe Hersteller, Car-Möbel; S. 108: Alvhem, siehe Hersteller; S. 109: Car-Möbel; S. 110: House Doctor, siehe Hersteller; S. 111-119: Nicholas Gurney, Katherine Lu, Michael Wee; S. 120: bureaux.co.za; S. 121: Schlaraffia; S. 122: FDB Møbler, siehe Hersteller; S. 123: Moebe; S. 124/125: INT2architecture, siehe Hersteller; S. 126: siehe Hersteller; S. 128-135: Warren Heath / bureaux.co.za; S. 136: Müller Möbelwerkstätten; S. 137: House Doctor; S. 138: Moebe, siehe Hersteller; S. 139: Ikea; S. 140: House Doctor, siehe Hersteller; S. 142-145: kaschkasch; S. 146-151: Marc Heldens; S. 152/153: Ikea; S. 154: Frama, siehe Hersteller; S. 155: String; S. 156: Vipp; S. 157: Ikea, Hersteller; S. 158: Ikea, siehe Hersteller; S. 159-167: Pauline Legoff; S. 168: Bloomingville; S. 169: House Doctor; S. 170: House Doctor; S. 171: siehe Hersteller, Porträt: Sylwia Gervais; S. 172: siehe Hersteller; S. 173: Ikea; S. 174: siehe Hersteller; S. 176-181: House Doctor, add a room; S. 182: INT2architecture; S. 183: Vipp; S. 184: String ; S. 185: Müller Möbelwerkstätten; S. 186: Oyoy, siehe Hersteller; S. 187: Alvhem; S. Nordal, siehe Hersteller; S. 188-197; Kaat; S. 198/199: siehe Hersteller; S. 200/201: Cabin One; S. 202/203: Modern Tiny Living; S. 204/205: Mint Tiny Homes; S. 206/207: Modern Tiny Living; S. 208/209: Vipp; S. 210/211: Seedatschen; S. 212/213: Modern Tiny Living; S. 214/215: Modern Tiny Living; S. 216/217: Treku; S. 219: Velux; S. 220: Porträt Marion Hellweg: Sylwia Gervais, Porträt Frederike Treu: Ingo Jagels; S. 220/221: Treku; S. 222. Car-Möbel; S. 224: Pauline Legoff

IMPRESSUM

2. Auflage 2022 in der Penguin Random House Verlagsgruppe GmbH
Neumarkter Straße 28
81673 München

Idee und Konzept Marion Hellweg, marionhellweg.com
Text Frederike Treu
Projektleitung Julie Kiefer
Gestaltung und Layout Sabine Loos, Berlin
Lektorat Susanne Philippi
Foto Cover House Doctor
Fotos Cover-Rückseite Natalie Spadavecchia/ The Palm Co, Marc Heldens, Modern Tiny Living
Herstellung Andrea Cobré
Lithografie Schnieber Graphik GmbH, München
Druck und Bindung DZS GRAFIK, d.o.o.
Papier Magno Natural

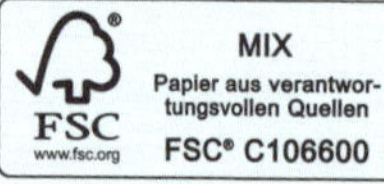

Penguin Random House Verlagsgruppe FSC® N001967

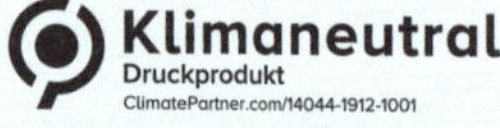

Gedruckt in Slowenien

ISBN 978-3-7913-8753-6

www.prestel.de

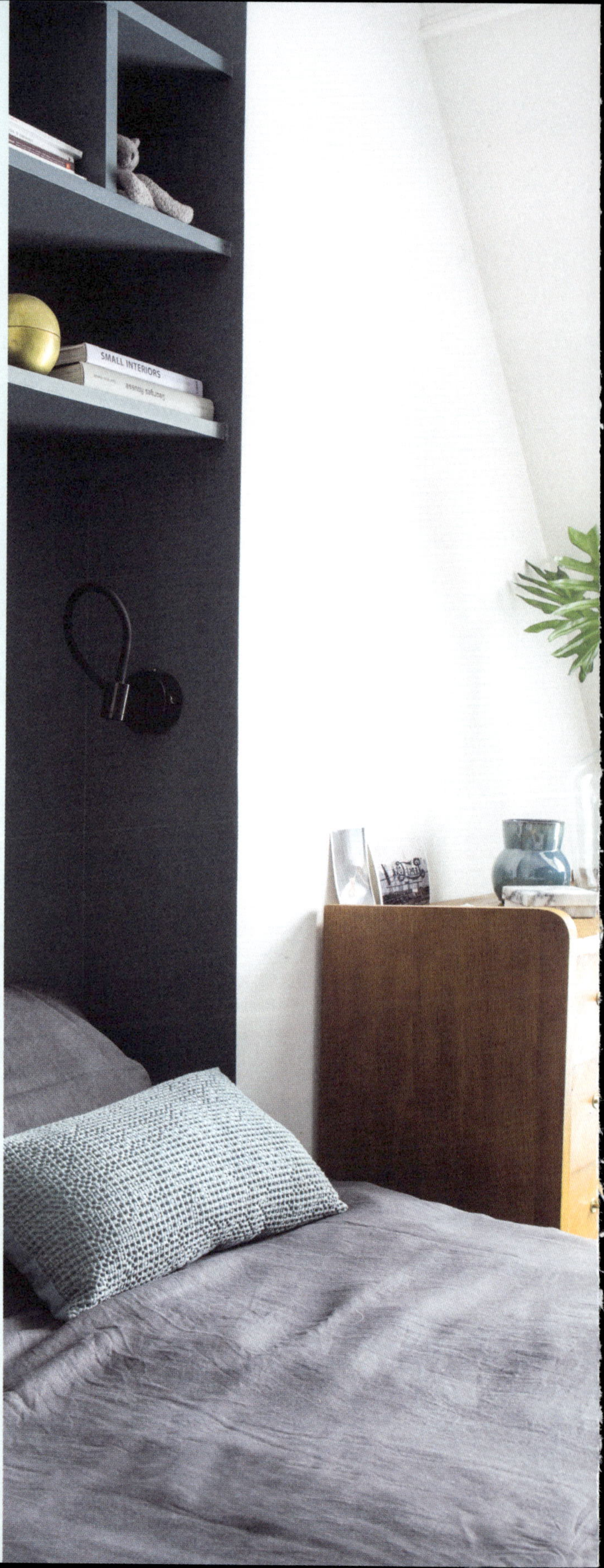